FREIZEITFÜHRER

... MIT KINDERN

Vor die Haustür, fertig – los!

pmv

7. aktualisierte Auflage 2012

Frankfurt am Main

PETER MEYER VERLAG

Von Kindern getestet!

ODENWALD MIT KINDERN

500 x Abenteuer und Erlebnis von der Bergstraße bis zum Main, von Darmstadt bis zum Neckar

INHALT

STADT, LAND, FLUSS HEIDELBERG

2, 3, VIELE BURGEN AM NECKAR

VORWORT

Weniger als eine Stunde dauert die Fahrt von Frankfurt, nur etwa eine halbe Stunde von Darmstadt, Mannheim oder Heidelberg: Plötzlich findet man sich unter Kühen, Schafen und Pferden, wandert durch lichten Buchenwald oder düstere Fichtenhaine, picknickt auf einer Wiese an einem plätschernden Bach. Und kommt sich vor wie im Urlaub. Doch nicht nur Natur pur, auch zum Anschauen bietet die Region zwischen Main, Rhein und Neckar sehr viel – Burgen und Schlösser, Reste der römischen Besiedlung, Parks und Wildgehege, Sternwarten und Museen laden ein zum Besuch.

Auch für einen längeren Urlaub ist der Odenwald ein lohnendes Ziel. Gerade mit Kindern ist es entspannend, wenn die Anfahrt nicht so weit ist und die Unterkunft familienfreundlich. Auf einem Bauernhof gibt es für ein Kind oft viel Aufregenderes zu entdecken als im tollsten Hotel.

Für dieses Buch waren wir mit Kindern aller Altersgruppen unterwegs, vom Baby im Kinderwagen bis zum Teenager. Und so unterschiedlich wie ihr Alter und ihre Persönlichkeiten waren auch die Interessen: Während manche gerne stundenlang querfeldein durch den Wald stapften, mochten andere kaum zehn Meter weit laufen. Mit einigen konnte man einen ganzen Nachmittag im Museum verbringen, andere langweilten sich dort bereits nach fünf Minuten. Burgen und Tiere kamen bei allen Kindern gut an. Auch Picknicken im Freien war äußerst beliebt, und Lagerfeuer, und Ponyreiten …

Je nach Interesse könnt ihr euch aus diesem Buch raussuchen, worauf ihr Lust habt. Es sind keine festen Touren vorgegeben, sondern viele verschiedene Vorschläge zusammengetragen. Für jeden Geschmack ist etwas dabei. Nicht nur im Wald und an den Flüssen, auch in den Städten Darmstadt und Heidelberg gibt es mit Kindern viel zu entdecken.

Die getesteten Spaziergänge sind familienfreundlich: Die meisten dauern eine halbe bis eineinhalb Stun-

den. Außerdem ist fast immer angegeben, ob die Strecke mit einem Kinderwagen zu bewältigen ist, damit schiebende Eltern nicht erst auf halbem Wege feststellen, dass sie nicht mehr weiter kommen.
Zu den Restaurants: Es sind Gaststätten ausgewählt, die im Sommer über einen großen Garten oder eine Terrasse verfügen und in denen der Service familienfreundlich und das Essen gut ist. Im Odenwald sind die Gaststätten in der Regel preiswert, Hauptgerichte kosten meist zwischen 7 und 10 €, Kinderteller 4 bis 6 €. Die meisten Lokale sind sehr schön gelegen, sodass Spaziergänge möglich sind.

Wir wünschen euch viel Spaß bei euren Ausflügen!
Das Team von pmv

Zur Gliederung dieses Buches

Euer Buch »Odenwald mit Kindern« ist in **sieben geografische Griffmarken** gegliedert: *Darmstadt, Bergstraße, Heidelberg, Am Neckar, Norden & Westen, Im Mümlingtal* und *An Main, Mud & Elz.* Sie sind immer nach dem gleichen Schema aufgebaut:

- **Tipps für Wasserratten** sind Infos zu Seen und Flüssen, zu Frei- und Hallenbädern sowie zu Kanu-, Tretboot- und Schifffahrten.
- **Frische Luft & Sport** nennt Radtouren, Wanderungen, Parks und Gärten sowie Abenteuerspielplätze. Für die kalte Jahreszeit zeigen wir euch Rodelhänge, Skipisten und Eislaufbahnen.
- In der Rubrik **Umwelt erforschen** findet ihr spannende Tierparks, Lehrpfade, Umweltinformationszentren, Höhlen und Sternwarten.
- **Handwerk und Geschichte** führt euch zu Orten der Technik und Arbeit: zu Betrieben, Schlössern, Burgen und Museen. Ihr werdet überrascht sein, wie viel es auch bei schlechtem Wetter zu entdecken gibt! Stadtführungen können ebenfalls spannend sein, wenn es z.B. mit dem Nachtwächter durch dunkle Gassen geht.

Gestatten?

Ich bin Sam, die Wasserratte. Meine Clique und ich begleiten euch mit noch ein paar Freunden auf euren Entdeckertouren durch dieses Buch und den Odenwald. Darf ich vorstellen:

Karlinchen, unsere Naturfreundin,

Herr Mau, Experte für Handwerk und Geschichte,

und Mockes, der Kunst- und Musikliebhaber.

All diese Informationen zusammenzutragen, hat viel Mühe und Zeit erfordert. Trotzdem können sich die Angaben noch während des Niederschreibens ändern. Wir freuen uns, wenn ihr uns auf Fehler aufmerksam macht oder neue Tipps schickt.

Schreibt an:

Peter Meyer Verlag
Schopenhauerstraße 11
60316 Frankfurt a.M.
Redaktion@PeterMeyerVerlag.de
www.pmv-Verlag.de

▶ **Bühne, Leinwand & Aktionen** informiert euch über Kindertheater, Ferien- und Kreativangebote. Der Festkalender listet die schönsten Feste, Märkte und Veranstaltungen der Region auf.

Die Griffmarke **Info & Verkehr** versorgt euch mit Ortsporträts, Infostellen und -quellen sowie Verkehrshinweisen, damit ihr im Odenwald nichts verpasst und auch ohne Auto hin- und wegkommt.

Unter **Ferien-Adressen** schließlich nennen wir kinderfreundliche Feriendörfer, Ferienwohnungen, Bauern- und Reiterhöfe, auf denen Anfassen erlaubt und Kinder oft sogar allein willkommen sind, sowie Jugendherbergen, Naturfreundehäuser und andere Gruppenunterkünfte. Für Frischluftfans nennen wir naturnahe Campingplätze. So könnt ihr Klassenfahrten und Familienferien bequem planen und organisieren.

Der **Kartenatlas** gibt einen Überblick über das im Buch behandelte Gebiet und die regionale Einteilung. Er bietet euch bei Ausflügen die nötige Orientierung. Es ist also an alles gedacht – nur losziehen müsst ihr selbst!

▶ pmv-Leser sind neugierig und mobil – nicht nur in der Fremde, sondern auch in der eigenen Umgebung. Den Wissensdurst ihres Nachwuchses wollen sie fördern, seinem Tatendrang im Einklang mit der Natur freie Bahn lassen. Daher finden Sie in diesem Ausflugsführer Tipps und Adressen zu allem, was kleine und große Kinder begeistert, möglichst umweltfreundlich und naturnah. Alle Adressen und Aktivitäten wurden zudem von den Autoren persönlich begutachtet und strikt nach Kinder- und Familienfreundlichkeit ausgewählt. ◀

DARMSTADT

N
1 cm
15 km
WIESBADEN
FRANKFURT
OFFENB.
HANAU
Alzenau
Main
Neu-Isenb.
Dreieich
Dietzenb.
MAINZ
RÜSSELSHEIM
Langen
Rödermark
Rodgau
Lohr
Gersprenz
HESSEN
Babenh.
ASCHAFFENBURG
Groß-Gerau
Dieburg
DARMSTADT
Groß-Umstadt
BAYERN
Griesheim
Obernburg
Rhein
Pfungstadt
Reinheim
Höchst
Wörth
RLP
Gernsheim
Seeheim-Jugenheim
Bad König
Wertheim
Bensheim
Lindenfels
Mümling
Michelstadt
Miltenberg
WORMS
Lorsch
Heppenheim
Erbach
Amorbach
Mud
Lampertheim
Wald-Michelb.
Beerfelden
Walldürn
Viernheim
FRANKENTHAL
MANNHEIM
Weinheim
Buchen
LUDWIGSHAFEN
Eberbach
Elz
Seckach
Osterb.
HEIDEL-BERG
Neckarsteinach
Neckar
Schwetzingen
Neckargemünd
Adelsheim
Haßloch
Leimen
Mosbach
SPEYER
Walldorf
Wiesloch
Möckmühl
BADEN-WÜRTTEMBERG
Gundelsheim

Darmstadt ist Wissenschafts- und Universitätsstadt und wird auch oft Zentrum des Jugendstils genannt. Wenn das für euch noch nicht allzu interessant klingt, seid beruhigt. Darmstadt hat eine Menge zu bieten, z.B. einen Badesee mitten in der Stadt, einen schönen kleinen Zoo, der Vivarium heißt, und eine Sternwarte. Und das sind nur drei von vielen schönen Ausflugsmöglichkeiten.

DAS TOR ZUM ODENWALD

Frei- und Hallenbäder

TIPPS FÜR WASSERRATTEN

Wasserfreuden in Darmstädter Bädern

64283 Darmstadt. ✆ 06151 /132974, Fax 132940. sportamt@darmstadt.de. **Preise:** Hallenbad 3,50 €, Freibad 3 €, 10er-Karte Hallenbad 30, 10er-Karte Freibad 25, Saisonkarte Winter 120, Saisonkarte Sommer 80 (Woog 60), beide Saisonkarten zusammen 180 €; Kinder 6 – 17 Jahre Hallenbad 2 €, Freibad 1,50 €, 10er-Karte Hallenbad 16, 10er-Karte Freibad 13, Saisonkarte Winter 80, Saisonkarte Sommer 60, beide Saisonkarten zusammen 120 €; Schüler und Studenten zahlen wie Kinder; kleine Familientageskarte (1 Erw, 3 Kinder) Hallenbad 7, Freibad 5,50 €, große Familientageskarte (2 Erw, 3 Kinder) Hallenbad 8,50 €, Freibad 7 €.

▶ Bis auf das Jugendstilbad gelten in allen Darmstädter Bädern – Nordbad, DSW-Freibad, Mühltalbad und Woog – einheitliche Preise. 10er-Karten sind übertragbar, Saisonkarten berechtigen zum Eintritt in all jene, oben aufgezählten Darmstädter Frei- und Hallenbäder.

Das sportliche Bad für den Sommer: DSW-Freibad

Darmstädter Schwimm- und Wassersportclub 1912, Alsfelder Straße 33, 64289 Darmstadt. ✆ 06151/ 132851, Fax 133494. www.darmstadt.de. nordbad@darmstadt.de. **Bahn/Bus:** Straba 4, 5 Nordbad.

Besuch bei den Enten am Oberwaldhaus

Foto: Alice Selinger

Auto: Über Rhönring und Arheilger Straße. **Rad:** Radweg durch den Bürgerpark Nord. **Zeiten:** Mitte Mai – Mitte Sep Mo 10 – 20, Di, Do 7 – 20, Mi, Fr 8 – 20 Uhr, Sa, So 9 – 20 Uhr. **Preise:** ↗ Wasserfreuden in Darmstädter Bädern.

▶ Das DSW-Freibad ist das sommerliche Pendant zum benachbarten Hallenbad ↗ Nordbad. In dieser Jahreszeit tummeln sich die sportlich aktiven Schwimmer in einem großen, 10 Bahnen umfassenden Sportbecken aus Edelstahl (50 x 25 m, 2 m tief), wo häufig Schwimm- und Wasserballwettkämpfe ausgetragen werden. In dem populären DSW-Freibad befinden sich zudem ein Nichtschwimmer (25 x 16,66 m groß, 0,60 – 1,25 m tief) und ein Kinderplanschbecken. Die Wassertemperatur liegt bei 23 – 24 Grad. Auf der ausgedehnten Liegewiese und im Spielbereich können sich Kinder austoben. Das ausgesprochen sportlich ausgerichtete Freibad besitzt selbstverständlich ein Beachvolleyballfeld.

Wassergymnastik, Schwimmkurse, Wasserballspiele und Sportveranstaltungen stehen im DSW-Freibad und im Nordbad auf den Programmen, ↗ www.darmstadt.de.

... und für das übrige Jahr: Das Nordbad

Nordbad Darmstadt, Alsfelder Straße 33, 64289 Darmstadt. ✆ 06151/132851, Fax 133494. www.darmstadt.de. nordbad@darmstadt.de. **Bahn/Bus:** Straba 4, 5 Nordbad. **Auto:** Über Rhönring und Arheilger Straße. **Rad:** Radweg durch den Bürgerpark Nord. **Zeiten:** Mitte Sep – April, exakte Zeiten im Internet. **Preise:** ↗ Wasserfreuden in Darmstädter Bädern.

▶ Die Halle mit ihren großen Glasfronten beherbergt ein betriebsames Sportbad, in dessen Schwimmerbecken mit den olympischen Maßen 50 x 21 m (1,30 – 1,80 m tief), seinen 8 Bahnen und 26 Grad warmem Wasser im Winterhalbjahr zahlreiche Wettkämpfe veranstaltet werden. Das heißt jedoch keineswegs, dass hier nur für ganz sportliche Schwimmfreaks Platz ist: Es gibt auch ein um durchschnittlich 2 Grad wärmeres Lehrschwimmbecken (16,66 x 10 m, 0,30 – 1,20 m tief), ein Kinderplanschbecken (31 Grad) sowie Solarien.

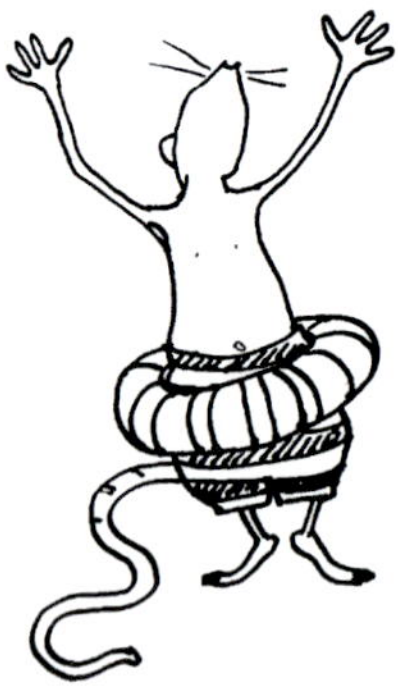

Wasserspaß im historischen Ambiente: Das Jugendstilbad

Aquapark Management GmbH, Mercksplatz 1, 64287 Darmstadt. ✆ 06151/951560, Fax 9515611. www.jugendstilbad.de. sportamt@darmstadt.de. Im Zentrum. **Bahn/Bus:** Bus 671, 672, 673 (Mo – Sa), 674 (Mo – Fr), K55/K85 bis Jugendstilbad oder Straba 2, 3, 9 zum nahen Schloss. **Auto:** Über die B449 (Teichhausstraße) oder B26 (Landgraf-Georg-Straße); parken in der Tiefgarage des Jugendstilbades sowie öffentliche Parkplätze direkt am Eingang. **Zeiten:** Täglich 10 – 22 Uhr. **Preise: Bad:** 2 Std 5,50 €, 4 Std 7,50, Tageskarte 9,50 €; **Bad und Spa:** 2 Std 8,50 €, 4 Std 11, Tageskarte 13 €; Kinder bis 15 Jahre **Bad:** 2 Std 3,80 €, 4 Std 5,30 Tageskarte 7,30 €; **Bad und Spa:** 2 Std 6,50 €, 4 Std 8,50, Tageskarte 10 €; Familien (1 Erw, 2 Kinder oder 2 Erw, 1 Kind) Erw je 1, Kinder je 0,50 € Vergünstigung.

▶ Eine Augenweide auch für junge Schwimmfreunde ist das Jugendstil-Hallenbad von 1909, das ehemalige »Zentralbad«. Das Portal entwarf *Heinrich Jobst,* der 1907 in die ↗ Künstlerkolonie Mathildenhöhe aufgenommen wurde. Fast 100 Jahre alt sind Säulen, einige Deckenlampen und Handläufe. Von *Albin Müller* gestaltete Leuchten, Mosaiken und Terrakotta-Reliefs begrüßen euch schon im Eingangsbereich.
2008 ist das Jugendstilbad nach 3-jährigem Umbau und einer weitreichenden Modernisierung als eine gekonnte Mischung aus Schwimmbad, Spa und Saunawelt wieder eröffnet worden. Im ehemaligen Herrenbad befindet sich nach wie vor ein 25-m-Sportbecken. Dank der Anstrengungen des Denkmalschutzes ist sehr viel von der Jugendstilvergangenheit inmitten heutiger Technologie erhalten geblieben. Im Badebereich findet ihr außerdem ein Planschbecken mit Rutsche, einen Eltern-Kind-Bereich mit Wickelecke, ein Warmbecken und ein Ganzjahres-Außenbecken. Neben dem Außenbecken befindet sich sogar eine kleine Liegewiese. Auch Gastronomie ist im Badebereich vorhanden. Dagegen befindet sich der

Weitere schöne Tipps für das südliche Rhein-Main-Gebiet findet ihr in »Frankfurt Rhein-Main mit Kindern« von Eberhard Schmitt-Burk 304 Seiten, 16 €, Peter Meyer Verlag, ISBN 3-89859-434-9.

Vor hundert Jahren wurde dieses Bad zwar als Volksbad eröffnet, Frauen und Männer badeten aber in getrennten Bereichen. Das ehemalige »Damenbad« wurde im Zweiten Weltkrieg zerstört und danach als Zweckbau wieder aufgebaut.

neue Spabereich unter einem modernen Glasdach. Hier gibt es zwei Solebecken, ein Kneipp-Becken, ein Kaltbecken, ein Dampfbad und ein Jod-Selen-Bad.

Von dem in einen Hang hineingebauten Freibad habt ihr einen schönen Ausblick auf den Odenwald und die ↗ Burg Frankenstein.

Badefreuden mit Odenwaldblick: Mühltalbad

Mühltalstraße 72 – 80, 64297 Darmstadt-Eberstadt. ✆ 06151/54605, www.darmstadt.de. sportamt@darmstadt.de. Östlich vom Eberstädter Zentrum nördlich der Modau. **Bahn/Bus:** Bus NE bis Schwimmbad. **Auto:** Heidelberger Straße, dann Heidelberger Landstraße, in Eberstadt-Zentrum links Ober-, anschließend Mühltalstraße. **Rad:** Vom R8 Steigertsweg am Ostrand von Eberstadt hinab zum Bad. **Zeiten:** Mitte Mai – Mitte Sep Sa – Mo 9 – 20 Uhr, Di, Do, Fr 8 – 20 Uhr, Mi 7 – 20 Uhr. **Preise:** ↗ Wasserfreuden in Darmstädter Bädern.

▶ Das sehr große, z-förmige Kombibecken (0,60 – 4,50 m tief) wird mit Solarzellen beheizt. Auf den 8 Bahnen des Schwimmersektors lässt sich prima trainieren, vom 10 m hohen Turm oder den beiden 1-m-Brettern mehr oder weniger kunstvoll zum integrierten Sprungbecken herunterhopsen oder durch die 61 m lange Riesenrutsche in den Nichtschwimmerbereich rauschen. Das Planschbecken ist das Aktionsfeld der Allerkleinsten. Die Wiese liegt teilweise

Mit Mami zu planschen, ist am schönsten

5510 bis Schloss. **Auto:** Via Rhein-, Kasino- und Frankfurter Landstraße. **Zeiten: Spielplatz:** ganzjährig Mo – Fr 13 – 18 Uhr, Ausgabe von Sportgeräten und Spielen zur halben und vollen Stunde; in den Ferien zusätzliche Öffnungszeiten; **Museum:** April – Okt Fr – So 10 – 17 Uhr, sonntags interessante Themenführungen wie »Durch die Blume gesagt« oder »Durch den Kakao gezogen«. **Preise:** Museum 4 €, Themenführung 4 €; Kinder ab 12 Jahre 2,50 €; Schüler, Studenten, Azubis, Schwerbehinderte, Gruppen ab 10 Pers pro Person 2,50 €. **Infos:** Betreutes Spielen durch Mitarbeiter des Jugendamtes für Kinder 5 – 14 Jahre, ✆ 06151/712022, Schulnachhilfe im Spielhaus. Mo Jungen-, Mi Mädchen-, Do Aktionstag.

Beschaulich: Prinz-Georg-Garten

▶ Der **Schlossgarten** und der im Norden anschließende **Herrngarten,** der älteste und größte Park der Darmstädter Innenstadt, sind gut für Spaziergänge mit dem Kinderwagen oder die ersten Touren ganz kleiner Wander- und Radelfans. Das Wegenetz ist wetterfest. Es gibt einen großen Teich mit Enten und zwei Spielplätze. Während der variantenreiche Kompakt-Spielplatz im Süden den Bedürfnissen der kleineren Kinder entgegenkommt, ist der ausgedehnte **Aktivspielplatz** im Norden für die größeren: Hier gibt es eine Seilbahn und einen Bolzplatz. Ein Verleih bietet kostenlos Geräte für Basket-, Fuß- oder Federball, Tischtennis, Skateboard und Rollschuhlauf – nur einen Pfand (Ausweis o.ä.) müsst ihr dafür hinterlegen. Es gibt sogar einen Lagerfeuerplatz, für den ihr das Brennholz selbst mitbringt. Im Feuer machen werdet ihr dann durch Mitarbeiter des Spielhauses angeleitet und betreut. Viel los ist hier regelmäßig während der Oster-, Sommer- und Herbst-**Ferienspiele.**

Hunger & Durst

Herrngarten Café, Schleiermacherstraße 29, Darmstadt. ✆ 06151/5047773. www.tuttibooking.de/herrngarten. Mo – Sa ab 14, So ab 10 Uhr. Café, Restaurant und Biergarten mit großen und kleinen Speisen sowie Frühstück.

Spielplätze in Darmstadt gibt einen Überblick über alle Spielplätze der Stadt, ihre Lage und Ausstattung mitsamt vieler Fotos. Auch als PDF unter www.darmstadt.de

Für 2- bis 7-Jährige befindet sich direkt neben dem Gewächshaus ein Spielplatz mit Spieltempel, Rutschen, Sandkiste, Spielhäuschen, Schaukeln und Wipptieren. Im Südosten des Geländes könnt ihr auf zwei Bolzplätzen nach Lust und Laune kicken.

Hunger & Durst

Restaurant Orangerie, Bessunger Straße 44, Darmstadt. ✆ 06151/3966446. Mo – So 12 – 14 und 18.30 – 22.30 Uhr. Italienische Küche in sehr feiner Atmosphäre.

Gegen den Trubel in Schloss- und Herrngarten ist der **Prinz-Georg-Garten** am nordöstlichen Ende des Herrngartens geradezu beschaulich-ruhig. Die Anlage mit ihrer Symmetrie, den Blumenrabatten, Kräuter- und Gemüsebeeten und dem kleinen **Prinz-Georg-Palais** im Hintergrund ist ein Augenschmaus für erholungsbedürftige (Groß-)Eltern. Das auch *Porzellanschlösschen* genannte Palais enthält eine umfangreiche Porzellansammlung.

Kurztrip in den Süden: Die Orangerie

L'Orangerie, Bessunger Straße 44, 64285 Darmstadt-Bessungen. ✆ 06151/3966446, Fax 3966447. www.orangerie-darmstadt.de. info@orangerie-darmstadt.de. **Bahn/Bus:** Straba 3 bis Orangerie. **Auto:** Parkplätze vorhanden.

▶ Um Zitronen- und Orangenbäume, Bananenstauden und Palmen zu sehen, müsst ihr nicht erst weit weg fliegen, sondern könnt die Orangerie besuchen. Der Name kommt von den Orangenbäumen. Schon vor 300 Jahren begeisterten sich die Fürsten und Grafen für die exotischen Gewächse mit den saftig-süßen Früchten. Sogar von Sizilien wurden Orangenbäume nach Darmstadt gebracht, natürlich mit der Kutsche. Schaut mal auf einer Europakarte nach, wie viele Kilometer das sind! Für die kälteempfindlichen exotischen Pflanzen, die im Winter in Deutschland erfrieren würden, wurden eigene Häuser errichtet, in denen sie überwintern können. Auch in Bessungen wurde 1721 so ein Haus gebaut. Es ähnelt einem Schloss, hat sehr große Fenster, durch die das notwendige Sonnenlicht fällt, und steht in einem Park. Viel Luxus für ein bisschen Grünzeug!

Heute werden im großen Saal im Südflügel der Orangerie Konzerte veranstaltet, im Westflügel hat sich ein **Restaurant mit Gartenterrasse** niedergelassen. Aber im barocken Parkgelände könnt ihr nach wie vor in der wärmeren Jahreszeit die »Südfrüchte« bewundern.

Ein Sommertag am Oberwaldhaus

Freizeitzentrum am Steinbrücker Teich und Ausflugslokal Oberwaldhaus, Dieburger Landstraße 259, 64287 Darmstadt. ✆ 06071/06151/711588 (Ponyhof), Fax 499771. Handy 0157/88363647 (Bootsverleih, Minigolf). www.oberwaldhaus.com. info@steinbruecker-teich.de. **Strecke:** Großer Woog – Freizeitzentrum Steinbrücker Teich. **Länge:** 4 km, Flur und Wald, leicht, für Kinder ab 5 Jahre. **Bahn/Bus:** Bus F bis Oberwaldhaus. **Auto:** Vom Darmstädter Schloss via Alexander- und Dieburger Straße. **Rad:** Vom Botanischen Garten Radweg 15, von Arheilgen, Jagdschloss Kranichstein (2 km), Badesee Grube Prinz von Hessen (4 km), Messel und Dieburg. **Zeiten:** Bootsverleih und Minigolf bei trockenem Wetter bis Ende der Herbstferien täglich 10 – 20 Uhr, Ponyhof Mo – Fr 14 – 18, Sa, So, Fei 12 – 18 Uhr. **Preise:** Tret- oder Ruderboot 30 Min 6 € für max 4 Pers, Minigolf 3 €; Kinder Minigolf 2 €, Ponyreiten 20 Min 5 €,

Hunger & Durst

Bei Sommerwetter kommt ein **Eiswagen** zum Spielplatz, zudem ist dann der Imbiss-Kiosk vorm Oberwaldhaus geöffnet.

Piratenalarm! Auf dem Spielplatz am Oberwaldhaus ist ihr Piratenschiff gestrandet

Foto: Alice Selinger

Kutsche 10 €; Minigolf Studenten, Azubis, Behinderte, Rentner 2 €, Gruppen ab 10 Pers 10 % Rabatt.

▶ Auch wenn im Steinbrücker Teich nicht gebadet werden darf, können Kinder doch viel unternehmen: ↗ Ruder- und Tretboot fahren, den See umwandern, ↗ Minigolf spielen, ↗ reiten und mit der Ponykutsche fahren, auf dem Bolzplatz kicken oder auf dem gut eingerichteten Spielplatz werkeln. Wer die entsprechenden Utensilien mitbringt, spielt Tischtennis, während die anderen die Würstchen auf den ↗ Grill legen. Anziehungspunkt auch für Radler und Wanderer ist zudem das Ausflugslokal **Oberwaldhaus**. Dort sitzt man sehr schön auf einer großen Terrasse, Kinder können herumhüpfen und große Bäume spenden Schatten. Es gibt Gegrilltes, Pommes, Eis und Kuchen zu familienfreundlichen Preisen. Wer sich nach dem Essen die Füße vertreten möchte, kann in das angrenzende Waldgebiet oder bloß einmal um den kleinen See laufen, was auch mit Kinderwagen möglich ist.

Hunger & Durst

Oberwaldhaus, Dieburger Straße 257, Darmstadt. ✆ 06151/712266. www.oberwaldhaus-darmstadt.de. Täglich 11 – 24 Uhr, bis 23 Uhr durchgehend warme Küche, geschlossen 24.12. Geräumiges Café-Restaurant, im Sommer mit großer Freiterrasse. Deutsche und Balkanspezialitäten sowie Gegrilltes.

Kletterwald Darmstadt

Weitblick Naturerlebnis GmbH, Im Wäldchen am Stadion, Atzwinkelweg/Lichtwiese, 64287 Darmstadt. ✆ 0611/5325157, Fax 5802247. Handy 0160/97083142. www.weitblick-kletterwaelder.de. info@kletterwald-darmstadt.de. **Bahn/Bus:** Straba 2, 9 Hochschulstadion. **Auto:** Von Nieder-Ramstädter Straße Richtung TU in Lichtwiesen-, dann Altzwinkelweg. **Rad:** Vom Ostbhf Radweg 15 zur TU. **Zeiten:** April – Okt Mi – Fr ab 13 Uhr, Sa, So, Fei, Brückentage ab 10 Uhr, Ferien Hessen Mo – Fr ab 10 Uhr, Kassenschluss Mai – Aug 19, Schließung spätestens 20 Uhr, sonst 2 Std vor Dämmerung. **Preise:** 18 €; Kinder 6 – 17 Jahre 12 €, Kinderparcours 7 €; Familie (2 Erw, 2 Kinder) 52 €, Familientag (2 Erw, 2 Kinder) Do 44 €. **Infos:** Kinder bis 18 Jahre dürfen nur in Begleitung oder mit Einverständniserklärung ihrer Eltern klettern. Infos zu Sicherheit und Teilnahmebedingungen auf der Internetseite.

Happy Birthday!

Geburtstagskinder klettern umsonst!

Denkt an feste Schuhe und wetterfeste Kleidung!

▶ Auf 14 Parcours – unterschiedlich hoch und unterschiedlich schwierig – balanciert, rutscht und klettert ihr auf einer spannenden Tour von Baum zu Baum. Für kleine Klettermaxe ab 4 Jahre gibt es den Kinder-Dschungelparcours. Hier klettert ihr unter Beaufsichtigung eurer Eltern in einer Höhe von 1,50 bis 1,80 m auf Krokodilsköpfen und durchs Moskitonetz. Kinder ab 6 Jahre können sich mit einem Sicherheitssystem auch in die hohen Parcours wagen.
Spezielle erlebnispädagogische Angebote für Familien, Firmen, Schul- und Jugendgruppen gibt es auf Anfrage.

Mai – Okt ist das rotzfreche Spielmobil schwer bepackt mit tollen Spielgeräten in der Stadt unterwegs. Termine unter www.spielmobil-darmstadt.de.

Spielen und Rodeln im Bürgerpark

Alsfelder Straße, 64289 Darmstadt. tourist@darmstadt.de. Eingang Ostseite von der Kranichsteiner Straße, Eingang zu den Sportplätzen von der Alsfelder Straße. **Bahn/Bus:** Bus 4, 5 bis Eissporthalle. **Auto:** In der Nähe des Messegeländes, neben dem Nordbad; großer Parkplatz, ausgeschildert. **Zeiten:** frei zugänglich.

▶ Dieser wiesenreiche Park ist etwas für sportlich Aktive: Tennis, Volleyball, Badminton, Basketball … hier gibt es jede Menge Sportplätze, die jeder kostenlos benutzen darf. Im **Südteil** des Bürgerparks gibt es einen Wasserspielplatz für die Kleinen, im **nördlichen** Teil einen Spielplatz mit Seilbahn für ältere Kinder. Ebenfalls bestens geeignet ist der große Park, um im Sommer auf der Wiese zu picknicken oder zu spielen, fernab von Straßen das Radfahren zu üben oder im Herbst Drachen steigen zu lassen. Sogar wenn Darmstadt ausnahmsweise mal winterlich weiß ist, ist hier allerhand los: Dann geht's in rasender Abfahrt mit dem Schlitten den Schuttberg hinunter.

Hunger & Durst

Zum Scheinheiligen, Kastanienallee 4, Darmstadt. ✆ 06151/711163. www.bayerischer-biergarten.de. Mai – Sep täglich ab 11, sonst 11.30 – 14 und ab 17, So ab 11.30 Uhr durchgehend. Am Rande des Bürgerparks Nord. Im Sommer Selbstbedienung und Schattenplätze unter Bäumen, Spielplatz und kleines Tiergehege. Bayerische Spezialitäten.

Kinder- und Jugendfarm Darmstadt e.V.

Maulbeerallee 59, 64291 Darmstadt-Arheilgen. ✆ 06150/781954 (Helga Feyerabend), www.kinderfarm-darmstadt.de. m.feyerabend@gsi.de. **Bahn/Bus:** Straba 6, 7, 8 Gleisschleife Merck. **Auto:** Vom Herrngarten via Frankfurter Straße, am Südrand von Arheilgen rechts in die Maulbergallee. **Rad:** Vom Ostbhf via Jagdschloss und Eisenbahnmuseum Kranichstein. **Zeiten:** Mi, Fr, Sa 15 – 18 Uhr, Di – Fr 9.30 – 12.30 Uhr für Kindergärten und Schulklassen. **Preise:** 2 € pro Person; Mitgliedschaft 120 €/Jahr; Mitgliedschaft Familien 150 €/ahr. **Infos:** Auch Angebote für Schulklassen und Kindergartengruppen, zwei Betreuerinnen.

Happy Birthday!
Geburtstag Mi, Fr und Sa, 15 – 18 Uhr 3 €, mit Ponyreiten 5 € pro Kind.

▶ Das ist eine spannende Mischung aus Naturerlebnisraum und Abenteuerspielplatz: Auf dem weitläufigen Gelände findet ihr Koppeln, Schafweiden, ein Feuchtbiotop und einen Garten. Hier sind Ponys, Esel, Hasen, Ziegen, Schafe, Katzen, Meerschweinchen und Hühner zu Hause. Ihr könnt auf Ponys reiten, auf dem Tastpfad gehen, Tiere füttern, im Garten säen und ernten, Hütten bauen, Feuer machen, im Schlamm matschen und vieles, vieles mehr.
Die Kinder- und Jugendfarm hält die Tiere artgerecht und stellt eine Station im Rahmen des Kinder-Umwelt-Diploms des Umweltamtes Darmstadt dar.

Eislaufen

Eissporthalle Darmstadt

Alsfelder Straße 45 (Bürgerpark Nord), 64289 Darmstadt. ✆ 06151/77790, Fax 6696036. www.eishalle-darmstadt.de. info@eishalle-darmstadt.de. Im Norden der Stadt bei Nordbad und Bayerischem Biergarten. **Bahn/Bus:** Straba 4, 5 Eissporthalle. **Auto:** Vom Herrngarten Frankfurter Straße, nach circa 800 m rechts in Alsfelder Straße; Parkplätze beim Nordbad und Messplatz. **Zeiten:** Ende Sep – Ende März Mo – Fr 8.30 – 16.30 Uhr, Mi 19 – 21, Fr 19 – 23 (Disco on Ice), Sa 13.45 – 23 (ab 19 Uhr Disco on Ice), So 10 – 17.30 Uhr (Kinder Disco ab 15 Uhr). **Preise:** 5 €, 5er-Karte 22,50 €, Feierabendpreis 19 – 21 Uhr 2,50, Disco on Ice 5,50 €; Kinder 6 – 17 Jahre 3,50, 5er-Karte 15 €; Ermäßigung für Kindergärten und Schulklassen. **Infos:**

Schlittschuhverleih 3,50 €, Schlittschuhschleifen 4,50 €, Laufhilfen für Kinder 2,50 €.

▶ Ist das nicht herrlich, so elegant übers Eis zu flitzen? Wenn ihr ein bisschen übt, könnt ihr bestimmt sogar rückwärts fahren oder eine Drehung machen.

Tiere und Pflanzen erkunden

UMWELT ERFORSCHEN

Dromedar, Tapir & Co.

Tiergarten Vivarium Darmstadt, Schnampelweg 4, 64287 Darmstadt. ✆ 06151/133394 (Infolinie), 41002 (Förderverein Kaupiana), Fax 133393. www.zoo-darmstadt.de. vivarium@darmstadt.de. Am Südostrand Darmstadts. **Bahn/Bus:** Vom Hbf Bus K Richtung TU-Lichtwiese bis Botanischer Garten/Vivarium. **Auto:** Via Rhein-, Neckar- und Heinrichstraße. **Rad:** Vom Großen Woog Radweg 13. **Zeiten:** März, Oktober 9 – 18, April – Sep 9 – 19, Nov – Feb 9 – 17 Uhr, Streichelzoo täglich ab 10 Uhr, **Fütterungszeiten:** Totenkopfaffen 15.15, Schopfmakaken 15, Piranhas Di, Sa 14.30 Uhr. **Preise:** 4,50 €; Kinder 2 – 18 Jahre 1,50 €; Schüler 1,50 €, Studenten, Gruppen ab 15 Pers, Rentner ohne Seniorencard 3,50 €, Ferienspiele 10 €, freier Eintritt für Mitglieder

Skippy: Das kleine Wallaby kann sich bequem auf seinen dicken Schwanz setzen

Foto: Alice Selinger

DARMSTADT

des *Fördervereins Kaupiana,* Jahresbeitrag 19 €, Kinder bis 18 Jahre 5 €, preiswerter Familienbeitrag. **Infos:** Interessante Vorträge, regelmäßig Themenführungen, Zoo-Eintritt mit Führung 3 €, telefonische Anmeldung erwünscht, aktuelle Termine im Schaukasten am Eingang des Vivariums.

▶ Das weiße Kamel liegt auf dem Rücken und sonnt sich genüsslich, die Stachelschweine machen sich grunzend über ihr Gemüse her – wenn ihr gerne Tiere beobachtet, ist das Vivarium ein tolles Ausflugsziel für euch. Der Name ist ungewöhnlich, aber das lateinische Wort *Vivarium* bezeichnet einfach eine Anlage zur Haltung lebender Tiere. Es ist also nichts anderes als ein Zoo. Mehr als 700 Tiere aus über 150 Arten leben hier. Die Gehege sind geräumig, artgerechte Lebensbedingungen sind das Ziel. Es gibt Yaks aus Tibet, Totenkopfäffchen, Zebras und Hausesel, vorlaute Papageien und glatzköpfige Geier zu sehen. Im Vivarium seht ihr auch einige Tiere, die in deutschen Tiergärten ganz selten sind, wie die Seychellen-Riesenschildkröte, die Krokodilschwanz-Höckerechse, der Mönchsgeier, der Kleine Vasapapagei, die Schopfmakake und der Binturong – klingt interessant, oder?

Ein großes **Affenhaus** und das **Vivarium** mit Schlangen, Echsen und Fischen sind weitere Höhepunkte, die auch im Winter Spaß machen, denn hier drin ist es immer warm. Im **Vogelhaus** befindet sich ein großer, wettergeschützter Sandspielkasten. Die kleinen Ziegen dürft ihr in einem **Streichelgehege** anfassen. Und den Kängurus aus Australien kommt ihr in der begehbaren Känguru-Anlage ziemlich nahe!

Zwei Stunden solltet ihr für das große Gelände mindestens Zeit haben.

Bioversum Kranichstein

Museum biologischer Vielfalt, Zeughaus Jagdschloss Kranichstein, Kranichsteiner Straße 253, 64289 Darmstadt. ✆ 06151/97111888, Fax 97111889. www.bio-

Hunger & Durst

Ristorante Vivarium, Schnampelweg 4, Darmstadt. ✆ 06151/47651. 11.30 – 15 und 18 – 24 Uhr, Mo Ruhetag. Neben dem Besuchereingang. Größere Mahlzeiten ab 10 €, Pizza und Pasta, Wiener Schnitzel und Kindergerichte.

Hunger & Durst

Snacks gibt's im **Café Eulenpick** rechts neben der Kasse, dort sind auch Toiletten vorhanden. Auf dem Gelände verteilt stehen Picknicktische.

Um die Ecke liegt der ➚ Botanische Garten.

versum-kranichstein.de. anfrage@bioversum-kranichstein.de. **Bahn/Bus:** Ab Hbf Bus H bis Kesselhutweg, 10 Min Fußweg. Bus U bis Jagdschloss. **Auto:** Parkplatz vorhanden. **Zeiten:** Di – Sa 11 – 17, So, Fei 10 – 18 Uhr. Programme für Kindergarten- und Schulgruppen nach Vereinbarung auch außerhalb der Öffnungszeiten. **Preise:** 3 €; Kinder, Schüler, Studenten, Senioren und Behinderte 2 €; Schulklassen 1 €, Familienkarte 9 €. Kombikarten Bioversum und Jagdmuseum erhältlich. **Infos:** Besucherlabor: jeden So, 2 €, Anmeldung erwünscht.

▶ In diesem Forschungslabor mitten in einem Buchenwald könnt ihr so richtig was erleben und entdecken! Wisst ihr zum Beispiel, was japanischer Knöterich ist oder ein Riesenbärenklau?
In einer Ausstellung könnt ihr wie durch ein Vergrößerungsglas in einer Vitrine ein Stück Buchenwald beobachten. An 17 Themenstationen könnt ihr Mikroorganismen, Pilze und die verschiedenen Stockwerke des Waldes einmal genauer anschauen. Außerdem erfahrt ihr, was für Tricks eine Pflanze anwendet, um die ganze Welt zu sehen, oder wie neue Tiere bei uns ankommen und wie sie sich heimisch fühlen. Immer wieder finden Exkursionen, Familien- und Aktionstage statt, die großen Spaß bringen.

Happy Birthday!
Mit deinen Freunden kannst du hier einen richtigen Forschergeburtstag verbringen. Dauer ca. 2,5 Std, bis 15 Kinder 6 – 12 Jahre. 120 € pro Gruppe, Essen und Getränke können mitgebracht werden. Bitte 2 Wochen vorher anmelden!

Auf Wiesen und Pfaden

Streuobstwiesenzentrum

Freundeskreis Eberstädter Streuobstwiesen e.V., Steckenbornweg 65, 64297 Darmstadt-Eberstadt.
✆ 06151/53289, Fax 9518958. www.streuobstwiesen-eberstadt.de. zentrum@streuobstwiesen-eberstadt.de. Im Osten von Eberstadt. **Bahn/Bus:** Straba 1 (Mo – Fr), 7, 8 Carl-Ulrich-Straße, diese hinauf in den Langeweg, am Ende über den Fußgängerweg weiter und hinter den Häusern links 300 m Richtung Wald. **Auto:** Von Heidelberger Straße am Nordrand von Eberstadt in Carl-Ulrich-

Straße und Langeweg, ab dort zu Fuß. **Rad:** Vom Großen Woog zuerst auf Radweg 13, dann 15.

Naturkindergarten Am Streuobstwiesen-Zentrum, Darmstadt. ✆ 06151/53289. www.streuobstwiesen-eberstadt.de. Mo – Fr 8 – 13.30 Uhr. Ab 12.30 Uhr Mittagessen zu 3 €, Gebühr pro Monat 150 €. Darmstädter Kindern vorbehalten. Handy 0162/6540436 (8 – 14 Uhr).

▶ Der *Freundeskreis Eberstädter Streuobstwiesen* engagiert sich seit 1995 für die Erhaltung der Streuobstwiesen im Eberstädter Osten durch Neuanpflanzungen, die Pflege und Beweidung bestehender Obstwiesen und ein »Apfelsaftaufpreisprojekt« – Bioland-Apfelsaft wird gekeltert und verkauft. Der Verein, der mit der *Deutschen Waldjugend* kooperiert, hat ein Zentrum mit Schwerpunkt Umweltpädagogik aufgebaut und bietet zu bestimmten Terminen naturfreundliche Nachmittags- und Wochenendveranstaltungen für Kinder 5 – 13 Jahre, mehrtägige Ferienspiele, 2,5-stündige Naturerlebnisprogramme für Schulklassen und Kindergartengruppen sowie Geburtstagsfeiern an. Auch die ganz Kleinen kommen nicht zu kurz, sie können als 2- bis 3-jährige »Maulwürfe« an mehreren Tagen in der Woche (Mi, Do, Fr 8.30 – 12.30 Uhr) in den Eberstädter Streuobstwiesen auf Entdeckungstour gehen. Außerdem gibt es noch die festen **Kinder- und Jugendgruppen,** die sich einmal wöchentlich (außer in den Ferien) im Streuobstwiesenzentrum treffen. Die Aktivitäten sind allesamt so aufgebaut, dass die jungen Naturforscher sich das Wissen zu bestimmten Themen aktiv-spielerisch aneignen. Da werden Hütten und Nistkästen gebaut, Apfelsaft gekeltert, Eichelkuchen gebacken, geritten oder Schlitten gefahren, Bergrettung gespielt oder einfach nur geklettert. Wie nah uns die Natur sein kann, erfahren die Kinder beim Zubereiten von Brennesselsalat und Löwenzahnhonig, beim Papier schöpfen und Wolle filzen. Beliebt sind auch die selbst gemachte Holunderbowle und der Spitzwegerichsirup. Zum Programm gehören ferner das Schafschurfest (Mai), das Honigfest (August) und das Kelterfest (Oktober).

Darf krumm sein: Auf Streuobstwiesen dürfen die Äpfel noch wachsen wie ihnen der Schnabel gewachsen ist

Foto: Annette Sievers

Jagdkundlicher Lehrpfad am Jagdschloss Kranichstein

64289 Darmstadt-Kranichstein. info@jagdschloss-kranichstein.de. **Länge:** 6 km, markierter flacher Rundweg, leichte, kinderwagentaugliche Waldwanderung, Plan am Jagdschloss Kranichstein, ausgeschildert. **Bahn/Bus:** ↗ Jagdschloss Kranichstein.

▶ Mit etwas Glück werden euch Hirsche, Wildschweine oder Rehe über den Weg laufen, denn das Gebiet ist sehr wildreich. Etwa 2 Stunden braucht ihr zu Fuß für den jagdkundlichen Lehrpfad, der gut mit Kinderwagen begangen werden kann, da er ganz eben ist. Es ist auch eine schöne Strecke mit dem Rad. Auf vielen Infotafeln erfahrt ihr alles rund um die Jagd: Welche Methoden es früher gab, um Hirsche und Wildschweine zu erlegen, wie viele Menschen an einer Jagd teilnahmen, was sie zu tun hatten und vieles mehr.

Es gibt an diesem Lehrpfad die **Wildbeobachtungsstation Rottwiese,** (Speierhügelschneise, Ecke Dörrwiesenschneise). In der Morgen- oder Abenddämmerung solltet ihr mal hierher kommen! Ihr müsst ganz leise sein, wenn ihr zu der hölzernen Aussichtsplattform lauft, die wie ein riesiger Hochsitz aussieht. Wenn ihr eine Weile ruhig sein und ganz still sitzen könnt, seht ihr vielleicht Wildschweine oder sogar das imposante Rotwild, das größte Wild in dieser Region. Ein Fernglas bringt es euch ganz nah ran.

Hunger & Durst

Ristorante Pizzeria Reiterschänke da Vito, Kranichsteiner Straße 252, Darmstadt-Kranichstein. ✆ 06151/669606. Di – So 11.30 – 14.30 und 18 – 23.30 Uhr. Mit Biergarten, Blick in die Pferdeställe möglich. Italienische Küche.

Kleine und große Loks

HANDWERK UND GESCHICHTE

Bitte einsteigen! – Die Roßdorfer Garteneisenbahn

REC Roßdorfer Eisenbahnclub 1983 e.V., Alter Bahnhof Roßdorf, Holzgasse 7, 64380 Roßdorf. www.rossdorfer-eisenbahnclub.com. lutz.chico@t-online.de. **Bahn/Bus:** ab ↗ Darmstadt Hbf Bus 672 bis Roßdorf Diebur-

Tuff, tuff, tuff: Die Fahrt mit der Garteneisenbahn erfreut große und kleine Besucher

© Roßdorfer Eisenbahnclub

ger Straße. **Auto:** B26 Ausfahrt nordwestlich von Roßdorf, via Darmstädter Straße ins Zentrum, dort Alte Bahnhofstraße, Holzgasse. **Zeiten:** April – Okt 3. So im Monat, Aug auch 3. Sa (Roßdörfer Ortskernfest) mit Nachtfahrten, Termine der öffentlichen Fahrtage ↗ Internetseite. **Preise:** 0,50 € pro Fahrt.

▶ Der Club hat auf dem ehemaligen Bahngelände hinter dem alten Roßdorfer Bahnhof eine Gartenbahn Spur 5 (127 mm) eingerichtet. Auf der 550 Gleismeter langen Fahrstrecke mit 13 Weichen verkehren Dampf-, Elektro- und Benzinloks. Nicht nur Kinder dürfen auf den kleinen Wagen mitfahren – aber diesen bereitet das besonders großen Spaß. Der Rangier- und Abstellbereich misst etwa 100 m, der Modellmaßstab der Fahrzeuge beträgt bei den Regelspur- 1:11 und bei den Schmalspurmodellen 1:8. Des Weiteren ist die Gartenbahn mit Schiebebühne, Lokschuppen, zwei aufgeständerten Lade- und Anheizgleisen und Ölbunker ausgestattet.

Dampfloks im Eisenbahnmuseum Kranichstein

Museumsbahn e.V., Steinstraße 7, 64291 Darmstadt-Kranichstein. ✆ 06151/376401 (Info), 377600, Fax 377600. www.bahnwelt.de. info@bahnwelt.de. Nahe Bhf Kranichstein. **Bahn/Bus:** RB 63 Darmstadt Hbf – Babenhausen, Bhf Kranichstein, Straba 4, 5 Bhf Kranichstein. **Auto:** Kranichsteiner, dann Jägertorstraße. **Rad:** Vom Ostbhf über Steinbrücker Teich und Jagdschloss Kranichstein. **Zeiten:** So, Fei 10 – 16 Uhr, April – Sep auch Mi 10 – 16 Uhr, Weihnachten und Neujahr geschlossen. **Preise:** 5 €, Dampftage 6 €, Kranichsteiner Bahnwelttage 14 €, Dampflokfest 8 €; Kinder 4 – 14 Jahre 2,50 €, Dampftage 3, Kranichsteiner Bahnwelttage 7 €, Dampflokfest 4 €; Familien (2 Erw, 3 Kinder) 12,50 €, Dampftage 15, Kranichsteiner Bahnwelttage 32 €, Dampflokfest 20 €; Gruppenermäßigung ab 10 Pers, vorher anmelden. **Infos:** Sonderführungen nach Vereinbarung 14 Tage vorher; Jahresprogramm im Internet sowie als Faltblatt im Museum erhältlich; Cafeteria im Museum und Spielplatz in der Nähe.

▶ Wenn ihr euch für Lokomotiven begeistert, seid ihr hier genau richtig. 13 historische Dampf-, 15 Diesel- und vier Elektrolokomotiven, zwei Triebwagen und mehr als 150 Wagen haben die begeisterten Eisenbahnfreunde hier versammelt. Die ältesten Dampfloks stammen sage und schreibe von 1887 und 1893!

Alle sind sie schrottreif hierher gekommen. Einige wurden in mühevoller Kleinarbeit wieder instand gesetzt und können nun bestaunt werden. Die gewaltigen, über 100 t schweren schwarzen Stahlrösser sind schon eindrucksvoll. Sie stehen teils in einem echten alten Lokschuppen (die sind an normalen Öffnungszeiten geschlossen!), teils auf den Gleisanlagen. Das Gelände ist ein Bahnbetriebswerk von 1898. Selbst die Kräne, mit denen einst die Kohlen für die Dampfkessel auf die Loks geladen wurden, stehen noch. Zusätzlich gibt es alles Mögliche zu sehen, was das Herz eines Eisenbahn-Liebhabers höher schlagen lässt: alte Fahrpläne, Signalanlagen, Uniformen, ein Stellwerk, eine Schmiede, eine Fahrkartendruckerei und ganz große **Modelleisenbahnen,** für die es sogar einen Extrazug gibt, den *MoBaTrain.* Aufregend wird es an den monatlichen **Dampftagen** (April – Sep, 1. So im Monat): Dann lernt ihr nämlich eine Dampflokomotive bei vollem Betrieb kennen und

Modellbahnfans schwärmen vom **MoBaTrain,** zu dem 6 geräumige Wagen gehören, von denen zwei zu auswärtigen Festen fahren können. Im 26,4 m langen Wagen 54120 ist seit 1985 eine bestaunenswerte H0-Modelleisenbahn zu Hause. Auf 18,50 x 1,80 m gibt es 5 Bahnhöfe, 3 Brücken und mehrere Tunnels, die Gleise sind 200 m lang und liegen auf echtem Schotter. 24 Züge können vollautomatisch fahren. Der Star der Kinder ist der ICE. In Aktion ist der MoBaTrain an den Kranichsteiner Eisen- und Modellbahntagen. Weitere Infos ↗ www.mobatrain.de.

Mitfahrt auf dem Führerstand

© Museumsbahn e.V.

könnt sogar zum Lokführer hinaufsteigen. Spitze sind die **Kranichsteiner Bahnwelttage** mit ihrem großen Sonderprogramm (Mitte Mai Do – So), das an einem Wochenende Mitte September stattfindende **Dampflokfest** und die **Kranichsteiner Modellbahntage,** an denen die Möglichkeit besteht, die tollen Modellbahnen zu sehen (3 Tage in der letzten Dezemberwoche). Schließlich unternimmt das Eisenbahnmuseum eine Reihe von Sonderfahrten mit seinen dampfenden Oldies, z.B. auf der Hausstrecke von Darmstadt-Ost zum Bessunger Forsthaus (4,7 km, Dauer 15 Minuten), außerdem auf anderen Strecken.

Auf der Mathildenhöhe

In luftiger Höhe: Der Hochzeitsturm

Olbrichweg 13, 64287 Darmstadt-Mathildenhöhe. ✆ 06151/7010087, www.hochzeitsturm.de. mathildenhoehe@darmstadt.de. **Bahn/Bus:** Bus F bis Mathildenhöhe/Lucasweg. **Auto:** Vom Darmstädter Schloss via Alexanderstraße und Dieburger Straße. **Zeiten:** März – Okt Di – So 10 – 18, Nov – Feb Do – So 10 – 18 Uhr. **Preise:** 3 €; Kinder ab 12 Jahre 2 €; Rentner, Schwerbehinderte, Studenten 2 €.

▶ Dieser ungewöhnliche Turm mit den fünf eigenartigen Zinnen ist das Wahrzeichen Darmstadts. Er war ein Hochzeitsgeschenk. Die Stadt Darmstadt schenkte ihn ihrem *Großherzog Ernst Ludwig von Hessen,* anlässlich dessen Hochzeit mit *Prinzessin Leonore zu Solms-Hohensolms-Lich* am 2. Februar 1905. Gebaut wurde der Turm aus dunkelrotem Klinker

1906 – 08 nach Plänen von **Joseph Maria Olbrich.** Wegen seiner Spitze wird er auch Fünffingerturm genannt. Von der Aussichtsplattform im 7. Stock auf 48,5 m Höhe bietet sich nicht nur ein herrlicher Blick auf Darmstadt, auch die Skyline von Frankfurt und die Hügel von Taunus und Odenwald sind bei gutem Wetter zu sehen. Die Plattform ist noch bis Ende Oktober 2011 wegen Renovierung geschlossen. Das Innere des Turms ist jedoch geöffnet. Im Foyer sind zwei Mosaiken des Grafikers Friedrich Wilhelm Kleukens zu sehen. Die Reste des Hochzeitskuchens von 1905 sind in einer Originalschachtel ausgestellt.

*Der Wiener Architekt **Joseph Maria Olbrich** (1867 – 1908) war einer der berühmten Kreativen der Künstlerkolonie auf der Mathildenhöhe. Sie war 1899 durch Großherzog Ernst Ludwig von Hessen-Darmstadt ins Leben gerufen worden, um Kunst, Handwerk und Wirtschaft zu fördern.*

Museum Künstlerkolonie

Ernst-Ludwig-Haus, Olbrichweg 13, 64287 Darmstadt-Mathildenhöhe. ✆ 06151/133-385, Fax 133-739. www.mathildenhoehe.info. mathildenhoehe@darmstadt.de. **Bahn/Bus:** Bus F bis Mathildenhöhe/Lucasweg. **Auto:** Stadtmitte, Ausschilderung Mathildenhöhe. **Zeiten:** Di – So 10 – 17 Uhr. Öffentliche Führung 1. So im Monat 13 Uhr. **Preise:** 5 €; Kinder bis 6 Jahre frei, Schulklassen frei, Schüler 3 €; Behinderte, Studenten, Wehrdienstleistende, Gruppen ab 10 Personen 3 €. **Infos:** Öffentliche Führung im Eintrittspreis enthalten.

▶ Das Ernst-Ludwig-Haus wurde vor über 100 Jahren als *Tempel der Arbeit* gebaut. Damals befanden sich in diesem Gebäude die Ateliers, in denen Künstler gemeinsam an der Verschönerung der Welt arbeiteten. Alles hatte im Jahr 1899 begonnen, als der Großherzog Ernst Ludwig von Hessen auf der Mathildenhöhe eine Künstlerkolonie gründete. Er holte junge, dennoch bereits berühmte Maler, Bildhauer und Architekten nach Darmstadt, um den Wohlstand Hessens zu fördern. Das Atelierhaus würde von dem künstlerischen Leiter der Darmstädter Künstlerkolonie, dem Jugendstil-Architekten *Joseph Maria Olbrich* entworfen. Die beiden riesigen steinernen Skulpturen vor dem Eingang stellen Adam und Eva dar. Heute können hier Möbel, Geschirr, Schmuck und vieles

Hunger & Durst

Café-Restaurant Mathildenhöhe, Sabaisplatz 1, Mathildenhöhe. ✆ 06151/422109. www.alacarte-mathildenhoehe.de. Di – So 10 – 19, bei Ausstellungen Do bis 21 Uhr, Sommerterrasse Do – Sa 10 – 21 Uhr. Saisonale Küche, Kaffee und Kuchen.

mehr, was die Darmstädter Künstler entwarfen, bewundert werden.

Museen

Ein buntes und schiefes Haus

Waldspirale, Bad Nauheimer Straße, 64287 Darmstadt. ✆ 069/405625729, www.darmstadt-marketing.de. information@darmstadt.de. Bürgerparkviertel, am nördlichen Stadtrand. **Bahn/Bus:** Straba 4, 5 bis Messplatz. **Zeiten:** Nur von außen zu besichtigen, jedoch Führungen von der Wissenschaftsstadt Darmstadt Marketing GmbH, ✆ 06151/134513.

▶ Wenn ihr dieses Haus anseht, werdet ihr merken, dass es sehr ungewöhnlich ist. Über hundert Wohnungen sind in dem Gebäude untergebracht. Der Künstler **Friedensreich Hundertwasser** (1928 – 2000) wollte in seinen Bauten Mensch und Natur zusammen bringen und von den üblichen Baunormen und eckigen Grundrissen abweichen. Die unregelmäßigen Fenster, die ihr an der Waldspirale seht, empfand er als Befreiung »von der pfeilgeraden Linie«. Er liebte ungewöhnlich bunte Farben, runde Formen und grüne Innenhöfe. Selbst auf dem Dach wachsen Pflanzen.

Halali: Jagdschloss Kranichstein

Stiftung Hessischer Jägerhof, Kranichsteiner Straße 261, 64289 Darmstadt-Kranichstein. ✆ 06151/971118-0, Fax 971118-18. www.jagdschloss-kranichstein.de. info@jagdschloss-kranichstein.de. **Bahn/Bus:** Straba 4, 5 Siemensstraße, dann Bus U bis Jagdschloss Kranichstein. **Auto:** L3097 Richtung Messel, kurz hinter Kranichstein auf der rechten Seite. **Rad:** Vom Großen Woog via Fiedler- und Seitersweg zum Bernard-Sälzer-Platz, dann 1,7 km auf R8 entlang den Bahngleisen nach Norden, nach rechts in den Wald und auf den R18 abbiegen, der nach 2,6 km zum Jagdschloss Kranichstein führt. **Zeiten:** April – Okt Mi – Sa 13 – 18, So, Fei 10 – 18 Uhr; Nov – März Mi – Sa 14 – 17, So, Fei 10 – 17 Uhr; So öffentliche Führungen mit thematischem Schwerpunkt. **Preise:** 3 €; Kinder 6 – 18 Jahre 2 €, Kinderführungen 5 € pro Person, Gruppen/ Schulklassen 1 € pro Person; Schüler, Studenten, Behinderte 2 €, Familie 7,50 €. **Infos:** Veranstaltungskalender ↗ Internet.

Kleine Bude für den herrschaftlichen Ausflug: Jagdschloss Kranichstein
Foto: Alice Selinger

▶ Die Landgrafen von Hessen-Darmstadt jagten häufig in den dichten Wäldern um Darmstadt, in denen es viel Wild gab. Sie übernachteten im Jagdschloss Kranichstein vor den Toren der Stadt, wenn sie auf die **Jagd** gingen. Ihr könnt sehen, wie sie gewohnt haben und wie bedeutend die Jagd damals war. Für dieses Vergnügen wurde sehr viel Aufwand betrieben, es kostete Unmengen. Mehrere Angestellte kümmerten sich zum Beispiel nur um die Hundemeute, die das Wild hetzte. Schicke Uniformen wurden für die Jagd genäht, teure Waffen angefertigt, Pferde abgerichtet. Viele Adlige waren im 18. Jahrhundert geradezu jagdbesessen, manche machten wegen ihres teuren Hobbys sogar Pleite.

Im Museum dreht sich alles um die Geschichte der Jagd: Das beginnt in der Steinzeit und reicht bis in die Gegenwart. Zu sehen sind Waffen und Trophäen, dazu Schautafeln mit viel Text. Doch nicht nur um die Jagdlust der Adligen, die das Töten der Tiere als sportliche Beschäftigung sahen, geht es hier. Auch über die Jagd der armen Leute, die das Fleisch zum Überleben brauchten, und über die Jagd in unseren Tagen erfahrt ihr einiges in durchaus kritischen Texten. ↗ **Jagdkundlicher Lehrpfad.**

*Besonders vom Jagdfieber gepackt war Ludwig VIII. von Hessen, er wurde deshalb auch der **Jagdlandgraf** genannt: 1753 erlegte er in nur 19 Tagen 61 große Hirsche. Er ließ auch Hirschkälber einfangen und abrichten, sodass er sie vor seine Kutsche spannen konnte.*

Für Kinder wird viel geboten, z.B. Führungen mit dem Kranichsteiner Schlossgespenst (ab 5 Jahre), Entdeckungsreisen um den Weiher des Schlossgartens oder den **Backhausteich.** Zu Letzterem gelangt ihr hinter dem Jagdschloss; hier leben Enten, Gänse und Reiher. Auch dieser Teich wurde nur für die Jagd angelegt.

Im Jagdschloss gibt es ein luxuriöses Hotel und das Restaurant Kavaliersbau, doch zum Einkehren empfehlen wir euch den Biergarten der ↗ **Reiterschänke da Vito** auf der anderen Straßenseite.

*Das **Hessische Landesmuseum Darmstadt,** Friedensplatz 1, ist wegen Sanierung und Erweiterungsmaßnahmen bis voraussichtlich 2012 geschlossen. Das pädagogische Programm des Museums wird in den Außenstellen und in der Galerie der Schader-Stiftung möglichst aufrecht erhalten. Informationen und Termine im Kalendarium unter www.hlmd.de.*

Vom Setzen und Drucken: Wie früher Bücher gemacht wurden

Hessisches Landesmuseum: Abteilung Schriftguss, Satz und Druckverfahren, Dr. Mechthild Haas, Kirschenallee 88, 64293 Darmstadt-Innenstadt. ✆ 06151/165703, Fax 28942. www.hlmd.de. info@hlmd.de. **Bahn/Bus:** Bus R bis Mainzer Straße. **Zeiten:** Di – Sa 10 – 17, Mi 10 – 20, So 11 – 17 Uhr. Vorführungen durch die ehrenamtlichen Mitarbeiter Di und Fr 10 – 12, Do 15 – 17 Uhr sowie am letzten Sa des Monats 14 – 17 Uhr. **Preise:** 2,50 €; Kinder bis 6 Jahre und Schüler frei; Gruppen ab 10 Personen 1,20 €, Familien (2 Erw, alle Kinder) 5 €. **Infos:** Führungen für Schulklassen 50 € nach Absprache unter ✆ 06151/165741. Infos im Internet unter Museum, Außenstellen.

▶ Heute werden Bücher mit einem Computer hergestellt. Am Computer werden die Texte geschrieben und später auch die Überschriften größer gemacht und Bilder hinzugefügt. Früher funktionierte das Drucken ganz anders. Es war eine schwierige und anstrengende Arbeit. Die Buchstaben waren aus Holz oder Blei. Sie mussten einzeln in einem Setzkasten zu Worten zusammengesetzt werden, deshalb dauerte es sehr lang, ein Buch zu machen. Die Setzer waren sehr geschickte Menschen, die unglaublich schnell arbeiteten. Sie brauchten dafür aber eine lange Ausbildung und viel Berufserfahrung. Die Druckmaschinen waren gewaltige, teils laut ratternde Kolosse. In diesem Museum sind viele verschiedene Druckmaschinen ausgestellt. Das Tolle ist, dass sie auch vorgeführt werden. Ehemalige Drucker betreuen das Museum, sie können euch viel über ihren interessanten Beruf erzählen.

Kindertheater

Kindertheater im großen Haus

Staatstheater Darmstadt, Theater im Kontakt, Georg-Büchner-Platz 1, 64283 Darmstadt. ✆ 06151/2811-314, 2811-313, Fax 281177314. www.staatstheater-darmstadt.de. theaterimkontakt@staatstheater-darmstadt.de. **Bahn/Bus:** Vom Luisenplatz 5 Min zu Fuß via Sandstraße. **Auto:** Neckar-, dann Hügelstraße/Georg-Büchner-Anlage; Parkplatz neben dem Staatstheater. **Preise:** Kindervorstellungen 5 – 10 €; Mitgliedschaft Klub Theaterkiste für eine Spielzeit 14 €. **Infos:** Zu Eintrittspreisen ✆ 06151/2811-600, zu Abos ✆ 2811-213; für den Klub Theaterkiste frühzeitige Anmeldung erforderlich.

▶ Zwar ist das Staatstheater nach wie vor hauptsächlich die große Bühne der Erwachsenen, doch Kinder können hier jede Menge Kinderkonzerte, Musicals und sogar Kinderopern erleben. Außerdem gibt es noch den Klub *Theaterkiste* für Kinder 5 – 13 Jahre. Deren Mitglieder dürfen sogar einen Blick hinter die Kulissen werfen, können Proben der Kindervorstellungen sehen und gemeinsam jede Menge Theater erleben.

Kikeriki-Theater

Comedy Hall, Roland Hotz, Heidelberger Straße 131, 64285 Darmstadt-Bessungen. ✆ 06151/964260, 964266 (Vorverkauf, Kartenbestellungen, Anfragen), Fax 964261. www.kikeriki-theater.de. verwaltung@comedyhall.de. **Bahn/Bus:** Straba 6 – 8, Bus R bis Landskronstraße. **Auto:** Parkplatz Heinrich-Heine-Schule, Donnersbergring 69. **Zeiten:** Okt – Mai 1 x pro Woche, fast immer So 15 Uhr, manchmal auch an anderen Tagen; Gruppenvorstellungen für Kindergarten- und Grundschulgruppen nach Absprache auch außerhalb des Spielplans. **Preise:** Kindertheater 5 €/Person. **Infos:** Bei Kindertheater gelten für Erw und Kinder die gleichen Eintrittspreise; Programm ↗ Internet.

▶ Das Kikeriki-Theater spielt Stücke für Kinder ab 3 Jahre, vom Märchen über Kasperlegeschichten bis zu pädagogisch Anspruchsvollem. Dies ist ein ganz spezielles Theater: Jeden Monat gibt es ein anderes Stück aus Puppentheater, Handpuppenspiel oder Theater mit Puppen und Menschen. Entsprechend häufig sind die Vorstellungen ausverkauft, deshalb solltet ihr euch möglichst frühzeitig Tickets beschaffen!

Hunger & Durst

Comedy Hall-Lokal, Heidelberger Straße 131, Darmstadt. ✆ 06151/964280. Mo – Sa 17.30 – 1 Uhr. Spezialitäten aus der hessischen Küche.

Theater im Schlösschen im Prinz-Emil-Garten

Nachbarschaftsheim Darmstadt e.V., Heidelberger Straße 56, 64285 Darmstadt-Bessungen. ✆ 06151/63278, Fax 663647. www.nbh-darmstadt.de. info@nbh-darmstadt.de. **Bahn/Bus:** Straba 6 (Mo – Fr), 7, 8 Prinz-Emil-Garten. **Auto:** Heidelberger Straße. **Zeiten:** Vorverkauf Mo – Fr 8 – 13 Uhr; Vorstellung häufig So 11 und 15 Uhr, auch Mo und Mi. **Preise:** Kinder ab 3 Jahre je nach Veranstaltung 1,50 – 4 €. **Infos:** Im Schlösschen halbjährliches Programmheft *Kinder-Kultur Schlösschen im Prinz-Emil-Garten Darmstadt* mit Kurzbeschreibungen der Stücke und Kinderfilme erhältlich.

▶ Im Schlösschen – eine der Hochburgen der Darmstädter Kinderkulturszene – wird regelmäßig Puppen- und Clownstheater für Kinder von 3 – 12 Jahre vorgeführt. Außerdem gibt es Lesungen für Kinder, ↗ Kinderkino und Veranstaltungen im Rahmen der Ferienspiele zu Ostern, im Sommer und im Herbst, sowie an Fasching.

Nachbarschaftsheim Darmstadt: halbjährlicher Veranstaltungskalender mit Terminen wie Kinderfasching und -flohmarkt, Bücherfrühling sowie Kursen.

Die Bergstraße bildet den Übergang von der flachen Rheinebene zu den Höhen des Odenwaldes. In dieser sonnenverwöhnten Region bedecken Weinreben die Hänge. Im Frühjahr zeigen die blühenden Obstbäume, wie weit der Frühling schon ins Land gezogen ist. Schon vor Jahrhunderten waren die Menschen an der Bergstraße wohlhabend, weil sie Wein und Obst anbauen konnten und alles üppig gedieh.

Der römische Kaiser Trajan sandte um 100 n.Chr. Straßenbauer, um diesen wichtigen Handelsweg zu befestigen. Nicht nur die Römer, auch die mittelalterlichen Ritter zog es an die Bergstraße. Heute könnt ihr die Ruinen ihrer Burgen erobern, wie Perlen an einer Schnur sind sie von Nord nach Süd aufgereiht. Die Fachwerkstädte laden zum Bummel ein und in der Ebene locken einige Seen zum Badespaß.

BADEN, WANDERN & LECKER SCHLEMMEN

Frei- und Hallenbäder

Waldschwimmbad Schriesheim

Interessengemeinschaft zur Erhaltung und Betreibung des Waldschwimmbades e.V., Talstraße 186, 69198 Schriesheim. ✆ 06203/660011, www.waldschwimmbad-schriesheim.de. iews-schriesheim@t-online.de. **Bahn/Bus:** ↗ Schriesheim, Bus Richtung Altenbach, Wilhelmsfeld bis Schwimmbad. **Zeiten:** Täglich 10 – 18.30 Uhr. **Preise:** 3 €; 6 – 14 Jahre 1 €, 15 – 17 Jahre 1,50 €; Studenten, Rentner, Auszubildende 1,50 €.

▶ In diesem schönen Schwimmbad gibt es einen Kleinkinderbereich mit toller Rutsche und Wasserpilz, einen Sandspielplatz und ein Kinderbecken. Im beheizten großen Schwimmer- und Nichtschwimmerbereich vergnügen sich die Älteren auf der großen Wasserrutsche. Das Beachvolleyballfeld und Tischtennisplatten bringen euch sportlich auf Trab. Diejenigen, die es lieber ruhig angehen lassen, können sich beim Außenbrett-Schachspiel oder dem schönen Bouleplatz entspannen.

TIPPS FÜR WASSERRATTEN

Hereinspaziert: So gastlich war das Alsbacher Schloss einst nicht

Foto: Peter Meyer

Basinus-Bad Bensheim

Hallen- und Freibad, Spessartstraße 2, 64625 Bensheim. ✆ 06251/13013-01 (Kasse), Fax 13013-41. www.basinus-bad.de. baeder@ggew.de. **Bahn/Bus:** ➚ Bensheim, 5 Min Fußweg. **Zeiten:** Hallenbad Mo, Mi, Fr 10 – 22 Uhr, Di und Do 6.30 – 22 Uhr, Sa, So 8 – 22 Uhr, im Sommer bei gutem Wetter Freibad Mo, Mi, Fr – So 8 – 22, Di, Do 6.30 – 22 Uhr. **Preise:** 4,50 €; Kinder 4 – 18 Jahre 2,50 €.

▶ Für flotte Schwimmer gibt es in diesem Bad ein großes Sportbecken, für größere Kinder das Erlebnisbecken mit Wellenball und Strömungskanal und für die Kleinen ein Planschbecken mit Wassergrotte. Schwimmkurse und Babyschwimmen werden angeboten. Eine Besonderheit ist die 65 m lange Riesenrutsche. Im Sommer wird das Hallenbad um ein Freibad erweitert.

Städtisches Freibad

Walther-Rathenau-Straße 36, 64646 Heppenheim. ✆ 06252/5642 (Kasse), 13-2810 (Stadtwerke), Fax 13-2811. www.heppenheim.de. info@stadtwerke-heppenheim.de. Am Bahnhof. **Bahn/Bus:** ➚ Heppenheim, nur 2 Min Fußweg in südliche Richtung. **Zeiten:** Mai – Mitte Sep täglich 8 – 20 Uhr. **Preise:** 3 €; Kinder bis 18 Jahre, Schüler, Studenten, Behinderte 1,50 €.

▶ Das 1931 eröffnete Freibad ist in den letzten Jahren mehrfach modernisiert und erweitert worden. Jetzt bietet es ein 50-m-Schwimmerbecken, ein Nichtschwimmerbecken mit Rutsche, ein Lehrschwimmbecken mit 25-m-Rutsche und für die ganz Kleinen ein Babyplantschbecken. Außerdem gibt es Liegewiesen, Klettergerüste, Tischtennisplatten und einen Ballspielplatz. Euren Hunger könnt ihr am schwimmbadeigenen Kiosk stillen.

Happy Birthday!

Geburtstagskinder haben im Miramar gegen Vorlage des Ausweises freien Eintritt!

Erlebnisbad Miramar bei Weinheim

miramar, Waidallee 100, 69469 Weinheim. ✆ 06201/60000, 600060, Fax 600048. www.miramar-bad.de. info@miramar-bad.de. **Bahn/Bus:** ↗ Weinheim, Bus 635 zum Ortsteil Waid und Miramar, viele Verbindungen. **Auto:** B3, Ausfahrt Viernheim-Ost, ausgeschildert. Südlich von Weinheim. Großer Parkplatz am Bad. **Zeiten:** Mo – Do 9.30 – 22, So und Fei (Mo – Do) 9 – 22, Fei (Fr, Sa) 9 – 24, Fr 9.30 – 24, Sa 9 – 24. **Preise:** Tageskarte 14,70 €, 4 Std 12,50 €, Zehner-Karte 129 bzw. 110 €, Zwanziger-Karte 232 €; Kinder bis 5 Jahre 2,50 €, Tageskarte 6 – 15 Jahre 9,60 €, 4 Std 7,90 € Gruppentarife auf Anfrage. **Infos:** Di ab 18 und Sa ab 19 Uhr Fkk im ganzen Bad, Teilnahmepflicht.

▶ Dank Erdwärme ist im Miramar auch mitten im Winter ein Tag in der Badehose wie im Urlaubsland unter Palmen möglich. Viel Spaß garantieren die Riesenrutschen, das Planschbecken in der Dschungelbucht, die künstliche Meeresbrandung, der Strömungskanal, Sprudelbäder und Saunawelt. Im 800 qm großen Wellenbad, im Massagebad, in den Rutschenbecken und Whirlpools können sich Eltern und Kinder gleichermaßen austoben und entspannen. Es gibt eine Cafeteria und ein Restaurant mit Terrasse.

Hunger & Durst

Mirabell-Selbstbedienungsrestaurant, wie Bad. Leichte Gerichte, Salatbuffet, Hausmannskost, wechselnde Tagesangebote.

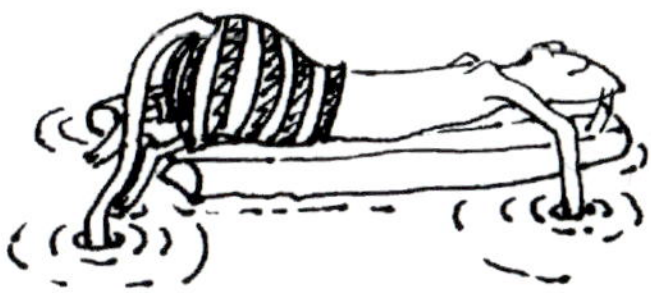

Wasserspaß in Badeseen

Erlensee bei Bickenbach

Gemeindeverwaltung Bickenbach. ✆ 06257/9330-0, 9330-14, Fax 9330-18. www.bickenbach-bergstrasse.de. info@bickenbach-bergstrasse.de. **Bahn/Bus:** Bickenbach ist Bhf auf der Strecke Darmstadt – Heidelberg, ungefähr halbstündlich. **Auto:** A5 Ausfahrt 28 Seeheim-Jugenheim, in Bickenbach Richtung Bhf, hinter den Gleisen ausgeschildert. **Preise:** Eintritt frei, Parkgebühr 2 €.

▶ Der ehemalige Baggersee lädt zum Baden ein, Bäume am Ufer spenden Schatten. Es gibt einen Spielplatz, Kiosk mit Getränken und Snacks (✆ 3443), Toiletten, aber keine Duschen.

Bergsträßer Honigladen, Imkerei Schemel, Berta-Benz-Straße 106, Bickenbach. ✆ 06257/62379. www.imkerei-schemel.de. Mo – Sa 8 – 18 Uhr. Viele Honigsorten und andere Bienenprodukte.

Badesee Bensheim

Am Berliner Ring. ✆ 06251/1301308, 1301309, www.basinus-bad.de. baeder@ggew.de. **Bahn/Bus:** ↗ Bensheim, 30 Min Fußweg. **Auto:** ↗ Bensheim, Richtung Stadtmitte, abbiegen in den Berliner Ring, Parkplatz vor dem Gelände. **Zeiten:** Bei gutem Wetter Mai

Fast wie an der Adria: Strand des Bensheimer Badesees. Habt ihr Specki, den lustigen Specht, schon entdeckt?

Foto: Alice Selinger

8 – 20, Juni – Aug 8 – 21, Sep 8 – 20 Uhr. **Preise:** 2 €, 10er-Karte 18, Saisonkarte 50 €; Kinder 4 – 18 Jahre 1 €, 10er-Karte 9 €, Saisonkarte 25 €; Saisonkarte Familie (2 Erw, eigene Kinder bis 18 Jahre) 100 €.

▶ Das Wasser in dem Baggersee schimmert verlockend. Vom Ufer geht es aber steil ins kühle Nass, der See ist nur für Schwimmer geeignet! Es gibt einen Spielplatz, ein Beachvolleyballfeld und einen Kiosk. Sanitäranlagen mit Toiletten, Umkleidekabinen sowie Innenduschen (gegen Gebühr) und Außenduschen sind vorhanden. Der Sandstrand ist 300 m lang, die Liegewiese riesig. Ein Nichtschwimmerbereich ist gekennzeichnet.

Strandbad Waidsee

Hammerweg 61, Weinheim. ✆ 06201/53270, www.weinheim.de. rathaus@weinheim.de. Südlich von Weinheim, westlich von Lützelsachsen. **Bahn/Bus:** ➚ Weinheim, OEG-Busse zum Ortsteil Waid, Infos ✆ 0621/33940. **Auto:** A5 Abfahrt 33 Weinheim, dort ausgeschildert. Parken kostenlos. **Zeiten:** Mitte – Ende Mai und Anfang – Mitte Sep 10 – 19, Juni – Aug Mo – Fr 10 – 20, Sa, So, Fei 9 – 20 Uhr, Kassenschluss 1 Std vor Badeende. **Preise:** 3,30 €, Abendkarte ab 17.30 Uhr 1,80 €, Saisonkarte 43 €, Elternteilkarte für Alleinerziehende mit Kindern unter 18 Jahre 43 €; Kinder ab 6 Jahre, Schüler, Azubis 1,70, Saisonkarte 21 €; Studenten, Schwerbehinderte ab 50 % 1,70 €, Saisonkarte 21 €, Familiensaisonkarte (Eltern und eigene Kinder bis 25 Jahre ohne eigenes Einkommen) 69 €. **Infos:** Tagessurfkarte Erw 9, Kinder 6 €. Tageskarte Taucher 7,20 €. Familienkarten nur nach Vorlage entsprechender Nachweise im Bürgerbüro Weinheim.

▶ Im Sommer ist der riesige Waidsee ein schöneres Ausflugsziel als das benachbarte Superbad ➚ Miramar. Am Waidsee kommen alle auf ihre Kosten – Segler und Surfer, Taucher, Angler und Schwimmer. Mit Gaststätte, Spielplatz, schier endlosen Liegewiesen und Plätzen zum Ballspielen. Das einzige, was am Waidsee manchmal knapp ist: der Schatten. Der See entstand zwischen 1966 und 1970, als die Autobahn zwischen Darmstadt und Heidelberg gebaut wurde. 2 Mio Kubikmeter Schüttmaterial wurden dort gewonnen, sodass der See stellenweise 30 m tief ist.

Um den Waidsee können auch kleine Kinder gut radeln, die Strecke ist 2,5 km lang. Es gibt Sitzbänke und Aussichtsplattformen.

Wiesensee bei Hemsbach

Camping Hemsbacher Wiesensee GmbH, Ulmenweg 7. ✆ 06201/72619, Fax 493426. www.hemsbach.de. internet@hemsbach.de. **Bahn/Bus:** Hemsbach ist Bahnstation für Züge aus Mannheim, Darmstadt oder Frankfurt, dann zu Fuß zum anderen Ende des Ortes; oder von Weinheim oder Sulzbach Bus 631 bis Hemsbach. **Auto:** A5 oder B3 Ausfahrt 32 Hemsbach, Zufahrt vom

Für Radler vom ADFC Kreisverband Bergstraße: »Südliches Ried Bergstraße/Rhein-Neckar« deckt die Bergstraße von Zwingenberg bis Heidelberg ab. 8 € mit Beiheft und Schutzhülle, ISBN 978-3-931273-46-0, www.adfc-bergstrasse.de.

Kreisverkehr (gleich hinter Autobahnabfahrt Hemsbach) beschildert, Campingplatz angeschrieben. **Zeiten:** Je nach Wetterlage Mitte Mai – Mitte Sep täglich 8 – 20 Uhr, letzter Einlass 19 Uhr. **Preise:** 3 €, Saisonkarte 50 €; Kinder 7 – 18 Jahre 1,50 €, Saisonkarte 25 €; Abendkarte ab 17.30 Uhr 2 €, Schwerbehinderte, Azubis 2 €, Saisonkarte 30 €, Familie (Paare mit kindergeldberechtigten Kindern im Haushalt der Eltern) 60 €.

▶ Der Wiesensee ist sehr groß. Viele Campingfreunde haben ihre Dauerplätze an seinem Ufer, auch eine Kolonie von Wochenendhäusern steht hier. Im Strandbad gibt es einen Sandstrand, großflächige Liegewiesen, einen Spielplatz, Tischtennisplatten und ein Volleyballnetz, ein eigenes beheiztes Kinderschwimmbad sowie ein Restaurant. Aber ihr müsst aufpassen: Wer nicht schwimmen kann, darf auf keinen Fall über die Bojen hinausgeraten, denn dahinter wird das Wasser sofort sehr tief. Einziger Wermutstropfen: der Lärm von der in der Nähe vorbeiführenden Autobahn. Durch den dichten Baumbewuchs ist er aber auszuhalten. Einen Imbiss bekommt ihr im Seerestaurant oder auf dem angrenzenden Campingplatz. In der Nähe des Parkplatzes vor dem Strandbad, befindet sich rechter Hand ein Spielplatz. Er ist sehr ungewöhnlich gestaltet, ein großes Schiff aus Holz lädt zum Piratenspiel ein. ➚ Ferienadressen.

FRISCHE LUFT & SPORT

Radtouren

Radeln von Schwabenheimer Hof nach Ladenburg

Dossenheim. **Länge:** einfache Strecke etwa 4 km. **Bahn/Bus:** ➚ Dossenheim. **Auto:** ➚ Dossenheim, Schwabenheimer Hof liegt zwischen der B3 und der A5 auf der Höhe von Dossenheim.

▶ Ein asphaltierter Weg führt in der Ebene am Neckar entlang bis **Ladenburg,** einem netten Ort mit vielen mittelalterlichen Fachwerkhäusern. Für Buggies,

Inline-Skater oder zum Radeln ist diese Strecke gut geeignet. Ihr könnt in Ladenburg einkehren, es gibt dort viele Cafés und Gasthäuser, oder euch dort das ↗ Automuseum Carl Benz ansehen.

Radeln zu Kühen, Fliegern und Störchen

Weinheim. **Länge:** reine Fahrzeit ungefähr 1 Std. **Bahn/ Bus:** ↗ Weinheim, Wormser Straße über Mannheimer Straße westlich vom Bahnhof. **Auto:** In der Ebene westlich von Weinheim an den Dämmen der Weschnitz.

▶ Der Radausflug beginnt an der Wormser Straße, dort ist die Kfz-Zulassungsstelle, sie ist ausgeschildert. Ihr fahrt in die Felder hinaus Richtung Viernheim. An einem Bauernhof könnt ihr vielleicht Kälber sehen. Dann geht es rechts ab zu einem Segelflugplatz und Modellflugplatz. Der Radweg schlängelt sich bis zur *Römerbrücke,* einem schönen Picknickplatz unter einer großen Eiche. Ihr kommt dabei an einigen Bauernhöfen vorbei. Etwa 100 m nach der Römerbrücke steht rechter Hand eine hohe Stange, dort nisten oft Störche. Wenn ihr Glück habt, könnt ihr sie sehen und klappern hören. Ihr radelt auf den Dämmen der *Weschnitz* und könnt im Sommer am Bach spielen.

*Die Römer nannten **Ladenburg** Lopodunum. Da die Römer den Ort schon kannten, könnt ihr euch denken, dass er sehr alt ist.*

Allgemeiner Deutscher Fahrrad-Club (ADFC), Kreisverband Bergstraße, Mainstraße 79, Bensheim. www.adfc-bergstrasse.de.

Für Radler: Region Rhein/Neckar, offizielle Karte des ADFC, 1:75.000, Bielefelder Verlagsanstalt, ISBN 978-3-87073-376-6, 6,80 €.

Wandern und Spazieren

Spaziergang zum Kirchberghäuschen

Kirchberghäuschen, Außerhalb 2, Bensheim. ✆ 06251/3267, Fax 3267. www.kirchberghaeuschen.de. kirchberghaeuschen@t-online.de. **Länge:** 30 Min Fußweg vom Ortszentrum. **Bahn/Bus:** ↗ Bensheim. **Zeiten:** Mitte Feb – Okt Di – So ab 11 Uhr, an Fei auch Mo geöffnet, Nov, Dez Sa, So 11 – 17 Uhr. Wenn die Fahne gehisst ist, ist geöffnet.

▶ Bei schönem Wetter lohnt es sich, vom Ortszentrum in Bensheim zum Kirchberghäuschen zu laufen. Schon von Weitem seht ihr das weiß leuchtende

Die Tourist-Info verleiht für Erwachsene und Kinder ab etwa 10 Jahre komfortable 7-Gang-Fahrräder. Ab 5 € pro Tag.

Häuschen auf dem Kirchberg, dem Hausberg von Bensheim, es ist nicht zu verfehlen. Der Weg führt euch zunächst durch den Stadtpark und dann durch die Weinhänge über Bensheim. Es geht bergauf. Das Restaurant befindet sich in einem ehemaligen Lustschloss von 1852 Ihr sitzt an einfachen Holztischen im Freien, genießt das Essen und den weiten Blick in die Ebene hinunter. Es gibt auch einen kleinen Spielplatz mit Rutsche, Schaukel, Holzhaus und Drehspiel.

Wanderung zur Höhle des Eremiten

Dossenheim. **Länge:** Gehzeit 2,5 Std, auch mit Kinderwagen. **Auto:** In Dossenheim Richtung Osten auf die Kuppen des Odenwaldes zufahren. Am Tennisplatz mit Gaststätte und Parkplatz vorbei, die Straße rechts den Berg hinauf. Dann am ersten Parkplatz im Wald auf der linken Seite parken.

▶ Der Weg beginnt linker Hand des Parkplatzes. Überhaupt gilt für diese Rundtour: immer links halten. Die Wanderung verläuft auf einem breiten Weg, es gibt kaum Steigungen. Im Oktober solltet ihr ein Säckchen mitnehmen, es sind dann Unmengen der leckeren **Maronen** reif. Die Esskastanien könnt ihr zu Hause im Backofen bei 180 Grad (Ober- und Unterhitze) garen; dafür die Schale obendrauf kreuzförmig einritzen. Wenn sich die Schale aufbiegt, könnten sie gut sein. Die süßen Nussfrüchte heiß pellen und genießen!

Nach etwa 45 Minuten lässt es sich in der **Zimmerholzhütte** oder auf den *Zimmerholzwiesen,* durch die der Mühlbach fließt, herrlich picknicken. Haltet euch von der Picknickhütte aus weiter links auf dem breiten Weg, dann gelangt ihr zur Klause: Hier hauste im 18. Jahrhundert der Eremit von Dossenheim – ein gewisser Johann Georg Kernstock – mutterseelenallein mitten im finsteren Wald unter einem Felsbrocken. Kinder haben keine Probleme, unter dem großen Bolder in die Erdhöhle zu klettern, die nur durch zwei schmale Eingänge zu erkrabbeln ist. Sportliche Erwachsene passen gerade so durch. Der Raum, in dem der Einsiedler lebte, ist etwa 2 m breit und 3 m lang. Hinten hatte er eine Mauer gebaut, vorne ist das Erdloch nur knapp 60 cm hoch. Unglaublich, dass da drin wirklich jemand wohnte!

Um die Klause herum stehen mächtige Eichen, die als Naturdenkmäler gekennzeichnet sind. Der Rundweg folgt nun ein Stück dem **Waldlehrpfad Mühltal-Kirchberg.** Jetzt geht es stetig bergab, bis zum **Tennisplatz** im Tal, an dem ihr auf dem Hinweg vorbeifuhrt. Vom Tennisplatz aus müsst ihr dann das letzte Stück auf der asphaltierten Straße eine Viertelstunde bergauf zum Parkplatz keuchen. Wer einen Kinderwagen schiebt, sollte sich beim Tennisplatz abholen lassen, das letzte Stück ist zwar kurz, aber eine Qual.

Alternative: Der Waldlehrpfad Mühltal-Kirchberg beginnt beim Parkplatz hinter dem Tennisplatz und führt 3 km den Mühlbach entlang. Das ist eine schöne Strecke, sie ist aber nicht mit Kinderwagen zu begehen.

Etwas oberhalb des hier genannten Start-Parkplatzes liegt der Waldparkplatz 7 »Drei Eichen«, an dem ein Brunnen, eine kleine Hütte, ein Sandkasten und Schaukeln sowie Sitzgruppen stehen. Von hier kann man zur Höhengaststätte »Weißer Stein« wandern, 8 km.

Höhengaststätte Weißer Stein

Zum weißen Stein 1, 69221 Dossenheim. ✆ 06220/1787, Fax 913211. www.zum-weissen-stein.eu. zum-weissenstein@aol.com. **Bahn/Bus:** ↗ Dossenheim. **Auto:** Von Dossenheim ausgeschilderte Straße. **Zeiten:** Ganzjährig Di – So, Fei 10 Uhr – Einbruch der Dunkelheit, durchgehend warme Küche.

▶ Der Weiße Stein ist der Hausberg von Dossenheim, er ist 552 m hoch. Die gleichnamige Waldgaststätte ist ein schönes Ziel, besonders an einem heißen Sommertag. Ihr könnt entweder auf der Terrasse des Restaurants sitzen oder im großen Gartenlokal mit Selbstbedienung, wo sich die Auswahl auf kleine Gerichte beschränkt. Bei der Gaststätte gibt es einen Spielplatz und einen Aussichtsturm, erbaut 1906. Außerdem gibt's Schweinchen in verschiedenen Größen zu bestaunen.

Hunger & Durst

Zum neuen Schwanen, Bahnhofstraße 1, Dossenheim. ✆ 06221/869686. www.zum-neuen-schwanen.com. Täglich ab 17 Uhr. Biergarten, gute Küche, auch Vegetarisches, preiswert.

Wie wäre es mit einer zünftigen Schneeballschlacht bei Fackelschein? Informiert euch beim Weißen Stein nach den aktuellen Terminen!

Nicht weit entfernt kommt ihr über einen befestigten Weg zu einem **Wildschweingehege,** auch mit Kinderwagen eine schöne Strecke. Steht ihr mit dem Rücken zum Gasthaus, müsst ihr nach rechts gehen, auf dem breiten Waldweg. Es dauert etwa eine halbe Stunde, bis ihr das Gehege erreicht, wenn ihr Glück habt, stürzen sich die Wutzen gerade auf ihr Futter. Hinter dem Gehege befindet sich der **Parkplatz Langer Kirschbaum,** der auch von Ziegelhausen am Neckar per Auto zu erreichen ist. Von diesem Parkplatz aus führt ein Weg in Richtung Osten in etwa 20 Minuten zu einem Damwildgehege. Eine Tafel zeigt euch diesen und außerdem noch zwei längere Rundwanderwege (7,1 und 10,7 km).

Parks

Im Staatspark Fürstenlager

Bachgasse, 64625 Bensheim-Auerbach. ✆ 06251/9346-0, Fax 9346-46. www.schloesser-hessen.de. info@schloesser.hessen.de. **Bahn/Bus:** ➚ Auerbacher Schloss, vom Bhf Bensheim-Auerbach 30 Min Fußweg. **Zeiten:** Park frei zugänglich, Museumsshop und Ausstellungsräume April – Okt Sa, So, Fei 12 – 18 Uhr. **Preise:** Eintritt frei, Führung 1 Std 4 €, 2 Std 8 €; Kinder Führung 1 Std 3 €, 2 Std 6 €; Kindergärten, Schulklassen Führung 1 Std 25 €, 2 Std 35 €. **Infos:** ➚ Tourist-Info Bensheim.

▶ Dieser **Landschaftspark** ist im Sommer ein herrliches Ausflugsziel. Durch die schöne Anlage führen breite Wege, auch für Kinderwagen geeignet. Im Park liegt ein Teich und ein gediegenes Restaurant-Hotel mit einer schönen Terrasse. Exotische Baumriesen sind zu bewundern. In einem Gebäude finden regelmäßig Kunstausstellungen statt, in einem anderen erfahrt ihr einiges über die Geschichte des Parks. Außerdem stoßt ihr auf ein Informationszentrum des Nationalparks Bergstraße-Odenwald.

Hunger & Durst

Parkhotel Herrenhaus. ✆ 06251/70900. www.parkhotel-herrenhaus.de. Ganzjährig täglich, Mittagessen ab 11.30, Abendessen ab 18 Uhr. Nachmittags Kuchen. Gehobene Preise.

Die Landgrafen von Darmstadt ließen diesen Landschaftspark anlegen, hier lustwandelten sie, um sich von ihren anstrengenden Pflichten als Grafen zu erholen. Eine Quelle, deren Wasser gesund und hilfreich gegen verschiedene Krankheiten gewesen sein soll, bildete mit dem *Guten Brunnen* den Mittelpunkt. Außer dem **Schloss,** in dem die Grafen wohnten, seht ihr noch mehrere, aufwändig renovierte Gebäude, die früher verschiedenen Zwecken dienten: Es gab Ställe für die vielen Pferde und Kutschen, Wirtschaftsgebäude, in denen gebacken und gekocht wurde, sowie ein Gästehaus für die Besucher. Auch der Verwalter, der sich um alles kümmerte, hatte ein eigenes Wohnhaus. Und schließlich gab es sogar ein so genanntes Weißzeughäuschen, in dem die Wäsche gewaschen wurde. In Rahmen einer Führung könnt ihr euch rund um Architektur und Geschichte des Parks informieren.

Im Weinheimer Schlosspark

69469 Weinheim. ✆ 06201/874450, 34942 (Führung Heilpflanzengarten), Fax 874430. www.weinheim-marketing.de. info@weinheim-marketing.de. **Länge:** Zu Fuß etwa 10 Min von der Stadtmitte. **Bahn/Bus:** ↗ Weinheim, ab Bhf Bus 682 bis Hexenturm, von dort zu Fuß. **Auto:** Ausgeschildert, im Osten der Stadt. Viele Parkplätze direkt am Park. **Zeiten:** Ganzjährig frei zugänglich. Kinderführung Schloss und Park nach Anmeldung, Führung Exotenwald April – Okt Sa 16 Uhr ab 3 Pers (Treffpunkt Minigolfplatz), Gruppenführung Heilpflanzengarten Mai – Okt nach Anmeldung. **Preise:** Eintritt frei. Führung Exotenwald 3 €, Gruppenführung Heilpflanzengarten bis 24 Pers 30 € pro Gruppe, ab 25 Pers 1,30 € pro Person; Kinderführung Schloss und Park Gruppen bis 15 Pers 30 €, weiteres Kind 2 €.

▶ Zunächst gelangt ihr sowohl von der Innenstadt als auch vom Parkplatz D1 in den **Schlosspark.** In dieser schönen Anlage gibt es viel zu sehen und zu tun. Ein Minigolfplatz, eine Vogelvoliere, ein Kneippbecken,

Minigolfplatz, MSC Bensheim-Auerbach. Darmstädter Straße 166, Auerbach. ✆ 06251/79837. www.msc-bensheim-auerbach.de. April – Mitte Okt Mo – Fr ab 14, Sa ab 12, So, Fei ab 10 Uhr, jeweils bis Einbruch der Dunkelheit. Erw 3 €, Kinder bis 16 Jahre 2,50 €.

Hunger & Durst

Alte Dorfmühle, Bachgasse 71, Bensheim-Auerbach. ✆ 06251/788496. www.alte-dorfmuehle.de. Mo – Fr ab 18, Sa ab 15, So ab 12 Uhr. Am Ortseingang von Auerbach. Gemütliche, alternativ angehauchte Gaststätte. Produkte aus eigener Herstellung. Im Sommer Biergarten mit Spielplatz. Drinnen Spielecke.

Blumen und Mammutbäume: Der Schlosspark ist eine Augenweide

Springbrunnen und ein Spielplatz bieten jede Menge Abwechslung. Rundwege führen durch die Anlage, sehr gut auch für Kinderwagen geeignet. Sehr interessant ist der **Heilpflanzengarten,** der euch zeigt, wogegen alles ein Kraut gewachsen ist. Ihr könnt mit Picknickkorb und Spielen bewaffnet einen sonnigen Tag im Schlosspark verbringen, an den der **Exotenwald** grenzt (in der Nähe des Mausoleums). Er wurde im 19. Jahrhundert mit vielen Bäumen, die normalerweise in Amerika oder Asien wachsen, angelegt. Sie sind alle beschildert. Fast 100 verschiedene Arten gedeihen hier, darunter der Zuckerahorn, aus dem in Amerika der beliebte Ahornsirup gewonnen wird, den nicht nur Kinder dort so gern mit Pfannkuchen essen. Faszinierend sind die riesigen Mammutbäume. In Amerika werden sie bis zu 100 m hoch und erreichen einen Umfang von mehreren Metern. Es gibt dort welche, durch deren ausgehöhlten Stamm Autos fahren können! Die hiesigen sind nicht ganz so gigantisch, aber auch noch groß. Immerhin steht ihr im kleinen Weinheim im größten Mammutbaumwald Europas! Gepflanzt wurde der Exotenwald von einem Freiherrn von Berckheim. Dieser sammelte begeistert Pflanzen, er brachte sie von ausgedehnten Reisen aus der ganzen Welt mit.

Hunger & Durst

Hutter im Schloss, Obertorstraße 9, Weinheim. ✆ 06201/99550. www.hutter-im-schloss.de. Jan – März 15 – 1, Sa, So, Fei 12 – 1 Uhr, ab April täglich ab 12 Uhr. Sehr schön sitzen Gäste auf der Terrasse. Ein **Kiosk** ist an der Voliere.

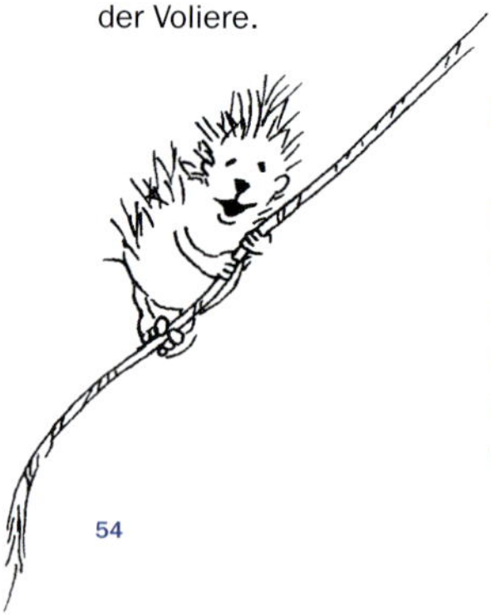

Klettern und Spielen

Klettern in Bensheim

Kletterhalle, High-Moves GmbH, Albert-Einstein-Allee 8, 64625 Bensheim. ✆ 06251/9894-363, Fax 9894-885. www.kletterhalle-bensheim.de. info@kletterhalle-bensheim.de. **Bahn/Bus:** ↗ Bensheim, zahlreiche Busverbindungen. **Zeiten:** Kletterhalle täglich 9 – 23 Uhr,

Hochseilgarten Mo 18 – 20 Uhr nach Anmeldung, auf Anfrage für Gruppen auch zu anderen Zeiten. **Preise:** Kletterhalle 13 €, Hochseilgarten (2 Durchläufe, inkl. Leihmaterial) 8 €; Kinder 5 – 12 Jahre Kletterhalle 8 €, Hochseilgarten 6 €; Schüler, Azubis, Studenten bis 30 Jahre, Rentner und Senioren ab 60 Jahre, Behinderte Kletterhalle 11 €, Hochseilgarten 7 €; Familie (2 Erw, 2 Kinder) Kletterhalle 30 €, weiteres Kind 4 €. **Infos:** Zuschauer zahlen keinen Eintritt; Kletterkurse können gebucht werden.

▶ In dieser Kletterhalle, deren Kraxelwände bis 13 m hoch reichen, findet ihr verschiedene Kletterrouten in allen Schwierigkeitsgraden. Auch ein Boulderraum, eine Slackline, ein Indoor-Hochseilgarten und ein Niederseilgarten warten darauf, von euch getestet zu werden. Für kleine Klettermaxe gibt es einen eigenen Kinderbereich mit Kletterwänden und Abenteuerrouten. Im Bistro könnt ihr, wenn die Kräfte nachlassen, neue Energie tanken.

Happy Birthday!
Betreutes Klettern in der Halle und im Hochseilgarten. Okt – März Mo – Sa, April – Sep auch So, 6 Kinder 8 – 14 Jahre, 3 Std 115 € inkl. Leihgurte, weiteres Kind 8 €, Erw 15 €. Getränke und Brötchen, Süßigkeiten, Kuchen können mitgebracht werden.

Der Super-Kombi-Sommer-Ausflug

Vogelschutzpark und Abenteuerspielplatz Birkengarten, Mannheimer Straße, 64653 Lorsch. ✆ 06251/5967400, www.vogelpark-lorsch.de. poeplau@vogelpark-lorsch.de. **Bahn/Bus:** Bus BRN 641 und 642 bis Schwimmbad. **Auto:** Im Westen von Lorsch, Ausschilderung Waldschwimmbad folgen, viele Parkplätze vor dem Bad. **Zeiten:** Vogelschutzpark: Bei gutem Wetter Mitte April – Mitte Nov Di – Sa 14 – 20 Uhr, So ab 10 Uhr. Abenteuerspielplatz Birkengarten jederzeit zugänglich. **Preise:** Eintritt frei. **Infos:** www.vogelpark-lorsch.de.

▶ Den Besuch des **Vogelparks** könnt ihr mit einem Aufenthalt auf dem tollen Spielplatz Birkengarten und einer Abkühlung in dem schön gelegenen Schwimmbad kombinieren. Zwischen dem Vogelpark und dem Spielplatz gibt es auch noch eine Boule-Bahn, wo ihr wie die Franzosen Kugeln werfen könnt. In vielen Volieren (Vogelhäusern) und auf einem Teich leben Hunderte von Vögeln.

Waldschwimmbad, Am Birkengarten 1, Lorsch. ✆ 06252/57368. www.lorsch.de. Mitte Mai – Mitte Sep je nach Wetterlage 8 – 20 Uhr. Erw 3,50 €, Kinder 6 – 18 Jahre 2,20 €. Beheizt, gleich neben dem Spielplatz, Rutsche, Sprungturm, Volleyballnetze, Fußballfeld. Große Liegewiesen, Kiosk.

Beim Vogelpark befindet sich der **Waldparkplatz Birkengrund,** an dem drei Rundwege (30, 45 und 90 Min) beginnen. Ein Waldlehr- und ein Waldsportpfad sind auch am Parkplatz auf einer Tafel angegeben.
Die Anlage **Birkengarten** neben dem Waldschwimmbad ist gut ausgestattet. Ein großer Abenteuerspielplatz mit tollen Geräten bietet Kindern viel. Die Wiese am Spielplatz eignet sich zum Picknicken. Für Sportfans gibt es ein kleines Fußballfeld mit Toren. Ein Teich mit Springbrunnen sorgt für eine nette Atmosphäre. Es gibt Toiletten.
Wenn ihr zum Birkengarten radeln oder wandern wollt: Unter dem Motto »Umwelt bewusst erleben« gibt es einen **Umweltwanderweg in Lorsch.** Drei Routen stehen zur Auswahl: eine lange Südroute 16 km, eine kurze Südroute 8 km oder die 8 km lange Nordroute. Die beiden Südrouten beginnen am Rathaus Lorsch und führen euch am Birkengarten vorbei. Auf allen Routen findet ihr Infotafeln zu Themen wie Fischzucht, Landwirtschaft und Naturschutz. Sie sind gut ausgeschildert.

UMWELT ERFORSCHEN

Vögel und Pflanzen beobachten

Im Vogelpark am Bruchsee bei Heppenheim

Heppenheim. ✆ 06252/76630, 71876, Fax 73858. www.vogelpark-heppenheim.de. office@vogelpark-heppenheim.de. Am südlichen Ende des Bruchsees. **Bahn/Bus:** ↗ Heppenheim, Bus 669. **Auto:** Im Süden von ↗ Heppenheim, westlich der Bahngleise. **Zeiten:** April – Okt bei gutem Wetter Mo – Sa ab 14, So ab 10 Uhr bis Einbruch der Dunkelheit. **Preise:** 2 €; Kinder 6 – 13 Jahre 1 €; Gruppenpreise auf Anfrage. **Infos:** Imbiss und Spielplatz auf dem Gelände.

▶ Zwar ist in diesem See Schwimmen verboten, doch lässt sich durchaus ein erholsamer Sonnentag an ihm verbringen. Große Wiesen und schattenspendende Bäume laden zu Ballspiel, Picknick oder Faulenzen ein. Sogar einen kleinen Sandstrand gibt es. Auch mit Kinderwagen kann man in etwa 45 Minuten auf einem breiten Weg gemütlich den See umrunden. Infotafeln am See geben Auskunft zur Ökologie des Gewässers, ein Teil des Sees ist Vogelschutzgebiet. Doch am spannendsten ist es im Vogelpark, in dem über 300 verschiedene Arten leben, darunter Flamingos und die langbeinigen Emus.

Das Naturschutzzentrum Bergstraße

An der Erlache 17, 64625 Bensheim. ✆ 06251/708793, Fax 708729. www.naturschutzzentrum-bergstrasse.de. info@naturschutzzentrum-bergstrasse.de. **Bahn/Bus:** ↗ Bensheim Bhf, von dort Bus 673 bis Berufsbildungszentrum, dann 30 Min Fußweg; für Gruppen ab 20 Pers Ruf-Bus unter ✆ 06251/708793. **Auto:** ↗ Bensheim, B47 Richtung Bürstadt/Worms. Abfahrt Gewerbegebiet Süd-West auf Höhe der Brücke über die B47. Nach der Brücke rechts in Feldweg, ausgeschildert. Oder A67 Ausfahrt Lorsch, B47 Richtung Bensheim bis Abfahrt Gewerbegebiet Süd-West. Dann gleich rechts und sofort wieder links abbiegen (Feldweg), ausgeschildert. **Zeiten:** Ganzjährig Mo – Fr 8.30 – 12 und Mi 13 – 16.30 Uhr, Okt, Nov, Feb, März auch Sa nach Vereinbarung, So 14 – 17 Uhr, Ende März – Ende Sep Sa nach Vereinbarung, So 11 – 18 Uhr, Sommerferien Hessen So 15 – 19 Uhr; Workshops nach Vereinbarung; Ferienspiele 9 – 16 Uhr. **Preise:** Workshops, Kindergeburtstage max. 12 Pers, für Kindergärten, Schulen max. 25 Pers 90 €; Ferienspiele 5 Tage 155 € pro Kind, 4 Tage 125 €. **Infos:** Programmhefte auf der Internetseite.

Das würde Nils Holgersson gefallen: Gänse überm See beim Naturschutzzentrum Bergstraße

Hunger & Durst

Vetters Mühle, Gronauer Straße 73, Bensheim-Zell. ✆ 06251/2404. www.vetters-muehle.de. Mi – So ab 11.30 Uhr. Von der B3 ausgeschildert. Wollt ihr mal ein richtiges Mühlrad sich drehen sehen? Das könnt ihr in diesem Biergarten haben – und außerdem leckeren hausgemachten Kuchen oder, wenn ihr eher auf etwas Deftiges Lust habt, Odenwälder Kochkäse genießen.

Happy Birthday!

Kindergeburtstags-Rallye, 3 Std, 80 € inkl. Geburtstagsgeschenk und Urkunden, 5 € pro weiteres Kind, 2 Erw frei.

▶ Am Ufer eines Kiesbaggersees am Stadtrand von Bensheim liegt das Naturschutzzentrum Bergstraße. Es wurde 2004 eröffnet. Durch Vorträge, Ausstellungen, Exkursionen und Workshops können Kindergärten, Schulklassen und Einzelbesucher Natur erleben. Viele Naturschützer arbeiten ehrenamtlich für dieses Projekt, also ohne Bezahlung. Das Haus wurde so gebaut, dass es der Umwelt nicht schadet. Auf seinem Dach wachsen heimische Pflanzen, Vögeln stehen zahlreiche Nistmöglichkeiten am Haus zur Verfügung und für Fledermäuse gibt es Einflugschlitze. Ihr erfahrt viel über Steine, Tiere und Pflanzen, ihr könnt Schlangenhäute, Insekten und Fische entdecken.
Die Themen für die **Workshops,** die sich auch prima als Kindergeburtstag eignen, findet ihr im Programmplan auf der Internetseite. Zum Beispiel könnt ihr euch mit Lebensräumen, Feuer und Energie, Steinzeit oder Mythen, Märchen und Abenteuern beschäftigen. Während der Oster-, Sommer- und Herbstferien wird für Kinder ab 6 Jahre ein abwechslungsreiches Ferienprogramm geboten. Hier könnt ihr zum Beispiel den Baum als Lebensraum erkunden oder in der *Magischen Woche* Zaubertränke brauen und Zaubersprüche lernen.

Natur und Sterne entdecken

Das Felsenmeer bei Reichenbach-Lautertal

Felsenmeer Informationszentrum der Gemeinde Lautertal, Seifenwiesenweg 59, 64686 Lautertal-Reichenbach. ✆ 06254/940160, Fax 30732. www.felsenmeer-informationszentrum.de. informationszentrum@felsenmeer.eu. **Bahn/Bus:** ↗ Bensheim, dort etwa stündlich BRN Bus 665 Richtung Reichenbach, bis Reichenbach-Markt. Von dort 10 Min ausgeschilderter Fußweg. **Auto:** A5 Bensheim Ausfahrt 29 Zwingenberg, dann B47 Richtung Lautertal und Lindenfels, ausgeschildert. **Zeiten:** Informationszentrum Mitte März – Mitte Nov täglich 10 – 16 Uhr, Mitte Nov – Mitte März Sa, So 10 – 16 Uhr. **Preise:** Führung 2,5 Std Gruppe max 10 Pers 50 €, weitere Pers ab 14 Jahre 5 €, weiteres Kind bis 13 Jahre 3 €, Rallye 3 Std weiteres Kind bis 13 Jahre 4 € sonst wie Führung; Führung Schulklassen 80 € pro Klasse, Rallye für Schulklassen 100 €.

▶ Das Felsenmeer ist sicherlich eines der bekanntesten Ausflugsziele in der Region. Hier liegen Hunderte riesiger Felsbrocken aus Granit übereinander getürmt, wie ein mächtiger Wasserfall aus gigantischen Steinen ergießen sie sich den Hang ins Tal hinunter.

Die Entstehung des Felsenmeers begann vor mehr als 300 Millionen Jahren, als natürliche Verwitterungsprozesse dazu führten, dass die großen Blöcke freigelegt wurden. Durch das Aufeinandertreffen von Kontinenten schmolz im Erdinneren Gestein. Ganz langsam erkaltete es und zerteilte sich dabei in einzelne Stücke. Durch das Wasser erhielten die Brocken schließlich ihre runde Form.

Die Römer nutzten das Felsenmeer vom 2. bis 4. Jahrhundert n.Chr. als Steinbruch. Es ist kaum zu glauben, dass es ihnen gelang, die gewaltigen Brocken zu zersägen und zu bearbeiten! Ebenso erstaunlich ist es, dass sie diese dann zu Tal transportierten und weiter zum Fluss, wo die schweren Steine auf Schiffe verladen wurden. Überlegt euch doch selbst einmal Methoden, wie ihr die Steine bewegen würdet und wie viele Helfer ihr dafür bräuchtet!

Überall am Felsenmeer sind von den Römern bearbeitete Steine zu sehen, die nicht mehr fertig wurden. Manche Felsen gingen auch beim Bearbeiten kaputt, sie wurden dann einfach liegen gelassen. Ihr werdet auf viele interessante Felsen stoßen, die aufgrund ihrer Formen zum Beispiel als Sarg, Altar, Krokodil oder Schiff bekannt sind.

Neben dem Parkplatz Felsenmeer am Fuße des Hangs sprudelt die **Siegfriedsquelle,** eine der Stel-

Sturzbach aus Steinen: Das Felsenmeer bildet mal eine Schneise, mal liegen die Felsen im Wald verstreut

Bitte zieht Schuhe an, die etwas fester sind und eine griffige Sohle haben! Bei Nässe gilt: Nie über nasse Steine klettern, sie können sehr glatt sein!

len, von denen behauptet wird, hier habe der finstere Hagen den Drachentöter Siegfried erschlagen. Von hier führen mehrere markierte Wege den Hang hinauf. Ganz oben könnt ihr euer Picknick bei einem Unterstand auspacken und die legendäre Riesensäule bewundern. Sie ist fast 30 t schwer, auch ein Überbleibsel der römischen Steinmetze und war sicher einst für einen Prunkbau gedacht.

Wenn ihr ein Picknick einpackt, dann vergesst nach eurer Stärkung nicht, allen Müll wieder mitzunehmen und nicht einfach in der Natur zu lassen. Außerdem: Ihr befindet euch im Geo-Naturpark Bergstraße.

Fahrt ihr auf der Straße nach Reichenbach noch ein Stück weiter, kommt ihr zu dem höher gelegenen **Parkplatz Römersteine** am Ortseingang von **Beedenkirchen.** Dort gibt es eine große Hinweistafel mit allen Wegen. Von hier seid ihr in 15 Minuten an der Brücke, die über das Felsenmeer führt. Zudem gibt es einen Rundweg zum Riesenschiff und zum Riesensarg.

Im **Informationszentrum von Lautertal** könnt ihr euch genau über die Entstehung, die Steinbearbeitung der Römer und die Siegfriedsquelle selbst informieren. Außerdem könnt ihr hier die Teilnahme an den Führungen *Entstehung des Felsenmeeres, Märchen und Sagen* oder *Die Römer im Felsenmeer* sowie eine geführte Rallye durch das Felsenmeer buchen.

Volkssternwarte Schriesheim

Christian-Mayer-Volkssternwarte, Arbeitsgemeinschaft Volkssternwarte Schriesheim e.V., Ladenburger Fußweg 4, 69198 Schriesheim. ✆ 06203/68487, Fax 040 3603712481. Handy 0173/63660076. www.wzrn.de. peter.wright@wzrn.de. **Bahn/Bus:** ↗ Schriesheim, OEG-Bus 628. **Auto:** ↗ Schriesheim. Die Sternwarte liegt zwischen der B3 und der Autobahn. In der Ortsmitte Richtung Ladenburg, an der Einfahrt Sportzentrum vorbei, nach ca. 50 m rechts, ausgeschildert. **Preise:** 3 €; Kinder bis 12 Jahre 2 €; Familie mit 2 Kindern unter 12 Jahre 7 €, Gruppen 2,50 € pro Pers (gesamt min 30 €), Schwerbehinderte ab 70 % 2 €.

▶ Faszinierend ist das Funkeln der Sterne nachts. Und habt ihr mal beobachtet, wie der Mond ab- und

wieder zunimmt? Himmelskunde ist nicht nur für Erwachsene spannend. Vor einem Besuch der Sternwarte solltet ihr dort anrufen oder im Internet nach dem aktuellen Programm schauen. Da steht auch drin, zu welchen Themen Vorträge gehalten werden. Jedes Jahr veranstaltet die Sternwarte Tage der Offenen Tür, eine gute Gelegenheit für Interessierte, sich zu informieren. Außerdem werden von den Sternenfreunden häufig Filme zur Astronomie vorgeführt. Ein sehr engagierter Verein betreut die Sternwarte.
An mehreren Abenden im Jahr werden Programme für Kinder zwischen acht und zwölf Jahren angeboten. Ihr könnt lernen, eine Sternenkarte zu lesen, bastelt Modelle von Sternbildern, erfahrt viel über das Planetensystem und könnt bei gutem Wetter die Sterne durch das Teleskop beobachten und sogar über die Kraterlandschaft des Mondes spazieren.

Unter Tage

HANDWERK UND GESCHICHTE

Besucherbergwerk Grube Anna-Elisabeth

Talstraße 157, 69198 Schriesheim, ✆ 06203/68167, Fax 660186. www.bergwerk-schriesheim.de. fuehrungen@bergwerk-schriesheim.de. Im Osten von Schriesheim. **Bahn/Bus:** ➚ Schriesheim. OEG Bus 628, Haltestelle Edelstein direkt beim Bergwerk. **Auto:** ➚ Schriesheim. Parken in der Ortsmitte am Festplatz, von dort 15 Min zu Fuß, ausgeschildert. **Zeiten:** April – Okt So, Fei 11 – 16.30, Sonderführungen für Gruppen und Kindergeburtstage nach Anmeldung. **Preise:** Führung (etwa 1 Std 15 Min) 4 €; Kinder 4 – 14 Jahre 2,50 €. **Infos:** Erlebnisführung nach Anmeldung, etwa 2 Std 15 Min, Erw 8 €, Kinder 12 – 14 Jahre 5 €, verschmutzbare Kleidung notwendig. Mindestpreis für Führungen mit Tiefsohle 58 €.

▶ Ausgerüstet mit Helm und Umhang geht ihr wie früher die Bergleute in die Grube. Während der Führung lauft ihr durch verschiedene Stollen, Schächte und

In der Grube herrscht immer eine Temperatur von etwa 11 Grad, denkt deshalb an warme Kleidung!

Abbaue. Silber und Eisenvitriol wurden hier abgebaut, und zwar mit Unterbrechungen schon seit dem Mittelalter. Ein halbes Jahrtausend soll dieses Bergwerk alt sein. Eisenvitriol ist ein hellgrünes, krustenförmiges Mineral, eine Art Salz, das die Menschen früher brauchten, um Leder zu gerben. Während der Führung erfahrt ihr viel über die anstrengende und manchmal auch gefährliche Arbeit, die die Bergleute in den dunklen Stollen verrichteten. Fragt mal, wie alt die Arbeiter waren bzw. wurden.

Falls ihr inzwischen hungrig geworden seid, könnt ihr euch am Kiosk mit Getränken und kleinen Speisen stärken. Auf der Terrasse könnt ihr euch auf Bänken ausruhen.

Das sieht doch schon sehr bergmännisch aus!
Foto: Kirsten Wagner

Am 1. Wochenende im Juli findet jedes Jahr das große Bergwerksfest statt. An Halloween verwandelt sich das Bergwerk in eine Geisterbahn.

Burgen und Schlösser

Gruseln auf Burg Frankenstein

Restaurant und Event GmbH, Burg Frankenstein, 64367 Mühltal-Nieder-Beerbach. ✆ 06151/501501, Fax 54985. www.burg-frankenstein.de. info@burg-frankenstein.de. **Länge:** 3,5 km, mit »B« markierter Wanderweg von Eberstadt-Kirche 1 Std durch Wald, erst leicht, dann steil bergan. **Bahn/Bus:** Straba 1, 6, 7, 8 Eberstadt, weiter zu Fuß s.o. Oder von Eberstadt-Wartehalle Bus NB bis Frankenberger Mühle im Kühlen Grund, dort Einstieg in die sehr steile, berühmte Himmelsleiter oder gemächlicher über Fahrweg (Herrnweg, Roter Querbalken). **Auto:** Südlich von Eberstadt an der B3/B426, Parkplatz Sommergrund, Wanderweg B; an der L3098 im Kühlen Grund kein Parkplatz; während des Halloween-Festivals Sperrung der Auffahrt zur Burg, dafür Bus-Shuttle ab Parkplatz im Industriegebiet Pfungstadt. **Rad:** Von Eberstadt Richtung Mühltal, kurz vor Mühltal rechts ab, Aufstieg durch den Wald zur Burg. **Zeiten:** Genaue Termine des Halloween-Spektakels Ende Okt im Internet; Termine 2011 23. und 30 Okt, 6. Nov, je 14 – 18 Uhr. **Preise:** Halloween-Fest 9 €. **Infos:** Nach Vereinbarung sind 15- bis 60-minütige Burgführungen möglich; auf Wunsch werden mittelalterliche Burgfeste mit Gauklern, Burgschreibern und Ritterturnieren organisiert.

▶ Die Ruine der Burg Frankenstein ist vor allem für das **Halloween-Fest** bekannt, das alljährlich stattfindet. Tausende von Horror-Fans pilgern an den Wochenenden Ende Oktober und Anfang November hierher. Hobby- und Profi-Schauspieler lehren die Gäste das Gruseln, auf mehreren Bühnen finden diverse Spektakel statt. Es wimmelt von Werwölfen, Vampiren und Hexen. Nachmittags gibt es an Sonntagen ein Kinder-Halloween – esst vorher vorsichtshalber tüchtig Knoblauch gegen die Vampire!

Doch auch wenn es nicht so unheimlich zugeht, lohnt ein Besuch der **Ruine** auf dem steilen Eberstädter Hausberg (Eintritt dann frei). Der Wohnturm der Burg, die urkundlich zum ersten Mal mit Datum 948 n.Chr. erwähnt wurde, ist noch gut erhalten und kann bestiegen werden. Das **Restaurant** in der Burg hat eine Aussichtsterrasse, die praktisch über dem Abgrund schwebt und bei klarem Wetter einen tollen Ausblick auf den Rheingraben gewährt. Schöne **Spaziergänge** in der Umgebung sind möglich, am Parkplatz unterhalb der Burg sind mehrere Rundwege angegeben. Einer von ihnen, gekennzeichnet mit einer roten Raute bzw. »B« für Burgenweg (nicht mit Kinderwagen möglich), führt euch zu **Magnetsteinen**. Falls ihr ei-

*Die Gruselfigur **Frankenstein** hat sich die englische Schriftstellerin Mary Shelley (1797 – 1851) ausgedacht. Mary Shelley besuchte als 16-Jährige während einer Reise Burg Frankenstein. Vorbild für ihre Romanfigur war wahrscheinlich ein Arzt, der 1673 auf der Burg geboren wurde und zeitweise hier lebte. Er hieß Johann Konrad Dippel von Frankenstein und versuchte, ein künstliches Lebewesen zu erschaffen. Dafur soll er auf dem Friedhof von Nieder-Beerbach Leichen ausgegraben haben.*

Abgehängt: Das Schlossgespenst der Burg Frankenstein

Foto: Annette Sievers

Hunger & Durst
Restaurant Burg Frankenstein, ✆ 06151/ 501501. www.frankenstein-restaurant.de/restaurant. Di – So 11 – 22 Uhr und nach Absprache. Handkäs mit Musik, Schnitzel, etwas edler: Filetspitzen vom Schwein, Spezialitäten »Gruseldinner« oder »Kleiner Vampir«. Preise mittel bis gehoben.

Hunger & Durst
Ritterschänke, ✆ 06251/72923. www.schloss-auerbach.de. März Mi – So 12 – 18, April – Sep Mi – So 11 – 22, Okt, Nov Sa, So 12 – 18 Uhr, Dez – Feb auf Anfrage. Mit Terasse; Spezialität sind Rittermahle für Familien, immer So 12 Uhr, wenn min. 20 Pers angemeldet sind. Reservierung empfohlen.

nen Kompass dabei habt, werdet ihr feststellen, dass er hier verrückt spielt.
Oder ihr umrundet den Burgberg auf dem spannenden **Naturlehrpfad.** Er ist 3 km lang, gut mit gelbem »L« sowie türkisfarbenem Ahornblatt markiert und abwechslungsreich: Riechgarten, Barfußpfad, Baumuhr und Laubtunnel könnt ihr hier erkunden, sogar einen Teich mit Spiel- und einen Picknickplatz gibt es.

Burgruine Schloss Auerbach

Ernst-Ludwig-Promenade, 64625 Bensheim-Auerbach. ✆ 06251/72923, Fax 78410. www.schloss-auerbach.de. info@schloss-auerbach.de. Nordöstlich von Bensheim. **Bahn/Bus:** ➚ Bensheim, vom Bhf 1,5 Std Fußweg. **Auto:** Von der B3 ausgeschildert, A5 Ausfahrt 29 Zwingenberg, Parkplatz unterhalb der Ruine. **Zeiten:** Ruine 10 – 17 Uhr frei zugänglich. **Infos:** Zu Veranstaltungen und Führungen auf Anfrage bei der ➚ Tourist-Info Bensheim.

▶ Das Auerbacher Schloss ist eigentlich eine Burg und war vor über 700 Jahren die größte und wichtigste Burg an der Bergstraße. Was ihr heute seht, wurde allerdings zum größten Teil in den letzten 200 Jahren an- und aufgebaut. Doch mit den mächtigen Außenmauern seht ihr noch echte Teile aus dem Mittelalter. Wenn ihr auf den Turm klettert, habt ihr wie die Wachleute einst einen fantastischen Blick auf die Rheinebene.
In dieser Burg sind grausame Dinge passiert: 1674 zog der französische Marschall *Turenne* – ein sehr erfolgreicher Feldherr – mit seinem Heer gegen die Niederlande, auf dem Weg dorthin verwüsteten seine Söldner die Gegend an der Bergstraße. Die entsetzten Bewohner von Auerbach und aus zwei weiteren Dörfern flüchteten sich in das Schloss. Doch trotz der starken Mauern gelang es den Söldnern schließlich, in den Schlosshof einzudringen. Sie richteten ein Blutbad an, ermordeten Männer, Frauen und Kinder. Danach verfiel das Schloss langsam, nur ein

Förster hauste hier noch eine Weile ganz allein.

Aberwitzig: Auf der Burgmauer von Schloss Auerbach wächst eine Kiefer
Foto: Peter Meyer

Heute ist das Schloss restauriert und einige tolle Veranstaltungen, wie die Ritterspiele an Pfingsten, finden jedes Jahr statt. Schaukämpfe und Turniere, Gaukler und allerlei fahrendes Volk bieten Unterhaltung. In bunten Zelten wird altes Handwerk vorgeführt, es gibt deftige Speisen wie im Mittelalter. Die grausamen Waffen, mit denen man sich damals die Köpfe einschlug, sind heute aus Sperrholz oder Pappe zu haben: Streitäxte, Schwerter, Morgensterne und Hellebarden – eine Art Stangenaxt, wie sie die Schweizergarde des Papstes in Rom noch zur Zierde benutzt.

In der Nacht zum 1. Mai wird auf dem Schloss die **Walpurgisnacht** gefeiert. In dieser Nacht fliegen die Hexen auf ihren Besen zu Plätzen, an denen sie gemeinsam tanzen. Berühmt ist der Blocksberg im Harz, wo sich besonders viele Hexen treffen.

Die Starkenburg

64646 Heppenheim. www.heppenheim.de. info@stadt.heppenheim.de. **Länge:** 25 Min zu Fuß von Heppenheim aus recht steil bergauf, ausgeschildert. **Bahn/Bus:** ↗ Heppenheim. **Auto:** ↗ Heppenheim, Parkplatz unterhalb der Burg. **Zeiten:** Turmbesichtigung Karfreitag – Ende Sep Sa, So und Fei 14 – 18 Uhr, Mai – Sep Burgführung 1. So im Monat 14 Uhr. **Preise:** Turmbesichtigung 0,80 €, Burgführung 2,50 €; Kinder bis 1,30 m frei, sonst 2 €.

▶ Die Ruine der Starkenburg liegt malerisch auf einem Bergkegel über der Stadt, der Hang ist mit Wein-

Hunger & Durst

Burgschänke, auf der Starkenburg, ✆ 06252/78142. www.burgschaenke-starkenburg.de. April – Okt Mi – Fr 14 – 22, Sa, So, Fei 11 – 22 Uhr, Nov – März Sa, So ab 11 Uhr. Gutbürgerliche Küche, Flammkuchen. Von der Terrasse toller Rundblick.

Starkes Modell: Die Starkenburg war eine große Anlage

© FVA Bergstraße

reben bewachsen. Durch die Weinberge führen viele Wege, die sogar im Winter an sonnigen Tagen zum Spaziergang einladen. Ihr könnt von Heppenheim zur Burg hinauf kraxeln, es dauert eine knappe halbe Stunde.

Die Starkenburg wurde 1065 vom nahe gelegenen mächtigen Kloster Lorsch als Passsperre gegründet und um 1680 von den Mainzer Erzbischöfen zur Festung ausgebaut. Leider ist von der ältesten Burganlage an der Bergstraße nicht viel übrig. Der heutige Burgturm wurde erst 1930 erbaut, nachdem der alte Bergfried wegen Baufälligkeit 1924 in die Luft gejagt worden war. Aus den späten 1950er Jahren stammt das Gebäude der Jugendherberge.

Ihr könnt das große Burggelände entweder auf eigene Faust erkunden oder euch von einem Burgführer begleiten lassen (Treffpunkt unterer Burghof).

Ein sehr schöner **Spaziergang** von 20 Minuten führt vom Parkplatz unter der Burg auf ebener Strecke durch die Weinberge am Hang entlang, mit herrlichem Ausblick auf Heppenheim. Auch mit Kinderwagen möglich. Nach etwa 15 Minuten gelangt ihr an die kleine Helenen-Hütte, in der ihr picknicken könnt. Wer will, kann noch weiter laufen, verschiedene Wege sind markiert.

Unterhalb der Burg am Parkplatz liegt ein schattiger Spielplatz mit Sitzgruppen und einem kleinen Bolzplatz im Wald.

Alsbacher Schloss

Zum Schloss, 64665 Alsbach-Hähnlein. ✆ 06257/68899, Fax 955808. Handy 0177/2147014. www.schloss-alsbach.org. info@schloss-alsbach.org. **Bahn/Bus:** RB Darmstadt – Heidelberg bis Alsbach-Hähnlein, ab dort Bus 5511 bis Alsbach. Oder Straba 8 ab Darmstadt Luisenplatz bis Alsbach. **Auto:** B3 oder A5 Ausfahrt 29 Zwingenberg, ab Alsbach ausgeschildert. **Zeiten:** Burganlage Mitte Okt – Mitte März täglich 10 – 18 Uhr, Mitte März – Mitte Okt täglich 9 – 19 Uhr. **Preise:** Eintritt Burganlage frei, Turmbesteigung 0,50 €; Kinder 0,20 €. **Infos:** Anmeldung für Gruppen außerhalb der Öffnungszeiten und Termine für kostenlose Führungen unter 0177/2147014 oder 3317708.

▶ Massiv und wehrhaft präsentiert sich das Alsbacher Schloss, das eigentlich eine Burg ist. Es sieht aus, als hätte es niemals erobert werden können. Im Vergleich zu anderen Burgruinen könnt ihr noch viel von der mächtigen Ringmauer und den Türmen sehen. Der Erbauer hieß Gottfried von Bickenbach. Zuerst gab es nur die Kernburg, sie war von einem stellenweise 7 m breiten Graben umgeben. 1280 wurde noch eine Mauer um den Graben gebaut, der so genannte Zwinger.

1463 gab es eine Fehde zwischen der Stadt Frankfurt und dem damaligen Burgherren *Hartmann Ulner.* Und tatsächlich gelang es den Frankfurtern, die Burg einzunehmen: Sie brannten sie einfach nieder. Zwei Jahre später wurde sie wieder aufgebaut. Im 30-jährigen Krieg diente sie den Alsbacher Bürgern als Zufluchtsort, sie brachten sich hinter ihren Mauern vor den plündernden und mordenden schwedischen Soldaten in Sicherheit.

Hunger & Durst

Burgschänke, ✆ 06257/2147014. www.schloss-alsbach.de. Mitte März – Mitte Okt Mi – Fr 14 – 19, Sa 11 – 19, So und Fei 9.30 – 19 Uhr. Mitte Okt – Mitte März Sa 11 – 17, So, Fei 9.30 – 18 Uhr. Bei schlechter Witterung geschlossen.

Steinkugeln zu Schleuderpreisen: Zum Glück ist die Schleuder auf dem Alsbacher Schloss außer Betrieb

Foto: Alice Selinger

*Jede Burg hatte im Mittelalter einen **Kräutergarten,** mit den Kräutern wurde das Essen gewürzt, sie wurden aber auch als Heilmittel verwendet.*

Den Turm im **Innenhof** dürft ihr besteigen. Im **Kräutergärten** könnt ihr erschnüffeln, wie Lavendel, Rosmarin und Salbei riechen. Im Burghof seht ihr eine Steinschleuder, wie sie im Mittelalter verwendet wurde. Zwei kurze **Rundwege** (30/45 Min) sind an der Tafel vor der Burg angegeben. Am unteren Parkplatz beginnen vier längere Wege für Wanderfreudige.

Auf der Strahlenburg

Burgweg 32, 69198 Schriesheim. ✆ 06203/61232, Fax 68685. www.strahlenburg-schriesheim.de. info@strahlenburg-schriesheim.de. **Bahn/Bus:** ➚ Schriesheim, 2 km Fußweg. **Auto:** ➚ Schriesheim, an der Kreuzung rechts auf die B3, Parkplatz vor der Burg. **Zeiten:** Ruine frei zugänglich.

▶ Um 1235 begann *Conrad von Strahlenberg* mit dem Bau der Strahlenburg. Das Geschlecht der Strahlenberger gab also der Burg ihren Namen, während sonst oft der Name der Burg auf die Erbauer überging. Heute ist von der Burg nicht mehr viel übrig. Der Bergfried war einmal 30 m hoch.

Als Baumaterial wurde Granit und Prophyr benutzt. Viele andere Burgen wurden damals aus Sandstein gemauert. Die Burg wechselte oft die Besitzer, es gab viele Kämpfe und wahrscheinlich auch einen großen Brand. Ein *Ludwig von Veltenz* besaß die Burg um 1470. Er war ein Feind des Heidelberger Kurfürsten Friedrich I. Dieser schickte ein Heer nach Schriesheim und eroberte die Burg schon nach wenigen Tagen der Belagerung. Die Verteidiger wurden gefangen genommen und einige im Stadtgraben ertränkt. Vorräte und Waffen mussten abgeliefert werden.

Hunger & Durst

Burg-Gasthof Strahlenburg, ✆ 06203/ 9574715. www.strahlenburg-schriesheim.de. März – Okt täglich ab 11 Uhr, Nov und Dez Do – So ab 11 Uhr. Kleine Mittagskarte, nachmittags Kaffee und Kuchen, Vesperkarte, abends größere Karte und saisonale Küche.

Ruine Schauenburg

69221 Dossenheim. www.dossenheim.de. gemeinde@dossenheim.de. **Bahn/Bus:** ➚ Dossenheim. **Auto:** Durch Dossenheim Richtung Osten bis Ortsende, letzte Möglichkeit zwischen Waldrand und Ort links Richtung Norden bis zum Parkplatz am Ende dieser Straße.

▶ Eine Eiche wächst malerisch mitten in der Ruine Schauenburg, Kinder können ausgiebig auf den Mauerresten klettern. Der Blick in die Rheinebene ist toll: Die Schauenburg wurde um 1100 vom Kloster Lorsch zur Absicherung und Verwaltung seines Besitzes erbaut, ehemals war es eine große Anlage. 1130 wohnte hier ein Herr *Gerhard von Schauenburg,* er war ein Lehensmann des Klosters, das heißt, er kümmerte sich für das Kloster um dessen Besitz. Seine Familie herrschte über Dossen-, Handschuhs- und Seckenheim. All diese Dörfer gehörten nämlich dem Kloster Lorsch. Es ist heute eine merkwürdige Vorstellung, dass Orte früher einfach zum Besitz von jemandem gehörten, so wie ihr heute ein Fahrrad oder euer Spielzeug besitzt. Um 1280 starb der letzte aus der Familie Schauenburg, ohne Kinder zu hinterlassen. 1320 erwarb das Bistum Mainz die Burg. Kurfürst Friedrich I. zerstörte Mitte des 15. Jahrhunderts die Dörfer Dossen- und Handschuhsheim und belagerte auch die Schauenburg. Deren Besatzung, 18 Ritter und 30 Schützen, verteidigte sich tapfer. Doch schließlich musste sie sich der feindlichen Übermacht ergeben. Die Burg wurde daraufhin innerhalb von sechs Wochen niedergerissen. Seitdem dienten die Überreste der Ruine als Baumaterial; wer Steine brauchte, holte sich hier einfach welche. Die evangelische Kirche in Dossenheim soll aus Steinen der Schauenburg entstanden sein.

Vom **Parkplatz** sind es etwa 25 Minuten auf dem zunächst asphaltierten und dann befestigten Weg R (bis man die Ruine sieht) bergauf, anstrengend. Trotzdem haben wir hier Leute mit einem geländegängigen Kinderwagen getroffen.
Zweite Möglichkeit: Vom **Parkplatz** aus parallel zum Hang Richtung Norden laufen, zunächst asphaltiert, dann schmaler Feldweg. Linker Hand wachsen Weinreben. An der Metall-Schranke dann rechts bergauf zur Ruine kraxeln, die schon zu sehen ist. Nichts für Kinderwagen.

Zu den Burgruinen Windeck und Wachenburg

Burgschenke Windeck, 69469 Weinheim. ✆ 06201/12173, Fax 14522. www.wachenburg.de. info@wachenburg.de. **Länge:** 1 Std Fußweg. **Bahn/Bus:** ↗ Weinheim, ab Bhf 10 Min Fußweg bis Marktplatz. **Auto:** Richtung Innenstadt, ab dort der Beschilderung folgen. **Zeiten:** Beide Burgen sind ab 10 Uhr geöffnet. Turmbesichtigung Windeck April – Okt täglich ab 10 Uhr, Nov – März nur Sa und So. **Preise:** 0,30 €; Kinder 0,20 €. **Infos:** Burgschänke Mi – So 11.30 – 14.30, Di 17 – 23 Uhr, Mo Ruhetag, Salate, Handkäs, Ofenkartoffeln. Biergarten mit Selbstbedienung und kleinen Gerichten bei gutem Wetter von 10 Uhr bis zur Dunkelheit.

▶ Vom Marktplatz in Weinheim führen euch einige Treppenstufen hinab in das alte Gerberauviertel, durch das der gut ausgeschilderte Weg zur Ruine der Burg Windeck führt. Ihr müsst etwa 20 Minuten bergauf laufen, teilweise über Treppen, also nichts für Kinderwagen. Wer nicht laufen will oder kann, fährt mit dem Auto zur Windeck, ein Parkplatz ist direkt an der Burg. Von der Windeck könnt ihr ganz weit in die Rheinebene und bis in die Pfalz gucken. Die Tische des Biergartens stehen malerisch zwischen den Mauerresten der Ruine. Die Burg wurde um 1100 erbaut und im 17. Jahrhundert zerstört. Es lohnt sich, den Turm zu besteigen. Die Treppe wurde auf ungewöhnliche Weise in die meterdicke Mauer des Turms eingebaut.

Wer noch weiter bergauf will, kann zur Burgruine Wachenburg weiterlau-

Hunger & Durst

Burgschenke Wachenburg, Weinheim. ✆ 06201/12173. www.wachenburg.de. Jan – März Sa, So 12 – 20, April – Dez Mi, Do 16 – 22, Fr, Sa 12 – 22, So 12 – 20 Uhr. Auf der Wachenburg. Gutbürgerliche und saisonale Küche. Mit Terrasse.

Corps sind Vereinigungen, um uralte studentische Traditionen aufrechtzuerhalten; es geht viel um Männerehre, um Mutproben und Saufen, aber nicht um Politik oder Religion. Noch heute treffen sich auf Wachenburg jedes Jahr Mitglieder der Studentenverbindungen.

Burg Windeck

fen, auch dieser Weg ist gut markiert. Es dauert ungefähr eine halbe Stunde. Die Wachenburg ist nicht echt – deshalb sieht sie auch noch so ganz aus. Sie wurde nämlich erst zu Beginn des 20. Jahrhunderts von **Corpsstudenten** erbaut.

Museen und Stadtführungen

Museum der Stadt Bensheim

Marktplatz 13, 64625 Bensheim. ✆ 06251/5847865 (Kasse), Fax 5847866. www.stadtkultur-bensheim.de. museum@bensheim.de. Im Zentrum bei der Kirche.
Bahn/Bus: ↗ Bensheim, 10 Min Fußweg zum Zentrum.
Zeiten: Do und Fr 15 – 18 Uhr, Sa und So 12 – 18 Uhr, Gruppen, Führungen, Workshops nach Vereinbarung.
Preise: Erw 1,50 €, in Gruppe 1 €,Führung 35, Schwerpunktführung 70 €, Workshop bis 14 Pers 70, ab 15 Pers 95 € zzgl. Gruppeneintritt und Materialkosten; Kinder ab 6 Jahre, Schüler und Studenten 1 €, in Gruppe 0,50 €, Führung 25, Schwerpunktführung 50 €, Workshop bis 14 Pers 50, ab 15 Pers 75 € zzgl. Gruppeneintritt und Materialkosten.

▶ Nicht nur die Ausstellungsstücke, sondern auch das Museum selbst hat eine lange Geschichte hinter sich. Es wurde 1909 vom Museumsverein der Stadt gegründet und gibt einen Einblick in die Geschichte der Stadt von der Eiszeit bis nach dem Zweiten Weltkrieg.

Zum Beispiel erfahrt ihr im Museum, dass die Menschen früher ihre Stoffe selbst herstellen mussten. Aus Schafwolle oder Pflanzenfasern wurden Fäden gesponnen, die dann zu Stoffen verwebt wurden. Außerdem lernt ihr, wie Wein angebaut wird und wie die Bauern früher arbeiteten. Geologische Funde (Steine), alte Möbel und eine Krippe sind ausgestellt.

Besonders toll für Kinder sind die interaktiven Elemente: Zum Beispiel könnt ihr einem Mammut auf den Zahn fühlen oder die Gerüche eines mittelalterlichen Marktes wahrnehmen. Auch an allgemeinen und themenspezifischen Führungen und Workshops könnt ihr teilnehmen. Dabei könnt ihr zum Beispiel Schmuck und Werkzeuge schmieden wie die Kelten, Nützliches aus Holz und Leder basteln oder selbst Papier herstellen.

Nachts in dunklen Gassen

Laternenweg Heppenheim, 64646 Heppenheim. ✆ 06252/13-1171 (Touristinfo), 13-1172, www.laternenweg.de. tourismus@stadt.heppenheim.de. **Bahn/Bus:** ↗ Heppenheim. **Zeiten:** Mai – Sep finden jeden Sa um 22 Uhr Führungen statt, Informationen bei der Touristinfo Heppenheim. **Preise:** Führung 4 €. **Infos:** Treffpunkt zur Führung ist der Marktplatz in Heppenheim.

▶ Im Sommer findet in Heppenheim regelmäßig eine Führung statt, die ihr euch auf keinen Fall entgehen lassen solltet. Ihr erkundet gemeinsam mit einem mittelalterlich gekleideten Führer dunkle Gassen und romantische Orte, und lauscht geheimnisvollen, tragischen und komischen Geschichten aus der Vergangenheit der Stadt. Unterwegs macht ihr Halt an den vielen Laternen, die alle in den vergangenen Jahren

FEUERRÄDER IM ODENWALD

▶ Im mittleren und südlichen Odenwald tanzten die Dorfbewohner früher um große Fastnachtsfeuer. Damit wurde der Winter symbolisch verbrannt. Entweder waren es große Holzhaufen, die mit Grün abgedeckt wurden und von denen zuerst eine Rauchsäule aufstieg, oder es wurde ein Holzrost auf etwa 1 m hohe Pfähle gelegt und auf diesen dann Reisig gehäuft. Eichenschälholzfackeln waren zudem eine regionale Besonderheit. Von Eichenknüppeln wurde die Rinde abgezogen. Der Prügel wurde an einem Ende gespalten und mit einer Axt auf einem Holzklotz so lange geklopft, bis er besenartig zerfaserte. Die Fackel wurde am Feuer entzündet. Feuerräder aus Stroh, Sinnbilder der erwarteten Sommersonne, wurden in vielen Orten zu Tal gerollt. ◀

mit kunstvoll gestalteten **Scherenschnitten** verziert wurden. Mehr als 150 Motive erzählen aus der Sagenwelt der Region: Von Riesen und Zwergen, unerlösten Rittern, Werwölfen und vergrabenen Schätzen.

Von Mönchen und Küchen

Museumszentrum Lorsch, Nibelungenstraße 35, 64653 Lorsch. ✆ 06251/103820, 596773, Fax 587140. www.kloster-lorsch.de. muz@kloster-lorsch.de. **Bahn/Bus:** RB Bensheim – Bürstadt, beschilderter Fußweg vom Bhf, Gehzeit etwa 10 Min. **Auto:** A67 Ausfahrt 9 Lorsch, Karolingische Königshalle ist ausgeschildert, großer Parkplatz. **Zeiten:** Ganzjährig Di – So 10 – 17 Uhr. Klosterpark mit Königshalle, der Rest der romanischen Kirche und der Kräutergarten sind ganzjährig frei zugänglich. **Preise:** 3 €; Kinder 6 – 16 Jahre und Schüler 1,50 €; Studenten 1,50 €, Familien-Tageskarte 6 €. **Infos:** Die Museumspädagogen der klostergeschichtlichen Abteilung bieten vielfältige Angebote zu tollen Themen wie »Kochen und Backen im Kloster« oder »Schreiben wie im Mittelalter« an. ✆ 06251/51446, info@kloster-lorsch.de.

▶ In Klöstern wurde im Mittelalter nicht nur fromm gebetet, manche waren sehr reich und hatten großen politischen Einfluss. Ihnen gehörten Wälder und Dörfer, Ländereien, Weinberge, Fischereirechte und riesige Gutshöfe. Im Osten des Odenwaldes herrschte das Kloster Amorbach, im Westen das Kloster Lorsch. Das **Kloster Lorsch** war eines der mächtigsten im ganzen Reich. Einige der Burgen, die ihr vielleicht im Odenwald und an der Bergstraße besucht, gehörten diesem Kloster. Seit 1991 ist das Kloster Lorsch Teil des Weltkulturerbes der UNESCO. Allerdings ist nicht viel von ihm übrig, nur ein Teil der Kirche und die kleine, aber berühmte Königshalle. Sie ist eines der bedeutendsten Baudenkmäler Deutschlands, weil sie so alt ist, nämlich über 1100 Jahre. Sie wurde nach antiken Vorbildern gebaut als der Sohn oder der Enkel Karls des Großen als Könige re-

Weltbekannt: Lorscher Königshalle

Hunger & Durst

Rathaus-Café, Marktplatz 1, Lorsch. ✆ 06251/587548. www.rathauscafe-lorsch.de. Mo 10 – 14.30, Di – So 10 – 23 Uhr. Frühstück, Kuchen, Pizza, Fleischgerichte, Sommerterrasse.

gierten und wird deshalb »karolingische Königshalle« genannt.

Sehr schön sind auch die Kräutergärten des Klosters, die nach Beschreibungen in mittelalterlichen Texten, z.B. dem Lorscher Arzneibuch angelegt wurden. Außerdem könnt ihr eines der sehenswertesten Museen der Region besuchen. Neben einer informativen Schau zur Klostergeschichte sind im Museumszentrum ein **Tabakmuseum** und eine **Volkskundesammlung** untergebracht. Während die Klostergeschichte für euch Kinder ohne besondere Vermittlung nicht so aufregend ist, werdet ihr die Volkskundesammlung bestimmt interessant finden. Dort gibt es unter anderem Ausstellungsstücke zur Geschichte der Hygiene, darunter einige der frühesten **Toiletten,** zu bewundern.

Hättet ihr gedacht, dass sie Besitzer der ersten »Leibstühle«, wie man die ***Toiletten*** *nannte, so stolz auf ihr feines Möbelstück waren, dass sie ihre Angestellten auf dem Klo sitzend empfingen?*

Auch zu Haus und Herd in Uromas Zeiten gibt es viel zu sehen: was gegessen wurde, wie man die Lebensmittel haltbar machte und wie man sie zubereitete. Schlau, wie die Menschen vor der Erfindung von Kühlschrank, Tiefkühltruhe und Mikrowelle zurechtkamen! Aus der jüngeren Vergangenheit ist sogar ein Exemplar der berühmten »Frankfurter Küche« ausgestellt, die erste Einbauküche. Sie galt als supermodern und sollte der Hausfrau die Arbeit erleichtern – ersonnen hat sie 1928 eine Frau, die Architektin *Margarete Schütte-Lihotzky.*

Die Sammlung rund um den Tabak umfasst nicht nur unzählige Pfeifen und Tabakdosen, ihr könnt lernen, wie die Tabakpflanze angebaut, geerntet, getrocknet und zu Tabak verarbeitet wird. Die Gegend um Lorsch war seit dem 17. Jahrhundert nämlich traditionell ein Zentrum des Tabakanbaus. Achtet einmal auf Äcker mit Pflanzen mit länglichen, dunkelgrünen Blättern und hübschen Blüten, wenn ihr in dieser Gegend seid. Die Tabakpflanze stammt aus Amerika und wurde bei uns erst zu Beginn des 16. Jahrhunderts eingeführt. Zunächst hielt man Tabak für eine Medizin! Lange wurde er nur geschnupft, erst im 19. Jahrhun-

Hunger & Durst

Café am Kloster, Nibelungenstraße 31, ✆ 06251/55411, 10 – 1 Uhr, Sommerterrasse, Snacks, Kuchen.

dert kam das Rauchen auf. Auch Kinder rauchten früher schon, denn man wusste lange nicht, wie ungesund das ist.

Im Heimatmuseum Zwingenberg

Scheuergasse 11, 64673 Zwingenberg. ✆ 06251/73986, 848059, www.zwingenberg.de. kontakt@zwingenberg.de. Die historische Scheuergasse zweigt von der B3 nach Westen ab. **Bahn/Bus:** ➚ Zwingenberg. 3 Min Fußweg. **Zeiten:** März – Okt So, Fei 15 – 18 Uhr, Gruppen nach Vereinbarung. **Preise:** 1,50 €; Kinder bis 16 Jahre 1 €. **Infos:** Führungen nach Absprache. Infos im Internet unter Bildung & Kultur.

▶ Zwingenberg ist die älteste Stadt an der Bergstraße und sieht noch heute mittelalterlich aus. Es gibt enge, steile Gassen und viele Fachwerkhäuser. Einzigartig ist die historische Scheuergasse, in der auch das **Heimatmuseum** liegt. Sie lag früher außerhalb der Stadtmauern. Zwingenberg lag früher an einer der wichtigen Handels- und Heeresstraßen. Jeder, der in Nord- oder Südrichtung auf der Bergstraße unterwegs war, konnte gezwungen werden, durch den Ort zu ziehen und dafür Zoll zu bezahlen – daher der Name »Zwingenberg«.

Die Scheuergasse gab es schon vor 500 Jahren. Wegen der großen Brandgefahr innerhalb der Stadt befahl der Landgraf damals, alle brennbaren Vorräte außerhalb der Stadtmauern zu lagern. Nur Vorräte für 3 Tage durften im Ort aufgehoben werden. Wahrscheinlich wurde die Scheuergasse oft geplündert, denn sie lag schutzlos und verlockend gefüllt vor den Mauern Zwingenbergs. Ein letzter verheerender Brand wütete 1832 in den Vorratsscheunen. Die Scheunen auf der Nordseite der Gasse brannten alle nieder und wurden mit Stein wieder aufgebaut. Die Scheunen auf der Südseite bestanden früher aus Fachwerk. Im kleinen Heimatmuseum erfahrt ihr viel zur Geschichte des Ortes und zu alten Handwerken.

Wo die PS brummen

Automuseum Dr. Carl Benz, Am Sägewerk 6 – 8, 68526 Ladenburg. ✆ 06203/181786, www.automuseum-ladenburg.de. info@automuseum-ladenburg.de. **Bahn/ Bus:** RB Heidelberg – Frankfurt, Bensheim – Mannheim, Bensheim – Mainz, RE Frankfurt – Mannheim. Vom Bahnhof 15 Min Fußweg über Ilvesheimer Straße und Benzstraße. **Auto:** A5 Ausfahrt 35 Ladenburg, Abzweig »Ladenburg West«, an der Kreuzung Benzstraße rechts, nach 60 m wieder rechts. **Zeiten:** Mi, Sa und So 14 – 18 Uhr, Gruppen nach Vereinbarung. **Preise:** 4 €; Kinder 2,50 €; Familienkarte (Eltern mit Kindern bis 14 Jahre) 8 €, Gruppen 3 € pro Person.

▶ Wenn ihr wissen wollt, wie die Anfänge einer heute weltberühmten Automarke aussahen, seid ihr im Automuseum richtig. Als Herr **Benz** 1886 seinen ersten Motorwagen baute, lebte er noch in Mannheim. Doch 1905 erwarb er ein Anwesen in Ladenburg, am heutigen Carl-Benz-Platz, und zog in diese Stadt, in der er auch 1929 starb. 1906 gründete er mit seinen Söhnen seine Automobilfirma. In dem nach ihm benannten Museum wird natürlich viel zur Firmengeschichte gezeigt. Darüber hinaus sind Rennwagen, Oldtimer – der erste Benz von 1886, ein Wagen mit nur drei Rädern – sowie Motorräder ausgestellt. Nebenbei wird die Geschichte des Fahrrades erzählt – immerhin. Das Thema Umwelt wird ansonsten nicht behandelt.

***Carl Friedrich Benz** (1844 – 1929) war Ingenieur und konstruierte 1885 einen Einzylinder-Viertakt-Benzinmotor (1 PS), mit diesem wurde erstmals ein Wagen angetrieben. Gottlieb Daimler (1834 – 1900) werkelte ebenfalls an Motoren herum und baute 1890 den ersten »Mercedes« (4 PS). 1926 tat sich seine Firma mit der von Benz zusammen. Wer von euch findet heraus, warum das Auto ausgerechnet einen Mädchennamen trägt?*

Mammuts im Museum

Museum der Stadt Weinheim, Amtsgasse 2, 69469 Weinheim. ✆ 06201/82334, Fax 962044. www.museum-weinheim.de. museum@weinheim.de. **Bahn/ Bus:** ↗ Weinheim, knapp 1 km Fußweg Richtung Marktplatz. **Zeiten:** Di – Do, Sa 14 – 17 Uhr, So 10 – 17 Uhr. **Preise:** Erw 2 €; Kinder und Jugendliche frei. **Infos:** Führungen nach Vereinbarung.

▶ Echte Schädel und Stoßzähne von prähistorischen Mammuts seht ihr im Weinheimer Museum. Mammuts waren große Säugetiere, sahen so ähnlich wie

Elefanten aus, nur waren sie noch größer und hatten ein dichtes, rotbraunes Fell. Sie lebten während der Eiszeit in Europa, ganz Nordasien und Nordamerika. In Sibirien findet man heute noch Knochen, Zähne und sogar ganze eingefrorene Tiere. Aus den bis zu 5 m langen Stoßzähnen, mit denen das **Mammut** den Schnee wegschaufelte, um an das Steppengras heranzukommen, fertigen die Elfenbein-Schnitzer bei Erbach Schmuck an. Weitere Zimmer sind so eingerichtet, wie es die Grafen von Berckheim in ihrem Schloss mochten. Doch auch die Arbeitsgeräte von Bauern und Handwerkern aus früheren Zeiten sind zu sehen. Funde aus der Bronze- und Römerzeit sind ebenfalls im Museum ausgestellt.

*Wegen der im Boden gefundenen Kadaver glaubten die Altsteinzeit-Sibirier, das **Mammut** habe in unterirdischen Gängen gelebt. Sie verehrten es daher als vermeintlichen Helfer ihrer Erdgötter. In ihrer Sprache bedeutete »Maa« Erde und »mutt« Maulwurf.*

Malen und Feste feiern

BÜHNE, LEINWAND & AKTIONEN

Malhaus am Blauen Hut

Hauptstraße 140, 69469 Weinheim. ✆ 06201/16404, Fax 340299. www.malhaus-am-blauen-hut.de. malhaus-am-blauen-hut@web.de. **Bahn/Bus:** ↗ Weinheim, 15 Min Fußweg über Ehretstraße durch die Altstadt. **Auto:** Beim Schlosspark. **Zeiten:** Kindergartenkinder: Di 16 – 17, Do 17 – 18 Uhr; Grundschüler: Mo 16.30 – 17.30, Do 16 – 17 Uhr; Jugendliche: Mo 16.30 – 17.30 Uhr. **Preise:** Monatspreis 40 €. **Infos:** telefonisch Mo 9 – 12 und Mo, Di, Do 18 – 19 Uhr.

▶ In einem 700 Jahre alten Haus könnt ihr malen, zeichnen und andere künstlerische Techniken lernen. Eine Probestunde zum Ausprobieren ist kostenlos und ohne Anmeldung möglich. Bei gutem Wetter finden die Stunden im Schlosspark statt.

Das Pipapo-Kellertheater

Wambolterhof, 64625 Bensheim. ✆ 06251/67740, www.kellertheater-bensheim.de. touristinfo@bensheim.de. **Bahn/Bus:** ↗ Bensheim, 5 Min Fußweg. **Auto:** A5 Ausfahrt 30 Bensheim. **Infos:** Vorverkauf: Musikbox (im Kaufhaus Ganz), Hauptstraße 56, 64625 Bensheim, ✆ 06251/610540.

▶ Das Pipapo-Theater spielt häufig Stücke für Kinder, zum Beispiel Märchen. Es gibt viele verschiedene Veranstaltungen, Bands sowie andere Theatergruppen treten auf. Jedes Jahr werden Theaterworkshops für Kinder und Erwachsene veranstaltet.

FESTKALENDER BERGSTRASSE

Februar: Mitte Feb: Bensheim, **Fastnachtsmarkt** (Krammarkt) in der Altstadt.

Mai: Nacht zum 1. Mai: Schloss Auerbach, **Walpurgis.**

3. So: **Autofreie Bergstraße,** die B3 wird für Autos gesperrt. Dann tummeln sich Radler, Skater und Fußgänger auf der landschaftlich schönen Strecke 21 km entlang der Bergstraße. Alle 2 Jahre.

Pfingsten: Schloss Auerbach, **Ritterspiele.**

Juli: 1. Sa: Bensheim, Großer **Flohmarkt** in der Altstadt.

1. Woche: 10 Tage lang: **Bergsträßer Weinmarkt.**

1. Wochenende: **Bergwerksfest** im Besucherbergwerk Grube Anna-Elisabeth, Sa ab 16, So ab 11 Uhr.

Mitte Juli – Ende Aug: Weinheim, **Internationales Kulturfest und Kultursommer.**

Ende Juli – Anfang Sep: Heppenheim, **Festspiele.**

August: 2. Wochenende: Weinheim, **Altstadtfest,** das größte seiner Art an der Bergstraße.

September: ab 1. Wochenende: Bensheim, 9 Tage lang wird das **Winzerfest** gefeiert. Eine Weinprobe im Bürgerhaus steht am Anfang. Wenn Soldaten der historischen Bürgerwehr Böllerschüsse feuern, sind die Straußwirtschaften offen. Am ersten Sonntag Festumzug mit dekorierten Wagen.

Letzter Sa: Bensheim, **Tag der offenen Tür** im Museum Bensheim.

Dezember: Anfang Dez – Wochenende vor Heiligabend: Bensheim, **Weihnachtsmarkt** auf dem Marktplatz.

2. – 4. Advent, Sa, So: Weinheim, **Weihnachtsmarkt.**

HEIDELBERG

WIESBADEN
FRANKFURT
OFFENB.
HANAU
Alzenau
N
Main
Neu-Isenb.
MAINZ
Dreieich
Dietzenb.
Rodgau
Lohr
1 cm
15 km
RÜSSELSHEIM
Langen
Rödermark
Gersprenz
HESSEN
Babenh.
ASCHAFFENBURG
Groß-Gerau
Dieburg
Groß-Umstadt
DARMSTADT
BAYERN
Griesheim
Obernburg
Rhein
Pfungstadt
Reinheim
RLP
Seeheim-Jugenheim
Höchst
Wörth
Gernsheim
Bad König
Wertheim
Main
Bensheim
Michelstadt
Miltenberg
Lindenfels
Mümling
Amorbach
WORMS
Lorsch
Heppenheim
Erbach
Walldürn
Mud
Lampertheim
Wald-Michelb.
Beerfelden
Viernheim
Weinheim
Buchen
FRANKENTHAL
MANNHEIM
Eberbach
Seckach
LUDWIGSHAFEN
Elz
Osterb.
Neckarsteinach
Neckar
HEIDEL-BERG
Schwetzingen
Adelsheim
Neckargemünd
Haßloch
Mosbach
Leimen
SPEYER
Walldorf
Wiesloch
BADEN-WÜRTTEMBERG
Gundelsheim

Für kleine Prinzessinnen und Ritter ist Heidelberg genau die richtige Stadt. In der romantischen Burgruine fühlt man sich gleich ins Mittelalter zurückversetzt. Aber auch sonst hat euch die Stadt viel zu bieten. Wie wäre es mit einer sanften Tour mit dem Solarschiff auf dem Neckar oder dem Besuch des Völkerkundemuseums? Da findet bestimmt jeder seinen Lieblingsausflugstipp.

TIPPS FÜR WASSERRATTEN

Frei- und Hallenbäder

Thermalschwimmbad

Vangerowstraße 4, 69115 Heidelberg. ✆ 06221/ 5132877, Fax 5133335. www.swhd.de. info@swhd.de. **Bahn/Bus:** RNV-Bus 22 und 35, bis Volkshochschule. **Zeiten:** Mitte April – Mitte Okt, je nach Witterung, aktuelle Zeiten ↗ Internetseite. **Preise:** 6 €; Kinder 4 – 9 Jahre 3, Kinder 10 – 17 Jahre 4 €; Schüler, Studenten bis 24 Jahre, Behinderte ab 80 % Minderung der Erwerbsfähigkeit sowie alle Erw Mo – Fr 2 Std vor Schließung 4 €, Familien (max 2 Erw und Kinder 4 – 9 Jahre) 12 €. **Infos:** Bei einer Badbenutzung bis 2,5 Std erhalten Erwachsene eine Rückzahlung von 1,50 €, Ermäßigte und Kinder 0,50 €.

▶ Beim Thermalbad handelt sich um ein beheiztes Freibad, wobei der Name noch an eine früher bestehende Thermalquelle erinnert. Es gibt eine Wasserrutschbahn, Schwimmer-, Nichtschwimmer- und Planschbecken, Cafeteria, Kiosk und Tischtennisplatte. Die Anlage ist behindertengerecht.

Hallenbad im Darmstädter-Hof-Centrum

Fahrtgasse 12, 69117 Heidelberg. ✆ 06221/ 5132873, www.swhd.de. info@swhd.de. Zentrale Lage am Bismarckplatz. **Bahn/Bus:** Zahlreiche Busse und S-Bahnen bis Bismarckplatz. **Zeiten:** Nach Ende Sommerferien – Ostern Mo 14 – 18, Di 7 – 14 und 16 – 21.30, Mi 7 – 18, Do – Sa 7 – 19.30, So 8.30 – 14.30 Uhr, Fei

Super Blick: Das Heidelberger Schloss am Hang des Königsstuhls ist die Kulisse für diesen tiefen Freundinnenblick
Foto: Marion Landwehr

gesonderte Zeiten, Ostern – Pfingsten eingeschränkt geöffnet. **Preise:** 4 €; Kinder 4 – 9 Jahre 2 €, Kinder 10 – 17 Jahre 2,60 €; Schüler, Studenten bis 24 Jahre, Behinderte ab 80 % Minderung der Erwerbsfähigkeit sowie alle Erw Mo – Fr 2 Std vor Schließung 2,60 €; Familien (max 2 Erw und Kinder 4 – 9 Jahre) 8 €.

▶ Es gibt ein Schwimmerbecken mit 25 m, ein Nichtschwimmerbecken und Massagedüsen. Warmbadetage sind Mittwoch und Donnerstag.

Weitere schöne Tipps für das südliche Heidelberg findet ihr in »Kraichgau mit Kindern« von Marion Landwehr, 320 Seiten, 14,95 €, Peter Meyer Verlag, ISBN 978-3-89859-426-4.

Hallen- & Freibad Köpfel in Ziegelhausen

Stiftsweg 32, 69118 Heidelberg-Ziegelhausen. ✆ 06221/513-2880, Fax 513-3335. www.swhd.de. info@swhd.de. **Bahn/Bus:** RNV-Bus 33 bis Köpfel. **Zeiten:** Ganzjährig, April – Sep Bad Mo – Mi, Fr 7.30 – 20.30, Do 7.30 – 14, Sa, So 10 – 18 Uhr, Mo, Di Warmbadetag, Sauna Mo – Mi, Fr 10 – 20, Sa, So 10 – 17.30, Mo, Mi, Fr, Sa: gemischte Sauna, Di Frauensauna, So Familiensauna, Zeiten Okt – März ➚ Internetseite. **Preise:** 4 €, Sauna 10 €; Kinder 4 – 9 Jahre 2, Sauna 8 €, Kinder 10 – 17 Jahre 2,60, Sauna 8 €; Schüler, Studenten bis 24 Jahre, Behinderte ab 80% Minderung der Erwerbsfähigkeit sowie alle Erw Mo – Fr 2 Std vor Schließung 2,60 €, Sauna 8 €, Familien (max 2 Erw und Kinder 4 – 9 Jahre) 8 €.

▶ Das behindertengerechte Hallenbad gehört zum Sportzentrum Ziegelhausen. Es gibt eine Sauna, Cafeteria mit Terrasse, Solarium und im Sommer eine Liegewiese.

Freizeit-Bad Tiergartenstraße

Tiergartenstraße 13, 69121 Heidelberg. ✆ 06221/5134420, Fax 3335. www.swhd.de. info@swhd.de. Im Neuenheimer Feld. **Bahn/Bus:** RNV-Bus 37, bis Schwimmbad. **Zeiten:** Juni – Aug täglich 9 – 20, ab Mitte Mai und bis Mitte Sep täglich 11 – 19 Uhr, jeweils witterungsabhängig, aktuelle Zeiten ➚ Internetseite. **Preise:** 4 €; Kinder 4 – 9 Jahre 2, Kinder 10 – 17 Jahre 2,60 €; Schüler, Studenten bis 24 Jahre, Behinderte ab

ihr an einem Malkurs teilnehmen oder selbst Schokolade herstellen. In den Schulferien findet ein Ferienprogramm mit verschiedenen Workshops rund um die Themen Botanik und Natur statt. Ihr könnt exotische Tiere in der Stadt erleben, Pflanzen und Tiere im Wasser erforschen oder als Waldindianer geheime Pfade erkunden. Für Schulen und Kindergärten gibt es spezielle Führungen.

Wald und Weltall erkunden

Walderlebnispfad und »via naturae«

Heidelberg. www.heidelberg.de. stadt@heidelberg.de.
Länge: via naturae 8 km, Walderlebnispfad 2 km.
Bahn/Bus: ↗ Bergbahn täglich ab 9 Uhr alle 20 Min ab Station Kornmarkt/Rathaus. **Auto:** Auf dem Königstuhl, beim Märchenparadies. Schloss/Königstuhl ausgeschildert. **Zeiten:** Ganzjährig.

▶ Auf diesem neuen und ungewöhnlich gestalteten Walderlebnispfad könnt ihr fühlen, tasten, riechen, sehen und hören, was es im Wald zu entdecken gibt. Alle paar Meter gibt es etwas zu tun. In einer Klangoase könnt ihr die Geräusche des Waldes mit verschiedenen Klangkörpern nachahmen. Und ihr könnt viel Interessantes erfahren, zum Beispiel, wie man Waldkönig wird.

Die **»via naturae«** führt euch tief in den Schonwald Königstuhl. Wem 8 km zu lang sind, der kann einen kürzeren Weg mit 3,5 km nehmen. Der gut markierte Rundweg verläuft zunächst über eine Strecke von 2 km leicht bergab bis zu einer Hütte; hier am *Hohlen Kästenbaum* könnt ihr picknicken. Von der Hütte aus geht der Weg nach Süden und hat auf den nächsten beiden Kilometern einen spannenden Namen: Oberer Drachenhöhlenweg. Ihr kommt über den Kaiser-Franz-Weg zum Linsenteicheck. Jetzt seid ihr nur noch 310 m hoch, es ist der tiefste Punkt der Strecke. Hier steht auch eine Hütte, noch einmal könnt

Flockenblume mit Biene: Wer entdeckt den ersten Schmetterling, Ameisenhaufen oder so eine lila Blume?

Foto: Annette Sievers

ihr rasten, denn nun wird es anstrengender. Auf den folgenden 4 km geht es stetig leicht bergauf. Über den Alten Hilsbacher Weg, vorbei an Kraussteinhütte und Kaltteichhütte, geht's zurück zum Ausgangspunkt auf dem Königstuhl und 560 m Höhe.

Blick in die Sterne

Landessternwarte Heidelberg, Königstuhl 12, 69117 Heidelberg. ✆ 06221/541706, 541734, Fax 603217. www.astronomieschule.org. B.Farr@lsw.uni-heidelberg.de. **Bahn/Bus:** Bergbahn täglich ab 9 Uhr alle 10 Min ab Station Kornmarkt, Bus 39 oder nach 20 Uhr mit dem Ruftaxi Linie 1007. **Auto:** Parken vor dem Tor der Sternwarte. **Zeiten:** Führungen (außer in den Semesterferien) Do 14.30 Uhr. Bei Gruppen max. 25 Pers, unbedingt vorher anmelden. **Preise:** Führung kostenlos. **Infos:** zu Führungen auf www.lsw.uni-heidelberg.de/foerderkreis/fuehrungen. Anfrage an die Astronomieschule für Workshops über die Kontaktformulare auf der Internetseite.

▶ Wenn ihr euch für Astronomie interessiert, solltet ihr einmal an einer Führung in der Sternwarte Heidelberg teilnehmen. Sie befindet sich in einem schönen alten Gebäude von 1895, das schmiedeeiserne Tor ist mit Sonne und Mond geschmückt. Jeden Donnerstagnachmittag wird durch die Sternwarte geführt, dabei wird u.a. erklärt, mit welchen Geräten man dort arbeitet. Der Rundgang dauert etwa eine Stunde. Die Sternwarte ist eine wissenschaftliche Einrichtung und erforscht faszinierende Themen rund ums Universum.

Auf dem **Außengelände** sind die Planeten unseres Sonnensystems im kleinen Maßstab dargestellt. Hier bekommt ihr ein Bild davon, wie groß die Erde im Verhältnis zu den anderen Planeten ist. Etwas Besonderes ist die Astronomieschule, die verschiedene Workshops für Schüler u.a. zu Mond, Sonne, Orientierung am Himmel, Raumfahrt und Fortbildungen für Lehrer anbietet. Bei der Besichtigung von Teleskopen aus

Happy Birthday!

Kinder können mit ihren Familien einen astronomischen Nachmittag an der Sternwarte verbringen und u.a. durch ein historisches Teleskop schauen und die Sonne beobachten. 1,5 Std, für max 12 Kinder geeignet. Infos und Anmeldung auf der Internetseite der Astronomieschule.

verschiedenen Zeiten erfahrt ihr, wie sich die Beobachtungstechniken entwickelt haben. Eigene Beobachtungen am Fernrohr sind möglich.

Das Heidelberger Schloss

Karl-Theodors großes Fass

Service-Center Schlösser Heidelberg, Mannheim und Schwetzingen, Im Schlosshof 1, 69117 Heidelberg. ✆ 06221/6557-16, Fax 6557-17. www.schloss-heidelberg.de. info@service-center-schloss-heidelberg.com. **Bahn/Bus:** Bergbahn ab Station Rathaus/Kornmarkt (Sommer 9 – 20.20 Uhr, Winter 9 – 17 Uhr). **Zeiten:** Schlosshof, Großes Fass 8 – 17.30 Uhr, Besichtigung der Schloss-Innenräume nur im Rahmen von Führungen April – Okt Mo – Fr 11 – 16, Sa, So und Fei 10 – 16, Nov – März Mo – So, Fei 11 – 16 Uhr. **Preise:** Kombikarte Bergbahn, Schlosshof, Großes Fass, Deutsches Apothekenmuseum 5 €, Führungen, Audioguide je zzgl. 4 €, Sonderführungen zzgl. 5 €; Kinder 6 – 14 Jahre Kombikarte 3 €, Führungen zzgl. 2 €, Sonderführungen zzgl. 2,50 €; Schüler, Studenten und Azubis bis 28 Jahre Kombikarte 3 €, Führungen mit Familienkarte zzgl. 10 €, Sonderführungen für Schüler und Studenten zzgl. 2,50 €. **Infos:** Das WC im Schlosshof kostet extra; Programmheft mit Führungsterminen beim Service-Center erhältlich.

▶ Bei gutem Wetter besuchen täglich Tausende von Menschen aus aller Welt das Schloss, auch den Führungen schließen sich dann riesige Gruppen an. Eigentlich macht es mehr Spaß, im Winter hierher zu kommen, dann ist es nicht ganz so voll.

Das Schloss hat eine tolle Lage über Heidelberg. Zur Ruine wurde es, als ein 1764 Blitz einschlug alles verbrannte. Zu besichtigen sind dennoch die Wohnräume der Kurfürsten, denen das Schloss früher gehörte, sowie die Schlosskapelle. Die ehemaligen Wohnräume im Friedrichsbau wurden originalgetreu

HANDWERK UND GESCHICHTE

Hunger & Durst

Historische Gaststätte Schützenhaus, Elisabethenweg 1, Heidelberg. ✆ 06221/21879. Di – Fr ab 18 Uhr, Sa ab 15 Uhr, So ab 12 Uhr. Oberhalb des Heidelberger Schlosses im Wald. Terrasse. Badische Spezialitäten und Wildgerichte.

Hunger & Durst

Vor dem Eingang des Schlosses ist ein kleines **Restaurant,** im Innenhof ein **Bistro.** Außerdem gibt es vor dem legendären Fass Holztische und Getränkeverkauf.

Das Service-Center im Schloss bietet zu festen Terminen und für Gruppen auf Anfrage auch Kinderführungen an, zum Beispiel unter dem Motto *Kindernachtwächter* oder *Von Rittern, Zwergen und schönen Prinzessinnen.*

Specki, das Schlossgespenst ...

rekonstruiert und sind im Rahmen einer Führung zugänglich.

Eine besondere Attraktion des Heidelberger Schlosses ist das **Große Fass, i**n das ihr richtig hineingehen könnt. Außerdem sind hier über den Dächern der Stadt allerhand Sagen und Mythen im Umlauf. Findet ihr den Abdruck eines Gebisses in einem Eisenring, der angeblich von einer Hexe stammt? Oder auf der Besucherterrasse wartet ein mysteriöser Fußabdruck darauf, euch die Gespenstergeschichte des Ritters zu erzählen, der sich bei dem Brand aus einem Fenster gestürzt haben soll. Seid gespannt, was euch alles erwartet!

2012 wieder zu sehen sein wird. Hier gibt es schönen Schmuck und alte Waffen, Kinderspiele und Kosmetika, Küchenutensilien und römisches Töpferhandwerk.

Die Köpfe in die Höhe: Experimente mit Spiegeln im Explo

ExploHeidelberg

Im Neuenheimer Feld 528, 69120 Heidelberg. ✆ 06221/7282346, Fax 7299270. www.explo-heidelberg.de. mohr@explo-heidelberg.de. **Bahn/Bus:** Straba 4 Richtung Handschuhsheim, Haltestelle Heiligenbergschule. Etwa 50 m zurücklaufen, die Berliner Straße überqueren und dem Fußgängerweg zwischen den Gebäuden folgen. Nach ca. 50 m links abbiegen, auf der rechten Seite ist das Gebäude 582. **Auto:** Technologiepark im Neuenheimer Feld ausgeschildert. **Zeiten:** Fr, Sa, So 13 – 18 Uhr. **Preise:** 5 €; Kinder bis 4 – 18 Jahre 3,50 €; Familien (max 2 Erw und 5 eigene Kinder) 10 €, Studenten, Azubis, Behinderte, Rentner, Gruppen ab 7 Pers 4 € pro Person, Kinder bis 18 Jahre 2,50 €, Sonderpreise für Schulklassen und Kindergärten.

▶ Das ExploHeidelberg versteht sich als außerschulischer Lernort und will mit seinem naturwissenschaftlichem Bildungsangebot spielerisch die Faszination für Naturwissenschaften wecken.

In der interaktiven Ausstellung könnt ihr physikalische Phänomene der Optik und Akustik erleben und die Wahrnehmung mit allen Sinnen untersuchen.

Im biologischen Lernlabor können Schüler ab der 7. Klasse Erfahrungen im praktischen Experimentieren sammeln, z.B. bei der Herstellung von Kosmetik oder beim Nachweisen eurer eigenen DNA, die eure Erbinformation beinhaltet.

Happy Birthday!

1. Variante: buchbar für Mo – Do 13 – 18 Uhr, Dauer 2 Std, bis 8 Kinder und 1 – 2 Erw 60 €, bis 12 Kinder und 1 – 2 Erw 95 €, verschiedene Workshops. 2. Variante: Feier während der Öffnungszeiten, max. 12 Kinder 45 €, mit Überraschungsworkshop.

So ein Theater!

KinderTheaterFestival

Kulturfenster e.V., Kirchstraße 16, 69115 Heidelberg-Bergheim. ✆ 06221/13748-78 (Reservierungen für die Tages- bzw. Abendkasse), 01805/700733 Hotline für Ticketbuchung (gegen Gebühr – Karten werden zugesandt), Fax 13748-79. www.kulturfenster.de/kindertheaterfestival.php. kontakt@kulturfenster.de. **Bahn/Bus:** ab Hbf 5 Min Fußweg. **Zeiten:** im Herbst.

▶ Jedes Jahr findet Ende September/Anfang Oktober in einem großen Zelt auf der Neckarwiese im Ortsteil Neuenheim das KinderTheaterFestival statt. Es gibt einen Kindermitmachzirkus, Workshops und ein Spielmobil. Für aktuelle Termine und das Programm anrufen oder im Internet schauen.

Theater Zwinger

zwinger1 & zwinger3, Zwingerstraße 3 – 5, 69117 Heidelberg. ✆ 06221/5835-000, Fax 5835-990. www.theaterheidelberg.de. claudia.villinger@heidelberg.de. **Bahn/Bus:** Ab Hbf Bus 11, 33 bis Rathaus/Bergbahn. **Zeiten:** Nach Angebot. **Preise:** 12 €; Kinder ab 2 Jahre 6 €; Workshops, Amateurtheatergastspiele, Club3-Vorstellungen im zwinger3 4 € pro Person; Gruppen ab 10 Pers 5,50 € pro Kind plus Freikarten für Begleitpersonen. **Infos:** Vorverkauf Theaterkasse/HeidelbergTicket, Theaterstraße 4, 69117 Heidelberg, ✆ 06221/5820000, Fax 584620000, Mo – Fr 11 – 19, Sa 10 – 15 Uhr. Im Internet: heidelberg-ticket@heidelberg.de. www.ticketonline.de. Oder 1 Std vor Vorstellungsbeginn am Theater, Zwingerstraße 2.

▶ Für alle Altersgruppen werden Stücke gespielt, sonntags gibt es **Puppenstücke.**

Für Schulen finden vormittags oder am frühen Abend Aufführungen zu zeitgemäßen Themen statt. Ungewöhnlich vielfältig sind die **theaterpädagogischen Angebote.** Dabei könnt ihr zur Nachbereitung des Stückes z.B. selbst auf die Bühne gehen (Anmeldung

Schüler ab 14 Jahre können auch bei einem Schnupperpraktikum das Theatermachen kennen lernen. Wer in einer Schule oder Kinder- und Jugendeinrichtung selbst Theater anbieten will, kann einmalig an einer kostenlosen Fortbildung teilnehmen.

dafür bei der Reservierung). Schulklassen und Gruppen dürfen Proben begleiten, am Programmheft und bei der Foyergestaltung helfen.
Einmal im Jahr finden die *Heidelberger Schülertheatertage* mit Aufführungen, Workshops und Gesprächen statt. Schülergruppen aller Alters- und Schulstufen können mitmachen.
CLUB3 heißt der Kinder- und Jugendtheaterclub, der eigene Stücke erarbeitet oder Stücke aufführt. Er hat schon rund 300 Mitglieder im Alter 6 – 19 Jahre. CLUB3 wird geleitet von Barbara Perau und Alexandra Gesch, Infos über barbara.perau@heidelberg.de bzw. alexandra.gesch@heidelberg.de.

Feste und Termine

Eislaufen auf dem Heidelberger Weihnachtsmarkt

Christmas on Ice, Karlsplatz, 69117 Heidelberg. www.heidelberg-marketing.de. info@heidelberg-marketing.de. **Bahn/Bus:** Ab Heidelberg Hbf Straba 21 bis Bismarckplatz, von dort Bus 30 bis Karlsplatz. **Zeiten:** Nov – Jan 10 – 21.30 Uhr, 24. Dez geschlossen, 25. und 26. Dez 12 – 22 Uhr. **Preise:** 90 Min 3 €; Kinder 2,50 €. **Infos:** Heidelberger Kongress und Tourismus GmbH, Ziegelhäuser Landstraße 3, 69120 Heidelberg, ✆ 06221/1422-0, www.cvb-heidelberg.de, info@cvb-heidelberg.de.

▶ Auf dem Heidelberger Weihnachtsmarkt gibt es nicht nur Schleckereien, sondern auch die Möglichkeit, Schlittschuh zu laufen. Kleine und große Eisläufer drehen am Fuße des Heidelberger Schlosses ihre Runden. Den Blick auf diese bekannte Attraktion gibt es gratis. Für Kinder und Erwachsene werden sogar Eislaufkurse angeboten. Informationen erhaltet ihr bei Patrizia Wittich unter ✆ 0172/1613801 oder patrizia.wittich@yahoo.de. Die Kinderkurse kosten 30 €, die Erwachsenenkurse 35 €.

Weihnachtsmarkt: 28. Nov – 22. Dez stehen über 140 Holzbuden in der Altstadt, vom Universitätsmarktplatz bis zum Kornmarkt. Mit Kindereisenbahn.

FESTKALENDER HEIDELBERG

Juni: 3. So, Heidelberg: **Lebendiger Neckar,** buntes Programm am Flussufer mit Kinderzirkus, lebendigen Tieren aus der Zooschule, Bungee-Jumping und Bogenschießen.

Mitte Juni – Mitte Juli, Heidelberg: **Schlossfestspiele,** Theateraufführungen.

Juli: 2. oder 3. Wochenende, Eppelheim Stadtmitte: **Stadtfest Happy Eppelheim,** Heuwagenrennen, Fahrradturnier für Kinder.

3. Wochenende, Ketsch, Hohwiesensee: **Fischerstechen,** feucht-fröhliches Vergnügen, bei dem es darum geht, sich gegenseitig von Booten aus ins Wasser zu stechen. Mit Kulinarischem, Musik, Kostümwettbewerb.

Ende, Schwetzingen: **Schloss in Flammen,** Abschluss der Schlossfestspiele.

Juni – September: 3 wechselnde Termine zwischen Juni und Sep, Heidelberg: **Schlossbeleuchtung.** Konzerte, Kunstausstellungen, Rahmenprogramm.

August: 3. Wochenende, Heidelberg: **Kinderfest** im Heidelberger Schloss, 10 – 18 Uhr.

Ende Aug – 1. Sep-Wochenende, Wiesloch: **Winzerfest,** Weinfest mit Marktständen und Fahrattraktionen, Musik.

September: letzter Sa, Heidelberg: **Heidelberger Herbst,** Flohmarkt ab 7 Uhr, Weinstände, mehrere Bühnen in der Innenstadt, Sa und So Historischer Markt.

Ende Sep/Anfang Okt, Do – So, Heidelberg-Neuenheim, **Kindertheaterfestival** auf der Neckarwiese.

November: 1. So und Mo nach Allerseelen, St. Leon-Rot, Markt- und Schulstraße: **Sauerkrautmarkt,** großer Krämermarkt mit Vergnügungspark.

Dezember: 23. Nov – 22. Dez, Heidelberg: **Weihnachtsmarkt,** über 140 Holzbuden in der Altstadt, vom Universitätsmarktplatz bis zum Kornmarkt. **Christmas on Ice,** Eislaufbahn auf dem Karlsplatz.

AM NECKAR

DARMSTADT

BERGSTRASSE

HEIDELBERG

AM NECKAR

NORDEN & WESTEN

IM MÜMLINGTAL

AN MAIN, MUD & ELZ

INFO & VERKEHR

FERIENADRESSEN

KARTEN & REGISTER

2, 3, VIELE BURGEN

Am Neckar gibt es besonders viele Burgen. Früher bauten die Burgherren gerne an einem Fluss, denn vorbeifahrenden Schiffen knöpften sie Zollgelder ab. Am südlichen Neckarufer steht die Feste Dilsberg, gegenüber liegt Neckarsteinach mit seinen berühmten vier Burgen. Eberbach und Mosbach sind größere Städte, wo viele Aktivitäten möglich sind.

TIPPS FÜR WASSERRATTEN

Frei- und Hallenbäder

Mit der Liane ins kühle Nass: Im Freibad Neckargemünd

Schwimmbad-Förderverein Neckargemünd e.V., Schwimmbadstraße, 69151 Neckargemünd. ✆ 06223/74403, 8057889, Fax 863603. www.neckargemuend.de. stadtverwaltung@neckargemuend.de. Nördliche Neckarseite. **Bahn/Bus:** ↗ Neckargemünd, 20 Min Fußweg. **Auto:** Ab Heidelberg über B37 bis Neckargemünd. **Zeiten:** Mai – Okt (je nach Wetter) Mo, Mi, Fr – So 9 – 20, Di, Do 8 – 20 Uhr. **Preise:** 4 €; Kinder 6 – 9 Jahre 1,60 €; Schüler, Studenten, Behinderte, Rentner 3 €, Familienkarte 9 €, Familiensaisonkarte 100 € (2 Erw, Kinder).

▶ Im beheizten **Nichtschwimmerbereich** und im **Kleinkinderbereich** sorgen eine Breitrutsche, ein Brodelberg, ein Wasserpilz, Massagedüsen und ein Wasser-Breitspeier für Spaß. Schwimmerbecken und Sprungbecken sind als Naturbad gestaltet. Im Randbereich des Schwimmerbeckens befindet sich ein mit Platten ausgelegter Strand, ein Wasserfall und eine flache Eingangszone. Die Attraktionen des Sprungbeckens sind ein 1-m-Sprungfelsen und der 3- und 5-m-Sprungturm. Eine schwingende Liane ermöglicht den Sprung in die kühlen Fluten!

Schwimmen mit Blick auf den Neckar

Badezentrum Eberbach, In der Au 2, 69412 Eberbach. ✆ 06271/7611 (Kasse), Fax 944680. www.stadtwerke-

Alles verpulvert: Hier lagerten die Eberbacher einst ihr Schießpulver

Foto: Alice Selinger

eberbach.de. post@sw-eberbach.de. Südliche Neckarseite. **Bahn/Bus:** ↗ Eberbach, etwa 20 Min Fußweg oder Bus 801 Beckstraße, von dort über Radweg oberhalb des Campingplatzes 5 Min Fußweg. **Auto:** ↗ Eberbach, am Ortseingang rechts bis Kreisel, 3. Ausfahrt, Neckarbrücke überqueren, bis Sportgebiet In der Au, Parken vor dem Bad. **Zeiten:** Freibad Mai – Mitte Sep Mo – Fr 7 – 20 Uhr, Sa, So, Fei 8 – 20 Uhr, Hallenbad Mitte Sep – April Di 13 – 20.30, Mi 15 – 22, Do 8 – 20.30, Fr, Sa 13 – 18, So, Fei 9 – 16 Uhr. **Preise:** 3 €, 10er-Karte 25, Saisonkarte Freibad 55, Hallenbad 150, Jahreskarte 190 €; Kinder ab 6 Jahre 1,50, 10er-Karte 12,50, Saisonkarte Freibad 27,50, Hallenbad 75, Jahreskarte 95 €; Jahreskarte 1 Erw und eigene Kinder 205, 2 Erw und eigene Kinder 395 €.

Die Neckarfähre »Frischling« fährt im Sommer Sa, So und Fei 10 – 19.30 Uhr.

▶ Direkt am Neckar mit Blick auf die Stauferstadt. Das **Freibad** hat eine große Liegewiese, Spiel- und Bolzplätze, Tischtennisplatten, Schachbrett, 50-m-Schwimmerbecken mit 1- und 3-m-Sprungbrett und Rutsche, 3 Kinderbecken mit Wasserrutsche, Fontäne und Wasserpilz. Im **Hallenbad** gibt es ein 25-m-Becken, 1- und 3-m-Sprungbrett, Sauna, Dampfbad und Solarium.

Spaßbad faMos

Hammerweg 3, 74821 Mosbach. ✆ 06261/8905-0 (Stadtwerke Mosbach), Fax 8905-20. www.swm-online.de. info@swm-online.de. **Bahn/Bus:** ↗ Mosbach. **Zeiten:** Mai – Sep 9 – 20 Uhr, in den Ferien bis 20.30 Uhr. **Preise:** 3 €, 10er-Karte 25 €, Saison-Karte 50 €; Kinder 6 – 18 Jahre 1,50 €, 10er-Karte 13 €, Saison-Karte 25 €; Feierabend-Karte (ab 17.30) 1,50 €, Familien-Saisonkarten ab 60 €.

▶ Eine 75 m lange Riesenrutsche, ein Kinderbecken und ein Beachvolleyballfeld sorgen hier für Unterhaltung. Und mittendrin liegt ein großes Schiff mit weißem Segel!

Kanu- und Schifffahrten

Kanutouren auf dem Neckar

Thomas Strifler, Falltorstraße 4, 69151 Neckargemünd. ✆ 06223/805508, Fax 805509. www.hochseilgarten-neckargemuend.de. info@hochseilgarten-neckargemuend.de. **Bahn/Bus:** Bootsein- und -ausstieg von den S-Bahn-Stationen Hirschhorn und Neckargemünd 10 Min Fußweg entfernt. **Auto:** An der B37 im Ortsteil Kleingemünd. Orientierung an Sportplätzen und Schwimmbad. **Zeiten:** Täglich von 11 Uhr bis Sonnenuntergang nach Voranmeldung. **Preise:** 2 Pers 10 € pro Std, jede weitere Person im Boot 3 € inkl. Paddel und Schwimmweste. **Infos:** Bei Transporten bis zu 2 Booten wird eine Pauschale von 25 € berechnet.

▶ Kanutouren im 3er- oder 4er-Kanadier, auch für Firmen, Vereine und Schulklassen. Start ist beim Campingplatz an der Friedensbrücke in Neckargemünd, dort könnt ihr auch stundenweise Kanus leihen. Es werden zudem Halbtagestouren von Hirschhorn nach Neckargemünd oder von Neckargemünd nach Heidelberg angeboten, für Schulklassen Mo – Fr 14 €, Sa

Paddeln wie die Indianer: Das macht Spaß und ist gar nicht so schwierig

© DZT

und So 16 €, für sonstige Gruppen 17 bzw. 19 € (alle Preise pro Person). Außerdem ist eine Tagesfahrt von Hirschhorn nach Heidelberg möglich, auf Wunsch mit Grillen im Hochseilgarten. Für Schulklassen Mo – Fr 21 €, Sa und So 23 €, für sonstige Gruppen 27 bzw. 29 €. Die Preise der Halbtages- und Tagesfahrten beinhalten ab 3 gemieteten Kanus die Transportkosten der Boote.

Mit dem Dampfer auf dem Neckar

Eberbacher Personenschifffahrt, Andreas Kappes, Binnetzgasse 1, 69412 Eberbach. ✆ 06271/4071085, Fax 3061. Handy 0176/83071434. www.eps-kappes.de. eps-kappes@web.de. **Bahn/Bus:** S1 Heidelberg – Osterburken, RE Heilbronn – Mannheim bis Eberbach, 5 Min Fußweg vom Bahnhof in südliche Richtung. **Zeiten:** Mai – Sep. **Preise:** Die ermäßigten Preise gelten für Kinder 4 – 12 Jahre; Sondertarife für Schulklassen. **Infos:** Fahrräder und Hunde kosten die Hälfte des Kinderpreises.

Natürlich sind alle Fahrten auch als Einzelfahrten möglich, eine ideale Möglichkeit, um eine Strecke am Neckarufer entlang mit dem Rad zu fahren.

▶ Die Fahrten mit der »Burg Eberbach« durch das Neckartal sind ein besonderes Abenteuer. Das Schiff zieht an Burgen und Schlössern vorbei, Reiher stehen an den Ufern. An allen Orten, die angefahren werden, könnt ihr zusteigen.

Neckartalrundfahrten, Sonntag, 1,5-stündige Rundfahrt. Beginn ist in Eberbach um 14 und um 16 Uhr. Erw 7,50 €, Kinder 6 €.

Brücken über den Neckar befinden sich in Neckargemünd, Eberbach, Neckargerach und Gundelsheim. In Zwingenberg fährt eine kleine Fähre.

Dienstags gibt es eine 2-stündige **Schleusenrundfahrt** von Eberbach über Zwingenberg (ohne Halt) und zurück nach Eberbach. Abfahrt ist um 14 Uhr, Erw 9, Kinder 7 €.

Anfang Juli – Mitte September könnt ihr mittwochs eine **Ganztagestour** nach Heidelberg machen, Abfahrt in Eberbach um 9 Uhr, zurück seid ihr um 19 Uhr. Erw 18,50, Kinder 12,50 €. September – Ende Juni besteht die Möglichkeit, eine 1,5-stündige **Rundfahrt** zu unternehmen. 14 Uhr ab Eberbach, Erw 7,50, Kinder 6 €.

Donnerstags geht es von Eberbach über Zwingenberg nach Neckargerach und zurück, Start um 14 Uhr, Rückkehr 18 Uhr. Erw 10 €, Kinder 7 €.
Aufgepasst: Die Fahrten finden nur bei einer Belegung von min. 25 erwachsenen Personen statt. Ruft am besten vorher an und erkundigt euch. Am Telefon erfahrt ihr auch, wo ihr samstags hinfahren könnt – da gibt es nämlich wechselnde Angebote.

Radeln

Radeln auf der Wanderbahn von Mosbach nach Mudau

Länge: einfache Strecke 30 km. **Bahn/Bus:** Ab Eberbach Sa, So, Fei NeO-Bus 821 nach Mudau Bhf. **Infos:** Tourist-Info beim Verkehrsverbund Rhein-Neckar.

▶ In den 1970er Jahren wurde die Bahnstrecke zwischen Mudau und Mosbach stillgelegt. Auf der ehemaligen Schmalspurtrasse, die aus den ersten Jahren des 20. Jahrhunderts stammt, lässt es sich heute gut radeln oder wandern. Ein geschotterter und teilweise asphaltierter Weg führt durch eine schöne und abwechslungsreiche Landschaft. Sie führt euch durch mehrere Dörfer – **Lohrbach, Fahrenbach, Krumbach, Limbach, Laudenberg und Langenelz** – an Waldlehrpfaden und Kneipptretstellen vorbei.
Ab **Mudau Bahnhof,** am großen Parkplatz bei der Feuerwehr, geht es stetig bergab, das ist auch mit jungen Radlern gut zu fahren und dauert zwischen 2 und 3 Stunden, je nach Tempo. Auf der umgekehrten Strecke von **Mosbach** aus müsst ihr einige Höhenmeter erklimmen, zum Glück ist die Steigung recht gemächlich. Etwa 3 Stunden solltet ihr mindestens für die einfache Tour von Mosbach aus einplanen, für selbst fahrende kleine Kinder ist sie zu lang.
In Mudau steht eine der alten Lokomotiven, die früher die Strecke befuhren. In allen Orten gibt es Gaststätten zum Rasten.

Erkundigt euch vorher nach den aktuellen (seltenen) Busverbindungen, falls ihr nicht die ganze Strecke radeln wollt, ↗ Info & Verkehr.

Wandern und Spazieren

Wanderung von Neckarsteinach zur Feste Dilsberg

Länge: etwa 10 km, Dauer ungefähr 2,5 Std. **Bahn/Bus:** ↗ Neckarsteinach. **Infos:** Für Kinderwagen nicht geeignet.

▶ Von der Schiffsanlegestelle in Neckarsteinach geht ihr an der Uferpromenade flussaufwärts bis zur Schleuse. Fußgänger können über einen schmalen Steg Schleuse und Fluss überqueren. Vielleicht habt ihr Glück und seht, wie sich die Schleusenkammer gerade mit Wasser füllt! Dann könnt ihr schon gleich besser verstehen, wie eine Schleusenanlage funktioniert.

Hinter der Schleuse geht es links, und dann führt euch rechts ein ausgeschilderter Weg zur Feste Dilsberg hinauf. Zurück könnt ihr den Dilsberg auf der anderen Seite hinab- und am Neckar entlang zum Campingplatz laufen. Von da geht es dann wieder zur Schleuse und zurück nach Neckarsteinach.

Rundtour um das Wildgehege im Naherholungsgebiet Holdergrund

Eberbach. **Länge:** 3,5 km, 1 Std. **Bahn/Bus:** ↗ Eberbach, 10 Min Fußweg über Odenwaldstraße, Gässel und Scheuerbergstraße. **Auto:** In Eberbach Richtung Norden, hinter der zweiten Kirche erste Straße rechts Richtung Krankenhaus, in die Alte Dielbacher Straße einbiegen, etwa 1,5 km bergauf durch den Wald bis zur Schranke an der Tafel, Parkplatz Holdergrund. **Infos:** Für Kinderwagen ungeeignet.

▶ Vom Parkplatz erreicht ihr in etwa 10 Minuten das Wildschweingehege. Wenn ihr Glück habt, balgt sich gerade eine Rotte quiekender Frischlinge um das Futter. Bis hierhin kann man auch einen Kinderwagen schieben, doch der Pfad führt dann neben dem Gehege steil den Hang hinab ins Tal des Holderbaches. Unten liegt ein idyllischer, schattiger Picknickplatz mit

Kutschfahrten, Eberbacher Straße 25/1, Eberbach-Pleutersbach. ✆ 06271/71848. www.eberbach.de. Nach Vereinbarung. Kutschfahrten durch die historische Altstadt, den Kleinen Odenwald und Umgebung.

Feuerstelle und Sitzgruppen. Beinahe erwartet man, Trolle und Feen zwischen den bemoosten Steinen zu entdecken. Für Kinder gibt es einen seichten Bach zum Planschen und Spielen. Leider ist die Kneipptretstelle auf der anderen Seite des Baches völlig verrottet.

Oh, sind die süß: Frischlinge bei der Bache
Foto: Daniela Grosche

Der Rundweg führt weiter am Bach entlang, an das Schwarzwild- schließt sich ein Rotwildgehege an und ein Vogellehrpfad beginnt. Am Weg stehen auch mehrere Infotafeln, auf denen ihr viel über das Rotwild erfahrt. Nach etwa 40 Gehminuten vom Parkplatz aus erreicht ihr einen kleinen Teich, wo noch einmal eine Feuerstelle und Sitzgruppen zu benutzen sind, auch in sonnigerer Lage. Nach etwa 1 Stunde (ohne Pause) erreicht ihr wieder den Parkplatz.

Eine Wanderung nach Ober- und Unterdielbach ist vom Parkplatz aus als Fortsetzung des Vogellehrpfades möglich, auch für Kinderwagen geeignet. Statt am Schwarzwildgehege links runter zu steigen, geradeaus weiter gehen.

Ausflug zum Landgasthaus Zur Mühle in Ober-Höllgrund

Landgasthaus Zur Mühle (Holzners Mühle), Rainer Holzner, Ober-Höllgrund 3, 69429 Waldbrunn. ✆ 06274/356, www.landgasthaus-zurmuehle.de. rainer.holzner@landgasthaus- zurmuehle.de. **Bahn/Bus:** ➚ Waldbrunn. **Auto:** Östlich von Eberbach ab Strümpfelbrunn etwa 1,5 km nach Norden. **Zeiten:** Di – So 10 – 22, warme Küche 11.30 – 14 und 18 – 21 Uhr.

▶ Bereits die Anfahrt von dem kleinen Ort Strümpfelbrunn aus über eine steile und schmale Straße durch

Kurgestüt Hoher Odenwald, Simmestraße 17, Waldbrunn-Mülben. ✆ 06274/242. www.kurgestuet.de. Verkauf Mo – Fr 9 – 14, Sa 9 – 12 Uhr, auch Versand. Stutenmilch, Demeterqualität.

dichten Wald ist abenteuerlich. Ober-Höllgrund besteht aus einer Hand voll Häusern. Eines davon ist das **Landgasthaus Zur Mühle,** eine alte Wassermühle, deren Rad sich noch immer dreht. Seit 1918 wird es von der Familie Holzner bewirtschaftet. Das Gasthaus liegt wirklich traumhaft, ganz einsam im Tal mit Blick auf die sanften Kuppen des Odenwaldes. Das Tal ist Landschaftsschutzgebiet. Neben der Terrasse des Gasthofes stehen Kühe auf der Weide. Hektik und Lärm sind plötzlich weit entfernt, Urlaubsgefühle stellen sich unweigerlich ein. Auf der Speisekarte finden sich viele Produkte eigener Erzeugung, denn ein landwirtschaftlicher Betrieb ist an das Gasthaus angeschlossen. Hausmacherwurst, selbst gebackenes Brot, gutbürgerliche Küche, Kinderteller, Vesperkarte.

Wanderung zur Ruine Minneburg

Lage: Die mächtige Ruine liegt westlich des Neckars auf einem bewaldeten Berghang über Neckargerach. Etwa 1 Std Fußweg. **Bahn/Bus:** RB Eberbach – Mosbach. **Auto:** Bei Neckargerach den Neckar überqueren, hinter der Brücke gleich wieder rechts abbiegen und am Fluss entlang. Zuerst kommt der Waldparkplatz »Ziegelhütte«, der Fahrweg endet am nächsten Parkplatz.

▶ Vom Parkplatz weist das Schild »Minneburg« steil einen Pfad hinauf, hier werdet ihr am Ende des Rundweges herunterkommen. Ihr nehmt nun aber zunächst den breiten Weg nach Westen, der in den Wald hineinführt. Es geht stetig bergan. Nach ungefähr 20 Minuten zweigt der Weg R links ab, auch dieser Weg führt zur Minneburg. Falls ihr schon schlapp sein solltet, folgt ihm. Ansonsten weiter geradeaus gehen, bis zu einer Kreuzung (bis hierher braucht ihr ungefähr 40 Min). Hier ist »Minneburg 2,2 km« angeschrieben, und nun geht es in einer Haarnadelkurve zurück Richtung Osten. Bevor ihr diesen Weg nehmt, könnt ihr aber noch wenige Meter weiter geradeaus zum *Kellersbrunnen* laufen. Dort steht eine kleine Hütte und Wasser sprudelt in einen Trog (kein Trink-

Vom Parkplatz Holznersmühle vor dem Gasthaus sind 3 Rundwege (6 und zweimal 7,5 km) möglich. Vorschlag für einen gemütlichen Spaziergang mit Kinderwagen: Von Ober- nach Unter-Höllgrund laufen, eine schmale, asphaltierte und kaum befahrene Straße führt fast eben durch das Tal am Bach entlang, einfache Strecke etwa 2 km.

Woher weiß man, wie alt ein Baum ist? Zählt einfach die Ringe auf der Schnittfläche eines zersägten Baumstamms. So viel Ringe, so viele Jahre alt war der Baum, als man ihn fällte. Innen im Kreis liegen immer die ältesten Jahresringe, direkt unter der Rinde die jüngsten.

wasser). Danach also zurück zur Kreuzung und jetzt verläuft der Weg auf gleicher Höhe fast eben.
Die **Minneburg** sieht durch ihre gewaltigen Befestigungstürme beeindruckend aus. Es ist sehr spannend, die große Ruine zu erkunden. Ihr könnt in einen finsteren Keller hinabsteigen, wo es ohne Taschenlampe sehr unheimlich ist. Oder im Palas, dem früheren Wohngebäude, eine Wendeltreppe erklimmen. Vor der Burg gibt es eine Wiese mit Feuerstelle, an der Grillen und Feuermachen erlaubt sind. Dazu gibt's einen herrlichen Ausblick. Neben der Burg ist eine kleine Wiese mit Sitzgruppen, wo man an heißen Tagen im Schatten seine mitgebrachten Sachen verputzen kann.

In die Wolfsschlucht und zur Burganlage Zwingenberg

Zwingenberg. ✆ 06263/411010 (Anmeldung Mo – Fr 9 – 15 Uhr), Fax 4110114. www.schloss-zwingenberg.de. sekretariat@schloss-zwingenberg.de. **Bahn/Bus:** ↗ Zwingenberg. **Auto:** Von ↗ Eberbach kommend liegt am Ortseingangsschild Zwingenberg links der Parkplatz Wolfsschlucht. **Infos:** Schlossbesichtigung für Gruppen nach Voranmeldung, Führung mit Flötenmusik, Erlebnisführungen für Kinder (ab 2. Klasse) mit Schlosskatze Minka, Führungen im Wald zu verschiedenen Themen, z.B. Tiere des Waldes.

▶ Direkt am Parkplatz befindet sich das Restaurant Wolfsschlucht, dahinter führt der Weg nach links zur **Schlucht,** ein Schild weist euch den Weg. Die Schlucht ist wildromantisch, Pflanzen wuchern so üppig, dass es an einen Urwald erinnert. Von mächtigen Ulmen hängen Lianen hinab, moosüberwachsene Felsen liegen in einem kleinen Wildbach, der in der Schlucht rauscht. Kleine Brücken überqueren den Bach an mehreren Stellen. Zu beiden Seiten des Baches führen schmale Trampelpfade an den Hängen der Schlucht entlang. Vorsicht bei Regen, alles ist dann sehr glitschig! Ihr solltet hier unbedingt fes-

An einem Wochenende im Sep findet ein Pflanzen- und Gartenmarkt mit Kinderprogramm auf der Burg statt.

Hunger & Durst

Zur Wolfsschlucht, Alte Dorfstraße 1 (B37), Zwingenberg. ✆ 06263/429461. www.zurwolfsschlucht.de. Mo – Fr ab 8, Sa, So ab 10 Uhr, durchgehend warme Küche. Landgasthof, Café. Preiswert, gutbürgerlich, im Sommer Biergarten. Auch Pension, ÜF 30 € pro Person.

Der Komponist Carl Maria von Weber war bei einem Ausflug von der wildromantischen ***Wolfsschlucht*** *tief beeindruckt. Sie inspirierte ihn zu seiner bekannten Oper Freischütz. Seit 1983 finden die Zwingenberger Schlossfestspiele statt, häufig wird dann der Freischütz im Schlosshof aufgeführt. Es gibt auch Vorstellungen für Kinder.*

te Schuhe tragen, auch im Sommer. Am Ende der **Schlucht** könnt ihr ans Wasser hinab und dort über die zugewucherten Steine kraxeln. Auf der rechten Schluchtseite (wenn ihr mit dem Gesicht zur Schlucht steht) geht ein Weg den Hang hinauf, er führt zur Burg Zwingenberg. Der Aufstieg zur Burg lohnt sich, obwohl sie für Einzelpersonen nicht zu besichtigen ist.

Vor der Burg steht ein riesiger alter Mammutbaum, außerdem habt ihr einen herrlichen Blick auf den Neckar. Die **Burg** wurde im 13. Jahrhundert auf steilen Buntsandsteinfelsen erbaut. Ursprünglich war sie Zollstation für das Neckartal. Die Burgherren kassierten also von jedem, der auf dem Fluss Waren transportierte, Zoll. Damit machten sie sich natürlich nicht gerade beliebt und mussten immer damit rechnen, angegriffen zu werden. Da ein Angriff nur von der Bergseite her möglich war, ließen sie dort einen 10 m tiefen Graben in den Fels schlagen. Die Zwingenberger Herren verlangten so räuberische Wegzölle, dass Kaiser Karl IV. schließlich die Nase voll hatte und 1364 die Burg schleifte, dass heißt, er ließ sie zerstören. Anfang des 15. Jahrhunderts wurde mit dem Wiederaufbau begonnen. Ein Umbau im 19. Jahrhundert nahm ihr den wehrhaften Charakter, sie sieht heute mehr wie ein Schloss aus. Nur der Bergfried ist aus dem Mittelalter erhalten.

Der breite Weg führt weiter bis nach **Dielbach-Post.** 1866 wurde angeblich in der Nähe dieses Ortes der letzte Wolf des Odenwaldes erlegt.

Die Burgfrau mit dem sehr zahmen Burgkater Minka

© Zwingenb., Markgräfl. Badisches Forstamt

Wo gegen alles ein Kraut gewachsen ist: Der Heilkräutergarten in Eberbach

In der Au, 69412 Eberbach. www.eberbach.de. tourismus@eberbach.de. **Lage:** Auf der südlichen Seite des Neckars, gegenüber der Altstadt, hinter den Tennis- und Sportplätzen. **Bahn/Bus:** ↗ Eberbach. **Zeiten:** Frei zugänglich. **Preise:** Eintritt frei.

▶ Sicher wisst ihr, dass viele Pflanzen wie Pfefferminze, Anis, Kamille oder Hagebutte Wirkstoffe enthalten, die Krankheiten heilen können. Als es die Arzneimittel von heute noch nicht gab, kannten die Menschen sich aber schon gut mit Mitteln aus, die ihnen zum Beispiel gegen Krankheiten wie Erkältung oder Durchfall halfen.

In diesem Heilkräutergarten seht und riecht ihr Pflanzen, die gegen Krankheiten eingesetzt werden, z.B. die sonnengelbe Ringelblume. Aus ihr werden Salben gemacht, die Wunden gut verheilen lassen. Manche Pflanzen werden auch als Gewürze in der Küche verwendet, wie der Salbei, der aber auch in vielen Hustenbonbons und Erkältungssäften enthalten ist. Andere Pflanzen sind hochgiftig, nur in genau dosierten Mengen sind sie als Heilmittel zu verwenden, wie die Tollkirsche, die hier ebenfalls gezogen wird. Also Vorsicht, nichts in den Mund stecken!

Bei der Tourist-Info gibt es eine Broschüre zum Heilkräutergarten, in der Pflanzen abgebildet sind und erklärt wird, gegen welche Krankheit sie helfen.

Auf dem Gelände der Landesgartenschau in Mosbach

74821 Mosbach. www.mosbach.de. tourist.info@mosbach.de. **Lage:** Am Ufer der Elz in der Nähe des Bahnhofs neben den Gleisen, ausgeschildert. **Bahn/Bus:** ↗ Mosbach. **Zeiten:** Frei zugänglich. **Preise:** Eintritt frei. **Infos:** Hunde verboten. Toiletten beim Pavillon in der Nähe des Kinderspielparadieses, im Kleinen Elzpark bei der Gaststätte und am anderen Ende des Geländes bei den großen Hallen (dort auch Wickelraum), zum Teil nur an Wochenenden und im Sommer geöffnet.

Lustig: Die Skulptur sieht aus, als sei ein Narr samt Kappe baden gegangen
Foto: Alice Selinger

Braucht ihr viel Platz für Ballspiele oder Ähnliches, geht ihr vom Kleinen Elzpark weiter geradeaus, an den Hallen vorbei, über eine Fußgängerbrücke zum **Großen Elzpark,** in dem es große Naturwiesen gibt.

Verklemmt: Entweder ist das Kind zu groß oder die Schaukel zu klein …
Foto: Annette Sievers

▶ Das Gelände der Landesgartenschau von 1997 unterteilt sich in den Großen und den Kleinen Elzpark, den Stadtgarten und den Loretto-Park. Von der Altstadt erreicht ihr es über eine Fußgängerbrücke, gut ausgeschildert. Ihr trefft zunächst auf das Kinderspielparadies mit vielen Klettermöglichkeiten. Im Haus des Kunstvereins Neckar-Odenwald, dem **Alten Schlachthaus,** könnt ihr donnerstags und am Wochenende jeweils 14 – 18 Uhr Kunstausstellungen ansehen. Dahinter kommt ihr zu einem Teich, in dessen Mitte sich ein buntes Kunstobjekt dreht.

Durch den über 80 Jahre alten **Stadtgarten,** in dem im Sommer viele bunte Blumen blühen, gelangt ihr in den **Kleinen Elzpark.** In diesem Gebiet gibt es für Kinder viel zu entdecken. Zum Beispiel den Weidenspielplatz, auf dem Hütten und Tunnel nur aus Weidenästen gebaut sind, sowie einen riesigen Stuhl und Tisch aus Holz zum Klettern. An warmen Tagen könnt ihr nach Lust und Laune auf dem Wasserspielplatz herumtoben. Viel Spaß machen euch bestimmt die interessanten Wassergeräte, die ihr an einem Bachlauf betätigen könnt. Auf einer großen Wiese stehen originelle Klanginstrumente, die ihr auch ausprobieren dürft. Sie produzieren zum Teil verblüffende Töne.

Geht ihr vom Kleinen Elzpark über die Brücke zum anderen Ufer der Elz, kommt ihr zur **Street,** wo ein Parcours für Inline-Skater und Skateboards aufgebaut ist, außerdem gibt es ein Streetballfeld. Durch den angrenzenden **Loretto-Park** gelangt ihr wieder zur Fußgängerbrücke, eurem Ausgangspunkt.

Klettern und Toben

Klettern und kraxeln im Hochseilgarten Neckargemünd

Thomas Strifler, Schwimmbadstraße 40, 69151 Neckargemünd. ✆ 06223/805508, Fax 805509. www.hochseilgarten-neckargemuend.de. info@hochseilgarten-neckargemuend.de. **Bahn/Bus:** ↗ Neckargemünd, 10 Min Fußweg am Neckar entlang. **Auto:** An der B37 im Ortsteil Kleingemünd. Orientierung an Sportplätzen und Schwimmbad. **Zeiten:** Ganzfährig Sa, So und Fei für Einzelbucher und Gruppen; an einzelnen Wochenenden geschlossen, vorher Homepage ansehen oder anrufen. Mo – Fr nur Gruppen. **Preise:** Programm ab 8 Kinder für Kinder 8 – 12 Jahre 17 €, Selbstsicherungsbereich (ab 1,50 m Körpergröße) 25 €; Familienpreis ab 3 Pers 20 % Ermäßigung auf den Normalpreis, Gruppen: Schulen ca. 3,5 Std 21 € pro Person. **Infos:** Anmeldung erforderlich.

▶ Ein aufregendes Ziel! Auf Baumstämmen ist in luftiger Höhe ein Hindernisparcours errichtet. Bis zu 12 m über dem Boden könnt ihr die Übungen mit unterschiedlichen Schwierigkeitsgraden ausprobieren. Doch vorab bekommt ihr eine Einweisung in den Klettergarten und die Ausrüstung. Dann kraxelt ihr auf Seil- und Balkenkonstruktionen herum, die Trainer des Hochseilgartens unterstützen euch dabei. Das Tempo bestimmt ihr dabei selbst.

Das 2-stündige **Kinderprogramm** gilt für 8- bis 12-Jährige, dazu gehören Übungen an Kletterwand, Riesenschaukel und Pamper-Pole. Mindestens 8, höchstens 12 Kinder können teilnehmen, wer über 1,50 m groß ist, darf für 1,5 Stunden in den Selbstsicherungsbereich. Mit Teamübungen dauert es im Selbstsicherungsbereich 3,5 Stunden, mindestens 2 Personen sind hierfür erforderlich.

Indoorspielplatz BenneÜ

Jörg Grothe, Am Eisweiher 10, 74821 Mosbach. ✆ 06261/136139, www.hallenspielplatz-mosbach.de. jsggrothe@aol.com. **Bahn/Bus:** ↗ Mosbach. **Zeiten:** Mo – Fr 14.30 – 19 Uhr, Sa 13 – 19 Uhr, So, Fei und in den Ferien täglich 11 – 19 Uhr. **Preise:** 3 €, Mo – Do ab 17 Uhr 1,80 €; Kinder 16 Monate – 2 Jahre 4,80 €, 2 – 16 Jahre 6 €, ab 17 Uhr 4 €; Studenten, Senioren und Behinderte 2,70 €. Familien (2 Erw, 2 Kinder) 16 €, ab

Hunger & Durst

Die Rainbach, Ortsstraße 9, Neckargemünd-Rainbach. ✆ 06223/2455. www.rainbach.de. Täglich 11 – 23 Uhr.

Ab hier könnt ihr zu ↗ Kanutouren auf dem Neckar aufbrechen.

Happy Birthday!
Für eure Party stehen ein dekorierter Geburtstagstisch, Teller, Besteck und Becher zur Verfügung. Ab 2,30 € zzgl. Eintritt pro Person, mit Überraschungsgeschenk fürs Geburtstagskind. Geburtstagskinder zahlen keinen Eintritt!

17 Uhr 10 €. **Infos:** Mo freier Eintritt für Mütter, Mi für Großeltern und Do für Väter. Sonderkonditionen für Gruppen möglich.

▶ In diesem Spielparadies kann ein regnerischer Tag gut überstanden werden. Es gibt einen riesigen Kletterturm mit Ballschussanlage und einen Kletterberg (14 x 15 m). Zum Austoben stehen außerdem Trampoline und eine Hüpfburg zur Verfügung. Ein weiterer Anziehungspunkt ist die Riesenrutsche, und für alle, die eine Badehose einpacken, der Wasserspielplatz. Für Kleinkinder bis 3 Jahre ist ein eigener Bereich abgetrennt. Fahrkünstler können ihre Fähigkeiten entweder auf den Bumper-Booten oder im großen Fuhrpark testen, für Sportliche gibt es die Fußballfelder.

UMWELT ERFORSCHEN

Der Natur auf der Spur

Naturpark-Zentrum Eberbach

Kellereistraße 36, 69412 Eberbach. ✆ 06271/72985, Fax 942274. www.naturpark-neckartal-odenwald.de. info@np-no.de. **Bahn/Bus:** ↗ Eberbach. 5 Min Fußweg in die Altstadt. **Zeiten:** Di – Do 14 – 16.30 Uhr. Für Schulklassen und andere Gruppen nach telefonischer Vereinbarung. **Preise:** Eintritt frei.

▶ In den 10 Räumen des historischen Thalheimschen Hauses – das älteste Steingebäude der Stadt – geht es um ökologische Zusammenhänge und Wechselbeziehungen zwischen Mensch und Natur, aber auch um die Kulturgeschichte der Region. Dabei werden die Besucher mit eingebunden, zum Beispiel sollen sie beim Thema »Lebensraum Streuobstwiese« Tiere erkennen und ihrem natürlichen Lebensraum zuordnen. Sehr interessant für etwas ältere Kinder. Vor allem auch für Schulklassen ist das hervorragende, fächerübergreifende Informationsangebot in dieser Ausstellung lohnend.

Auf dem Katzenbuckel

Alte Marktstraße 4, 69429 Waldbrunn. ✆ 06274/930212, Fax 930251. www.waldbrunn-odenwald.de. tourismus@waldbrunn-odenwald.de. **Bahn/Bus:** ➚ Waldbrunn. **Zeiten:** Mo – Fr 8.30 – 12 Uhr. **Infos:** zu geologischen Führungen bei der Tourist-Information oder bei Mineralogisches Büro Dr. Andreas Landmann, ✆ & Fax 07261/63430, www.mineral-fascination.biz, dralandmann@t-online.de, Erw 4,50, Kinder 2,50 €.

▶ Der höchste Berg des Odenwaldes sieht trotz seiner 628 m, wenn ihr vom Neckar her über Waldbrunn kommt, enttäuschend flach aus. Aber wusstet ihr, dass er aus einem Vulkan entstanden ist? Eine Infotafel am Parkplatz bei der Turmschenke erzählt euch mehr darüber. Vom Parkplatz aus braucht ihr etwa 20 Min bis zum **Aussichtsturm** auf dem Gipfel. Wer die 98 Stufen des Turms erklimmt (oder waren es 89, 97 oder 99?), wird zumindest mit einem prächtigen Panoramablick belohnt. Natürlich könnt ihr auch von Waldbrunn aus hinlaufen, es ist gut ausgeschildert. Ihr könnt in der **Turmschenke** einkehren.

Am Ende des Parkplatzes liegt ein schöner kleiner See in einem Steinbruch, in dem man leider nicht baden darf.

Interessant ist der **Lehrpfad Weg der Kristalle,** der an der Turmschenke beginnt und auch zum Turm hinaufführt. Er informiert über die einzigartige Geolo-

Der Stoff, aus dem die Burgenträume bestehen: Roter Neckarsandstein

© DZT

Ein sehr interessantes Programm hat die natur- und erlebnispädagogische Aktionswerkstatt Wurzel-Werk e.V., Unterhöllgrund 23, 69429 Waldbrunn. ✆ 06274/927619 oder Handy 0174/4369815, www.wurzel-werk.de. info@wurzel-werk.de.

Hunger & Durst

Turmschenke Katzenbuckel, Waldbrunn. ✆ 06274/383. www.turmschenke.de. Mi – So 10 – 22 Uhr. Wildgerichte, Odenwälder Spezialitäten und Vollwertkost. Günstige Tagesmenüs. Bei schlechtem Wetter sitzt ihr geschützt im verglasten Vorbau, bei Sonne draußen.

gie des Katzenbuckels. Achtung: Der Pfad führt abenteuerlich um den Vulkansee herum, er ist nicht durch ein Geländer gesichert. Vorsichtig sein, die Felswand geht steil in die Tiefe.

HANDWERK UND GESCHICHTE

Die 4 Burgen von Neckarsteinach

Hauptstraße 47, 69239 Neckarsteinach. ✆ 06229/9200-0, Fax -19. www.neckarsteinach.com. info@neckarsteinach.de. **Lage:** Vom Parkplatz Vier Burgen führen Pfade hinauf zu den Ruinen, nicht mit Kinderwagen begehbar. Wanderwege auf Infotafel angegeben. **Bahn/Bus:** S-Bahn Heidelberg – Eberbach. **Auto:** B37 am Neckar entlang. Zu den Burgen: von Heidelberg kommend links Parkplatz Vier Burgen, etwa 250 m vor Ortsbeginn Neckarsteinach. **Infos:** Besucher mit Kinderwagen: im Ort parken oder vom Parkplatz in den Ort laufen, von dort führt ein breiter Weg hinter der Mittelburg entlang zur Hinterburg hinauf. Die höchst gelegene Ruine, das Schwalbennest (Schadeck), ist mit dem Kinderwagen nicht zu erreichen.

▶ Neckarsteinach ist einer der wenigen Orte, in dem die viel befahrene Straße nicht direkt am Fluss entlangführt. So ist Neckarsteinachs 5 km lange Uferpromenade auch mit Kinderwagen ideal für einen Spaziergang geeignet. Neckarsteinach hat außerdem eine nette Altstadt mit Fachwerkhäusern und schmalen Gassen.

Verwirklichung hoch fliegender Träume: Burg Schadeck, das Schwalbennest unter den 4 Burgen

Foto: Alice Selinger

An der Hauptstraße hat der **Schifferverein** einen Ausstellungsraum eingerichtet, eine Art großes Schaufenster, neben der Bushaltestelle. Darin ist der originalgetreue Nachbau eines Neckarschiffes aus dem späten 17. Jahrhundert ausgestellt. In jener Zeit erlebte die Neckarschifffahrt ihren ersten Höhepunkt. Holzschiffe wie dieses schöne Modell mit 120 t Tragfähigkeit transportierten Güter zum Rhein.

Die Hinterburg und das Schwalbennest

69239 Neckarsteinach. ✆ 06229/313 (Tourist-Information), Fax 318. info@neckarsteinach.de. **Bahn/Bus:** ➚ Neckarsteinach. **Zeiten:** Frei zugänglich. **Preise:** Eintritt frei.

▶ Kraxelt ihr auf den schmalen Wegen etwa 10 Minuten vom Parkplatz den Hang hinauf, gelangt ihr zunächst zur **Hinterburg.** Sie wurde um 1200 erbaut und war die Stammburg der Herren von Steinach. Die Burgherren konnten von hier oben das Neckartal überwachen. Die Hinterburg war klein, aber sehr wehrhaft. Ihre Bewohner rechneten wohl ständig mit Angriffen. Von dem hohen Turm, dem Burgfried, ließen sich anrückende Bösewichte früh erkennen. Bei Gefahr flüchteten sich die Burgbewohner über einen Zugang, der hoch über dem Boden lag, in den dickwandigen Turm. Rasch zogen sie die Leiter hinter sich ein, und schon waren sie hinter den mächtigen Mauern in Sicherheit, zumindest solange ihre Wasser- und Lebensmittelvorräte nicht aufgebraucht waren. Ein breiter und tiefer Graben, der die ganze Anlage umgab, bildete ein zusätzliches Hindernis für Angreifer.

Der Erbauer hieß *Bligger I.*, dieser seltsame Name stammt von den Germanen und bedeutet soviel wie Blitzspeer. Die Herren von Steinach hatten eine Vorliebe für diesen Namen, auch der nächste Erbe der Burg hieß so. In den Jahren 1165 bis 1210 ließ der Minnesänger und Dichter **Bligger II.** die Burg ausbauen. Gut hundert Jahre darauf, im Jahr 1344, war sie angeblich schon »wüst und zerfallen«. Was war wohl geschehen? Keiner weiß es. Denkt ihr euch was aus! Seit 1910 sind die malerischen Ruinen Eigentum des Landes Hessen. Ihr könnt auf den von Pflanzen überwucherten Mauerresten herumklettern und einen Aussichtsturm mit Blick auf den Neckar besteigen.

Doch eine Steigerung ist tatsächlich noch möglich: Noch romantischer und mit noch fantastischerer Aus-

Hunger & Durst

Zum Schwanen, Neckarstraße 42, Neckarsteinach. ✆ 06229/7566. www.schwanenstube.de. Mi – Sa 18 – 23, So 12 – 23 Uhr, bei gutem Wetter Biergarten täglich 11.30 – 23 Uhr. Preiswerte, gutbürgerliche Gerichte. Biergarten unter Kastanien.

*Die Harfe in Neckarsteinachs Stadtwappen geht zurück auf **Bligger II. von Steinach,** einen bekannten Dichter und Minnesänger (1152 – 1210). Minnesänger lobpreisten in ihren zur Harfe vorgetragenen Liedern die Vorzüge und Schönheit ihrer angebeteten »frouwe«, einer Burgherrin, der sie ergeben dienten.*

Hunger & Durst

Bistro Stadtgarten, Schiedweg 22, ✆ 06229/2434. März – Okt täglich 12 – 22 Uhr. Netter Biergarten unter Platanen, direkt am Neckar. Französische Spezialitäten, bretonische Crêpes. Die Chefin ist Französin. Kinder können herumtollen, denn der kleine Stadtgarten mit Springbrunnen schließt gleich an.

sicht präsentiert sich die **Burgruine Schadeck,** auch *Schwalbennest* genannt, bestimmt, weil sie so hoch oben am Berg klebt. Weitere 15 Minuten müsst ihr euch von der Hinterburg aus auf dem Weg Nr. 1 nach oben kämpfen, um den atemberaubenden Blick genießen zu können. Um 1230 wurde das Schwalbennest von einem weiteren Bligger erbaut. Dieser hatte nämlich für sein Bauvorhaben auf dem nun schon mit Burgen dicht bebauten Bergrücken kaum noch einen geeigneten Platz gefunden, daher errichtete er sein Heim wohl in einer so ungewöhnlichen Lage. Der Bau der Schadeck muss sehr kompliziert gewesen sein. Bei Gefahr zogen sich die Bewohner auf den gedeckten Wehrgang der hohen Schildmauer zurück. Den Zugang zur Schildmauer (ihr könnt sie selbst besteigen) sicherte ein Guckloch, durch das Angreifern Pech oder glühende Kohlen auf den Kopf gekippt werden konnten.

Im Jahre 1657 wurde die Schadeck an *Wolf Heinrich von Metternich* verkauft, einem Mitglied des rheinischen Adelsgeschlechts, das im 18. Jahrhundert zu österreichischen Fürsten erhoben wurde und großen politischen Einfluss hatte.

Die Mittel- und die Vorderburg

Neckarsteinach. ✆ 06229/313 (Tourist-Info), Fax 318. info@neckarsteinach.de. **Bahn/Bus:** ↗ Neckarsteinach. **Zeiten:** Nur von außen zu besichtigen.

▶ Vom Schwalbennest könnt ihr euch nun wieder hinab zur Hinterburg begeben und von dort dann auf einem breiten Weg in wenigen Minuten nach Neckarsteinach laufen. Auf dem Weg von der Hinterburg nach Neckarsteinach kommt ihr an der **Mittelburg** vorbei, sie liegt näher bei der Stadt. Sie ist heute noch in Privatbesitz und bewohnt, hier leben die *Herren von Warsberg,* Nachfahren derer von Steinach, die einst all die Burgen gebaut haben. Die Mittelburg ist nicht zu besichtigen, nur in den Innenhof dürft ihr hineinschauen.

Sie wurde 1170 erbaut, von dem Bruder des minnesingenden Bligger, einem gewissen *Conrad*. Die Stammburg erbte nämlich immer der älteste Sohn, die jüngeren mussten dann sehen, wie sie es zu einer eigenen Burg brachten. Conrad errichtete also seine Mittelburg ein Stück entfernt von der Stammburg seiner Eltern. Sie wechselte in ihrer langen Geschichte häufig den Besitzer. Von 1530 bis 1653 gehörte sie der Familie der Landschad, die auch das Schwalbennest lange Zeit besaß. Durch Umbauten im Jahr 1820 hat die Mittelburg ihren wehrhaften Charakter verloren, sie sieht seitdem eher wie ein Schloss aus.
Noch ein Stück neckaraufwärts baute sich ein weiterer jüngerer Sohn eine Burg – die **Vorderburg,** die ebenfalls in Privatbesitz und nicht zu besichtigen ist. Von ihr ist nicht viel zu sehen, da sie von einem Park umgeben ist. Sie ist kleiner als die anderen Burgen und liegt direkt über Neckarsteinach.

Burgen und Brunnen

Wie Huckleberry Finn die Feste Dilsberg erkunden

Burgfeste Dilsberg, 69151 Neckargemünd-Dilsberg. ✆ 06223/3553, 4877289, Fax 73784. www.burg-dilsberg.de. armin-erles@burg-dilsberg.de. **Bahn/Bus:** ➚ Neckargemünd, BRN-Bus 7021, 16 x täglich, an den Wochenenden seltener. Bus 35 ab ➚ Heidelberg Bismarckplatz. **Auto:** Östlich von Neckargemünd, am südlichen Neckarufer. (B37 führt bei Neckargemünd an das Nordufer). Großer Parkplatz vor dem alten Stadttor, von dort wenige Min Fußweg durch die romantische Altstadt zur Burgruine. **Zeiten:** April – Okt Di – So 10 – 17.30 Uhr, Führung So, Fei 15 Uhr oder nach Vereinbarung. **Preise:** 2 €, Führung 3 €; Kinder 6 – 16 Jahre 1 €, Führung 1 €; Schüler und Studenten bis 28 Jahre, Behinderte ab 50 % 1 €, Familien (Eltern, schulpflichtige Kinder) 5 €. **Infos:** Wechselnde Veranstaltungen im ganzen Jahr, Kinderprogramme an den Wochenenden und in den Ferien. Treffpunkt Führungen: Innenhof der Burg, Anmeldung bei der ↗ Tourist-Info, ✆ 06223/3553.

▶ Die Ruinen der Feste Dilsberg liegen hoch über dem Fluss. Ihr könnt oben auf der Burgmauer wie ein mittelalterlicher Wachmann zwischen den Zinnen entlang stolzieren oder den prächtigen Blick vom Turm genießen, der von der Mauer aus über einen Steg betreten wird. Die mächtige Mauer gehört zu den ältesten Teilen der Burg, die Zinnen, die sie bekrönen, stammen aus dem 19. Jahrhundert. Mehrere Gebäude der Burg sind relativ gut erhalten, auch der Turm aus dem 16. Jahrhundert.

ZUGBRÜCKE, BERGFRIED & ANGSTLOCH: ALLES, WAS EINE BURG SO BRAUCHT

▶ Burgen wurden oft auf einem **Berg** angelegt, damit Angreifer schon in der Ferne zu erkennen waren. Es standen auch keine Bäume oder Büsche um die Burgen herum, denn sie hätten Feinden Deckung geboten. Das Burggelände umschloss meist ein Graben, der manchmal mit Wasser gefüllt war. Umzieht er die ganze Burg, nennt man ihn *Ringgraben.* Zum äußeren Burgtor führte eine **Brücke,** meist eine *Zugbrücke,* die hochgezogen werden konnte. Ein eisernes Fallgitter, an Seilen oder Ketten aufgehängt, sicherte das Tor zusätzlich.
Vor der *Kernburg* lag oft noch eine **Vorburg** mit Wirtschaftsgebäuden. Vor die Ringmauer, die die Burg umfasste, wurde oft noch eine zweite, niedrigere Mauer, gesetzt. Der freie Platz dazwischen bildete den so genannten *Zwinger.* Auf der **Ringmauer** verlief der *Wehrgang.* Eine Brüstung sicherte ihn, auf die Zinnen aufgesetzt waren, hinter denen die Verteidiger stehen konnten. In Deutschland war der Wehrgang wegen der Witterung oft überdacht. *Schießscharten* ermöglichten den Burgmännern, mit Schusswaffen, Bogen oder Armbrust zu schießen. Je nach Art der benutzten Waffen waren die Schießscharten unterschiedlich gestaltet. Bei manchen Anlagen gab es noch eine *Schildmauer,* einen gewaltigen Mauerbau, der nur die Angriffsseite der Burg

Die Grafen von Lauffen, eine einflussreiche Adelsfamilie, die zwischen 900 und 1100 bedeutend war, ließen die Burg auf dem *Dilsberg* um 1150 errichten. Zum einen bot die Burg die Möglichkeit, die Verkehrswege durch das Neckartal zu kontrollieren. Zum anderen drückte der Besitz einer Burg auf eindeutige Weise aus, dass man etwas Besonderes war.
Im Sommer finden heute Konzerte und Theateraufführungen im Burghof statt.

Der sagenhafte Brunnenstollen

▶ Im Burghof der Feste Dilsberg befindet sich ein tiefer Brunnen, mit dem es eine ganz besondere Bewandtnis hat. Zu diesem Brunnen führt nämlich ein

deckte. Auf ihrer Wehrplatte konnten Wurf- und Schleudermaschinen aufgestellt werden.
Der innere Bereich der Burg war der **Burghof.** Er war meist ganz von Gebäuden umschlossen, die an die Innenseite der Ringmauer gebaut waren. Im Burghof stand der **Bergfried,** der Hauptturm, der als letzte Zuflucht diente, wenn Feinde ins Innere der Burg eindrangen. Er hatte meterdicke Mauern und sein Zugang lag einige Meter über der Erde. Über eine Leiter flüchteten die Burgbewohner hinein und zogen diese dann hoch. Im Schacht unter dem Eingang des Bergfrieds lag oft ein Verlies. Gefangene wurden durch das so genannte *Angstloch* mit einer Art Winde in das Verlies hinuntergelassen.
Im obersten Geschoss des Bergfrieds befand sich eine Wachstube und darüber eine Plattform, die von einer Brüstung mit Zinnen umgeben war. Das eigentliche Wohngebäude war der **Palas,** bei großen Burgen befand sich im Obergeschoss des Palas ein Saal mit einem riesigen Kamin für Feste und Versammlungen. Im Erdgeschoss lagen oft die Küche und der Speiseraum. *Kemenaten,* die mit einem Kamin beheizt wurden, hießen die Schlafzimmer.
Eine **Burgkapelle** gehörte zu jeder Burg. Um unabhängig zu sein, brauchte jede Burg einen Brunnen, ein Backhaus, Speichergebäude und Kellerräume für Lebensmittel und Getränke sowie Ställe für die Tiere. ◀

Kulisse für Spiele und Konzerte: Feste Dilsberg
Foto: Alice Selinger

sehr alter Stollen, der zu besichtigen ist. An der Kasse bekommt ihr den Schlüssel zum Eingang des Stollens gegen einen Pfand ausgehändigt. Die Schilder »Historischer Brunnenstollen« weisen euch den Weg um den Burgberg herum den Hang hinab. Der Pfad ist sehr schmal und mit Kinderwagen nicht zu bewältigen.

Der Stollen wurde 1650 – 1680 waagrecht in den Hang hinein gehauen. Lange wurde vermutet, dass er als Fluchtweg für die Burgbewohner gedacht war. Doch wahrscheinlich diente er nur als Belüftungsstollen, damit die Arbeiter bei der Vertiefung des Brunnens nicht durch giftige Gase gefährdet wurden. Der Brunnen wurde in reiner Handarbeit, ohne Sprengungen, also nur mit Hammer, Meißel und Schlägel 78 m in die Tiefe getrieben. Etwa 105 Schritte können Wagemutige zwischen engen, feuchten Felswänden dem leicht gewundenen Gang bis zum Burgbrunnen folgen, der hier unten nur noch wenige Meter tief ist. Stellenweise ist der Gang sogar nur etwa 1,50 m hoch!

Wie es zur Entdeckung des Stollens kam? Vor der Wiederentdeckung gab es lange Jahrzehnte die Sage, ein Geheimgang ginge von der Burg Dilsberg unter dem Neckar hindurch zu einer der vier Neckarsteinacher Burgen. Diese Geschichte beeindruckte auch den amerikanischen Schriftsteller *Mark Twain,* den Verfasser der berühmten Abenteuergeschichten von »Tom Sawyer« und »Huckleberry Finn«. Nach einem Besuch der Feste Dilsberg schrieb Mark Twain eine Erzählung darüber. Die Lektüre dieser Erzählung wiederum beschäftigte den Deutsch-Amerikaner *Fritz von Briesen* so sehr, dass er extra aus New York zur Dilsberg reiste, um den sagenhaften Tunnel zu suchen. Er seilte sich in den Brunnen ab und entdeck-

Hunger & Durst

Pippifax Burgcafé, Feste Dilsberg. ✆ 06223/925900. www.pippifax.net. Di, Mi 13 – 20, Do, Sa 12 – 20, Fr 12 – 22, So 12 – 18 Uhr. Nach Voranmeldung auch außerhalb der Öffnungszeiten. Kinderfreundliches Café mit selbst gebackenem Kuchen, Eis, Crêpes.

te dort unten tatsächlich den Stolleneingang. Daraufhin finanzierte er die Arbeiten, um den Stollen 1926 wieder freilegen zu lassen.
Zurück vom Stollen kommt ihr am **Historischen Schlossgarten** vorbei, einem schönen Picknickplatz mit großer Rasenfläche und vielen Rosenbeeten.

Geheimnisumwitterte Burgruine

Burg Reichenstein in Neckargemünd, 69151 Neckargemünd. ✆ 06223/3553, Fax 73784. www.neckargemuend.de. info@tourismus-neckargemuend.de. Südlich oberhalb der Altstadt. **Bahn/Bus:** ↗ Neckargemünd. **Auto:** Von Heidelberg über B37 nach Neckargemünd. **Zeiten:** Ganzjährig frei zugänglich.

▶ Lust auf ein kleines Abenteuer? Dann nichts wie los auf die Burg Reichenstein, deren geheimnisvolle Ruine ihr heute erforscht. Sie befindet sich in einem kleinen, parkähnlichen Wäldchen auf dem Berg *Hollmuth.* Als die Burg im vermutlich 12./13. Jahrhundert als staufische Reichsburg errichtet wurde, wurde sie strategisch so angelegt, dass man von oben aus das Neckartal, das Elsenztal und das Wiesenbacher Tal beobachten konnte. Der sogenannte Halsgraben schützte die Burg gegen den Bergrücken, damit sie von der Bergseite her nicht so einfach eingenommen werden konnte. Die Mauerreste könnt ihr noch heute erkunden und erklettern. So könnt ihr erahnen, wie sich die Ritter vor 800 Jahren vor Angriffen geschützt haben. Von den Innenbauten ist allerdings nichts mehr erkennbar.

Als königlicher Dienstmann saß Dieter Nessel von Mauer auf der Burg und wachte von dort aus über die Stadt. Einige der Herren von Mauer tragen in den Urkunden den Beinamen »Teufel«. 1286 wurde Dieter Nessel von Mauer wegen Hochverrats durch König Rudolf von Habsburg von der Burg vertrieben.

Die verwunschene Ruine der Burg Eberbach

69412 Eberbach. stadt@eberbach.de. Im Osten von Eberbach. **Bahn/Bus:** ↗ Eberbach. **Auto:** An der Straße in Richtung Unterdielbach, linker Hand Parkplatz Burg Eberbach.

▶ Etwa 20 Minuten dauert der Aufstieg vom Parkplatz zur Ruine der Burg Eberbach, am Ende wird der Weg

ziemlich steil, nichts für Kinderwagen. Diese Burg stammt aus dem 11. Jahrhundert und diente den Wormser Bischöfen sowie den Staufern zur Sicherung ihrer Machtgebiete. 1403 wurde sie zerstört und erst zu Beginn des 20. Jahrhunderts wieder freigelegt. Von hier oben habt ihr einen schönen Blick auf den Neckar, es ist ein toller Picknickplatz. Es gibt auch eine große Grillhütte, bei Regen habt ihr ein Dach über dem Kopf. Die Ruine ist weiträumig und von vielen Pflanzen überwuchert. Die verschiedenen Burgteile – *Vorder-*, *Mittel-* und *Hinterburg* – sind durch Stege miteinander verbunden.
Wenn ihr Lust auf einen längeren Fußmarsch habt: Auch von Eberbach oder vom ➚ Wildgehege Holdergrund ist die Burgruine zu erreichen, von beiden Ausgangspunkten gut ausgeschildert.

Auf der Burg Hirschhorn

Hirschhorn (Neckar). ✆ 06272/1742, Fax 912351. www.hirschhorn.de. tourist-info@ hirschhorn.de. **Bahn/Bus:** ➚ Hirschhorn. **Zeiten:** Turmbesteigung 8 – 17 Uhr. **Preise:** Turmbesteigung 0,30 €; Kinderführung Gruppe 30 €. **Infos:** Anmeldung zur Kinderführung bei der Tourist-Info, ✆ 06272/ 1742.

▶ Der erste Ritter von Hirschhorn wurde um 1270 erwähnt, aber erst im 14. Jahrhundert spielte die Sippe ein wichtige Rolle. Engelhard I. verstand sich gut mit dem damaligen Kaiser Karl IV. und wurde sehr reich. Um 1200 war die Hirschhorner Hangburg noch klein, doch dann baute Engelhard sie aus. Ein Pa-

Alles andere als langweilig: Bei der Kinderführung durch die Burg Hirschhorn gibt es viel zu lachen und zu staunen

NORDEN & WESTEN

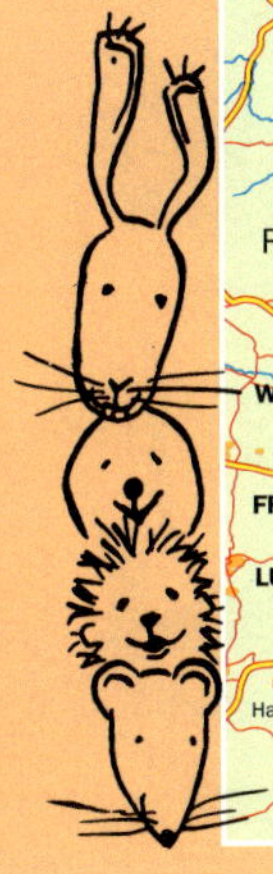

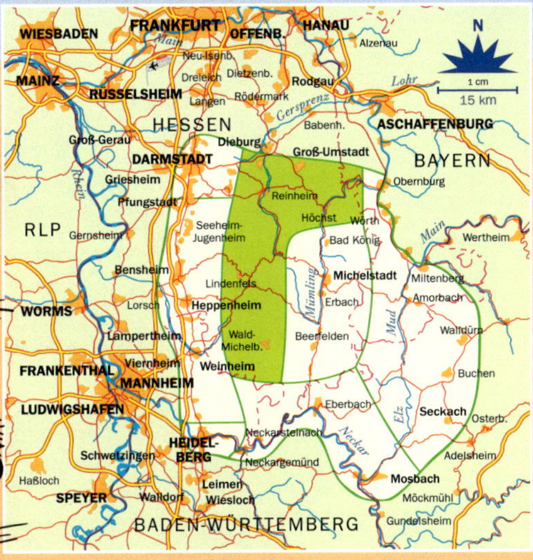

WALD, SO WEIT DAS AUGE REICHT

Nähert man sich dem Odenwald von Darmstadt oder Dieburg aus, ist er bis zu den ersten Erhebungen des Odenwalds bei Groß-Umstadt und dem kleinen Ort Otzberg-Hering zunächst flach wie ein Pfannkuchen. Hier im nördlichen Odenwald befinden sich mit der Veste Otzberg und der Burg Breuberg zwei der sehenswertesten Burgen der Region.

Östlich der Bergstraße beginnt die Bundesstraße 38, die von Norden nach Weinheim verläuft. Hier im westlichen Odenwald thront Schloss Lichtenberg über dem Fischbach-Tal. Lindenfels mit seiner Burgruine und die Ruine Rodenstein bei Fränkisch-Crumbach sind besonders spannend.

Frei- und Hallenbäder

TIPPS FÜR WASSERRATTEN

Freibad Fränkisch-Crumbach

Saroltastraße 54, 64407 Fränkisch-Crumbach. ✆ 06164/1590, 9303-0 (Gemeinde), Fax 9303-93. www.fraenkisch-crumbach.de. gemeinde@fraenkisch-crumbach.de. **Bahn/Bus:** ↗ Fränkisch-Crumbach, ab Kirche 15 Min Fußweg über Brunnenweg und Klostergasse bis Saroltastraße. **Zeiten:** Mitte Mai – Mitte Sep täglich 9 – 20 Uhr. **Preise:** 3 €, ab 17 Uhr 1,80 €; 10er-Karte 26, Dauerkarte 45 €; Kinder 3 – 17 Jahre 1,30 €, ab 17 Uhr 0,80 €, 10er-Karte 10, Dauerkarte 20 €; Schüler, Auszubildende, Studenten, Schwerbehinderte 1,30 €, ab 17 Uhr 0,80 €, 10er-Karte 10, Dauerkarte 20 €. Vergünstigte Familienkarten.

▶ Das Freibad am Waldrand von Fränkisch-Crumbach mag nicht spektakulär sein. Aber es hat ein Nichtschwimmerbecken, 1- und 3-m-Brett, Planschbecken und eine Liegewiese – also alles, was ihr zum Spaßhaben braucht.

Freibad Fürth

Krumbacher Straße 39, 64658 Fürth. ✆ 06253/5759, www.gemeinde-fuerth.de. info@gemeinde-fuerth.de.

Winterspaß: Rund um die 577 m hohe Tromm heißt es im Winter »Rodel gut«

Eine Skating-Anlage mit Table und Bank, Table und Curb, Rail, Tablebank und Sprungschanze ist direkt neben dem Parkplatz des Schwimmbads.

Bahn/Bus: ➚ Fürth, 15 Min Fußweg in nördliche Richtung. **Auto:** An der Straße Richtung Krumbach. **Zeiten:** Mai – Sep täglich 8 – 20 Uhr bei gutem Wetter. Letzter Einlass 19 Uhr. **Preise:** 3 €; Kinder 3 – 16 Jahre 1,50 €, 10er-Karte 13 €; Schüler, Studenten, Schwerbehinderte 1,50 €, 10er-Karte 13 €.

▶ In diesem beheizten Freibad gibt es eine Rutsche und einen Sprungturm. Das ist vielleicht nicht viel, aber dafür müsst ihr nicht weit fahren.

Schwimmbad Lindenfels

64678 Lindenfels. ✆ 06255/564, 30644 (Stadtverwaltung), Fax 30645. www.lindenfels.de. touristik@lindenfels.de. **Bahn/Bus:** ➚ Lindenfels, Bus 666 Lindenfels – Fürth bis Schwimmbad. **Zeiten:** Mai – Sep 10 – 20, Juni – Aug Di und Do bis 21 Uhr. **Preise:** 3 €; Kinder 1,20 €; Behinderte, Schüler, Studenten 1,20 €, Feierabendpreis 1,5 Std vor Schließung 50 % Ermäßigung.

▶ Ein ganz normales Familienfreibad, in dem ihr alles findet, was man zum Glücklichsein braucht: 50-m-Becken mit Sprungbrettern in 1, 3 und 5 m Höhe, Nichtschwimmerbecken, Planschbecken mit Rutsche, Liegewiese und Wärmehalle, Bistro, Tischtennis und Volleyballfeld.

Freibad Hammelbach

Der Odenwaldclub Hammelbach entzündet am Ostersonntagmorgen bei Sonnenaufgang ein großes Osterfeuer. Wenn ihr Frühaufsteher seid, eine tolle Veranstaltung!

64689 Grasellenbach-Hammelbach. ✆ 06253/4874, 949494 (Tourist-Information), Fax 949495. www.hammelbach.de. tourist-information@hammelbach.de. **Bahn/Bus:** ➚ Grasellenbach. **Zeiten:** Je nach Wetterlage ungefähr Ende Mai – Ende Sep täglich 9.30 – 19 Uhr. **Preise:** 2,50 €, ab 18 Uhr 2 €; Kinder 2 €; Schüler, Studenten, Auszubildende, Schwerbehinderte 2 €.

▶ Dieses kleine Freibad wird von einer Quelle gespeist. Es gibt eine große Liegewiese, Rutsche, Planschbecken, Kiosk, Tischtennis und Tischfußball. Freier Eintritt für Geburtstagskinder, Organisation von Kindergeburtstagen ist möglich.

Freibad Groß-Umstadt

Höchster Straße, 64823 Groß-Umstadt. ✆ 06078/3525, www.gross-umstadt.de. **Bahn/Bus:** Bus K68 (Mo – Fr), 5501, 5512 (nur nach 22 Uhr) bis Schwimmbad. **Auto:** Von der B45 von Süden inden Ort abbiegen. **Rad:** Am Radfernweg R4. **Zeiten:** Mai – Sep täglich 8.30 – 20 Uhr, Di ab 7, Do bis 22 Uhr. **Preise:** 2,50 €, 10er-Karte 18,50, Saisonkarte 55 €; Kinder 1,50 €, 10er-Karte 11,50, Saisonkarte 27,50 €; Happy Hour ab 18 Uhr Erw 1,50, Kinder 1 €. Familienkarte 80 €. **Infos:** Warmwasserdusche 0,50 € extra. Saisonkarten ausschließlich im UmStadtBüro, Obere Marktstraße 11, ✆ 06078/781-301.

▶ Auch in Groß-Umstadt müsst ihr an sonnigen Tagen nicht auf dem Trockenen sitzen. Hier lockt ein solarbeheiztes Freibad mit Schwimmer-, Abenteuer- und Planschbecken. Die jüngsten Besucher können sich außerdem auf dem Spielplatz austoben, Stärkungen für jede Altersstufe sind am Kiosk erhältlich.

Für Radler: *Radtouren zwischen Rhein, Neckar, Kraichgau und Odenwald,* hrsg. vom Landesamt für Geoinformation und Landentwicklung, 2. Aufl., 2011, Maßstab 1:50.000, 6,90 €.

Radeln

Spaziergang mit Kinderwagen oder Radeln bei der Villa Haselburg

Höchst i.Ow. **Bahn/Bus:** ↗ Höchst, Bus 23 Annelsbach. **Auto:** L3106 Höchst Richtung Brensbach auf der Anhöhe vor Hummetroth, 5 km von Höchst. Parkplatz bei der Villa.

▶ Auf asphaltierten oder befestigten Wegen gibt es viele Möglichkeiten, durch die umliegenden Felder zu radeln, auch mit Kinderwagen als Spaziergang gut möglich. Mein Vorschlag dauert etwa 40 Minuten zu Fuß: Vor der Haselburg geht ihr an dem einzigen Baum links hinunter bis zu einem kleinen, im Schilf versteckten Teich. Wer sich dort auf der Bank in der Sonne niederlässt, wird vielleicht bald von gierigen Enten bedrängt. Wollt ihr nicht pausieren, geht vor dem See gleich rechts weiter und vor Beginn des Wal-

Hunger & Durst

Dornröschen, Annelsbacher Tal 43, Höchst-Annelsbach. ✆ 06163/2484. www.dornroeschen-annelsbach.de. Mitte Feb – Mitte Nov täglich 9 – 21 Uhr, warmes Essen 12 – 14, ab 18 Uhr, dazwischen Vesper, Kaffee und Kuchen. Di Ruhetag, Jan – Feb geschlossen. Selbst gebackene Torten im Café, Herzhaftes in der Gaststube und im Herbst frischer Süßmost aus eigener Produktion.

Hunger & Durst

Sophienhof, Zum Pitschgrund, Breuberg. ✆ 06165/543. www.breuberg.de. Mi – So ab 11.30 Uhr. Hausmannskost und leckere Lammgerichte aus eigener Zucht, preiswert.

des wieder rechts die Kuppe hinauf. Ein letztes Mal geht es dann auf der Anhöhe nach rechts; der Weg führt euch direkt zur Haselburg zurück.

Wer mag, kann an den Besuch der Römervilla noch einen Abstecher zur **Erholungsanlage Annelsbacher Tal** anschließen. Fährt man von der Haselburg nach Höchst, kommt nach wenigen hundert Metern linker Hand Annelsbach. Hier abbiegen, den Ort nach links bis zum Ende durchfahren. Oder vor dem Ort parken und laufen. Am Ortsende in einem schattigen Tal ist ein Teich, dabei ein kleiner Spiel- und Bolzplatz.

Radtour von der Burg Breuberg zur Veste Otzberg

Länge: 14 km, leichte Steigung, gut ausgebaute Waldwege, keine Rundtour. **Bahn/Bus:** Wochentags stündlich Bus 21 von Ernst Göbel Schule Höchst.

▶ Die Radtour beginnt am **Parkplatz** unterhalb der Burg Breuberg (es gibt noch einen höher gelegenen Parkplatz direkt bei der Burg). Von dem unteren Parkplatz führt eine asphaltierte Straße in Kurven zur Burg hinauf, ein steiler Fußweg führt ebenfalls hinauf. Ihr nehmt jedoch den breiten, ebenen Feldweg, der vom Burgberg weg in entgegengesetzer Richtung in den Wald hineinführt. An der ersten Kreuzung folgt ihr weiter dem breiten Hauptweg. Ein hölzerner Wegweiser steht an der nächsten Kreuzung, dem Schild »Höchst/Heubach« weiter geradeaus folgen. Ab der folgenden Kreuzung weist dann schon die Markierung Weißer Punkt den Weg, sie führt bis zum Otzberg. Ungefähr nach der Hälfte der Strecke erreicht ihr eine Kreuzung mit einer **Holzhütte,** in der ihr bei schlechtem Wetter im Trockenen pausieren könnt. Hier ist bereits der Otzberg auf einem Wegweiser angeschrieben, es sind noch etwa 6 km. Nach einem weiteren knappen Kilometer erreicht ihr die B45 und einen Parkplatz. Der Weiße Punkt führt hier linker Hand wieder ein Stück in den Wald zurück, doch geht es nach wenigen Metern rechts ab durch eine Unterführung auf die andere Straßenseite. Von dem Parkplatz dort führt der Weg – wieder mit dem weißen Punkt markiert – steil bergauf. Ihr kommt bald an einem kleinen Teich vorbei, als »**Entenpfuhl**« in manchen Karten vermerkt, an dem Tisch und Bank zur Rast einladen. Schließlich verlasst ihr auf einer Kuppe den Wald und müsst ungefähr 300 m geradeaus auf einer schmalen Straße entlangfahren. Der Weiße Punkt führt euch dann rechts wieder in den Wald hinein. Nach wenigen Minuten kommt ihr an einen hölzernen Wegweiser und folgt dem Schild »Hering 1,2 km«, in dieser Ortschaft liegt die **Veste Otzberg.** Der letzte Kilometer führt bergauf durch den Ort zur Veste, die malerisch auf steiler Anhöhe liegt. Einkehren könnt ihr in der Burgschenke.

Weiße Rübe: Auf Veste Otzberg gibt es auch Schmackhafteres als Rüben

Foto: Alexander Kraft

Wandern und Spazieren

Zum Kaiserturm bei Neunkirchen

Modautal-Neunkirchen. ✆ 06254/7145, www.modautal.de. info@modautal.de. **Bahn/Bus:** ↗ Modautal. **Zeiten:** Turm, Gaststätte: Sa, So, Fei 10 – 17 Uhr, für Schulen und Vereine auch werktags nach Absprache.

▶ Auf einer der höchsten Kuppen des Odenwaldes, der *Neunkircher Höhe,* ragt dieser Turm empor, den ihr besteigen könnt. Gemütlich ist die kleine Gaststube in dem steinernen Bau, zu der eine Treppe hinaufführt. Dicht gedrängt sitzen die Gäste im holzgetäfelten Zimmer, besonders auch im Winter ein uriger Platz zum Aufwärmen nach dem Rodeln.

Entweder ihr lauft vom Parkplatz direkt am Ort Neunkirchen hierher oder ihr fahrt am Ort vorbei weiter durch den Wald, bis zum Waldparkplatz rechter Hand, und startet von dort. Der Weg zum Kaiserturm ist von beiden Parkplätzen gut ausgeschildert. Vom Wald-

Für Wanderfreunde: *Odenwald – Die schönsten Tal- und Höhenwanderungen,* Rother Wanderführer von Bernhard Pollmann, ISBN 978-3-7633-4151-1, 11,90 €.

Blutrot: Das Ahornblatt war nicht Schuld an Siegfrieds Verwundbarkeit, aber das Blatt einer Linde

© HTS

Hunger & Durst

Schardhof, Außerhalb 4, Grasellenbach. ✆ 06253/932166. www.schardhof.de. Mo – Mi, Fr – So, Fei 11 – 22 Uhr. Kinderfreundliche Gaststätte im Wald mit Biergarten, Kinderspielplatz, Tiergehege und Boulebahn.

parkplatz sind es nur etwa 20 Minuten bis zum Turm, der Weg ist für Kinderwagen geeignet. Hat der Turm geschlossen, könnt ihr im Sommer an einer überdachten Sitzgruppe picknicken. Im Winter ist die Neunkircher Höhe ein beliebtes Rodelgebiet. Vom Parkplatz am Ort geht es zudem zu einem **Wald-** sowie einem **Vogellehrpfad,** beide sind ausgeschildert.

Zum Siegfriedsbrunnen bei Grasellenbach

www.grasellenbach.de. **Bahn/Bus:** ↗ Grasellenbach.

▶ In Grasellenbach ist der **Siegfriedsbrunnen** ausgeschildert, ab Ortsmitte (Schwimmbad) etwa 30 Minuten Fußweg durch den Wald. Der Siegfriedsbrunnen liegt südöstlich des Ortes.

Mehrere Orte im Odenwald behaupten, die legendäre **Siegfriedsquelle** läge auf ihrem Gebiet. Am bekanntesten ist wohl die Quelle bei Grasellenbach. Doch auch am ↗ Felsenmeer gibt es eine Siegfriedsquelle. Der Königssohn Siegfried aus der berühmten Nibelungensage war schon als Junge ungewöhnlich stark und besiegte einen feuerspeienden Drachen. Nach seinem Sieg badete er im Blut des Drachens, was ihn unverwundbar machte. Doch zwischen seinen Schultern lag ein Blatt von einer Linde – es bedeckte an dieser Stelle seine Haut, und so kam es, dass er an dieser kleinen Stelle verletzbar blieb. Siegfried bestand viele Abenteuer und machte sich manchen Feind. Eines Tages ging er im Odenwald auf Bärenjagd. Als er sich an einer Quelle niederkniete, um zu trinken, ermordete ihn sein vermeintlicher Freund Hagen von Tronje, indem er sein Schwert in die einzig verwundbare Stelle an Siegfrieds Körper stieß.

Die Quelle bei Grasellenbach wird häufig als der Ort genannt, an dem der kühne Held durch den heimtückischen Hagen gemeuchelt wurde. Sie liegt am Fuße eines 548 m hohen Berges namens *Spessartskopf*, in dem der »Spehtsharte« der mittelalterlichen Dichtung gesehen wird.

Zum Ireneturm auf der Tromm

Grasellenbach-Tromm. **Länge:** 1 Std Fußweg. **Bahn/Bus:** Bus 667 von ↗ Grasellenbach. **Auto:** Südwestlich von Grasellenbach ist der Höhenzug »Tromm« ausgeschildert. Parkplatz Auf der Tromm.

▶ Die Tromm ist 577 m hoch, und im Winter verwandelt sie sich in ein Skigebiet. Doch auch im Sommer ist sie eine der schönsten Gegenden des Odenwaldes. Vom **Parkplatz Auf der Tromm** ist der Rundweg zum Ireneturm ausgeschildert, ihr braucht hin und zurück etwa eine Stunde. Der Turm ist nach einer Prinzessin von Hessen-Darmstadt benannt. Von der Aussichtsplattform aus ist fast der gesamte Odenwald zu überblicken.

Der Weg zum Turm führt an Kühen und weidenden Pferden vorbei, mit weiten Ausblicken über die Hügel des Odenwaldes. Hier sieht der Odenwald wie ein richtiges Gebirge aus, es stellen sich unwillkürlich Urlaubsgefühle ein. Der Hinweg ist auch mit Kinderwagen möglich, aber dann müsst ihr vom Turm aus denselben Weg wieder zurückgehen, der zweite Teil des Rundweges ab Ireneturm ist nicht mit Kinderwagen machbar. Das macht aber nichts, denn die erste Hälfte des Weges ist viel schöner. Wer gerne länger wandern möchte, kann noch einen der anderen angegebenen Rundwege vom Parkplatz aus nehmen.

Hunger & Durst

Gasthaus Schöne Aussicht, Auf der Tromm 2, Grasellenbach. ✆ 06207/3310. www.schoene-aussicht-tromm.de. Di – So 8 – 20 Uhr. Terrasse und kleiner Biergarten. Gästezimmer.

Das **Hof Theater Tromm** hat auch Kinderstücke im Programm, Auf der Tromm 13, 64689 Grasellenbach, ✆ & Fax 06207/3323, www.Hof-Theater-Tromm.de.

Spaziergang zum Wamboltschlösschen

Groß-Umstadt-Heubach. ✆ 06078/6577 (Helmut Strobl, Ausgrabungen), info@gross-umstadt.de. **Länge:** 2 km, etwa 30 Min, teilweise steil bergauf. **Bahn/Bus:** ↗ Groß-Umstadt, Bus K68 ab Schloss. **Auto:** B45 von Groß-Umstadt Richtung Höchst, ausgeschildert. Durch Heubach in Richtung Osten fahren, nach dem Ortsende geht es ein Stück durch Wiesen und Felder, am Ende des asphaltierten Fahrweges liegt ein Bauernhof und der Parkplatz Kellergrund.

▶ Der Weg Nr. 9 führt euch vom **Parkplatz Kellergrund** zu einer römischen Ausgrabungsstätte. Der

Schönes Paar: Kleiner Fuchs und Löwenzahn
Foto: Annette Sievers

Weg ist breit, gut ausgeschildert und befestigt, geht aber teilweise steil bergauf.

Das sogenannte **Wamboltschlösschen** ist eine **römische Ruine.** Es weiß aber niemand genau, wozu das Gebäude diente. Eine militärische Nutzung scheint unwahrscheinlich, da es zu weit vom Limes entfernt lag. Vielleicht handelte es sich um eine Straßenstation oder um einen Gutshof, wie die ↗ Villa Haselburg bei Höchst. Auf Infotafeln erfahrt ihr viel über die Römer in Hessen, über römische Kleidung, Alltagsleben, Gebräuche und Architektur. Tisch und Bänke verlocken zum Picknick.

Wenn ihr den kurzen Spaziergang noch verlängern wollt: Von dem Parkplatz aus bietet sich ein schöner, etwa 1-stündiger **Rundweg** um das kleine Tal an. In entgegengesetzter Richtung von Heubach geht ihr zunächst rechter Hand am Waldrand entlang und gelangt bei der Hälfte der Strecke am Ende der ausgedehnten Wiesen an eine Quelle. Auf der anderen Seite des Tales geht es dann zum Parkplatz zurück. Dort ist auch eine Hütte, falls es regnet und ihr euren Proviant im Trockenen essen wollt. Diesen Rundweg könnt ihr auch mit dem Rad fahren und er ist für Kinderwagen geeignet.

Abenteuer und Spiel

Odenwälder Indoorspielplatz

Indoorspielplatz Groß-Bieberau, Schleifweg 4, 64401 Groß-Bieberau. ✆ 06162/941554, 85154 (Büro), Fax 941556. www.indoor-spielplatz.com. info@indoor-spielplatz.com. **Bahn/Bus:** RB Darmstadt – Reinheim, ab Reinheim Bus K57 Gadernheim oder Bus 693 Fürth bis Groß-Bieberau Bahnhof. Wenige Minuten Fußweg in nördliche Richtung über Bahnhofstraße. **Auto:** B38 Richtung Reinheim schräg gegenüber der Shell-Tankstelle in den Schleifweg abbiegen. **Zeiten:** Mo – Fr 14 – 18 Uhr, während Schulferien ab 11 Uhr, Sa, So, Fei 11 –

Vergesst eure Rutschsocken und ein Ersatz-T-Shirt nicht!

Lehr- und Erlebnispfade

Geopark-Lehrpfad Bergbaulandschaft Reichelsheim

Touristinformation, Bismarckstraße 43, 64385 Reichelsheim. ✆ 06164/50826, 50838, www.reichelsheim.de. touristinfo@reichelsheim.de. **Bahn/Bus:** ↗ Reichelsheim, 10 Min Fußweg in südliche Richtung über Konrad-Adenauer-Allee.

▶ Im Odenwald wurde früher Erz abgebaut, Eisen und Mangan. Bereits in einer Urkunde aus dem 8. Jahrhundert werden Erzgruben genannt. Im 19. Jahrhundert arbeiteten 300 Bergleute in den Gruben bei Reichelsheim. Gruselig sind die alten Stollen, in denen die Temperatur immer gleich bleibt, es ist feucht und kühl. Heute wohnen Fledermäuse in diesen künstlichen Höhlen. Ein Lehrpfad beschreibt auf 17 Infotafeln den Bergbau, er führt an alten Stollen vorbei, die aber mit einem Gitter verschlossen sind, ihr könnt nur hineinschauen. Der ganze Lehrpfad ist 13 km lang, er ist aber in 2 Etappen unterteilt. Die **Etappe Rohrbach** ist ein 5,5 km langer Rundweg, er ist Blau markiert. Ihr könnt ihn entweder am Naturpark-Parkplatz »Dehnbuche« an der Straße zwischen Unter-Ostern und Ober-Mossau beginnen oder am Naturpark-Parkplatz »Stollwiese«, ebenfalls bei Rohrbach an der Straße zwischen Unter-Ostern und Ober-Mossau. Wollt ihr die gesamte 13-km-Strecke oder die 7,5 km lange **Etappe Vierstöck** wandern, beginnt am Naturpark-Parkplatz »Vierstöck« an der B47 zwischen Reichelsheim und Michelstadt (Rote Markierung).

Herrnmühle, Darmstädter Straße 60, Reichelsheim. ✆ 06164/515253. Mo – Fr 8 – 18.30 Uhr, Sa 8 – 13 Uhr. Eine der letzten aktiven Mühlen Südhessens: Getreide aus der Region wird mit Hilfe von Wasserkraft zermahlen. Mehle, Schrote, Heimtierbedarf.

Auf dem Waldlehrpfad zum Café Bauer

Im Gaßbachtal 1, 64689 Grasellenbach. ✆ 06253/5560, Fax 239021. www.cafe-bauer-hammelbach.homepage.t-online.de. sekretariat@gemeinde-grasellenbach.de. **Länge:** 25 Min Gehzeit, vom Parkplatz am südlichen Ortsende von Grasellenbach beim Hotel Waldeck der Markierung G4 folgen. **Bahn/Bus:** ↗ Gras-

Minigolf: Gegenüber vom Kurhotel Siegfriedbrunnen, neben dem Schwimmbad. Schläger und Bälle bekommt ihr im Hotel.

ellenbach. **Auto:** Zufahrt mit dem Auto über Hammelbach auf einem Waldweg möglich. **Zeiten:** Di – So, Fei 10 – 18 Uhr, 11.45 – 13 Uhr auch kleine warme Gerichte. **Infos:** Weg für Kinderwagen und Rädchen geeignet.

▶ Dieser Spaziergang, der zugleich ein Waldlehrpfad ist, führt auf ebenen Wegen parallel zu dem kleinen Gaßbach, der sich im Tal durch grüne Wiesen und Wald schlängelt. Die Tafeln, auf denen ihr allerhand über Bäume und Wald erfahren könnt, bieten mehr Informationen als die meisten Lehrpfade. Auch an einer funktionstüchtigen Kneipptretstelle kommt ihr vorbei, barfuß durch das Becken zu stapfen, ist sehr lustig und bei Hitze für alle angenehm.

Das **Café Bauer** liegt schön mitten in einem Tal, im Sommer könnt ihr auf der Terrasse im Freien sitzen. Es gibt selbst gemachten Kuchen und Eisbecher.

Rübenköpfe basteln: Sicher kennt ihr alle die großen, orangenen Kürbisse, die die Kinder in Amerika an Halloween aushöhlen. Im Odenwald haben die Kinder schon vor vielen Jahren statt Kürbissen große dicke Rüben bearbeitet. Das Innere dieser Rüben wird herausgekratzt und dann ein Gesicht in die Rübe geschnitzt. Mit einer Kerze oder einem Teelicht darin werden die Rübenköpfe dann ans Fenster gestellt, im Dunkeln sehen sie toll aus.

Der Natur auf der Spur

Naturerlebnispfad am Hainrich, Odenwaldklub Groß-Umstadt e.V., 64823 Groß-Umstadt. ✆ 06078/74784, Fax 781289. www.owk-umstadt.de. info@owk-umstadt.de. **Bahn/Bus:** ↗ Groß-Umstadt. **Auto:** In der Stadt blauen Naturparkschildern Richtung Hainrich oder Wegweisern Richtung Kreiskrankenhaus oder Farmerhaus folgen, 100 m nach dem Farmerhaus steht die Informations Tafel für den Erlebnispfad.

Lustige Idee: Frösche aus Kürbissen zusammengesetzt

Foto: Kirsten Wagner

▶ Am Hainrichsberg könnt ihr auf einem tollen Erlebnispfad der Natur auf die Spur kommen. An 12 Stationen heißt es balancieren, klettern oder barfuß über den Waldboden laufen. Das Bienenhotel, das ihr am Rand der Wiese seht, ist eine Nisthilfe für Wildbienen, die für die Bestäubung und Fortpflanzung vieler Wildpflanzen sehr wichtig sind.

Zu Fuß durch die Weinberge

Weinlehrpfad Groß-Umstadt, 64823 Groß-Umstadt. ✆ 06078/781-289, Fax 781-226. http://www.umstaedter-wein.de/weinlehrpfad.html. stadtmarketing@gross-umstadt.de. Nach Anreise mit der Bahn von der Innenstadt ab der Sparkasse Wanderweg »S3« folgen, **Länge:** 2,7 km, Gehzeit etwa 50 Min; Weinlehrpfad: 2 km. **Bahn/Bus:** ↗ Groß-Umstadt. **Auto:** Ab Innenstadt den Schildern zum Restaurant Farmerhaus folgen, daran vorbei noch etwa 400 m weiterfahren, bis zum Parkplatz Auf dem Hainrichsberg (264 m).

▶ Der **Hainrichsberg** thront über Groß-Umstadt, sein Südhang ist mit Weinreben bepflanzt. Groß-Umstadt trägt daher auch den Namen *Odenwälder Weininsel.* Hier wachsen überwiegend grüne Trauben, aus denen Weißwein gemacht wird. Drei verschiedene Rundwege sind am Parkplatz angegeben (30, 45 und 60 Min). Der halbstündige Rundweg führt über einen **Weinlehrpfad.** Eine kleine Traube erklärt euch auf Informationstafeln Wissenswertes zu Weinbau, Geologie, Geografie, Geschichte, Naturschutz und Ökologie. Unterwegs könnt ihr die wunderbare Aussicht genießen und den Blick vom Buntsandstein-Odenwald und der Veste Otzberg bis zur Frankfurter Skyline vor den Bergen des Taunus schweifen lassen. Mit Kinderwagen kann man einen angenehmen Spaziergang auf dem breiten Weg machen, der am Parkplatz vorbeiführt, allerdings sollte man dann denselben Weg auch wieder zurückgehen.

Lecker: Aus Weintrauben wird auch feiner Saft gepresst

© HTS

KLEINE ODENWÄLDER PFLANZENKUNDE

Ackerschachtelhalm: Wie eine Pflanze aus der Urzeit sieht dieses auch Zinnkraut genannte Gewächs aus. Die harten Triebe wurden nämlich früher zum Putzen des Zinngeschirrs benutzt. Die Pflanze enthält Kieselsäure, dieser Stoff reinigt. Im Odenwald wurden noch 1950 die Biergläser mit diesem »Gläserschwenke-Kraut« geputzt.

Königskerze: Diese schöne Pflanze mit ihren Dolden meist gelber Blüten ist sehr auffällig. Sie wächst an Wegrändern oder auf Ödland und kann bis zu 1 m hoch werden. Weil sie so prächtig aussieht, wird sie auch oft in Bauerngärten gepflanzt. Aus der Königskerze wird ein Sirup hergestellt, der bei Husten hilft. Sie galt früher außerdem als Schutz gegen Blitzeinschlag, wenn man sie weihen ließ und im Haus aufhing. Daher hieß sie im Odenwald auch Donnerkerze.

Johanniskraut: Auf Ödland und an Wegrändern seht ihr diese gelb blühende Heilpflanze. Sie beginnt um Johanni, den 24 Juni, zu blühen. Vorsicht, es gibt mehrere Arten, nur das echte Heilkraut ist wirksam. Johannisöl hilft gegen Prellungen und Hautabschürfungen, es soll außerdem die Stimmung heben. Bei Amorbach wird es Hexenkräuti genannt. Auch bei Buchen galt ein getrockneter, übers Bett gehängter Strauß als Mittel, um eine Mutter und ihr neugeborenes Kind vor Hexen zu schützen. Im Volksglauben galt das Kraut auch als Symbol für Blut, denn wenn man die Blüten zerquetscht, verfärben sie sich rot. Eine Legende erzählte die Pflanze bewahre das Blut von Johannes dem Täufer.

Rainfarn: Häufig wird euch der gelb blühende Rainfarn begegnen. Er wächst in großen Gruppen auf baumfreien Ödflächen. Seine Blütenköpfe sehen aus, als hätte man einer Margarite alle weißen Blätter ausgezupft. Sie erinnern an Knöpfe, deshalb heißt der Rainfarn im Odenwald auch Hemden- oder Kragenknöpfchen. Früher war der Rainfarn ein Abwehrmittel gegen Hexen. Kinder wurden, damit eine Hexe ihnen nicht schaden konnte, mit dem Rauch der getrockneten und dann verbrannten Pflanze eingeräuchert. Außerdem galt die Pflanze als heilsam bei Würmern, daher nannte man sie auch Wurmkraut. Der Rainfarn ist leicht giftig, trotzdem würzte man in England den Osterkuchen damit. Getrocknet und als Bündel im Kleiderschrank aufgehängt, hilft der Rainfarn gegen Motten.

Schafgarbe: Sie wächst sehr häufig an Wegrändern und auf Wiesen. Die Schafgarbe ist eine viel benutzte Heilpflanze. Früher nahm man sie zur Wundheilung, heute gilt sie als beruhigend, krampflösend und hilfreich bei Magen- und Darmbeschwerden. Ihren Namen hat sie von den Schafen, die die Blätter gerne fressen, den Blütenstengel aber übrig lassen. Im östlichen Odenwald heißt sie auch Barbarakraut.

Wegwarte: Eine Form dieser Pflanze, die mit dem Chicorée, wurde früher gezüchtet, um aus den Wurzeln Zichorien-Kaffee zu machen. In der Odenwälder Mundart heißt sie daher auch Zigori. Die Wegwarte stand im Ruf, Zauberkräfte zu haben, sie wurde für alle möglichen Rituale verwandt. Übrigens soll die Wegwarte ein verwunschenes Mädchen sein: Als ihr Geliebter einst in den Krieg zog und nicht zurückkehrte, trauerte das Mädchen 7 Jahre lang. Alle, die sie kannten, redeten ihr zu, den Mann doch endlich zu vergessen. Doch sie erklärte, lieber wolle sie sich in eine Pflanze verwandeln und am Wegrand ewig auf ihren Liebsten warten, als ihn jemals zu vergessen. So geschah es, und bis heute leuchten die blauen Blüten an den Wegen.

Haselstrauch: Die Germanen hielten die Haselnuss für einen Zauberstrauch. Noch heute nehmen Wünschelrutengänger gerne Hasel äste. Wenn ihr euch einen Bogen bauen wollt, liefert die Hasel dafür das ideale Holz. Im Odenwald galt die Hasel als guter Schutz gegen Blitze, weil angeblich die Muttergottes einmal bei einem Gewitter unter einem einsam stehenden Haselbusch Schutz gesucht hatte, und der Blitz dort nicht einschlug. Außerdem glaubte man im Odenwald lange, dass in einem Jahr, in dem viele Haselnüsse reifen, auch viele Buben geboren werden.

Betriebsbesichtigung

Beim Lebkuchenbäcker

Lebkuchenbäckerei Baumann, Willi Baumann, Marktplatz 8, 64385 Reichelsheim-Beerfurth. ✆ 06164/2313, Fax 515489. www.lebkuchen-baumann.de. willi.baumann@gmx.de. In der Ortsmitte. **Bahn/Bus:** ↗ Reichelsheim. **Zeiten:** Mo – Fr 8 – 12, 13 – 17 Uhr, Sa und So 9 – 12, 14 – 16 Uhr.

▶ Durch ein großes Holztor betretet ihr einen Innenhof, links weist ein Schild den Weg zur Lebkuchenbäckerei, es geht eine Treppe hinauf. Seit 1785 backt die Familie Baumann Lebkuchen. Eigentlich bewirtschaften sie einen Bauernhof, doch einige Wochen vor Weihnachten beginnen sie, Odenwälder Weihnachtsgebäck, Lebkuchen und Magenbrot nach traditionellen Rezepten herzustellen. In ihrer Backstube sieht es wie in einem Heimatmusem aus, und auch der Duft nach Gewürzen und Teig ist ein Erlebnis. Besucher dürfen bei der Herstellung der Köstlichkeiten zusehen.

Lichtenberger Landwirtschaft, Waldstraße 15, ✆ 06166/8378. Mo – Fr 17 – 20, Sa 9 – 16 Uhr, So nach Vereinbarung. Obst, Gemüse, Schweine- und Rindfleisch, Hausmacher Wurst, Schinken.

Burgen und Schlösser

Schloss Lichtenberg

Museum Schloss Lichtenberg, 64405 Fischbachtal-Lichtenberg. ✆ 06166/404, 930023 (Verkehrsamt), Fax 8888. www.fischbachtal.de. museum@fischbachtal.de. **Bahn/Bus:** ↗ Darmstadt, Bus K56, alle 2 Std. **Auto:** Von Norden B38 über Groß-Bieberau, von Westen B47. Parkplatz unterhalb des Ortes, von dort wenige Min Fußweg. **Zeiten:** Mitte März – Anfang Nov Mi, Fr 15 – 17 Uhr, Sa, So, Fei 11 – 18 Uhr. Für Gruppen nach Absprache auch andere Termine. **Preise:** 2 €; Kinder bis 14 Jahre 0,50 €; Behinderte 1 €.

▶ Das weiße, gut erhaltene Schloss seht ihr schon von weitem. Es thront hoch oben über dem schönen Fischbachtal. Vor über 400 Jahren baute einer der

Grafen von Hessen-Darmstadt dieses Schloss als Feriensitz. Auf einem schmalen Pfad könnt ihr es einmal umrunden und dabei die Landschaft unten im Tal bewundern.
In dem geräumigen Museum begeistert altes Spielzeug, vor allem Puppenküchen und -häuser, auch kleinere Kinder. In einem Raum könnt ihr die gesamte Weltgeschichte anhand von kleinen Zinnfiguren nachvollziehen. Bedeutende Ereignisse von der Antike bis heute sind in Miniaturszenen dargestellt. Ein Ausstellungsraum mit alten landwirtschaftlichen Geräten zeigt, wie sich die Bauern früher abmühen mussten ... Vorstellungen vom idyllischen Landleben verblassen angesichts der schweren Geräte rasch. Doch nicht nur das Arbeitswerkzeug, auch die Möbel und andere Haushaltsgegenstände aus Uromas Zeiten sind zu sehen. Die Funde aus der Steinzeit und der Römerzeit sind für die meisten Kinder wohl nicht so fesselnd, die Ritterrüstungen und das Modell einer

Hunger & Durst

Gasthaus Alt Lichtenberg, direkt am Schloss. ✆ 06166/ 8432. www.alt-lichtenberg.de. Mo – Sa 11.30 – 15, 17 – 24 Uhr, So durchgehend geöffnet, Mi Ruhetag. Blick auf Bollwerk und Schloss.

ANNA UND DIE SPINNEN

▶ Schloss Lichtenberg wurde im Mittelalter als Altersruhesitz für die Witwen des Hauses Hessen-Darmstadt gebaut. Die prominenteste Burgherrin des Schlosses war aber keine Witwe, sondern die Gattin des letzten Grafen von Katzenelnbogen, *Anna von Württemberg*. Offensichtlich war Graf Philipp seiner Frau gegenüber kaltherzig, und die verzweifelte Anna griff zu magischen Tricks, um die Liebe ihres Gatten zu gewinnen. Sie wandte Liebeszauber an, die ihr der Verwalter von Schloss Lichtenberg verriet. Er hatte wahrscheinlich viel Fantasie: Er wies Anna an, eine Spinne, in einer Nussschale versteckt, in den Mund zu nehmen und dann ihren Gatten zu küssen. Ein anderer Zauber bestand darin, dass die arme Anna nackt in ein Schwitzbad steigen und den Schweiß, der sich zwischen ihren Brüsten sammelte, auffangen und ihrem Gemahl auf ein Brot schmieren musste. Den Graf erschreckten diese eigenartigen Praktiken so sehr, dass er sich scheiden ließ und Anna fortan allein auf Schloss Lichtenberg leben musste. ◀

Geografisch-historischer Lehrpfad. Der Lehrpfad versteht sich als Ergänzung der Sammlung im Museum Schloss Lichtenberg. Auf etwa 6 km werden eine Fülle von landschaftlichen und geschichtlichen Denkmälern vorgestellt. Broschüre dazu im Museum oder im Rathaus.

Burg aus dem Mittelalter schon eher. Außerdem wurde eine komplette alte Apotheke wieder aufgebaut. Nur wenige hundert Meter westlich vom Schloss Lichtenberg seht ihr auf einem Felsen einen mächtigen frei stehenden **Turm**, das sogenannte Bollwerk. Es diente der Verteidigung gegen die Feuerwaffen, die im 16. Jahrhundert aufkamen. Der Turm, dessen Mauern fast 6 m dick sind, wird von einem Zinnenkranz gekrönt. Über dem Eingang ist im 1. Stock ein Ausgusserker. Aus ihm konnten die Verteidiger heißes Wasser oder siedendes Pech auf Angreifer schütten. Die Innenräume, in denen die Geschütze aufgestellt wurden, haben Abzugsöffnungen für den Pulverdampf.

Zur Ruine Rodenstein

64407 Fränkisch-Crumbach. www.ruine-rodenstein.de. mail@ruine-rodenstein.de. Zu Fuß von Fränkisch-Crumbach etwa 40 Min. **Bahn/Bus:** ↗ Fränkisch-Crumbach. **Auto:** Durch Fränkisch-Crumbach Richtung Westen ausgeschildert.

Unheimliche Ruine

beide © Ruine Rodenstein

▶ Der Weg zum Parkplatz Rodenstein führt bereits durch ein sehr hübsches Tal mit Obstwiesen, Kühen und vereinzelten Bauernhöfen. Am Parkplatz Rodenstein steht eine Tafel, auf der 3 Rundwege (1, 1 und 1,5 Std) angegeben sind. Vom Parkplatz zur Ruine sind es etwa 800 m auf einem asphaltierten Sträßchen, das durch ein weiteres Tal führt und links von dem Weg abbiegt, auf dem ihr gekommen seid. Das ist der kürzeste Weg und auch für Kinderwagen geeignet. Wer nicht laufen möchte, kann mit dem Wagen bis zum **Gasthaus Rodenstein** fahren, dort gibt es ebenfalls Parkplätze. Die Ruine selbst ist von hier über einige Stufen zu erreichen.

Wer Lust auf Bewegung hat, sollte jedoch einen der Wanderwege vom Parkplatz aus laufen, auch diese führen zum Teil zur Ruine. Der **Rodensteinrundweg** (keine Kinderwagen) führt euch außerdem an einem kleinen Wasserfall vorbei, der besonders im Winter, wenn das Wasser gefroren ist, faszinierend aussieht.

Um die Ruine Rodenstein ranken sich viele Sagen. Sie wurde im 13. Jahrhundert von den Rodensteiner Rittern in einem Wald erbaut. Bis vor etwa 300 Jahren war sie noch bewohnt. Dann starben die letzten Bewohner an der Pest und die Burg zerfiel.

Der Rodensteiner ist eine der bekanntesten Sagenfiguren im Odenwald. Wenn ein Krieg drohte, flog er mit seinem Geisterheer nachts durch die Luft, viele berichten, sie hätten das Geräusch der Pferdehufe und das Säbelrasseln um Mitternacht gehört. Es wird erzählt, dass sein wildes Heer auch vor Beginn des Zweiten Weltkrieges vom Schnellerts, einer nahen Anhöhe, zur Ruine Rodenstein raste.

Hunger & Durst

Gasthaus Rodenstein, An der Burgruine, ✆ 06161/1087 oder 4368. Nur Sa, So, Fei geöffnet. Direkt unterhalb der Ruine idyllisch im Tal, im Sommer Terrasse.

Spannend erzählt die Sagen über den Rodensteiner der Schriftsteller Werner Bergengruens *Das Buch Rodenstein*, Insel Taschenbuch 1793, Frankfurt 2002, 12 €.

Da rast Susi Rodenstein dahin – und endet doch in Stein gemeißelt

Burg Lindenfels

Lindenfels. www.lindenfels.de. touristik@lindenfels.de. **Bahn/Bus:** ↗ Lindenfels. **Zeiten:** Frei zugänglich. **Preise:** April – Okt 0,50 €; Kinder bis 16 Jahre frei.

▶ Lindenfels, entstanden im 11. Jahrhundert, gehörte einst dem mächtigen Kloster Lorsch. Kaiser Karl der Große verschenkte die Stadt 773 an das Kloster. Einer der Burgherren war der Bruder des berühmten Kaisers Barbarossa, was nichts anderes als Kaiser

Auf dem Weg von oder zur Burg lohnt sich der kurze Abstecher zum **Bürgerturm** aus dem 14. Jahrhundert. 9 – 19 Uhr ist die Treppe zugänglich. Von oben lässt sich ein weiter Rundblick genießen. Der Turm ist knapp 20 m hoch, doch das Beeindruckendste sind seine 2 m dicken Mauern. Er war nie mit der Stadtmauer verbunden und diente wie ein Bergfried als Rückzugsmöglichkeit bei Angriffen. Der ursprüngliche Einstieg an der Nordseite lag knapp 8 m hoch.

»Rotbart« heißt. Die Burg war bis ins 18. Jahrhundert bewohnt, doch ab 1779 wurde sie als Steinbruch genutzt. Jeder konnte sich für ein paar Kreuzer dort eine Ladung Steine holen. Erst 1880 begannen die ersten Erhaltungsarbeiten an der Ruine.

Der Weg zur Burg führt euch durch eine kleine **Fußgängerzone** mit Geschäften und vielen Einkehrmöglichkeiten. Am Fuße des Burgberges liegt der hübsch angelegte kleine Kurpark, ihm gegenüber befindet sich das Heimatmuseum in der ehemaligen Zehntscheuer aus dem 17. Jahrhundert. Hinter diesem Gebäude führt ein Weg um den Burgberg herum hinauf zur Ruine. Geht ihr hier entlang, statt dem breiten Weg am Kurpark vorbei direkt zum Burgeingang zu folgen, gelangt ihr zur Minigolfanlage, einem kleinen Spielplatz und einem Bolzplatz.

Die **Burgruine** ist romantisch von Efeu überwuchert, der Burgberg mit hohen alten Bäumen bewachsen. Über eine Treppe erklimmt ihr die Burgmauer und habt von dort eine prächtige Aussicht. In den Überresten der Burg lässt es sich prima klettern und picknicken. Auf einem Rundgang könnt ihr die Burg umrunden.

Die römische Villa Haselburg

64739 Höchst i.Odw. ✆ 06163/7080 (Fremdenverkehrsamt), 06181/6105990 (Führungen), Fax 70823. www.haselburg.de. mueller@haselburg.de. **Bahn/Bus:** Ab ↗ Höchst Bus 23 bis Annelsbach. **Auto:** L3106 Höchst Richtung Brensbach auf der Anhöhe vor Hummetroth, 5 km von Höchst. Parkplatz bei der Villa. **Zeiten:** Täglich zugänglich, Führungen nach Vereinbarung. **Preise:** Spende erbeten.

▶ Die Ausgrabungsstätte der römischen Villa Haselburg liegt einsam mit herrlicher Rundsicht auf einer Anhöhe und ist von Feldern umgeben.

Das Areal von 182,5 auf 190 m ist von Mauerresten eingefasst, die einst zu einem römischen Gutshof aus dem 2. Jahrhundert n.Chr. gehörten. Dieser wur-

Antikes Klo: Die Römer erledigten beim Geschäftmachen gern Handelsgeschäfte

Foto: Alice Selinger

de erst 1979 beim Bau der Erdgaspipeline Russland – Frankreich entdeckt, und ist vielleicht die beeindruckendste römische Ausgrabung im Odenwald. Zum einen, weil es sich bei der Villa nicht um eine militärische Anlage, sondern um ein privates Wohnhaus handelt. Zum anderen, weil es ein bisschen mehr als nur Spuren der Fundamente zu sehen gibt, was ja sonst oft der Fall ist. Mit etwas Fantasie könnt ihr mit Hilfe der Schautafeln und der teilweise aufgestockten Mauerreste eine sehr anschauliche Vorstellung bekommen, wie das luxuriöse Anwesen einer reichen Römerfamilie aussah. Besonders lohnend ist es, an einer Führung teilzunehmen, dabei erwachen die steinernen Reste wieder zum Leben. Ein Modell des Gutshofes ist übrigens im ↗ Odenwaldmuseum in Michelstadt zu sehen, wer sich dafür interessiert, kann also dort noch genauere Eindrücke erhalten.
In der Villa Haselburg wurde früher ein recht angenehmes Leben geführt: Es gab verglaste Fenster und hübsche Wandmalereien, in dem Herrenhaus wurden Räume mittels **Fußboden-Heizung** erwärmt. Daneben stand ein Badehaus. Dort gab es ein Heiß- und ein Warmwasserbecken, zudem ein Kalt- und ein Schwitzbad. Besonders anschaulich ist die ansatzweise Nachbildung von Toilettensitz, Abwasserkanal und riesiger Badewanne in diesem Gebäudeteil. Neben

*Die **Fußboden-Heizungen** der Römer heißen Hypocausten. Der Fußboden der Räume ruhte auf gemauerten Säulchen. In einem Schürraum unter dem Fußboden wurde ein Holzfeuer unterhalten, dessen heiße Abluft durch den Hohlraum strömte. So wurde der Boden obendrüber angenehm warm, bis zu 25 Grad! Diese Methode hat natürlich viel Feuerholz verschlungen.*

dem Wohnhaus standen einst Ställe und Scheunen, die Unterkünfte der Diener sowie Küchen- und Vorratshäuser.

Bedenkt einmal, dass zur gleichen Zeit, als die Römer es sich gut gehen ließen, unsere germanischen Vorfahren noch in ganz einfachen Hütten hausten. An eine Toilette, warme Bäder oder gar eine Fußbodenheizung war bei ihnen noch lange nicht zu denken.

Vogteiburg mit mächtigem Burggraben: Burg Breuberg

64747 Breuberg. ✆ 06163/7090 (Stadtverwaltung), www.burg-breuberg.de. l.eckhardt@web.de. **Bahn/Bus:** Von ➚ Höchst i.Odw. nach Neustadt stündlich Busverbindung, von dort 30 Min zu Fuß zur Burg; Sa, So Burgenbus des RMV, ➚ www.rmv.de. **Auto:** B45 bis Höchst i.Odw., die Burg ist ausgeschildert. Parkplatz direkt an der Burg oder etwas unterhalb am Burgberg der Parkplatz Burg Breuberg mit zwei Rundwanderwegen (2/3,5 km), von dort geht es in etwa 15 Min recht steil zur Burg hinauf. **Zeiten:** Führungen Mitte März – Ende Okt Sa 13.30 und 14.45 sowie So und Fei um 13.30, 14.45 und 16 Uhr. Mo – Fr und im Winter Führungen für Gruppen nur nach Absprache. **Preise:** 4 €; Schüler 2,50 €; Behinderte, Studenten, Gruppen bis 25 Personen 2,50 €, Turmbesteigung 0,50 €. **Infos:** Infos und Buchung der Führungen bei der Stadtverwaltung Breuberg, info@breuberg.de. Jugendherberge ➚ Ferienadressen.

Happy Birthday!
Auf der Burg könnt ihr euren Geburtstag feiern, mit Geburtstagsführung, Schatzsuche und Ritterschlag. Abhängig von der Jahreszeit sind sogar Rundgänge mit Fackeln möglich. Preise ab 50 € für 12 Kinder.

▶ Die Burg Breuberg, die 1150 gegründet wurde, ist vielleicht die prächtigste Burg des Odenwaldes, wie aus einem Bilderbuch. Sie hat wirklich alles, was eine Burg braucht: eine Brücke über den breiten Burggraben, mächtige Außenmauern, im Hof einen Bergfried und einen tiefen Brunnen. Es ist übrigens eine der größten Burganlagen Süddeutschlands. Noch heute bewacht eine alte Kanone den Eingang.

Auf einem schmalen Pfad könnt ihr die Burganlage umrunden und von allen Seiten bewundern, aber

Rote Perle: Die Breuburg aus der Vogelperspektive
© HTS

nicht mit Kinderwagen. In der Burg ist eine Jugendherberge untergebracht, die Gebäude dürfen bis auf das Museum nur von den Gästen der JH betreten werden. Das **Burgmuseum** kann nur zu jeder vollen Stunde im Rahmen einer Führung mit dem Burgwart besucht werden. Es lohnt sich, auf die nächste Führung zu warten. Über die steinerne Wendeltreppe kommt ihr zunächst in die heimatkundliche Abteilung, wo ihr seht, mit welchen Werkzeugen die Handwerker früher Fässer, Wagenräder oder Seile anfertigten. Auch an die Arbeit von Strumpfstickern und Schneidern, Sattlern und Webern wird erinnert.
Außerdem werden Funde aus der Römerzeit und zur Burggeschichte im Museum gezeigt. Das Prunkstück des Museums ist der **Rittersaal.** Auf der Stuckdecke sind Szenen aus antiken Mythen sowie 32 Wappen abgebildet. Viele Waffen sind in diesem Saal ausgestellt. Nach dem Rittersaal geht es in die ehemaligen Pferdeställe, und von dort in das frühere Zeughaus, in dem heute ein kleines Feuerwehrmuseum untergebracht ist. Hier seht ihr, welche Kleider die Feuerwehrleute anno dazumal trugen, wie ihre Ausrüstung aussah, und wie eine Pumpe im Jahr 1897

Hunger & Durst

Burgterrasse, Außerhalb 2, Breuberg. ✆ 06165/2066. Mo Ruhetag. Restaurant unterhalb der Burg, eigener Parkplatz, oder vom Wanderparkplatz Burg Breuberg in wenigen Minuten Fußweg. Terrasse mit Blick ins Tal, das nur durch zwei riesige Reifenfabriken verschandelt wird. Kleiner Spielplatz. Gutbürgerlich, preiswert.

Hunger & Durst

Schmelzmühle, Bachstraße 43, 64853 Otzberg-Ober-Klingen, ✆ 06162/72913, www.dieschmelzmuehle.de. Mo, Mi – Fr 15 – 22, Sa, So, Fei 11.30 – 22 Uhr. Terrasse. Ruhig und idyllisch gelegen.

per Hand betrieben wurde. Zum Abschluss des Rundgangs wird noch der 85 m tiefe Brunnen bewundert.

Die weiße Rübe der Veste Otzberg

Museum Veste Otzberg, Burgweg 28, 64853 Otzberg-Hering. ✆ 06162/71114 (Verkehrsamt), Fax 9152976. www.veste-otzberg.de. veste-otzberg@rolf-tilly.de. **Bahn/Bus:** ↗ Otzberg. **Zeiten:** Museum, Café Sa – Mo 11 – 18 Uhr. **Preise:** Museum 2,50 €, Zutritt zur Burganlage kostenlos; Kinder bis 12 Jahre frei.

BIOFÄRBEN WIE ANNO DAZUMAL

▶ Mit viel Fantasie wurden im Odenwald früher Eier gefärbt und dekoriert. Und so geht's: Mit Zwiebelschalen färbt man braun, mit Labkrautwurzel rötlich. Junge Getreidepflänzchen geben ein blasses Gelb, auch Brombeer- und Brennnesselwurzeln sowie Kaffeesatz können verwendet werden. Damals wurden nach dem Färben manche Eier in einen Ameisenhaufen gelegt. Durch die Säure, die die Ameisen absondern, entstanden tolle Muster. Mit Wachs könnt ihr Stellen bedeckten die keine Farbe annehmen sollen. Motive werden mit einem Stäbchen aufgetragen, das in Wachs getunkt wird. Die sogenannten Binseneier werden ausgeblasen und mit bunten Läppchen beklebt. Ein Ei am Deckenbalken soll einem Haus Glück bringen. Eierspiele waren an Ostern üblich, besonders das Eierwerfen auf einer Wiese war sehr beliebt: Wer sein Ei am höchsten werfen konnte, ohne dass es beim Aufprall kaputt ging, war der Sieger. ◀

Foto: Annette Sievers

Die Veste Otzberg erhebt sich schon weithin sichtbar auf der einzigen Anhöhe in der weiten Ebene hinter Dieburg. Hier beginnt der Odenwald. Der Otzberg, von dem die Burg ihren Namen hat, war einmal ein Vulkan, so wie der ➚ Katzenbuckel auch, der höchste Berg des Odenwaldes. Die Veste wurde im 12. Jahrhundert erbaut und im 30-jährigen Krieg belagert. Im 18. Jahrhundert wurde sie eine Zeit lang als Gefängnis benutzt, ziemlich gruselig, oder?
Heute ist sie ein äußerst beliebtes Ausflugsziel. Von der Veste habt ihr einen herrlichen Blick. Besonders eindrucksvoll ist die Aussicht von dem 17 m hohen Bergfried, bei gutem Wetter seht ihr die Frankfurter Hochhäuser am Horizont. Die Mauern dieses Turms sind stellenweise 3 m dick! Er wird im Volksmund »Weiße Rübe« genannt.
Neben der sehenswerten Burg tragen aber auch vor allem die Veranstaltungen wie Ostereier-, Töpfer-, Handwerks- und Weihnachtsmärkte sowie das Kinderburgfest im August zu der Popularität der Burg bei. Interessante Sonderausstellungen, auch zu so ausgefallenen Themen ziehen viele Besucher an.
Im Frühjahr 2012 soll außerdem ein Burgmuseum zur Veste und ihrer Umgebung eröffnet werden.

Hunger & Durst

Burgschänke, ✆ 06162/72274. Di – So 11 – 22 Uhr. Gutbürgerliche Küche, hessische Spezialitäten. Biergarten im Burghof. Gemütlichen Atmosphäre, schmackhaftes Essen. Hauptgerichte ab 10 €, für Kinder Pommes, Spätzle, Schnitzel.

Das kleine Schloss Nauses

Höchster Straße 45, 64853 Otzberg-Schloss Nauses. www.otzberg.de. gemeindeverwaltung@otzberg.de. **Bahn/Bus:** ➚ Veste Otzberg, ab Lengfeld Bhf Bus Richtung Nauses Wasserschloss. **Auto:** An der B45 von Otzberg nach Höchst.

Sicher stellt ihr euch ein Schloss ganz anders vor, als diesen bescheidenen Bau. Doch das kleine Schloss Nauses hat eine lange Geschichte. Ursprünglich war es einmal eine kleine Wasserburg. Es ist über 1000 Jahre alt. Von den Wehranlagen ist nichts mehr zu erkennen, erhalten geblieben sind nur das Haupthaus und der Torturm. Die Nebengebäude stammen aus dem 19. und 20. Jahrhundert. Die uri-

Hunger & Durst

Burgstube, Schloss Nauses, Otzberg. ✆ 06163/3332. Täglich ab 15 Uhr. Rustikal, kleine Vesperkarte mit Hausmacher Wurst aus eigener Schlachtung.

ge Gaststätte **Burgstube** ist in dem alten Gemäuer, im Sommer sitzt ihr im Hof und könnt einen Blick in die Ställe werfen.

Museen

Im Regionalmuseum Reichelsheim

Rathausplatz 7, 64385 Reichelsheim. ✆ 06164/ 50826, 2369 (Anmeldung zu Führungen), Fax 50833. www.museum-reichelsheim.eu. touristinfo@reichelsheim.de. **Bahn/Bus:** ↗ Reichelsheim. **Zeiten:** So 15 – 17 Uhr, Führungen nach Vereinbarung. **Preise:** 2 €; Kinder ab 6 Jahre 1 €; Senioren, Auszubildende, Studenten 1 €, Familien 4,50 €, Gruppen ab 15 Pers 1 € pro Person, Schulklassen 0,50 € pro Person.

▶ Wenn es euch interessiert, wie die Schulen früher aussahen, schaut euch dieses Museum an. Ein Schulsaal wie zu Urgroßmutters Zeiten ist hier nachempfunden. Lehrer können hier mit ihren Klassen nach Absprache eine Stunde in historischer Umgebung halten. Auch über die ersten Eisenbahnen und den Bergbau im Odenwald erfahrt ihr hier viel, und daneben gibt es altes Werkzeug zu sehen, mit dem die Handwerker früher alles herstellten, was so gebraucht wurde.

Das Museum befindet sich im ehemaligen Rathaus, das vor über 400 Jahren gebaut wurde.

Im Heimatmuseum Fränkisch-Crumbach

Interessengemeinschaft Heimatmuseum Rodenstein e.V., Darmstädter Straße 3, 64407 Fränkisch-Crumbach. ✆ 06164/718, 9303-0 (Gemeindeverwaltung), Fax 9303-93. www.fraenkisch-crumbach.de. gemeinde@fraenkisch-crumbach.de. **Bahn/Bus:** ↗ Fränkisch- Crumbach. **Zeiten:** März – Dez So 14 – 16 Uhr, Führungen für Gruppen nach Absprache auch außerhalb der Öffnungszeiten. **Preise:** Spende, Gruppen 20 €.

Hunger & Durst

Treuschs Schwanen & Johanns-Stube, Rathausplatz 2, Reichelsheim. ✆ 06164/2226. www.treuschs-schwanen.com. Mi – Fr ab 18 Uhr, Sa und So ab 11.30 und ab 18 Uhr. Kochseminare, regionale Produkte.

▶ Originelle Sonderausstellungen wie über die Verarbeitung von Flachs zum Leinen ziehen Besucher in dieses kleine Museum. In der Dauerausstellung ist ein kompletter Tante-Emma-Laden der Höhepunkt. Viele alte Werkzeuge und landwirtschaftliche Geräte sind ebenfalls zu sehen sowie eine Vitrine mit hölzernen Spielzeugpferden vom Odenwälder Gäulschesmacher Adam Krämer aus Reichelsheim. Ein seltenes Handwerk ist zu entdecken, das des Simmermachers, der Hohlmaße anfertigte. Ein Hohlmaß ist ein Gefäß, mit dem früher Flüssigkeiten oder auch bestimmte Mengen an Getreide abgemessen wurden. In Fränkisch-Crumbach soll der letzte Simmermacher Deutschlands gewirkt haben.
Das Museum lohnt nicht als eigenes Ausflugsziel, aber wenn ihr an einem Sonntag die ↗ Ruine Rodenstein oder das ↗ Wildgehege Schnellerts besucht, solltet ihr doch vorbeischauen.

Hunger & Durst

Die Linde, Darmstädter Straße 2, Fränkisch-Crumbach. ✆ 06164/1589. www.die-linde.net. Ab 9.30 Uhr, Mo Ruhetag. Biergarten. In der Ortsmitte bei der Kirche.

Im Lindenfelser Museum

Burgstraße 41, 64678 Lindenfels. ✆ 06255/306-44 (Kur- und Touristikservice), Fax 306-45. www.lindenfels.de. touristik@lindenfels.de. Unterhalb der Burg gegenüber vom Kurpark. **Bahn/Bus:** ↗ Lindenfels. **Zeiten:** April – Okt So und Fei 14.30 – 17 Uhr. Gruppen auch werktags nach Vereinbarung, eine Woche vorher anmelden. **Preise:** 1 €, mit Kurkarte 0,50 €; Kinder bis 14

Die Wanderkarte Lindenfels im Maßstab 1:20.000 bekommt ihr beim Touristikservice.

Fern sehen: Von der Burg Lindenfels habt ihr einen weiten Ausblick

Jahre frei; Schulklassen 15 €, Gruppen bis 25 Personen 25 €. **Infos:** Für Schulklassen (4. – 7. Klasse) gibt es eine spezielle Führung zum Thema »Burg Lindenfels«. Dauer ca. 1,5 Std, 15 €.

▶ Eine Bauernstube zeigt, wie die Menschen früher lebten und wie sie angezogen waren. Interessant ist die funktionstüchtige alte Schmiede, in der bei besonderen Veranstaltungen gearbeitet wird. Fotos zeigen, wie es früher in Lindenfels zuging. Das erste Fremdenzimmer aus dem Jahr 1887 ist zu bewundern. Im Museum finden jedes Jahr mehrere tolle Veranstaltungen statt.

Minigolfplatz auf den Schlossbergwiesen, am Hang der Burg, April – Okt Di – Fr 14 – 19 Uhr, Sa, So ab 10 Uhr, in den Ferien täglich 10 – 19 Uhr.

Viel los im Museum Gruberhof

Umstädter Museums- und Geschichtsverein, Raibacher Tal 22, 64823 Groß-Umstadt. ✆ 06078/4358, 4950, Fax 4358. www.gruberhof-museum.de. umg@gruberhof-museum.de. **Bahn/Bus:** ↗ Groß-Umstadt. **Auto:** Am Stadtausgang in Richtung Raibach/Dorndiel. **Zeiten:** Ostermontag – Ende Okt So 13 – 18 Uhr und nach Vereinbarung (✆ 4950). **Preise:** Eintritt frei.

▶ Der Gruberhof war einst von Schafen bevölkert, denn er war eine Schaf-Farm. Heute sind im Gruberhof Sammlungen zur Archäologie und Stadtgeschichte, zu alten Handwerken und zum Weinbau ausgestellt. Sehr hübsch ist der Bauerngarten. Das Museum nennt sich **Aktionsmuseum** – es gibt über das Jahr verteilt verschiedene Veranstaltungen, bei denen altes Handwerk und Brauchtum wieder lebendig werden. Besonders zu diesen Festen lohnt sich ein Besuch, es gibt immer auch originelle Aktionen für Kinder.

- Ostern: Handwerksvorführungen
- Pfingsten: Live-Musik mit Rahmenprogramm
- Juni oder Juli: Internationales Sommerfest
- 2. Wochenende im Oktober: traditionelles Trauben- und Äpfelkeltern
- Herbst: Veranstaltungen wie Getreide- oder Kartoffelfest.

Neben dem Gruberhof befindet sich die sogenannte Bleiche, ein kleines Freizeitgelände mit Spielplatz und Boule-Bahn.

Das Mühlenlädchen, Haxenmühle, Höchster Straße 3, Groß-Umstadt. ✆ 06078/72085. Nach Vereinbarung. Rind- und Schweinefleisch, Hausmacher Wurst. An Himmelfahrt Hoffest, am 1. Mai Maifeier.

Reichelsheimer Märchen- und Sagentage

Gemeindeverwaltung, Bismarckstraße 43, 64385 Reichelsheim. ✆ 06164/50838, 50826, Fax 50833. www.maerchentage.de. maerchentage@reichelsheim.de. **Bahn/Bus:** ↗ Reichelsheim. **Zeiten:** 3 Tage im Okt.

▶ Die »Reichelsheimer Märchen- und Sagentage« sind schon zu einer Tradition geworden, sie ziehen jedes Jahr viele tausend Besucher an. Sie erinnern daran, dass der Odenwald eine Region der Sagen und Mythen ist. Jedes Jahr wird der Wildweibchen-Preis an einen bekannten Schriftsteller vergeben, 1998 erhielt ihn der bekannte Kinderbuchautor Ottfried Preußler. Aber woher stammt der Name – Wildweibchen-Preis? Es gibt ihn tatsächlich, den Wildweibchenstein! Hoch hinaus streckt sich diese Steinformation im Rodensteiner Burgwald, unweit der ↗ Ruine Rodenstein. Am Fuß des Granitblocks befand sich damals eine Höhle, in der im Mittelalter die geheimnisumwobenen »Wilden Weibchen« gehaust haben sollen …

Das 3-tägige Programm im Oktober bietet neben Vorträgen von Märchenforschern, Lesungen bekannter Märchenautoren und den Auftritten von Märchenerzählern auch mittelalterliches Treiben auf den Straßen, Gaukler, Kindertheater und einen Märchenmarkt.

Holzspielwaren A. Krämer, Siegfriedstraße 60, Reichelsheim-Beerfurth. ✆ 06164/1511. www.gaeulschesmacher.de. Mo, Mi – Fr 9 -18 Uhr, Sa 9 – 14, So 11 – 14 Uhr. Hier entstehen in Handarbeit noch heute die »Odenwälder Gäulsche«, Schaukelpferde, sowie andere Spielsachen aus Holz.

Gut ausgerüstet: Mit Rittergewand und Armbrust

Foto: Kirsten Wagner

FESTKALENDER NORDEN & WESTEN

Ostern: 2 Wochen vor Ostern: **Ostermarkt,** Museum Lindenfels, Sa 12 – 18, So 10 – 18 Uhr.

Mai: 2. Wochenende **Mittelalterliches Spektakulum** auf Burg Lindenfels.

Juli: 1. Wochenende: Reichelsheimer **Pony- und Reiterspiele** des Reit- und Fahrvereins, mit Feuerwerk.

August: 1. Wochenende: Lindenfels, ältestes **Trachtenfest** des Odenwaldes auf der Burg Lindenfels, Sa Abend Feuerwerk, So Tracht-Umzug.

4. Wochenende: Reichelsheimer **Michelsmarkt:** Großes, trubeliges Volksfest auf dem Festplatz an der Reichenbergschule, mit Umzug.

September: 1. So: Lindenfels, **Ökomarkt** in der Fußgängerzone Burgstraße. Landwirtschaftliche Erzeugnisse und Vollwertprodukte.

Wochenende nach dem 15.: Groß-Umstadt, **Winzerfest,** mit **Odenwälder Bauernmarkt.** Streichelzoo und verschiedene Mitmachaktionen.

Oktober: 1. Wochenende: Lindenfels, **Brauchtumstage** im Museum, Sa 12 – 18, So 10 – 18 Uhr. Kerzenzieher, Schindelmacher, Uhrmacher, Holzschnitzer, Trachtenschneiderinnen und Perlenstickerinnen lassen sich bei der Arbeit zusehen.

Letztes Wochenende 3 Tage: Reichelsheim, **Märchen- und Sagentage.**

Dezember: 1. - 4. Adventswochenende: Eppertshausen, **Weihnachtsmarkt mit lebendiger Krippe** am Gutshof Thomashütte.

1. Adventswochenende: Reichelsheim-Beerfurth, **Beerfurther Lebkuchen- und Weihnachtsmarkt.**

2. Adventswochenende: Lindenfels, **Weihnachtsmarkt.**

2. Adventswochenende: Groß-Umstadt, **Adventsmarkt auf dem Rathausplatz.**

2. und 3. Adventswochenende: Otzberg-Hering, **Weihnachtsmarkt.**

IM MÜMLINGTAL

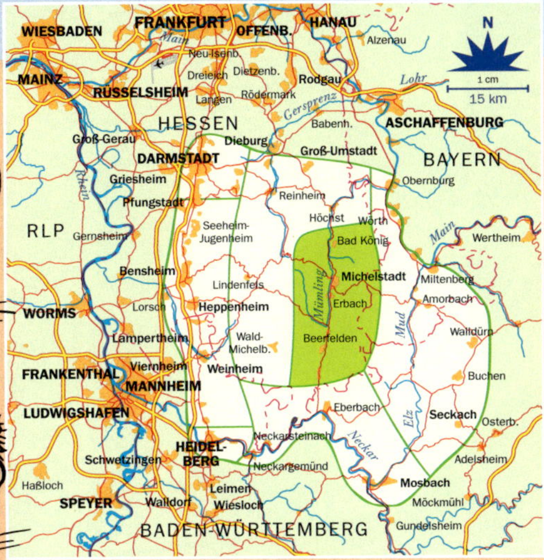

Die attraktivsten und bekanntesten Orte im Odenwald liegen an der Mümling: Bad König, Michelstadt und Erbach. Bequem lassen sie sich per Bahn erreichen. Hier gibt es Museen und Gaststätten, Schwimmbäder und Wanderwege, Fachwerkhäuser, Schlösser und Wildgehege. Doch auch das schöne Mossautal westlich der Mümling lockt – mit Natur pur, ebenso wie die Region um Beerfelden. Jede Menge Wald, Kühe und Pferde, Wiesen und Bauernhöfe laden zum Naturerlebnis ein. Echte Wasserratten freuen sich auf den einzigen großen See des Odenwalds: den Marbach-Stausee im Mossautal.

DIE HOCHBURG DES ODENWALDS

Frei- und Hallenbäder

TIPPS FÜR WASSERRATTEN

Hallenbad Michelstadt

Odenwald Hallenbad & Sauna, Erbacher Straße 54, 64720 Michelstadt. ✆ 06061/3812, 2686. www.odenwald-hallenbad.de. info@odenwald-hallenbad.de. **Bahn/Bus:** ↗ Michelstadt. **Zeiten:** Mo 16 – 22 Uhr, Di – Fr 8 – 21.30, Sa, So und Fei 9 – 19 Uhr. **Preise:** 3,50 €; Kinder bis 3 Jahre frei, 3 – 15 Jahre 2 €.

▶ 25-m-Aktivbecken mit Sprunganlage, Nichtschwimmerbecken mit Massagedüsen, Massagebecken mit 12 Düsen. Fr 17 – 18.30 und Sa 13 – 15 Uhr ist großer Trubel angesagt – da finden die »Spiele im Wasser« statt, bei denen ihr euch mit Bällen, Flossen und Schwimmbrettern austoben könnt.

Waldschwimmbad

Am Stadion 11 – 15, 64720 Michelstadt. ✆ 06061/967984, Fax 967985. www.waldschwimmbad-michelstadt.de. bayer@michelstadt.de. **Bahn/Bus:** ↗ Michelstadt. **Zeiten:** Mai – Anfang Sep täglich 9 – 21 Uhr, Frühschwimmen Juni – Aug Mo – Fr 6 – 8 Uhr. **Preise:** 4 €, 10er-Karte 35 €, Saisonkarte 70 €; Kinder ab 6 Jahre 1,50 €, 10er-Karte 13 €, Saisonkarte 36 €; Schüler, Studenten, Behinderte 2 €, 10er-Karte 18 €.

Spannung pur: Im Abenteuerwald Würzberg kommen Kletteraffen auf ihre Kosten

▶ Dieses Waldschwimmbad ist wirklich ein tolles Ausflugsziel! In schöne Landschaft eingebettet, findet ihr hier neben einem großen Sportbecken einen abgetrennten Nichtschwimmerbereich und ein separates Babybecken. Beachvolleyball, Basketball, ein Kinderspielplatz, Tischtennis und ein Sprungturm lassen keine Langeweile aufkommen. Bei den 2 Kiosken mit Terrassenbetrieb könnt ihr eure leeren Bäuche füllen.

Freibad Vielbrunn

Limesstraße, 64720 Michelstadt-Vielbrunn. ✆ 06066/722, www.freibad-vielbrunn.de.vu. touristik@michelstadt.de. **Zeiten:** Bei gutem Wetter Mai – Aug Mo – Fr 14 – 19, Sa, So 11 – 19, in den hessischen Ferien Mo – Fr 11 – 19 Uhr. **Preise:** 2,50, Saison- 60, 10er-Karte 20 €; Kinder bis 18 Jahre 1,50, Saison- 35, 10er-Karte 12 €; Familiensaisonkarte (Eltern oder Großeltern und Kinder bis 18 Jahre) 100 €. **Infos:** www.michelstadt.de.

▶ Beheiztes Freibad im Kurpark. Einmal im Jahr, im Juli oder August, gibt es eine Beachparty. Dann ist der Eintritt drei, es gibt Kaffee und Kuchen und Kinderspiele werden angeboten.

Odenwald-Therme

Elisabethenstraße 13, 64732 Bad König. ✆ 06063/57850, Fax 578560. www.odenwaldtherme.de. kurgesellschaft@badkoenig.de. **Bahn/Bus:** ↗ Bad König, 5 Min Fußweg. **Zeiten:** Mo – Sa 9 – 23 Uhr, So und Fei 9 – 22 Uhr. **Preise:** Thermalbad 9, 50 €, 3 Std mit Saunaland 14 €. Die »Kiddy Familienkarte« gilt Mo – Fr bei Einlass 13 – 15 Uhr, damit kosten 4 Std Bad und Sauna für Erw 10,50 € und Kinder 4 – 16 Jahre 5 €.

▶ Mehrere Saunen, ein Außenbecken mit Thermalwasser aus kohlensauren Eisenquellen, ein Sprudelbad und ein Innenbecken mit einem Wildwasserkanal sorgen in diesem Bad für wohlige Entspannung. Allerdings sind die meisten Besucher ältere

Freibad Bad König, Schwimmbadstraße 21, ✆ 06063/2607. Bei gutem Wetter täglich 9 – 20 Uhr. Erw 4 €, Kinder ab 6 Jahre 2 €; ab 17 Uhr halber Preis.

Kurgäste, es ist kein Fun-Bad für Jugendliche, die sich austoben möchten. Für kleine Kinder ist es jedoch durchaus geeignet.

Waldseebad Beerfelden

64743 Beerfelden. ✆ 06068/478876, www.waldsee-bad-beerfelden.de. thomas.mergenthaler@t-online.de. zwischen Beerfelden und Gammelsbach. **Bahn/Bus:** ➚ Beerfelden. **Auto:** An der B45 zwischen Beerfelden und Gammelsbach. **Zeiten:** Mo – Fr 12 – 19 Uhr, Sa, So und in den Sommerferien 10 – 19 Uhr. **Preise:** 2 €; Kinder ab 6 Jahre 1 €; Jugendliche, Studenten, Schwerbehinderte 1 €.

▶ Vom Parkplatz Gänsbuckel, der auf dem Weg nach Gammelsbach rechter Hand liegt, sind es 2 Minuten zu Fuß zum Bad. Man kann aber auch mit dem Auto bis vor die Tür fahren, dafür vom Parkplatz dem asphaltierten Sträßchen beim »Anlieger frei«-Schild folgen.

Das **Waldseebad** liegt wirklich mitten im Wald, und an einer Seite reicht der Wald direkt bis an das Becken heran. Es wird von einer Quelle gespeist, deren Wasser durch das Becken fließt und dann einen Bach bildet. Etwa ein Drittel des Beckens ist ganz flach und gut für kleine Kinder geeignet. Für sie hält das Bad außerdem Schaukel, Rutsche und Sandkasten bereit. Für die größeren Kinder gibt es einen 3-m-Turm, einen Tischkicker, ein Volleyballfeld und eine Tischtennisplatte. Stärken könnt ihr euch beim Kiosk.

Badeseen

Wassersport am Marbach-Stausee

Beerfelden. www.beerfelden.de. stadtverwaltung@beerfelden.de. **Bahn/Bus:** Bus 31 von ➚ Michelstadt oder ➚ Erbach, ungefähr 7 x täglich, Haltestelle direkt am See. **Auto:** 8 km von Erbach westlich der B45 an der B460 Marbach – Hüttenthal. Parkplätze an der B460 und jenseits der Staumauer beim Betriebsgebäude. **Infos:** Toiletten beim Betriebsgebäude an der Staumauer und am Holzhaus an der Liegewiese.

▶ Der Marbach-Stausee ist der einzige größere See im Odenwald, sogar Wassersport ist auf ihm möglich. An der einen Seite des Sees verläuft die Straße, daher hört man leider den Lärm der Autos. Trotzdem wirkt der See sehr idyllisch. Es gibt auf den großen Liegewiesen jede Menge Platz. An einem Ufer reicht der Wald vielerorts bis ans Wasser heran. Der See ist in drei Bereiche unterteilt: Direkt hinter der Staumauer, im südlichsten Teil, befindet sich der Bereich für die Segler, Surfer und Bootfahrer, an diesen schließt sich der **Schwimmerbereich** an. Der nördliche Teil des Sees ist Vogelschutzgebiet und darf nicht betreten werden.

Ein Spaziergang rund um den See ist auch mit Kinderwagen möglich, er dauert etwa 45 Minuten.

Paddeln was das Zeug hält: Am Marbach-Stausee

Foto: Alice Selinger

Der Eutersee bei Schöllenbach

Hesseneck-Schöllenbach. www.odenwald.de. tourismus@odenwald.de. **Bahn/Bus:** ↗ Eberbach, von dort VIA Eberbach – Erbach bis Hesseneck, oder Bus 52 bis Schöllenbach Gasthaus Krone. **Auto:** B45 bei Hetzbach Richtung Osten nach Hesseneck-Schöllenbach.

▶ In Schöllenbach ist der kleine See ausgeschildert. Am besten das Auto im Ort parken und zu Fuß weitergehen, das dauert höchstens 10 Minuten. Folgt ihr dem Schild in Richtung Hesselbach, lauft ihr auf einer kleinen, wenig befahrenen Straße zum See. Allerdings ist dann der Abstieg zu dem im Tal unterhalb des Sträßchens gelegenen See nicht mit Kinderwagen möglich. Mit Kinderwagen daher dem Schild Jugendzeltplatz folgen, zunächst ist der Weg asphaltiert, dann wird er zu einem breiten Waldweg.

Vor der Staumauer steht eine Sitzgruppe, hier oder am nördlichen Ufer, wo es eine Feuerstelle und eine Hütte gibt, könnt ihr picknicken. Der See liegt sehr schön, einsam im Tal und von Wald umgeben, aber sein Wasser ist ziemlich kalt und es gibt keinen Sandstrand, auch keinen Kiosk oder Spielgeräte. Dafür Natur pur – und manche Wasserratten mögen das.

Hunger & Durst

Waldgasthof Reußenkreuz, Sensbachtal. ✆ 06068/2086. www.reussenkreuz.de. Ganzjährig täglich geöffnet. Von der B45 noch nördlich von Beerfelden Richtung Hesseneck abbiegen. Einsam im Wald gelegen. Gute Küche, Eisbecher und leckeren Kuchen. Auf der Terrasse könnt ihr im Sommer sitzen, es gibt ein paar Spielgeräte unter Bäumen. Im Winter beginnen hier in der Nähe Langlaufloipen.

FRISCHE LUFT & SPORT

Radeln und Wandern

Der Bikepark Beerfelden

Werner Manschitz, Eberbacher Weg 180, 64743 Beerfelden-Hetzbach. ✆ 06068/47329, 940499 (während der Öffnungszeiten), Fax 47171. Handy 0170/2367325. www.bikepark-beerfelden.de. werner.manschitz@t-online.de. **Bahn/Bus:** NaTourBus 50N an Sa, So und Fei. Die Mitnahme der Bikes ist kostenlos. **Zeiten:** April – Ende Okt Sa, So und Fei 10 – 18 Uhr. **Preise:** Tageskarte 17 €, 4-Stunden-Karte 11 €, Einzelfahrt 2,50 €, Leihgebühr Bike 1 Tag 45 €; Kinder bis 16 Jahre 12 €, 4-Stunden-Karte 9 €, Einzelfahrt 1,50 €.

Infos: Auch bei der Tourist-Information Beerfelder Land, ✆ 06068/930320 und bei Gunter Dörr von Augenoptik-Dörr, ✆ 06068/1433. Bei Ausleihe Reservierung der Räder unter Handy 0170/2367325 empfohlen. Helme und Protektoren sind Pflicht.

▶ 2004 wurde der Bike-Park Beerfelden eröffnet. Jeder, der sein Rad mitbringt oder sich vor Ort eins leiht, kann sich hier über Abhänge und Schanzen stürzen. Es gibt vier Strecken, je 1 km lang. Zu den drei schwierigeren Strecken, den *Freerides*, gehören Sprünge, Steilabfahrten und Anlieger. Die vierte Strecke, der *Single Trail,* ist auch für Kinder und nicht so geübte Fahrer geeignet.

Ihr werdet mit einem Shuttle-Bus vom Skilift-Parkplatz an den Start gefahren, der Bus kostet nichts.

Größere Gruppen bitte beim durchführenden Verkehrsunternehmen Omnibusreisen Neckartal-Odenwald Inh. Rainer Sauter, ✆ 06068/1678 anmelden.

Rundweg um die Ruine Freienstein

Beerfelden-Gammelsbach. info@beerfelder-land.eu. Auf dem Parkplatz Burg Freienstein unterhalb des Burgberges sind auf einer Tafel Wanderwege angegeben. Der Rundweg 1 führt steil zur Ruine hinauf und um den Burgberg herum. **Bahn/Bus:** Bus 50 ↗ Beerfelden – Eberbach. **Auto:** An der B45 von Beerfelden Richtung Eberbach am Neckar.

▶ Die Ruine der Burg Freienstein thront über dem Dorf Gammelsbach und ist schon von weitem zu sehen. Sie stammt aus dem 13. Jahrhundert, aber niemand weiß genau, wer sie eigentlich erbaute. Nach dem Feuer von Beerfelden 1810 durften die verzweifelten Bürger des Ortes sich Steine von der Ruine Freienstein holen, um neue Häuser damit zu bauen. Erst 1988 stürzte eine der riesigen Mauern der Ruine ein.

In Gammelsbach sind auf dem Parkplatz Burg Freienstein unterhalb des Burgberges auf einer Tafel mehrere Wanderwege angegeben. Der Rundweg Nr. 1

Picknick am Parkplatz Hinterbachtal an der Kreuzung zwischen Raubach, Finkenbach und Olfen. Schöner Picknickplatz mit Spielplatz, Bach, Sitzgruppen und funktionstüchtiger Kneipptretstelle. Der Spielplatz hat sogar eine Reifen-Rutsche. Die große Wiese eignet sich zum Ballspielen, bei Hitze könnt ihr im Finkenbach planschen.

führt zur Ruine hinauf und von dort um den Burgberg herum. Das Stück bis zur Ruine ist steil. Oben könnt ihr ein Picknick machen und auf den Ort runtergucken. Dann geht's weiter auf fast ebenen Wegen. Die Strecke bietet sehr schöne Ausblicke und ist abwechslungsreich.

Wandern auf der Mossauer Höhe

Mossautal. **Länge:** Rundweg 5 dauert etwa 70 Min. **Bahn/Bus:** ↗ Mossautal. **Auto:** Parkplatz Mossauer Höhe zwischen Steinbuch und Ober-Mossau auf der höchsten Kuppe.

▶ Für eine Wanderung auf der Mossauer Höhe lauft ihr zunächst vom Parkplatz durch Felder bis Roßbach, in diesem Dorf ist ein großes Gestüt, und Hunderte von Pferden stehen auf den Weiden. Ihr durchquert den Ort und gelangt in den Wald. Der Weg biegt im Wald nach einigen hundert Metern links ab. Bis hierhin lässt es sich auch mit Kinderwagen gehen, doch dann wird der Waldweg schmal und hubbelig, also mit Kinderwagen hier umdrehen oder noch ein Stück geradeaus und dann den selben Weg zurückgehen. Ohne Kinderwagen führt euch der abbiegende Pfad zunächst noch ein Stück durch dichten Wald, dann am Waldrand entlang zum Parkplatz zurück.
Der Rundweg Nr. 4 führt in einer halben Stunde übers Feld an den Ortsrand von Ober-Mossau und zurück.

Wenn ihr Blaubeeren mögt: Von Spreng/Brombach kommend Richtung Ober-Mossau auf der rechten Seite liegt ein namenloser Wanderparkplatz. Der kurze Rundweg Nr. 1 (2 km) führt in einer halben Stunde auf schmalen Pfaden durch den Wald. Im Sommer ist der Wald voller Blaubeeren. Ihr könnt naschen, so viel ihr wollt!

Landidylle bei Mossau: Hier könnte euch auch Pipilotta Viktualia Rollgardina Pfefferminza auf dem Kleinen Onkel begegnen

Foto: Alice Selinger

Achtung: Die Markierungen sind zum Teil verblasst und schwer zu erkennen. Nichts für Kinderwagen.

Rundweg bei der Erholungsanlage Mossautal-Hiltersklingen

Länge: 5 km, 1,5 Std. **Bahn/Bus:** Ungefähr 7 x täglich Bus 31 von Erbach Richtung Mossautal bis Hiltersklingen. **Auto:** B460 Marbach – Fürth, abbiegen beim Schild »Biergarten«.

▶ Ein Schild »Biergarten« an der B460 zwischen Marbach und Fürth weist euch den Weg. Der **Biergarten** gehört zu einer Tennisanlage. Ihr sitzt im Freien, könnt herumrennen und Gerichte wie Pommes oder Hähnchen essen. Neben dem Biergarten liegt die Naherholungsanlage, sie besteht aus einem Spielplatz mit Sitzgruppen, einem Angelteich und zwei Fußballtoren auf einer Wiese. Der **Rundweg** beginnt an der Tennisanlage. Die abwechslungsreiche Strecke führt euch durch Wald, über Felder und durch ein Dorf wieder zur Erholungsanlage zurück. An der Tennishütte vorbei geht ihr den asphaltierten Weg den Hang hinauf, Richtung Westen. Die Straße geht bald in einen breiten Waldweg über. Für Kinderwagen zu steil, aber breit genug. Ihr folgt der Markierung Weiße Raute bis zum höchsten Punkt auf der Kuppe. Bis dort braucht ihr ungefähr eine halbe Stunde. Dann folgt ihr dem Weg Nr. 6 bergab in Richtung Güttersbach/Hüttenthal. Links zweigt nach etwa 10 Minuten der Weg Nr. 3 Richtung Hiltersklingen ab. Passt auf, dass ihr ihn nicht verpasst, der Ortsname steht auf einem verblassten Holzschild. Es geht weiter bergab bis zum Waldrand. Auf dem asphaltierten Weg am Waldrand geht ihr nach links, er führt durch Wald und Wiesen ins Dorf. Dort haltet ihr euch links, geht an den Häusern vorbei geradeaus in den Feldweg. Ein Pfad führt rechts runter zum Spielplatz und dem Angelteich.

Hunger & Durst

Brauerei Gasthof Schmucker, Mossautal. ✆ 06061/94110. www.gasthof-schmucker.de. Mo – So 11.30 – 24 Uhr. Große Terrasse. Odenwälder Spezialitäten und Wildgerichte. Außerdem dort gebrautes Bier für die Eltern und Malzbier für euch.

Im Kurpark von Bad König

Kurgesellschaft Bad König mbH, Elisabethenstraße 13, 67432 Bad König. ✆ 06063/57850, Fax 5517. www.badkoenig.de. kurgesellschaft@badkoenig.de. **Bahn/Bus:** Bahnstation an der Zugstrecke Hanau – Erbach und Darmstadt – Heubach – Erbach. **Auto:** An der B45 Höchst – Michelstadt. **Zeiten:** Mo – Fr 7 – 21.30 Uhr, Sa, So 9 – 20 Uhr.

▶ Obwohl überwiegend ältere Leute in dem schönen Kurpark an den Mümlingauen spazieren gehen, ist die Anlage bei gutem Wetter auch für einen Ausflug mit Kindern geeignet. Es gibt einen **Minigolfplatz** (mit Imbiss-Gaststätte), Freiluftschach, Boccia, Teiche mit großen Fischen, Enten und einer Menge Gänse, die schnatternd über die Wiesen watscheln. Tischtennisplatten laden zum Match ein. Im Generationenparcours können Eltern und Kinder ihre Geschicklichkeit und Fitness testen und Ihre Kraft messen. Demnächst entsteht in der Nähe des Minigolfplatzes auch noch ein spannender Wasserspielplatz. Ganz in der Nähe des Kurparks liegt das **Freibad.**

Minigolf im Kurpark täglich 9 – 22 Uhr, Erw 2,20 €, Kinder 1,70 €, ✆ 06063/4557, kontakt@minigolf-bad-koenig.de.

Rundwanderung zwischen Rohrbach und Mossau

Länge: Rundweg 6 dauert 1,5 – 2 Std, auch mit Kinderwagen begehbar. **Auto:** Südöstlich von Reichelsheim, Parkplatz Rohrbach zwischen Rohrbach und Ober-Mossau im Wald.

▶ Zuerst lauft ihr auf einem asphaltierten Weg durch Felder, dann geht es auf einem breiten Weg in den Wald. Nach etwa 1 Stunde überquert ihr die Straße, hier müsst ihr aufpassen: Der Weg verläuft nun für etwa 300 m über eine Wiese am Waldrand entlang, bis zum **Gasthof Lärmfeuer,** den ihr schon sehen könnt. Dieses Stück ist mit Kinderwagen etwas mühsam. Ab dem Gasthaus geht es dann wieder durch Felder und Wiesen und an Kühen und Pferden vorbei. Am Ende der Tour müsst ihr etwa 300 m auf der Straße laufen, bis ihr wieder am Parkplatz seid.

Hunger & Durst

Lärmfeuer, Im Oberdorf 40, Reichelsheim-Rohrbach. ✆ 06164/1254. www.laermfeuer.de. Ganzjährig Di – So ganztägig bis 20 Uhr, mittags warme Küche bis 13 Uhr. Gutbürgerliche Küche, Wild, hausgemachte Kuchen.

Es gibt jedoch eine Alternative: dem Weg Nr. 5 folgen, der leicht nach rechts versetzt auf der anderen Straßenseite weiter geht. Er führt an einem Bauernhof vorbei und über Felder, etwa 30 Minuten längere Gehzeit. Mit Kinderwagen machbar, da asphaltiert, das erste Stück geht es allerdings bergauf.

Spiel- und Kletterspaß

Fabulas Zauberwelt

Indoor-Spielplatz für Kinder bis 14 Jahre, Victoria Zeeb, Unterer Hammer 9, 64720 Michelstadt. ✆ 06061/705839, www.fabulaszauberwelt.de. kontakt@fabulaszauberwelt.de. **Bahn/Bus:** ↗ Michelstadt, 15 Min Fußweg in nördliche Richtung über Frankfurter Straße und Walther-Rathenau-Allee. **Zeiten:** Mo – Fr 14 – 19, Sa, So und Fei (Hessen) 11 – 19 Uhr. **Preise:** 2,50 € inkl. 1 Kaffee oder 1 Tee; Kinder 1 – 3 Jahre Mo – Do 3 €, Fr 2,50 €, Sa, So und Fei 4 €, 4 – 14 Jahre 5, 4,50 bzw. 6 €; Gruppenermäßigung auf Anfrage. Mo freier Eintritt für Großeltern, Di Belohnung für gute Noten, Fr freier Eintritt für alle Erw.

Happy Birthday!
Kindergeburtstage kosten pro Kind Mo – Fr 6,90 €, Sa, So 8,90 € inkl. Getränke, mit Essen 2 € mehr.

▶ In einer großen Halle, die an eine Turnhalle erinnert, stehen Klettergeräte aus Holz, darunter ein großes Schiff, Rutschen und Indianerzelte. Es gibt Fahrzeuge mit drei und vier Rädern, die für kleine Kinder geeignet sind.

Die Spielgeräte dürfen nur mit Socken betreten werden, deshalb packt auf jeden Fall welche in eure Tasche. Auch eine Taschenlampe solltet ihr unbedingt mitnehmen. Kinder ab 8 Jahre dürfen alleine im Spieleparadies toben, jüngere Kinder müssen mit Betreuung kommen.

Kraxeln im AbenteuerWald Würzberg

Erlebnis-Kletterpark, Hesselbacher Straße 33 – 35, 64720 Michelstadt-Würzberg. ✆ 06061/705070, Fax 921530. www.abenteuer-wald.com. park@abenteuerwald.com. **Bahn/Bus:** NaTour-Bus 40N von den Bahnhöfen ↗ Michelstadt und ↗ Erbach. **Auto:** Von der B47 7 km östlich von Michelstadt nach Süden zum »Römerbad«. Am Ortseingang Würzberg geradeaus (Römerbad links liegen lassen), durch Felder bis zum Parkplatz am Waldrand. **Zeiten:** April Sa, So, letzte 2 Wochen täglich 10 – 19, Mai Fr 13 – 19, Sa, So 10 – 19, Juni meist täglich 10 -19, Juli, Aug täglich 10 – 19, Sep, Okt meist 10 – 19 Uhr. 1. Novemberwoche je nach Witterung. Letzter Einstieg 2 Std vor Schließung. Anmeldung dringend empfohlen. Gruppen auch außerhalb der Öffnungszeiten nach Vereinbarung. **Preise:** 19 €; Kinder bis 18 Jahre Entdeckungs-Parcours 10 €, großer Parcours 14 €; 1 € Ermäßigung für Gruppen ab 10 Personen. **Infos:** Für aktuelle Öffnungszeiten am besten auf der Internetseite nachschauen.

▶ Für Wagemutige und Kletterfreunde geht es hier richtig zur Sache. In luftiger Höhe sind Plattformen, Seile und Netze angebracht. Ihr bewegt euch einige Meter über dem Erdboden. Den Einführungs-Parcours muss jeder mitmachen, dabei wird euch gezeigt, wie ihr mit der Ausrüstung umgehen sollt und welche Sicherheitsregeln ihr beachten müsst. Außerdem gibt es den Entdeckungs-Parcours, den auch Kinder ab 6 Jahre mit einer erwachsenen Begleitperson erkunden dürfen. Der große Parcours ist für fortgeschrittene Klettermaxe und nur für Menschen ab 1,40 m Körpergröße. Kinder von 8 bis 11 Jahre müssen mit einer erwachsenen Begleitperson kommen, ein Erwachsener darf höchstens 2 Kinder beaufsichtigen.

Unter dem Motto *Historische Signalkette vom Rhein bis ins Herz des Odenwaldes – Lärmfeuer in Odenwald und Nibelungenland* flammen an einem Abend im März oder April überall auf den Höhen des Odenwaldes Lärmfeuer auf; www.laermfeuer.org.

Winterspaß

Rodeln und Skifahren in Erbach

Touristikzentrum Odenwald, Marktplatz 1, 64711 Erbach i.Ow. ✆ 06062/94330, Fax 94331. www.erbach.de. tourismus@odenwald.de. **Bahn/Bus:** ↗ Erbach. **Auto:** Vom Parkplatz »Dreiseental« am Ende

@ Über die aktuellen Skibedingungen könnt ihr euch auf dieser Seite schlau machen: www.tourismus-odenwald.de/ski.

1. Odenwälder Skischule DSV-HSV, Stützpunkt Beerfelden/Skisportgemeinschaft Odenwald, Im Neuroth 13, Bad König. ✆ 06063/ 58774 ab 18 Uhr.

von Dorf-Erbach sind es etwa 200 m zum Skigelände. **Infos:** Schneetelefon 06062/4497. Auskünfte auch bei Uwe Schulz, ✆ 06062/5697.

▶ Der Erbacher Lift ist ideal für absolute Anfänger. Er ist 200 m lang und überwindet einen Höhenunterschied von 40 m. Am Wochenende ist der Lift bei viel Schnee den ganzen Tag in Betrieb, es gibt dann meist auch einen Imbissstand.

Wintersport in und um Beerfelden

Touristinformation, Metzkeil 1, 64743 Beerfelden. ✆ 06068/930320, Fax 930340. www.beerfelden.de. info@beerfelder-land.eu. **Bahn/Bus:** ↗ Beerfelden. **Infos:** Zur Schneelage unter ✆ 06207/2554.

▶ Ein interessantes Skigebiet befindet sich in Beerfelden, und zwar in Richtung Sensbachtal. Beim Verkehrsbüro erhaltet ihr die Broschüre »Wintersport in Beerfelden« sowie die Beschreibung einer »Winterwanderung um Beerfelden«, die etwa 2 Stunden dauert und 5 km lang ist.

Abfahrtsski: Ein 400 m langer Doppelbügel-Schlepplift befindet sich auf der sogenannten Buchhelle, an der B45 von Erbach nach Eberbach. Die Bergstation liegt über 500 m hoch, die Talstation etwas über 400 m, die Abfahrtsstrecke ist etwa 430 m lang. Tageskarte Erw 13 €, Kinder 10 €, auch Halbtageskarten. Eine Flutlichtanlage ermöglicht das Fahren bis weit in die Abendstunden. Auch Ski-Anfänger und Schlittenfahrer finden unterhalb des Lifts geeignete Strecken. Der Rodel- und Skiübungshang ist ungefähr 170 m lang.

Langlauf: *Einfache Loipen:* Parkplatz Sensbacher Höhe an der Straße von Beerfelden Richtung Sensbachtal, ungefähr 2,5 km von der Buchhelle entfernt.

Die Sensbacher Höhe ist ebenso wie die Tromm bei Grasellenbach ein lang gestreckter Höhenzug, der in Nord-Süd-Richtung verläuft. Am Parkplatz beginnen zwei Loipen (4,5 und 3,5 km lang), die beide wenig Steigungen aufweisen und auch für Anfänger geeignet sind.

Schwere Loipe: östlich von Beerfelden.

Für Spezialisten gibt es am Waldrand südlich der Straße in Richtung Sensbachtal eine Trainingsloipe für die Siitonen-Technik, auch Schlittschuh-Schritt genannt. Da diese Technik die auf herkömmliche Weise gespurten Loipen zerstört, darf sie nur dort angewandt werden, wo die Strecke dafür auf besondere Art präpariert wird.

Wildparks

UMWELT ERFORSCHEN

Tour zum Wildpark Brudergrund

64711 Erbach i.Ow. tourismus@odenwald.de. 1,5 km bis zum Wildgehege, das Umrunden des Geheges noch einmal 2 km. **Bahn/Bus:** ↗ Erbach. **Zeiten:** Frei zugänglich. **Preise:** Eintritt frei. **Infos:** Auskunft bei der Odenwald Tourismus GmbH 06061/965970.

▶ Wenn euch einmal ein richtiger Rothirsch mit einem gewaltigen Geweih aus der Hand futtern soll, könnt ihr einen sehr schönen Spaziergang vom Bahnhof Erbach zu einem Rotwildgehege machen. Am Bahnhof bis zur Schranke laufen, die Gleise überqueren. Nach etwa 100 m kommt rechts eine Bushaltestelle. Hinter der Haltestelle geht ihr halbrechts Richtung Westen, es geht leicht bergauf. Nach wenigen Minuten überquert ihr noch einmal eine kleine Straße, dann geht es in den Wald. Nun könnt ihr ungehindert rennen. Links führt ein Pfad, der Weg Nr. 1, hinunter zum Roßbach. Mit Kinderwagen müsst ihr jedoch weiter geradeaus auf dem breiten Waldweg bleiben.

Am **Bach** ist es besonders bei heißem Wetter toll: Ihr könnt barfuß darin herumplanschen oder kleine Staudämme bauen. Nach etwa 10 Minuten erreicht ihr einen Platz, an dem viele Bänke stehen, außerdem ein großes Kreuz und eine Glocke. Es ist eine Kirche im

Wenn ihr ganz still seid, könnt ihr ihn klatschen hören: Roter Klatschmohn

© HTS

Freien, »Not Gottes« genannt, wo manchmal Gottesdienste mitten im Wald gefeiert werden. Danach führt euch der Weg an zwei Ententeichen vorbei. Wenn ihr einen Moment stehen bleibt und genau hinseht, könnt ihr erkennen, dass es im Wasser von Fischen nur so wimmelt. Kurz darauf seid ihr dann schon am **Wildgehege.** Infotafeln erzählen euch viel über Hirsche, Rehe und Wildschweine. An Picknicktischen könnt ihr eine Rast einlegen, sogar eine Grillstelle gibt es. Etwas besonderes ist das Insektenhotel: Hier seht ihr, wo und wie Insekten leben. Ihr dürft das Rotwild füttern, Tüten mit Mais werden verkauft. Rotwild ist ganz wild auf Mais! Streckt eure Hand flach aus, dann schlabbern sie eure Hände ab, aber keine Angst, sie beißen nicht. Sie haben nämlich nur sehr stumpfe Zähne, weil sie Pflanzenfresser sind. Bis auf wenige Ausnahmen haben nur fleischfressende Tiere, wie Hunde oder Raubkatzen, scharfe Zähne.

Das Wildgehege ist sehr groß, ihr könnt nach links am Zaun entlang noch eine ganze Weile daran entlang oder rechts auf dem breiten Weg gleich nach Erbach zurückgehen.

Ein kapitaler Hirsch: So nennt man einen Hirsch, der den Höhepunkt seiner Geweihentwicklung erreicht hat, dann ist er 10 – 12 Jahre alt. Mit jedem Geweihwechsel wächst nämlich das Horn noch größer und verzweigter. Das Wort »kapital« kommt vom lateinischen »caput« und bedeutet Kopf – aber das wisst ihr ja schon …

Foto: Alice Selinger

Wisente im Englischen Garten

Gräfliche Rentkammer, 64711 Erbach i.Ow.-Eulbach. ✆ 06062/706042, Fax 959230. www.erbach.de. tourismus@odenwald.de. **Bahn/Bus:** Haltestelle des NaTour-Busses, ➚ Info & Verkehr. **Auto:** An der B47 Michelstadt – Amorbach (Nibelungenstraße), etwa 8 km von Erbach. **Zeiten:** April – Sep täglich 9 – 18, Okt – März 9 – 17 Uhr. **Preise:** 4 €; Kinder 4 – 6 Jahre 1,50 €, Schüler 2 €; Behinderte und Gruppen ab 15 Pers 3 € pro Person, Familie (2 Erw, max. 3 Kinder) 9 €.

Hunger & Durst

Kiosk und Toiletten am Spielplatz im Englischen Garten. Di – Fr ab 14 Uhr geöffnet, auch abhängig vom Wetter.

▶ Der Englische Garten, ein weitläufiger, schöner Park, umgab das **Jagdschloss** der Grafen von Erbach, das heute auf der anderen Straßenseite steht und von der Grafenfamilie noch bewohnt wird. Die Grafen jagten früher in dieser Gegend und wohnten dabei zunächst in einer einfachen Jagdhütte. Im Laufe der Zeit wurde daraus ein imposantes Schloss. Im Jahr 1802 ließ *Franz I. von Erbach* (1754 – 1823) von dem bekannten Gartenarchitekten *Friedrich Ludwig von Sckell* den Park anlegen, den ihr heute besichtigen könnt. Im 19. Jahrhundert war es »in«, Parks im sogenannten englischen Stil anlegen zu lassen. Diese Mode kam zuerst in England auf, daher der Name. Die Parks sollten möglichst natürlich aussehen, sanfte Hügel, kleine Baumgruppen, Teiche und Wäldchen waren erwünscht. Um diesen »natürlichen« Eindruck zu erhalten, wurde aber immer sehr viel getan. Oft waren umfangreiche Baumaßnahmen notwendig, Teiche wurden ausgebaggert, Hügel aufgeschüttet, ganze Waldstücke gerodet. Es war also eigentlich alles andere als natürlich.

Auf dem Gelände des Eulbacher Parks ließ der Graf auch die Fundamente eines **römischen Wachturms** und das Tor des **Römerkastells Würzberg** nachbauen. Außerdem fand er es schick, eine mittelalterliche Burgruine zu imitieren, die **Eberhardsburg,** die er nach seinem Enkel benannte. Heute gibt es außerdem große **Wildgehege,** in denen das mächtige Rot- und das zierliche Rehwild zu Hause ist, außerdem lebt hier ein Rudel Wildschweine. Das dunkle, kleine Sikawild, das ihr mit euren Futtertüten herbeilocken könnt, stammt ursprünglich aus Asien. Eine Besonderheit sind im Eulbacher Garten die gewaltigen Wisente, die es früher in Europa in freier Wild-

Hunger & Durst

Gasthaus Käs'Back, Erbach-Elsbach. ✆ 06062/3470. www.kaes-back.de. Di – Fr ab 17 Uhr, Sa ab 11.30 Uhr, So und Fei ab 10 Uhr. Die kleine Straße nach Elsbach beginnt dem Wildgehege gegenüber. 1 km bergauf. Nettes Waldgasthaus. Preiswert, gutbürgerlich mit Vesperkarte.

Kleidsam: Die grüne Grütze des Parkteichs steht der Wutz gut zu Gesicht
Foto: Alice Selinger

Hunger & Durst

Forsthaus Eulbach, beim Parkplatz des Parks, ✆ 06061/ 72097. Mi – Mo 11 – 23 Uhr. Großer Biergarten.

bahn gab. Die mächtigen Tiere erinnern an die amerikanischen Bisons. Mittlerweile haben in Europa nur noch in einem polnischen Waldgebiet einige wenige Wisente in freier Wildbahn überlebt, fast waren sie schon ausgerottet. An Futterautomaten könnt ihr Mais für die Tiere kaufen.

Auf dem Gelände des Parks gibt es auch einen großen **Spielplatz.** Auf dem idyllischen Teich davor steht eine kleine Kapelle, mit Eichenrinde verkleidet. Zu dieser ruderte die Grafenfamilie einst, um darin Gottesdienste abzuhalten.

DIE MENSCHEN UND DER WALD

▶ Zu den ältesten Waldberufen gehört der des **Harzers,** denn Baumharz war früher ein wertvolles Handelsgut. Die Bäume wurden angeritzt, an den verletzten Stellen trat das Harz aus. Viele Bäume gingen durch diese brutale Behandlung aber kaputt oder verkrüppelten.

In tiefer Waldeinsamkeit lebten die **Köhler.** Sie verkokelten Holz zu Kohle. Dafür errichteten sie nach ausgeklügelten Techniken große Hügel, in denen wochenlang Glut schwelte, die ganz langsam Kohle entstehen ließ. Damals wurde Kohle in Unmengen benötigt, zum Beispiel zum Schmieden und in den Bergwerken. Eigentlich sollten die Köhler nur minderwertiges Holz für ihr Handwerk benutzen, aber da so viel Kohle gebraucht wurde, ging es oft auch kräftigen und gesunden Bäumen an den Kragen.

Die **Aschenbrenner** stellten Holzasche her, die für viele Gewerbe benötigt wurde. Sie sollten angefaultes und dürres Holz dafür verwenden, aber auch sie hielten sich nicht immer daran. War ein Stück Wald verbraucht, zogen sie einfach weiter. Um einen Zentner Pottasche zu bekommen, musste ein Kubikmeter Holz verbrannt werden.

Zapfenpflücker erkletterten die Bäume, um die Zapfen herunter zu holen, in denen die Samen sind. Aus den Samen wurden dann neue Bäumchen gezogen, die man zum Aufforsten brauchte, als Nachschub zur Holzproduktion.

Aber auch für alle anderen Menschen war der Wald lebenswichtig. Er lieferte **Brennholz** und **Baumaterial,** seine **Pilze** und **Beeren** wurden

Zum Baumwunder Bullauer Bild

64711 Erbach i.Ow.-Bullau. www.erbach.de. tourismus@erbach.de. **Bahn/Bus:** ↗ Erbach. **Auto:** Von Erbach über den Stadtteil Dorf-Erbach nach Erbuch, von dort nach Bullau. Namenloser Parkplatz gegenüber dem Campingplatz Safari.

▶ Vom Parkplatz aus geht ihr an dem Holzschild »Trimmpfad Bullauer Bild« über ein asphaltiertes Sträßchen etwa 1 km durch den Wald zum **Gasthaus,**

Hunger & Durst

Gasthaus Bullauer Bild, ✆ 06062/2522. Di – Fr 11.30 – 21, Sa, So 9.30 – 21 Uhr. Biergarten auf grünem Rasen im hübsch bepflanzten Garten.

gesammelt und gegessen. Die leckeren Pfifferlinge und Steinpilze konnten auf dem Markt verkauft werden. Heidelbeeren wurden ebenfalls in Unmengen gepflückt und verkauft. Dafür bekamen die Kinder im Odenwald sogar bis in die Mitte des 20. Jahrhunderts zwei Wochen Schulferien, wenn die Beeren reif waren.

Im Mittelalter wurden die **Schweine,** aber auch Ziegen und Großvieh in den Wald getrieben. Sie ernährten sich dann von dem, was sie dort fanden. Schweine fraßen sich an Eicheln und Bucheckern fett. Ein Schwein futterte ungefähr 1,5 Kilo Eicheln am Tag. Ursprünglich hatte jedes Dorf einen Schweine- und einen Ziegenhirten, diese trieben die Tiere in den Wald und passten dort auf sie auf. Noch heute könnt ihr an manchen Plätzen im Odenwald Überreste von steinernen Schweinepferchen oder Hirtenunterkünften mitten im Wald sehen. Oft verbrachten nämlich Hirten den ganzen Herbst mit den Tieren im Wald. Erst als die Kartoffel eingeführt wurde, im Odenwald war das um 1730, blieben die Schweine im Stall. Auch die Streu für die Ställe wurde aus dem Wald geholt. Ganze Dörfer zogen gemeinsam los und sammelten auf großen Wagen die lockere Schicht aus Blättern und Ästen, die den Waldboden bedeckt. Sowohl die Mast als auch das Streusammeln schadete dem Wald, kleine Pflanzen konnten nicht mehr hochwachsen, der Boden blieb kahl und ungeschützt.

Außer dem Holz gab es im Odenwald auch mächtige **Steine,** wie zum Beispiel am Felsenmeer bei Lautertal. An solchen Stellen arbeiteten die Steinhauer mitten im Wald. Mühlsteine und Futtertröge, aber auch Särge schlugen sie aus dem harten Fels. ◀

Im Frühjahr könnt ihr Holunderblüten sammeln und damit leckere Pfannkuchen zubereiten. Blüten frisch pflücken, den kurzen Stil daran lassen. Kurz abbrausen, in einen nicht zu dickflüssigen Pfannkuchenteig eintauchen und mit den Blüten nach unten in heißem Fett auf einer Seite ausbacken, wenden. Beim Wenden kommt euch der Stil zugute, hier könnt ihr sie anfassen. Warm essen, je nach Geschmack mit Zucker bestreuen.

das einsam und sehr idyllisch auf 525 m Höhe liegt. Dieser Weg ist auch sehr gut mit Kinderwagen zu gehen. Bevor es an die Fressnäpfe geht, könnt ihr euch im Wald erst einmal austoben: Vom Parkplatz Bullauer Bild, der im Wald auf einer Anhöhe ein Stück vor dem namenlosen Parkplatz auf derselben Straßenseite Richtung Erbach liegt, gehen mehrere Rundwege ab. Die Wege 2 und 3 führen zum Bullauer Bild, Nr. 2 dauert 45 Minuten, Nr. 3 1,5 Stunden.

Das **Bullauer Bild** ist ein in einer mächtigen Buche eingewachsener Bildstock aus Stein. Das eingemeißelte Aufstellungsjahr ist 1561. Die Malerei in dem Stein ist irgendwann erneuert worden.

Wiese der Wahrnehmungen

Daumsmühle, Ortsstraße 96, 64756 Mossautal-Unter-Mossau. ✆ 06062/3836, Fax 3836. www.daumsmuehle.de. daumsmuehle@aol.com. **Bahn/Bus:** ↗ Mossautal. **Zeiten:** Wiese Mai – Okt, Vesperstube Fr ab 18, Sa ab 16, So und Fei ab 9 Uhr.

▶ Die Wiese der Wahrnehmungen liegt auf dem Gelände der Daumsmühle, einem **Ferienbauernhof** mit kleinem **Biergarten.** *Heike* und *Karl Scior-Walther,* die Besitzer, haben mit der Sehbehinderten- und Blindenseelsorge auf einer großen Wiese zehn verschiedene Stationen rund um unsere Sinne aufgebaut. Hochbeete mit Duft- und Tastpflanzen laden zum Schnüffeln ein, beim Klangspiel und dem Baumtelefon geht es um das Hören. Mit den Händen lassen sich an zwei Marmorblöcken Formen und mit den Füßen auf dem Barfußweg Kies, Mulch, Sand und anderes ertasten. In der Waldecke könnt ihr heimische Baumarten kennen lernen und versuchen, Vogel und Vogelstimme richtig zuzuordnen. Im rund 10 m langen Weidentunnel sind Spiele aus Licht und Schatten zu erfahren und zum Ausruhen laden die Bänke rund um den Teich ein. Für Menschen mit Sehbehinderung sind die Pflanzen in den Hochbeeten und die Bäume in der Waldecke in Blindenschrift bezeichnet.

Technisches und Leckeres

Der kühne Himbächl-Viadukt

64743 Beerfelden-Hetzbach. info@beerfelder-land.eu. **Bahn/Bus:** ↗ Beerfelden. **Auto:** An der B45 von Erbach nach Beerfelden, bei Hetzbach Parkplatz unter dem Viadukt.

▶ Die Eisenbahn war die wichtigste verkehrstechnische Errungenschaft des 19. Jahrhunderts. Mit dem Bau der Odenwaldbahn wurde 1869 begonnen. Für die Zugstrecke von Frankfurt nach Eberbach am Neckar und Stuttgart musste der Odenwald überwunden werden. In dieser hügeligen Gegend war es besonders schwierig, die Schienen zu verlegen. Da die Bahngleise nicht im Tal, sondern entlang der Hänge verliefen, wurden die Täler mit Viadukten – also hohen Brücken – überspannt. Den nahe gelegenen Krähberg bei Hetzbach durchbohrte man mit einem über 3 km langen Tunnel, auch das war für die damalige Zeit eine beachtliche technische Leistung. Der Himbächl-Viadukt überspannt mit über 250 m ein Tal, seinen Namen hat es von dem kleinen Bach, der unten durchs Tal plätschert. Die Brücke wurde 1881 errichtet und ist 40 m hoch. Zum Bau wurde der rote Buntsandstein verwandt, der im Odenwald reichlich vorhanden ist. Wenn ihr einmal mit dem Zug über den Viadukt fahren wollt, müsst ihr die Strecke von Erbach nach Hetzbach fahren.

Wie Milch zu Käse wird

Molkerei Kohlhage, Kurt und Britta Kohlhage, Molkereiweg 1, 64756 Mossautal-Hüttenthal. ✆ 06062/2665-0, Fax 266526. www.molkerei-huettenthal.de. molkerei@huettenthal.de. **Bahn/Bus:** ↗ Mossautal. **Zeiten:** Nach Anmeldung Mi ab 15.30, Fr ab 14 Uhr. **Preise:** Min. 10, max. 50 Pers, Einzelpersonen können sich auf Anfrage einer Gruppe anschließen. 3,50 € pro Person; Kindergruppen max. 25 Kinder 4 – 12 Jahre 2 € pro Person.

HANDWERK UND GESCHICHTE

Im Ortsteil Hetzbach, 5 km von Beerfelden, gibt es einen **Abenteuerspielplatz.** Er befindet sich bei der Straße Richtung Hesseneck ↗ Sensbachtal. Einen weiteren Spielplatz gibt es mitten im Wald an der Sensbacher Höhe, von Beerfelden kommend Richtung Sensbachtal.

▶ Während einer 45-minütigen Führung durch die Molkerei könnt ihr alles über Milch und ihre traditionelle Verarbeitung erfahren. Zu Beginn dürft ihr Käse und ein Glas Milch oder Buttermilch probieren – alles aus eigener Herstellung natürlich. Anschließend lernt ihr den Weg vom Melken bis zum fertigen Milchprodukt kennen.

Molkereilädchen, www.molkerei-huettenthal.de. April – Sep Mo – Fr 8 – 18, Sa 8 – 13 Uhr, Okt – März Mo – Fr 8 – 17, Sa 8 – 12 Uhr. Der Laden bietet Butter, Sahne, Quark und viele Käsesorten.

Vor dem **Molkereilädchen** ist ein kleiner Milchgarten angelegt. Hier könnt ihr an einem Teich Enten, Gänse und Ziegen beobachten. Außerdem gibt es einen kleinen Spielplatz mit Schaukeln und Trampolin.

Den Vorfahren auf der Spur

Die Lust des Grafen von Erbach auf Römerhelme

Gräfliche Sammlungen im Schloss Erbach, Erbacher Schloss, 64711 Erbach i.Ow. ✆ 06062/809360, Fax 8093615. www.schloss-erbach.de. info@schloss-erbach.de. **Bahn/Bus:** ↗ Erbach, 5 Min Fußweg Richtung Innenstadt. **Zeiten:** Nur mit Führung zugänglich. März – Okt Mo – Fr 11, 14 und 16 Uhr, Sa, So und Fei 11, 14, 15 und 16 Uhr. An den Adventswochenenden Fr – So 14, 15, 16 und 17 Uhr. Silvester und Neujahr 14 Uhr. Sonderführungen möglich. **Preise:** 4,90 €; Schüler 3,50 €; Rentner und Gruppen 20 – 50 Pers 4 €, Studenten und Gruppen über 50 Pers 3,50, Schülergruppen 3 €. Günstiges Familien-Kombi-Ticket »Erbacher Museen«. **Infos:** Spezielle Führungen für Kinder 6 – 10 Jahre möglich. »Einmal Prinz oder Prinzessin sein«, April – Okt, 90 € pauschal für Verkleidungen und Führung bis 10 Kinder, jedes weitere Kind 3 €. »Edler Ritter, was führt Ihr im Schilde?«, März – Okt, 75 € pauschal, 5,50 € Materialkosten pro Kind.

▶ Der Graf von Erbach, *Franz I.,* war ein leidenschaftlicher Jäger. In seinem Erbacher Schloss, 1736 erbaut, ist daher seine riesige Sammlung von Gewehren zu sehen und ganz viele Geweihe. Aber nicht nur

Geweihe von erschossenen Hirschen hängen herum, es gibt auch Geweihe von Tieren, die krank waren oder die sich am Müll, den achtlose Menschen in den Wald warfen, so verletzten, dass sie starben. Wenn ihr eine Führung mitmacht, bekommt ihr das genauer erklärt. Auch das Geweih eines Riesenhirsches, der vor 30.000 Jahren lebte und dessen Art längst ausgestorben ist, ist im Schloss zu bewundern.

Außer den Waffen und Geweihen gibt es einen großen Rittersaal, in dem Ritterrüstungen aus allen möglichen Ländern zu sehen sind. Die ehemalige Rüstung des Königs Gustav Adolf von Schweden wiegt fast 60 kg – es muss schon ziemlich unangenehm gewesen sein, in so einem Anzug auch noch zu reiten und zu kämpfen. Aufs Pferd kamen die Ritter auch nur mit Hilfe eines Knappen, ein in seinem Dienst stehender Edelknabe.

Neben der Jagd und den Rüstungen interessierte sich der vielseitige Graf für die **Römer im Odenwald.** Er sammelte Fundstücke in der Region und ließ Teile des Limes ausgraben. Und frech war er auch: Als er einmal nach Rom reiste, klaute er im Museum des Vatikans tatsächlich einen alten Helm, den 216 v.Chr. ein Römer in der Schlacht von Cannae getragen haben soll. Der Graf wollte den Helm unbedingt haben, und als sich der Kirchenstaat weigerte, ihm das gute Stück zu verkaufen, ließ er ihn einfach mitgehen. Bei der Führung könnt ihr diesen wertvollen »Fund« in einem Glaskasten bewundern.

Die Einhardsbasilika

Schlossstraße 17, 64720 Michelstadt-Steinbach. ✆ 06061/73967, www.michelstadt.de. touristik@michelstadt.de. **Bahn/Bus:** ↗ Michelstadt, circa 5 Min Fußweg. **Zeiten:** April – Nov Di – Do, Sa, So, Fei 10 – 17 Uhr. **Preise:** 3,50 €; Kinder 6 – 16 Jahre 2 €; Gruppen 2 € pro Person, Familie (Eltern oder Großeltern mit Kindern) 8 €. **Infos:** Buchungen von Führungen sind über die Touristinformation möglich: ✆ 06061/ 979998.

Picknickplatz Dreiseental: Dorf-Erbach liegt östlich von Erbach, auf der Straße Richtung Amorbach kommt rechter Hand der Parkplatz Dreiseental. Von dort überquert ihr die Straße, um auf dem schräg gegenüber beginnenden breiten Weg, der mit Kinderwagen zu begehen ist, in etwa 10 Min zu drei kleinen Teichen zu gelangen. Ein schöner Picknickplatz im Sommer, mit einer kleinen Unterstellhütte und Sitzgruppen.

▶ Die Einhardsbasilika ist eines der bedeutendsten, weil ältesten Baudenkmäler Deutschlands. Sie ist nach dem Schreiber Karls des Großen benannt, der *Einhard* hieß. Er schrieb auch die Lebensgeschichte Karls des Großen auf, ein wichtiges Dokument für Historiker. Einhard baute die **Basilika** um das Jahr 825 herum. Das ist bekannt, weil ein Eichenbalken untersucht wurde, der zum Bau der Mauer benutzt wurde. Und ungefähr so, wie ihr sie heute seht, sah die kleine Kirche auch vor über 1100 Jahren schon aus. Für die damalige Zeit wirkte sie übrigens gar nicht klein, denn die meisten Menschen lebten nicht in Häusern aus Stein, sondern in ganz engen, schlichten Hütten.

815, als Einhard die Mark Michelstadt geschenkt bekam, hieß der Ort *Michilunstat.* Er lag auf einer Lichtung mitten in einem dichten, finsteren Wald. Nur etwa 150 Menschen lebten hier, sie wohnten in halb in die Erde eingegrabenen Holzhäusern. Im Frühling bauten sie um ihre Gemüsebeete und kleinen Getreidefelder Zäune aus Dornenzweigen, um die wilden Tiere fernzuhalten. Die Schweine wurden in den Wald getrieben, Ziegen und Schafe weideten auf einer Lichtung. Nachts wurden die Tiere in umzäunte Pferche gesperrt. Ihr könnt euch also vorstellen, dass für diese Menschen die steinerne Basilika von Einhard etwas ganz Besonderes war, und dass sie ihnen im Vergleich zu ihren kümmerlichen Wohnhöhlen sehr prächtig und riesig erscheinen musste.

Um seine Basilika aufzuwerten, ließ Einhard sogar in Rom die Reste von Heiligen, sogenannte Reliquien, stehlen – eine durchaus gängige Praxis. Eine Reliquie kann ein Stück Knochen, ein Zahn oder ein Stoffrest von dem Gewand eines Heiligen sein. Solche Reliquien waren bzw. sind sehr wertvoll und locken oft noch heute viele Besucher an den Ort, wo sie aufbewahrt werden.

Charakteristisch für eine **Basilika** sind ein hoher Mittelteil, das sogenannte Mittelschiff, und zwei niedrigere Seitenschiffe links und rechts davon. Die Basilika war innen bemalt, Reste der karolingischen Malerei sind noch zu erkennen. Das ist sehr selten, weil die direkt auf die Wand aufgetragenen Bilder sich meist nicht über so viele Jahrhunderte erhalten. Wahrscheinlich hatte die Basilika eine flache Holzdecke. Unter der Basilika lag eine **Krypta,** in der wohl die geklauten Reste der Heiligen aufbewahrt werden sollten. Doch dazu kam es nicht. Einhard beschloss, die Reliquien nach Seligenstadt zu bringen, wo er eine noch größere Basilika für sie errichtet hatte. Er befürchtete, die Michelstädter Basilika könne den Heiligen zu klein und unbedeutend erscheinen und dann hätten die Heiligen vielleicht nicht gut genug für sein Seelenheil gesorgt. Einhardt kümmerte sich nicht mehr um die nun unbedeutende Kirche. Das war vermutlich ihr Glück, denn deshalb konnte sie über ein Jahrtausend fast unverändert überstehen.

Römerbad Würzberg

64720 Michelstadt-Würzberg. www.michelstadt.de. touristik@michelstadt.de. **Bahn/Bus:** NaTour-Bus 40N von den Bahnhöfen ↗ Michelstadt und ↗ Erbach. Vom Bus-Parkplatz noch etwa 250 m in den Wald, ausgeschildert. **Auto:** B47, vor Eulbach rechts ab, Römerbad ist ausgeschildert.

▶ Mitten im Wald befinden sich die Reste eines gut erhaltenen römischen Bades, eines Kastells und eines Wachturms. Zu Fuß lauft ihr vom Parkplatz hierher etwa zwanzig Minuten, auch mit Kinderwagen kein Problem. Eine kleine Hütte sorgt für ein geschütztes Picknickplätzchen.

Die Römer badeten so gern! Vor allem im kalten Germanien tat ihnen das heiße Wasser gut

Foto: Alice Selinger

An Infotafeln könnt ihr euch schlau machen, wie ein römisches Bad einst funktionierte und aussah. Vermutlich pumpten die Römer das Wasser für ihr Bad aus einem Brunnen, denn es gab an dieser Stelle keine Quelle.

Wall und Wehrgraben des **Numeruskastells** sind noch gut zu erkennen. Ein Tor und weitere Teile wurden in den Eulbacher Park gebracht, der Rest diente im Laufe des 19. Jahrhunderts den umliegenden Dörfern als Steinbruch. Zu den Badegebäuden gehörten ein Schwitzraum sowie Becken mit kaltem und lauwarmem Wasser. Es wird angenommen, dass ein Britonennumerus, ein kleiner militärischer Verband von Soldaten aus Britannien, von 100 bis 150 n.Chr. hier Dienst tat.

DIE RÖMER IM ODENWALD

▶ Was heute als **Odenwaldlimes** bezeichnet wird, entstand in den Anfängen der Regierungszeit des römischen Kaisers *Trajan* (98 – 117 n.Chr.). Er beginnt bei Miltenberg am Main und endet in Bad Wimpfen, insgesamt ist er 70 km lang. Zuerst wurden nur hölzerne Wachtürme errichtet. In der zweiten Ausbauphase ließ Kaiser *Hadrian* wenige Jahre später hölzerne Palisaden als zusätzliches Hindernis aufstellen, außerdem entstand auf einem Teilstück die erste massive Mauer von 112 Meter Länge. Der Nachfolger Hadrians, *Antonius Pius*, ließ dann um 145 n.Chr. die Holztürme durch Steinbauten ersetzen. Zur gleichen Zeit entstanden die ersten steinernen Kastelle. Zwischen 148 und 1621 n.Chr. wurde der Limes weiter nach Osten verschoben, vermutlich, weil diese neue Grenzlinie besser zu überwachen war. Die steinernen **Limestürme** waren urspünglich weiß verputzt und darauf waren rote Quaderlinien gezeichnet. Im Odenwald waren manche Türme auch aus rotem Buntsandstein. Eichenholz diente ebenfalls als Baumaterial, gelegentlich auch Kiefern. Eiserne Nägel wurden verwendet und viele Holzverbindungen waren damals schon bekannt. Bei den Ausgrabungen wurden etliche Bauwerkzeuge gefunden. In der Regel waren die Türme 10 bis 12 m hoch, und ihre Seitenlänge betrug etwa 5 m. Sie hatten 3 Geschosse. In dem mittleren Ge-

AN MAIN, MUD & ELZ

An den Flüssen Main, Mud und Elz liegen Orte, die Ausflügler immer wieder aufs Neue anlocken: Die ehemalige Römersiedlung Nemaninga heißt heute Obernburg. In Wörth gibt es ein Museum zur Schifffahrt. Miltenberg hat eine lange Geschichte, deren Spuren in der Altstadt noch sichtbar sind. Amorbach war jahrhundertelang ein Zentrum der Macht, seine mächtige Abtei bestimmte die Geschicke der Region. Ein ungewöhnliches Museum im nahe gelegenen Kirchzell beschäftigt sich mit dem Wald. Walldürn ist berühmt für seine traditionelle Wallfahrt und das Odenwälder Freilandmuseum im Walldürner Ortsteil Gottersdorf ist eines der schönsten Museen der gesamten Region.

ZWISCHEN OBERNBURG UND SECKACH

TIPPS FÜR WASSER-RATTEN

Frei- und Hallenbäder

Beheiztes Hallen- und Freibad

Jahnstraße 15, 63897 Miltenberg a.M. ✆ 09371/404700, www.emb-mil.de. kundencenter@emb-mil.de. **Bahn/Bus:** ➚ Miltenberg. 15 Min Fußweg über Brückenstraße und Mainstraße in nördliche Richtung bis Jahnstraße. **Zeiten:** Mitte Mai – Mitte Sep Mo 10 – 21 Uhr, Di 7 – 21, Mi – Fr 9 – 21, Sa und So 9 – 20 Uhr. Im Winter Mo geschlossen, Di, Mi 7 – 22 Uhr, Do 7 – 10, 13.30 bis 20 Uhr, Fr 13.30 – 21, Sa und So 9 – 20. **Preise:** Hallenbad 4 €, Freibad 3 €, Sauna und Hallenbad 9 €; Kinder bis 16 Jahre Hallenbad 2 €, Freibad 1,50 €, Sauna 7 €. **Infos:** Auch bei der ➚ Tourist-Information Miltenberg.

▶ Das Bad liegt am Mainufer, im **Freibad** gibt es einen Spielplatz, Tischtennis und Basketball, für Kinder eine Matschzone. Liegen stehen auf Wiesen und einer Terrasse. Ihr habt die Wahl zwischen Warm-, Plansch- und dem großen Nichtschwimmerbecken. Das **Hallenbad** hat ebenfalls ein Planschbecken, außerdem einen Sprungturm und einen Zugang zu dem beheizten Warmbecken im Freien. Es gibt einen

Hunger & Durst

Aqua-Bistro-Café, ✆ 09371/66636. 10 – 21 Uhr durchgehend warme Küche.

Echte Wasserratten finden überall ihr Element: Im Marsbachtal bei Walldürn

Foto: Alice Selinger

Kiosk, Cafeteria, Sauna, Römisches Dampfbad und Solarium.

Hallenbad Buchen, Dr.-Fritz-Schmitt-Ring, Buchen. ✆ 06281/535-150. www.baeder.swb4u.de. Di 14 – 21.30, Mi 14 – 18, Do 14 – 21.30 (Warmbadetag), Fr 16 – 21.30, Sa 14 – 18, So 9 – 12 Uhr. Erw 3, Kinder bis 16 Jahre, Schüler, Studenten, Azubis 1,50 €.

Das Buchener Waldschwimmbad

Im Mühltal, 74722 Buchen. ✆ 06281/535-160, Fax 535-180. www.baeder.swb4u.de. info@swb4u.de. **Bahn/Bus:** ↗ Buchen, knapp 20 Min Fußweg über Am Haag, Walldürner Straße in südwestliche Richtung und Mühltalstraße. **Auto:** Nordwestlich von Buchen, Richtung Hettigenbeuern ausgeschildert. **Zeiten:** In den Sommermonaten täglich 9 – 20 Uhr. **Preise:** 3 €; Kinder bis 16 Jahre 1,50 €; Schüler, Studenten, Azubis 1,50 €.

▶ Hier gibt es viel Platz auf den Liegewiesen, einen Spielplatz, ein Kinderbecken und eine eigene Spielwiese für die Kleinen sowie Tischtennis und Volleyball für die Größeren. Kiosk, warme Duschen und kostenlose Liegebetten.

Freibad Walldürn

74731 Walldürn. ✆ 06282/6266, www.wallduern.de. stadt@wallduern.de. **Lage:** nordwestlich Richtung Marsbachtal. **Bahn/Bus:** ↗ Walldürn. **Zeiten:** In den Sommermonaten täglich 10 – 20 Uhr. **Preise:** 2,50 €, 10er-Karte 20 €, Saisonkarte 27 €; 1 €, 10er-Karte 9 €, Saisonkarte 10 €.

▶ Die Freibadanlage stammt aus den 1930er Jahren, wurde aber modernisiert und ist heute ein attraktives Familienbad. Außer solarbeheizten Schwimmer- und Nichtschwimmerbecken gibt es für die Kleinsten bis zum Wickelkind gleich drei Becken mit verschiedenen Wassertiefen und Attraktionen wie Rutsche, Wasserpilz und Rampe. Auf der Liegewiese gibt es ein Beachvolleyballfeld, gegen den kleinen Hunger könnt ihr euch beim Kiosk versorgen.

Hallenbad Walldürn

Theodor-Heuss-Ring 13, 74731 Walldürn. ✆ 06282/1442, www.wallduern.de. stadt@wallduern.de. **Bahn/Bus:** ↗ Walldürn. **Zeiten:** Di 18.30 – 21.30 Uhr, Mi

(Warmbadetag) 15 – 16 Uhr Baby- und Kleinkinderschwimmen bis 6 Jahre, 16 – 17 Uhr Frauenschwimmen, 17 – 21.30 Uhr für alle; Do (Warmbadetag) 16 – 17 Uhr Seniorenschwimmen, 17 – 21.30 Uhr für alle; Fr 16 – 21.30 Uhr, Sa 13 – 17, So 9 – 12 Uhr. **Preise:** 2,50 €, 10er-Karte 20 €; 1 €, 10er-Karte 9 €. **Infos:** Jeden 1. Sa im Monat 14 – 16 Uhr Spiele für Kinder.

▶ Das Bad wurde 2011 generalsaniert und hat ein 25-m-Sportbecken mit Schwimmer- und Nichtschwimmerbereich sowie ein 1- und ein 3-m-Sprungbrett. Im Keller steht eine Sauna zur Verfügung, die auch Mo geöffnet ist.

Paddeln und Schiffstouren

Paddeln auf dem Main

Miltenberger Bootsverleih, Dieter Fürst, Steingässerstraße, 63897 Miltenberg. ✆ 09371/1507, Handy 0171/6970656. bootsfuerst@freenet.de. Am Campingplatz in Miltenberg. **Bahn/Bus:** ↗ Miltenberg, ab Bahnhof 5 Min Fußweg über Brückenstraße bis Steingässerstraße. **Zeiten:** April – Ende Juni Mo – Fr 12.30 – 20, Sa, So 10 – 20 Uhr. Juli – Sep täglich 10 – 20 Uhr.

▶ Wenn ihr einmal selbst Kapitän sein und auf einem großen Fluss mit einem Boot unterwegs sein wollt – im geliehenen Tret- oder Ruderboot ist dies möglich. Tretboot 7,50 €, Ruderboot 6,50 €/Stunde. Auch Motorboote, für die kein Führerschein nötig ist, und die nur jemand über 18 Jahre leihen kann, gibt es (Stunde 24 €). Eine halbe Stunde kostet jeweils die Hälfte des Stundenpreises plus 1 €.

Mit dem Dampfer auf dem Main

Veitshöchheimer Personenschifffahrt (VPS) GmbH, Reederei Henneberger, Mainanlagen, 63897 Miltenberg a.M. ✆ 09371/3330, 09378/232, Fax 959604. www.reederei-henneberger.com. info@reederei-henneberger.com. **Bahn/Bus:** ↗ Miltenberg. **Infos:** Sondertouren für Gruppen sind nach Absprache möglich.

▶ Schifffahrten auf dem Main sind lustig und man kann sie gut mit einer Radtour kombinieren. Die Fahrrad-Mitnahme ist kostenlos. Achtung: Erkundigt euch vorher nach dem aktuellen Fahrplan, es gibt immer wieder Änderungen. Von März bis November geht es von Miltenberg nach Kleinheubach und Bürgstadt, Erw 7,50 € (ab 15 Personen 7 €), Kinder 4 – 12 Jahre 4,50 € (ab 15 Personen 4 €).

Ebenfalls über Kleinheubach nach Freudenberg zahlen Erw 10 € (ab 15 Personen 9,50 €), Kinder 6 € (ab 15 Personen 5,50 €).

Besonders interessant ist die **Schleusenfahrt,** die nach Kleinheubach und zurück führt, etwa 1,5 Stunden dauert und bei der genau erklärt wird, wie eine Schleuse funktioniert. Erwachsene 11 €, Kinder 6 €. Nur nach Anmeldung durch Gruppen!

Von Mai bis September könnt ihr außerdem mit dem Dampfer von Miltenberg nach Wertheim und zurück fahren, über Bürgstadt und Freudenberg: Di, Do und Sa Abfahrt Miltenberg 9.30 Uhr, Ankunft Miltenberg 17.45 Uhr, 2 Stunden Aufenthalt in Wertheim. Erw 22 €, Kinder 13,50 €.

Wandern und Kutsche fahren

Zum Waldhaus bei Obernburg

Waldhausverein, Horst Koppermann, 63785 Obernburg am Main. ✆ 06022/1888, www.waldhaus-obernburg.de. h.koppermann@waldhaus-obernburg.de. **Bahn/Bus:** ↗ Obernburg. **Auto:** ↗ Obernburg. Vom südlichen Ortsende ausgeschildert, noch etwa 2,5 km. **Zeiten:** So 9.30 – 18 und Mi 13 – 18 Uhr.

▶ Dieses rustikal hergerichtete Lokal im Blockhaus-Stil, mitten im Wald, ist bei Hitze eine schattige Oase. Viele Biertischgarnituren bieten Sitzplätze für Hunderte von Ausflüglern, ein großer Spielplatz unter

Bäumen beschäftigt die Kinder. Zwei Infotafeln geben Auskunft zum Obernburger Stadtwald. Während der Öffnungszeiten dürfen keine mitgebrachten Speisen und Getränke verzehrt werden, doch an den übrigen Tagen ist das Gelände auch ein schöner Picknickplatz. Auf einer an der Wand des Hauptgebäudes angebrachten Tafel sind 5 Rundwege beschrieben, von 30 Minuten bis zu 2,5 Stunden Dauer. Davon sind drei Wege auch mit Kinderwagen zu begehen, wie auf der Tafel vermerkt.
Ihr könnt auch zum Waldhaus laufen: Auf dem asphaltierten Sträßchen, das zum Waldhaus führt, kommt am Waldrand zunächst rechter Hand der **Parkplatz Buchhölle.** Von dort sind es zu Fuß etwa 30 Minuten zum Waldhaus. An diesem Parkplatz sind 5 weitere Rundwege (30, 45, 75, 90 und 150 Min) angegeben.

Gute Aussicht: Auf dem Hochsitz

Foto: Alice Selinger

BÄRENSTARK: BÄRLAUCH

▶ Diese Pflanze riecht so stark nach Knoblauch, dass ihr beim Suchen eurer Nase vertrauen könnt. Im Volksmund hat sie viele lustige Namen: Wilder Knofel, Ränsel, Hexenzwiebel, Zigeunerlauch oder Latschenknofel. Die glänzenden Blätter sprießen im Frühling aus einer Zwiebel. Sie ähneln denen des Maiglöckchens, doch man sollte sie nicht verwechseln, Maiglöckchen sind nämlich giftig. Der glatte, hellgrüne Stengel wird bis zu 30 cm hoch und trägt eine runde Blütenkugel. Bärlauch wächst auf Wiesen oder in Laub- und Gebirgswäldern, er mag es schattig und feucht. Die Legende erzählt, dass Bären die Pflanze nach ihrem Winterschlaf gerne in großen Mengen vertilgen. Ihr könnt die jungen Blätter im April oder Mai noch vor der Blüte sammeln, sie werden frisch gegessen. Sie können wie Schnittlauch oder Petersilie klein geschnitten auf Brot, in Salaten, Suppen oder Soßen verwendet werden. Eberbach am Neckar lädt jedes Jahr zu Bärlauchtagen ein. Die Gasthäuser bieten originelle Gerichte mit dem gesunden Kraut. ◀

Zum Blindengarten Sankt Odilia

Wie riechen Baldrian und Johanniskraut?
Fotos: Annette Sievers

Altstadtweg 8, 63924 Kleinheubach. ✆ 09371/959584, 506125, Fax 506150. www.kleinheubach.de. info@kleinheubach.de. **Länge:** Von Miltenberg aus 45 Min Gehzeit. **Bahn/Bus:** Von ↗ Miltenberg eine Zugstation Richtung Aschaffenburg. **Auto:** Im Parkhof Miltenberg-Kleinheubach, an den Altstadtweg und den Schlosspark angrenzend. **Zeiten:** 11 – 22, im Winter von 12 – 20 Uhr. **Infos:** www.parkhof-altstadt-markt.de.

▶ Ungefähr 45 Minuten braucht ihr zu Fuß von Miltenberg zu diesem ungewöhnlichen Garten, bei dem auch ein toller Biergarten zur Einkehr lädt. Kleinheubach liegt nordwestlich von Miltenberg. Ihr lauft die **Mainpromenade** entlang bis zum Ortsende von Miltenberg. Dann geht ihr ein kurzes Stück entlang der Straße Richtung Kleinheubach, dort führt euch am Ortseingang ein Pfad direkt zum **Parkhof.** In dem großen Biergarten gibt's viel Platz, zudem einen Wiesenspielplatz mit Sandkasten und Holzschaukelpferden. In der schönen Anlage ist auch ein üppig blühender Bauerngarten und eine Schmetterlingswiese.

Die heilige Odilia – blind geboren und der Legende nach durch die Taufe später geheilt – ist die Schutzpatronin der Blinden. Der nach ihr benannte **Blindengarten** grenzt an den Kleinheubacher Schlosspark und an ein großes Baumschulgelände, zudem wird er von dem Flüsschen Mud und vom Main eingerahmt.

BÄRLAUCH SPAGHETTI

250 g Spaghetti, 2 El Olivenöl, 100 g Bärlauch, eine halbe Knoblauchzehe, 1 getrocknete Chilischote, ein halber Löffel geriebener Pecorino, etwas Salz.

Spaghetti kochen. Öl erhitzen, klein gehackten Bärlauch, Knoblauchzehe und Chilischote dazugeben und 5 Min bei kleiner Hitze dünsten. Spaghetti abgießen und wieder in den Kochtopf geben. Chilischote aus dem Öl entfernen, den Rest der Soße über die Nudeln geben und gut durchmischen. Mit Pecorino bestreuen.

Er besteht aus fünf Hochbeeten. In diesen wachsen Pflanzen, die entweder durch Betasten oder an ihrem Duft zu erkennen sind. Blinde können diese Pflanzen also fühlen und riechen, im Kräutergarten sogar erschmecken. Zwischen den Hochbeeten stehen vier Duftlauben, in denen Rosen und Geißblatt ranken. Probiert doch mal aus, welche Pflanzen ihr mit verbundenen Augen am Duft oder durch Tasten erkennt!

Spaziergang zum Hollersee

Buchen. **Länge:** einfach, 3 km. **Bahn/Bus:** ↗ Buchen. **Auto:** Im Hollerbacher Tal nördlich von Buchen.

▶ Von Buchen Richtung Hettigenbeuern fahren oder laufen, nach dem Ortsende links abbiegen, dem Schild Waldschwimmbad und »Hollersee Fußweg« folgen. Das Auto spätestens am Schwimmbad parken. Zunächst geht es am Schwimmbad vorbei, Richtung Südwesten. Links von dem breiten Waldweg fließt der Hollerbach, ihr lauft gegen die Strömung. Einmal überquert ihr eine Straße. Nach etwa 40 Minuten erreicht ihr den See, er liegt in einem Tal, von riesigen Wiesen umgeben, am Ufer stehen einige Sitzgruppen. Es ist ein schöner Platz zum Picknicken und Spielen, Schwimmen ist verboten.

Rückweg mit Kinderwagen: Ihr könnt den See umrunden und dann parallel zu dem Weg, auf dem ihr gekommen seid, auf der anderen Seite des Tals zurückgehen. Ihr gelangt bald wieder an die kleine Straße, auf der ihr nun etwa 25 m nach links gehen müsst. Ab hier geht ihr dann wieder auf dem Weg zurück, den ihr gekommen seid.

Ohne Kinderwagen könnt ihr nach dem Umrunden des Hollersees der Markierung gelbes Kreuz folgen, etwa 100 m hinter dem See geht es bergauf in den Wald. Der Weg kreuzt die Straße, die auch beim Hinweg überquert wurde. Ungefähr 500 m nach der Straßenüberquerung geht links ein Waldweg bergab, er bringt euch wieder zum Schwimmbad im Tal, eine Brücke führt über den Hollerbach zum Parkplatz.

Kutsch- und Stadtrundfahrten, Mainzer Straße 15, Miltenberg. ✆ 09371/8778. Handy 0173/ 5211544.

BÄRLAUCH-KÄSE-KARTOFFELN

1 Pfund gekochte Kartoffeln, 125 g Schinkenspeck, 4 El fein gehackte Zwiebeln, 400 g Bärlauch, 2 Tassen Milch, 1 Pck. Schmelzkäse, 2 Eier, Salz, Pfeffer, Butterflöckchen.

Speck, Zwiebeln und Bärlauch in Butter glasig dünsten. Gekochte Kartoffeln in Scheiben schneiden und schichtweise mit der Bärlauchmischung in eine gefettete Auflaufform legen. Milch erhitzen, Schmelzkäse darin auflösen. Etwas abkühlen lassen, die Eier einrühren, salzen und pfeffern. Über die Kartoffeln gießen, Butterflöckchen darauf setzen. 30 Min bei mittlerer Hitze im Backofen backen.

Auf den Spuren der Römer: Der Limesweg bei Walldürn

Länge: 5 km, etwa 1,5 Std Gehzeit. **Auto:** Über die Kreuzung der B27 mit der B47, der Weg beginnt im Industriegebiet von Walldürn-Nord, dort ausgeschildert. **Infos:** Beim ↗ Verkehrsamt in Walldürn gibt es ein Faltblatt zum Limes-Wanderweg und zum Römerbad.

▶ Ein Rundweg von 5 km führt euch an den Fundamenten von mehreren römischen Wachtürmen entlang. Der Limespfad bei Walldürn zeigt Reste der vorderen, östlichen Odenwaldlinie, die um 150 n.Chr. gebaut wurde. Über 30 Infotafeln erzählen euch, wie die Türme einmal aussahen – sie waren nämlich einst weiß verputzt – und noch vieles mehr über die Römer im Odenwald. Die Wachtürme standen in einem Abstand von 400 bis 500 m. Wenn Gefahr drohte, gab die Wachmannschaft Signale, die von Turm zu Turm weitergegeben wurden.

Der Weg ist zwar völlig eben, aber schmal und holperig, nur für Cross-Kinderwagen geeignet. Für eine kleine Wanderung ist er aber zu empfehlen.

Große Freiheit bei der Linkenmühle

Linkenmühle, Hornbacher Landstraße 21, 74731 Walldürn-Rippberg. ✆ 06286/283, Fax 928861. www.gasthof-linkenmuehle.de. info@gasthof-linkenmuehle.de.

Bahn/Bus: ↗ Walldürn. **Auto:** An der B47 zwischen Amorbach und Walldürn. **Zeiten:** Ganzjährig Di – So. **Preise:** Ponyreiten pro Stunde 9 €, Kegelbahn pro Stunde 8 €.

▶ Die Linkenmühle liegt idyllisch im Tal, im Sommer genießt man das Essen im **Biergarten.** Es gibt einen Spielplatz und Kinder können frei herumtoben. Freiland-Tierhaltung, eigene Schlachtung, Hausmacher Wurst zum Mitnehmen, außerdem Forellenteiche. Der Gasthof mit Gästezimmern und Apartments verfügt über Hallenbad, Sauna und 2 Kegelbahnen. Mit angegliedertem Ponyhof.

Unser Vorschlag: ein **Spaziergang** zu diesem Ausflugslokal ab dem Parkplatz an der Straße von Walldürn Richtung Hornbach auf der rechten Seite. Links ist ebenfalls ein Parkplatz, an diesem befindet sich der Jugendzeltplatz Hornbacher Tal.

Rechts in den Wald dem Weg mit der Markierung W7 folgen. Mit Kinderwagen möglich, eben und befestigt. Etwa 45 Minuten dauert es bis zur Linkenmühle.

Fahrt mit der historischen Postkutsche

Marco Zahn, Untere-Vorstadt-Straße 6, 74731 Walldürrn. ✆ 06282/274, 67-107 (Tourist-Info), Fax 67-103. www.wallduern.de. tourismus@wallduern.de. **Zeiten:** Bei schönem Wetter nach telefonischer Anmeldung. **Preise:** Postkutsche etwa 1 Std 40 € für 4 Pers, Planwagen ab 6 Pers 5 € pro Person und Std. **Infos:** Auskunft auch bei der Tourist-Information ↗ Walldürn.

▶ Was gibt es Schöneres, als auf einer Kutsche Walldürn zu erkunden? In einer historischen Postkutsche aus dem Jahr 1730 könnt ihr euch durch die Landschaft oder die Altstadt von Walldürn kutschieren lassen. Mit der Postkutsche reisten die Menschen, bevor es Autos und Züge gab. Das war auf den holprigen Straßen, durch Wälder voller Räuber, nicht immer romantisch!

Angeboten werden auch Planwagenfahrten, auf Wunsch mit Verköstigung.

Martin Ebbertz *Onkel Theo erzählt vom Pferd … und 26 weitere total verrückte Geschichten.* ISBN 978-3-941725-07-2, 6,90 €. Lustige Sachgeschichten zum Lesen und Vorlesen.

Spielen und Klettern

Zum Wildgehege im Marsbachtal

74731 Walldürn-Rippberg. tourismus@wallduern.de. **Bahn/Bus:** ↗ Walldürn. **Auto:** Etwa 3 km von Walldürn an der B47 zwischen Walldürn und Rippberg. **Infos:** Auch zu Fuß von Walldürn auf dem Waldweg Richtung Rippberg erreichbar.

__Mufflons__ leben eigentlich im Süden, vor allem auf den Inseln Korsika und Sardinien. Inzwischen haben sich auch hier einige vermehrt und sind in unseren Wäldern zu finden. Ihre Herden werden meistens von einem Weibchen angeführt.

▶ An einem sonnigen Tag ist das Marsbachtal besonders auch mit kleinen Kindern ein tolles Ausflugsziel. In diesem idyllisch im Wald gelegenen Tal, durch das sich der Marsbach schlängelt, gibt es gleich mehrere Attraktionen: In großen Gehegen leben über hundert Tiere, Dam- und Rotwild, schafähnliche Mufflons und Wildschweine. Wasservögel tummeln sich auf Teich und Bach. Außerdem gibt es einen hervorragend ausgestatteten **Abenteuerspielplatz,** auf dem ihr euch unter anderem auf einem großen Klettergerüst, einer langen Rutsche und einem Tellerseil austoben könnt. Bei Hitze ist jedoch der kleine Wasserspielplatz das Tollste – da dürft ihr an verschiedenen Geräten pumpen und schöpfen. Auch am Bach

An seinen mächtigen Hörnern zu erkennen: Mufflon
Foto: Annette Sievers

Es klappert die Mühle am rauschenden Bach … Zumindest das Rad der Beuchertsmühle dreht sich noch

Foto: Alice Selinger

macht Planschen und Buddeln Spaß. Bei gutem Wetter wird im Marsbachtal sogar Ponyreiten angeboten. Außerdem gibt es mehrere Rundwanderwege und eine kinderfreundliche Gaststätte. Am Parkplatz Auersberg sind vier Rundwege angegeben (0,5/1/1,5/2,5 Stunden), auf einem Wald- und Vogellehrpfad könnt ihr euch kundig machen. Auf den befestigten Spazierwegen kann man auch den Kinderwagen eine Runde durch das Tal schieben. Viel Platz habt ihr auf den Wiesen für Spiele oder ein Picknick. Bei der **Beuchertsmühle** befindet sich eine Grillstation, die ihr reservieren könnt.

Hunger & Durst

Beuchertsmühle, Miltenberger Straße 35, Walldürn. ✆ 06282/ 8043. www.beucherts-mühle.de. Mi – So. Rustikale Küche, Kinderkarte, große Terrasse, mit Innenraum für schlechtes Wetter.

Forest Jump: Hochseilgarten Walldürn-Rippberg

PräJu – Präventive Jugendhilfe e.V., Hornbacher Landstraße 42, 74731 Walldürn-Rippberg. ✆ 06282/ 920743, Fax 920758. www.forestjump.de. info@forest-jump.de. **Bahn/Bus:** ↗ Walldürn. **Auto:** In Rippberg der Straße nach Hornberg folgen und nach etwa 2 km rechts abbiegen, ausgeschildert ist dort das Ferienhaus des Kinder- und Jugendheims St. Kilian. **Preise:** Halbtagesveranstaltung Tarif I 330 €, 3. Trainer zzgl. 70 €, Tagesveranstaltung 420 €, 3. Trainer zzgl. 110 €. Halbtagesveranstaltung Tarif II für private Gruppen bis 15 Pers 495 €, ab 16. Person pro Person 30 €, Tagesveranstaltung bis 15 Pers 795 €, ab 16. Person pro Person 50 €.

▶ Dieser Klettergarten ist auf Gruppen eingestellt. Nicht das sportliche Vergnügen, sondern pädagogische Ziele stehen dabei im Vordergrund. Die Teilnehmer sollen Teamwork und Kommunikation lernen, ihre Sozialkompetenz und ihr Selbstvertrauen stärken. Für Schulklassen, Jugendgruppen und Gruppen aus sozialen Einrichtungen gilt der Tarif I, der die Nutzung der Anlage und zwei Trainer umfasst. Ab einer Gruppengröße von über 22 Personen ist unter Umständen die Mitarbeit eines dritten Trainers erforderlich.
Im benachbarten Ferienhaus können Kinder- und Jugendgruppen übernachten.

Auf dem Abenteuerspielplatz im Jugenddorf Klinge

Kinder- und Jugenddorf Klinge e.V., Klingestraße 30, 74743 Seckach-Klinge. ✆ 06292/780, Fax 78200. www.klinge-seckach.de. info@klinge-seckach.de.
Bahn/Bus: Bhf ↗ Buchen Bus 848 ins Jugenddorf.
Auto: Südlich von Buchen, Richtung Adelsheim. **Zeiten:** Spielplatz 8 – 21 Uhr.

▶ Im Jugenddorf leben in Familiengruppen Kinder und Jugendliche, deren Eltern gestorben sind oder aus unterschiedlichsten Gründen ihre Kinder nicht selbst erziehen können. Auf dem großen Gelände mit vielen Freizeiteinrichtungen sind auch Ferienhäuser und ein Zeltplatz für Jugendgruppen zu mieten, ein Gäste- und Tagungshaus steht für Seminare aller Art zur Verfügung.
Für Ausflügler bietet das Jugenddorf einen großen, hervorragend ausgestatteten **Abenteuerspielplatz** und das **Gasthaus St. Benedikt.** Auf der riesigen Fläche des Spielplatzes sind bei Hitze die Wasserspiele besonders beliebt, doch auch die Riesenrutsche, das Labyrinth, der große Kletterturm und ein Schaukelboot sorgen stundenlang für Unterhaltung. Es gibt auch Tischtennisplatten, bringt euch Schläger und

Hunger & Durst
St. Benedikt,
✆ 06292/78233.
April – Okt Di ab 15, Mi – Sa 11 – 0.30, So 11 – 18 Uhr, Nov – März Di – Sa 11 – 14.30 und 17.30 – 0.30, So 11 – 18 Uhr. Mit Terrasse. Abwechslungsreiche Speisekarte, sehr lecker und preiswert. Hier werden Jugendliche als Köche ausgebildet.

Bälle mit. Hunde sind verboten. In der Nähe ist der ↗ Skulpturenpark Seckach.

Die Gaststätte ist gegenüber vom Spielplatz. Ihr schlichtes Äußeres erinnert eher an eine Kantine, aber das Essen ist lecker und preiswert. Hier werden Jungköche und -köchinnen ausgebildet, die sich auch an ausgefallenen Gerichten probieren – Lamm, Vegetarisches, Fisch und vieles mehr.

Picknick und Minigolf im Seegarten

Cornelia und Frank Wosch, 63916 Amorbach. Handy 0178/9293314. www.minigolf-amorbach.jimdo.com. minigolf.amorbach@web.de. **Bahn/Bus:** ↗ Amorbach. **Zeiten:** Mai – Sep Mo – Sa ab 13, So ab 11, Fei ab 10 Uhr, April, Okt Fr, Sa ab 13, So ab 11, Fei ab 10Uhr, Ferien Mo – Fr ab 13, Sa, So, Fei ab 10 Uhr. **Preise:** Erw 2, Kinder bis 15 Jahre 1,50 €.

▶ Hinter der Abteikirche könnt ihr im **Seegarten,** einem romantischen Park voller Skulpturen und mit einem Teich, faulenzen oder spielen. Ein **Minigolfplatz** lädt zu einer Runde ein. Vor 200 Jahren gestaltete derselbe bekannte Gartenarchitekt, Friedrich Ludwig von Sckell, der auch den Englischen Garten in Eulbach anlegte, diese Oase.

Habt ihr keinen Picknickkorb dabei, könnt ihr euch im **Café Schlossmühle** am Park mit Kuchen aus der eigenen Konditorei vollstopfen. Das Café befindet sich in der ehemaligen Klostermühle.

Hunger & Durst

Café Schlossmühle, Amorbach. ✆ 09373/1254. www.schlossmuehle-amorbach.de. Mo – Sa 9 – 18, So 10 – 12 und 13 – 18 Uhr. Kuchen aus eigener Konditorei.

Durch Höhlen und Wälder

UMWELT ERFORSCHEN

In der Eberstadter Tropfsteinhöhle

Hochstadtstraße 2 (Verkehrsamt), 74722 Buchen-Eberstadt. ✆ 06281/2780, -310, Kiosk an der Höhle 06292/578, Fax 2732. www.eberstadter-tropfsteinhoehle.de. verkehrsamt-buchen@t-online.de. 6 km südöstlich von Buchen, ausgeschildert. **Bahn/Bus:** ↗ Buchen, ab Bhf Bus 848. **Zeiten:** März, April Di – So 10 –

Hunger & Durst

Seeterrasse, Höhlenweg 8, Eberstadt. ✆ 06292/930-113. www.restaurant-seeterrasse.de. Fr 17 – 22, Sa, So, Fei 11 – 22 Uhr. Direkt neben der Höhle. Fisch- und Fleischgerichte, Wild.

Mitten im Vesuv: Die Kalkgebilde haben tolle Fantasienamen

© Eberstadter Tropfsteinhöhle

16, Mai – Aug täglich 10 – 16, Sep, Okt Di – So 10 – 16, Nov – Feb Sa, So, Fei 13 – 16 Uhr, Besichtigungsdauer etwa 1 Std. **Preise:** 3,50 €; Kinder 3 – 6 Jahre 2 €, 7 – 15 Jahre 2,50 €; Gruppen ab 20 Personen 3 €, Behinderte 2,50 €. **Infos:** Auch mit Rollstuhl oder Kinderwagen möglich, etwas hubbelig an manchen Stellen.

▶ Dieses einmalige Naturdenkmal wurde 1971 durch Zufall entdeckt – in dem ehemaligen Steinbruch bei der Höhle wurde bei einer Sprengung ein Spalt freigelegt, und dahinter glänzte und glitzerte es geheimnisvoll. Heute könnt ihr mit einer Führung 600 m weit in das Innere der Höhle gehen und euch die Zauberwelt der Tropfsteine ansehen. Diese Gebilde sind bis zu 2 Mio Jahre alt, manche sind mehrere Meter hoch. Wegen ihren bizarren Formen tragen sie fantasievolle Namen wie »Elefantenrüssel«, »Hochzeitstorte« oder »Weiße Frau von Eberstadt«. Ein kleiner Höhlensee verstärkt noch den märchenhaften Eindruck. Weil die Temperatur und die Luftfeuchtigkeit in der Höhle immer gleich bleiben, trocknet dieser See niemals aus. Es ist erstaunlich, dass in dieser finsteren Umgebung so manches wächst und gedeiht: Moose, Krebse und Schnecken finden es hier ganz gemütlich. In dem neu erstellten Besucherzentrum bei der Höhle könnt ihr in einem Medienraum auf einem Großbildfernseher die Höhlenwelten von Eberstadt erleben. Denn in Eberstadt gibt es noch weitere Höhlen, die jedoch nicht für Besucher zugänglich sind.

Auf dem Weg vom Parkplatz zur Höhle, in dem früheren Steinbruch, seht ihr einen **geologischen Lehrpfad.** Um alles durchzulesen, braucht ihr etwas Zeit, es ist aber sehr interessant. Gegenüber liegt ein türkisgrüner kleiner See.

Im Waldgebiet unweit der Höhle gibt es außerdem einen **Naturlehrpfad,** der Wissenswertes zur Pflanzen- und Tierwelt in der Umgebung erklärt.

*Kennt ihr den Unterschied zwischen einem **Hasen** und einem Kaninchen? Kaninchen sind kleiner und haben kürzere Ohren. Sie leben in Gruppen zusammen und graben große, verzweigte Bauten mit vielen Gängen, in denen sie wohnen. Ein Kaninchen kann bis zu 7 Mal im Jahr 12 Junge werfen! Hasen leben allein. Sie haben auch keine Höhlen, sondern nur eine »Sasse«: Das ist nur eine flache Stelle, auf einer Wiese oder in einem Feld, auf der der Feldhase sich zusammenkauert. Hier bekommt er seine 2 bis 3 Jungen, die also ziemlich ungeschützt daliegen.*

Ausflug zum Hasenwäldchen und zum Wartturm bei Buchen

74722 Buchen. ✆ 06281/557411 (Gasthaus), Fax 929287. Handy 0163/6931667. www.buchen.de. verkehrsamt-buchen@t-online.de. Zwischen Buchen und Hettingen. **Bahn/Bus:** ↗ Buchen, Busse nach Hettingen etwa 8 mal am Tag. **Auto:** Von Buchen kommend etwa 200 m vor Ortsbeginn Hettingen rechts am Umspannwerk abbiegen, dahinter parken. **Zeiten:** April – Okt Sa, So 8 – 18 Uhr, sonst Schlüssel gegen Kaution beim Verkehrsamt. **Preise:** Eintritt frei.

▶ Das Tollste an diesem Spaziergang sind die vielen Tiere, die im **Hasenwäldchen** in sehr gepflegten Gehegen leben. Neben Fasanen, Pfauen, Sittichen, Kanarienvögeln, Hühnern, Tauben und Enten gibt es auch afrikanische Zwergziegen, Kaninchen, Streifenhörnchen und Heideschafe. Zwischen den Gehegen stehen liebevoll restaurierte alte landwirtschaftliche Geräte.

Vom Parkplatz aus lauft ihr entweder auf dem asphaltierten Weg zwischen Feld- und Waldrand zum Gasthaus Hasenwäldchen, rechter Hand liegt dann der kleine Daunsee. Oder ihr geht durch den Wald auf dem Wald- und Vogellehrpfad, das dauert etwa eine

DIE TIERE IM ODENWALD

▶ Manchmal, wenn ihr im Wald spazieren geht, werdet ihr an Stellen kommen, wo der Boden aufgewühlt ist, Laub und Gräser sind weggescharrt worden, die braune Erde ist zu sehen. Wahrscheinlich waren hier **Wildschweine** auf Futtersuche. Grunzend und schmatzend ziehen sie durch den Wald, aber auch über Felder und Wiesen und wühlen die Erde auf, um Wurzeln oder andere Leckereien zu finden. Sie verwüsten dabei auch Äcker oder Gärten. Das machen sie aber in der Regel nachts, wenn sie niemand sieht. Tagsüber verstecken sie sich im dichtem Unterholz. Sie lieben es auch, in Schlamm zu suhlen. Wenn ihr so eine Stelle findet, wo die Erde aufgewühlt ist, dann könnt ihr auf Spurensuche gehen: An den Fußabdrücken könnt ihr nämlich erkennen, ob es Wildschweine waren oder Rehe. Denn auch Reh- und Damwild scharrt den Boden auf, allerdings sieht es dann meistens nicht so verheerend aus wie nach einem Schweinebesuch. Kreuzt ein Wildschwein beim Wandern euren Weg, so könnt ihr oft seinen intensiven Duft noch riechen, wenn es schon längst wieder im Dickicht verschwunden ist.

Am häufigsten im Odenwald werdet ihr wahrscheinlich **Rehe** sehen. In der Dämmerung kommt das Rehwild aus dem Wald, in dem es sich tagsüber verborgen hält, und grast auf den Wiesen. Rehwild hat nur ein kleines Gehörn und ist zierlich, die Tiere sind etwa 70 Zentimeter hoch. Im Sommer leben mehrere Muttertiere mit ihren Jungen zusammen, im Winter bilden sich große Rudel.

Damwild ist größer als Rehwild, und es ist auch recht häufig im Odenwald zu finden. Damhirsche haben ein großes, schaufelartiges Geweih, ein bisschen ähnelt es dem von Elchen. Von Rot- oder Rehwild könnt ihr es auch an dem längeren Schwanz unterscheiden. Das Damwild verändert sein Fell mit den Jahreszeiten: Im Sommer ist es rotbraun mit weißen Tupfen, im Winter ist es braungrau und hat keine Flecken. Damwild ernährt sich von Kräutern, Blättern, Zweigen und Knospen.

Rotwild ist bei uns selten. Die mächtigen Rothirsche sind die größten Bewohner unseres Waldes. Sie können bis zu 250 Kilo wiegen. Ihre Geweihe sind bei Jägern immer sehr begehrt gewesen und hängen in

halbe Stunde. Dieser Pfad, der am großen Holzschild beginnt, ist nicht für Kinderwagen geeignet. Zwei Spielplätze gehören zu der Naherholungsanlage.
Der **Wartturm** ist nicht zu übersehen, er ragt auf der einzigen Erhebung bei Buchen aus einem Miniwäldchen über die umliegenden Felder. Ein befestigter Weg führt vom Daunsee zum Turm, auch für Kinderwagen oder Rädchen geeignet. Der Wartturm liegt südöstlich von Buchen auf dem 394 m hohen Wartberg. Der 14 m hohe Turm diente im Mittelalter der

Schlössern oft als Trophäen an der Wand. Das Geweih des Rothirschs hat Zacken, die sogenannten Enden. Wenn ihr diese Enden zählt, wisst ihr, wie alt der Hirsch war. Die Hirschkuh hat kein Geweih. Rothirsche essen Kräuter und Laub, Rinde und Eicheln, Bucheckern und Obst. Im Gebirge, zum Beispiel in Bayern oder im Schwarzwald, gibt es noch häufiger Rothirsche. Beim ↗ Jagdschloss Kranichstein lebt Rotwild in einem eingezäunten Areal, wenn ihr Glück habt, könnt ihr es bei einem Ausflug dorthin sehen. Ansonsten werdet ihr ihm in Wildgehegen, zum Beispiel bei Erbach im Odenwald, begegnen. Übrigens werfen sowohl die Dam- als auch die Rothirsche und die Rehböcke jedes Jahr ihr Geweih ab, innerhalb von wenigen Monaten wächst ihnen ein neues.

Dachse und Füchse leben ebenfalls im Odenwald. Der Dachs wohnt in einer Höhle, die er im Wald in die Erde gräbt. Er polstert sie an den tiefsten Stellen mit Moos aus, damit er auf weichem Untergrund liegen kann. Im Winter hält er eine Winterruhe. Auch im Sommer werdet ihr ihn kaum zu Gesicht bekommen, denn er ist nachts aktiv und schläft am Tag. Der Dachs ist ein Allesfresser, er hat einen extrem kräftigen Kiefer. Auch der Fuchs gräbt Bauten, die viele Fluchtröhren haben, damit er den Hunden der Jäger entkommen kann. Ihr könnt einen Dachsbau daran erkennen, dass es rundherum ganz sauber ist – der Fuchs dagegen ist sehr unordentlich, er lässt seine Essensreste vor dem Bau liegen. ◀

Spuren im Wald: Dachs, Fuchs und – rechts – Hund

stark befestigten Stadt Buchen als Beobachtungsturm. Von dort oben war jeder Angreifer früh zu erkennen. Der Einstieg befand sich ursprünglich auf halber Höhe des Turms, die Stelle ist noch gut sichtbar. Über eine Leiter kletterten die Leute in den Turm hinein, wurden sie angegriffen, war der Eingang nicht so leicht zu erreichen. Über dem Einstieg steht die Jahreszahl 1490, wahrscheinlich das Baujahr des Turms.

Besonders interessant ist die Gießluke über dem Einstieg, auch Pechnase genannt. Durch diese Öffnung goss die Besatzung des Turmes Angreifern allerlei ekliges Zeug wie heißes Pech über die Köpfe.

Heute betritt man den Turm bequem durch den nachträglich eingebauten ebenerdigen Eingang. Auch die Bekrönung des Turmes mit den malerischen Zinnen und die Plattform auf dem Dach stammen aus dem Jahre 1894. Im Mittelalter besaß der Turm ein spitzes Kegeldach.

Museumsstraße Odenwälder Bauernhaus

Odenwälder Museumsstraße e.V., Weiherstraße 12, 74731 Walldürn-Gottersdorf. ✆ 06286/320, Fax 1349. www.freilandmuseum.com. info@freilandmuseum.com. **Bahn/Bus:** ↗ Walldürn, dann etwa stündlich Bus Walldürn – Hornbach oder – Wettersdorf bis Gottersdorf Ort.

▶ Entlang der Museumsstraße seht ihr viele Stationen mit Schautafeln zu Themen wie bäuerliches Leben und Arbeit, Siedlungsformen, dörfliches Handwerk, Volksfrömmigkeit u.a. Hauptstation ist das Odenwälder Freilandmuseum in Walldürn-Gottersdorf.

Kunst im Wald

Atelier Lichtung, Meisenweg 16, 74743 Seckach. ✆ 06292/1262, Fax 1262. www.skulpturenpark-seckach.de. info@seckach.de. Im Wald am Ortsrand. **Bahn/Bus:** RB von Walldürn oder Mosbach. Bus 848 von Bhf Buchen. **Auto:** Südlich von Buchen Richtung

Geheimnisvoll: Im Wald von Seckach stoßt ihr auf Kunst

Adelsheim. **Infos:** Im Atelier oder bei der Gemeinde Seckach.

▶ Das Hinweisschild zum Kunstpfad an der kleinen Straße in Richtung Kinder- und Jugenddorf Klinge ist nicht zu übersehen. Im Wald stehen hier etwa 80 Skulpturen aus Stein, Holz und anderen Materialien. Die natürlichen Verwitterungspuren lassen die Arbeiten noch interessanter erscheinen. Der Pfad ist durch die Initiative eines ortsansässigen Bildhauerpaars entstanden. *Marianne* und *Paul August Wagner* laden seit 1989 jedes Jahr Künstler ein, den Kunstpfad im Wald weiter auszubauen.

Klöster und Burgen

Die Mildenburg

Museen der Stadt Miltenberg, 63897 Miltenberg a.M. ✆ 09371/668504, Fax 6698618. www.museen-miltenberg.de. info@museen-miltenberg.de. **Auto:** ↗ Miltenberg. **Zeiten:** Mai – Okt Di – Fr 13 – 17.30, Sa, So 11 – 17.30 Uhr, für Gruppen auch zu anderen Zeiten, Okt – April nur mit Führung. **Preise:** Burghof 1, Burghof und Museum 3 €, Kombikarte Museum Stadt Miltenberg und Mildenburg 6 €; Kinder ab 6 Jahre, Schüler, Studenten 0,50 bzw. 2 €, Kombikarte 4 €; Schwerbehinderte 0,50 bzw. 2 €, Kombikarte 4 €, Familien (2 Erw, eigene

Hunger & Durst

Im Burghof gibt es ein kleines **Café.** Hier könnt ihr euch mit leckerem Kuchen und anderen Kleinigkeiten stärken.

Täuschend echt: Als der ***Stil des Barock*** *modern war, im 18. Jahrhundert, lebte eine vermögende Familie in Bayern, die von Schönborn hieß. Sie liebte die Kunst und war geradezu bauwütig. Einer von ihnen, Lothar Franz von Schönborn, ließ die Basilika in Walldürn errichten. Ein Kennzeichen des barocken Stils ist neben den geschwungenen Formen die illusionistische Malerei. Die Illusion ist eine Täuschung, die Maler täuschten z.B. Räume, Fenster, Stuck etc. vor.*

Kinder) 3 bzw. 8 €, Kombikarte 14 €, Gruppen ab 10 Pers Burghof und Museum Erw 2,50, Kombikarte 5 €, Kinder, Schüler, Studenten, Schwerbehinderte 1,50 € pro Person, Kombikarte 2,50 €.

▶ Über der Stadt Miltenberg erhebt sich die Mildenburg. Sie wurde im 13. Jahrhundert unter dem Mainzer Erzbischof errichtet, der damit seine Besitztümer und seinen Einflussbereich gegen das Würzburger Bistum sichern wollte. Heute lässt sie sich gut durch das Schnatterloch am oberen Marktplatz Miltenbergs erstürmen. Oben angekommen, habt ihr einen herrlichen Blick auf das Maintal. Ihr könnt auf den eckigen Bergfried klettern, der zu seiner Entstehungszeit 1235 das einzige Bauwerk aus Stein war, alle übrigen waren aus Holz.

Seit Juli 2011 ist in den Mauern der Burg ein **Museum** eingerichtet. Damit ist das Innere der Burg erstmals für die Öffentlichkeit zugänglich. Hier könnt ihr eine Ikonensammlung sowie Kunstwerke von Künstlern aus dem 20. und 21. Jahrhundert, z.B. von *Ernst Barlach* oder *Joseph Beuys* sehen.

Ehemalige Benediktinerabtei Amorbach

Schlossplatz 1, 63916 Amorbach. ✆ 09373/971545, Fax 971560. www.fuerst-leiningen.de. kultur@fuerst-leiningen.de. **Bahn/Bus:** ↗ Amorbach. **Zeiten:** Mitte März – Dez Mo – Sa 10 – 12, 13 – 17 Uhr, So, Fei 12 – 17 Uhr. **Preise:** 2 €, Führung Abteikirche, Grüner Saal und Bibliothek 6 €; Gruppen ab 30 Pers 1,50 €. **Infos:** Führung Abteikirche, Grüner Saal, Bibliothek Mi, Do, Sa 11, 15 Uhr, So 12, 15 Uhr, Gruppenführungen nach Absprache mit Odenwald Tourismus GmbH, ✆ 06061/965970, tourismus@odenwald.de, www.odenwald.de.

▶ Diese gewaltige Kirche wurde noch nie restauriert, ihr seht sie also ganz genauso wie die Menschen vor über 200 Jahren. An der Decke ist das Leben des Heiligen Benedikt dargestellt, nach dem der Mönchsorden des Klosters benannt ist: Benediktiner. Typisch für den **Stil des Barock** ist die illusionistische Male-

rei, die zu Zeiten, als es noch keine Filme und Computertechnik gab, etwas ganz Besonderes war. Sie vermittelt nämlich den Eindruck, die Gestalten würden wirklich zum Himmel auffahren, fliegen oder auf irgendetwas sitzen. Das gelang den Malern mit vielen optischen Tricks.
Außer der Kirche besichtigt ihr bei dem Rundgang auch die Bibliothek und den Festsaal des Klosters.

Besuch bei Parsifal auf der Burgruine Wildenberg

63931 Kirchzell. www.kirchzell.de. gemeinde@kirchzell.de. **Länge:** Vom Waldmuseum etwa 20 Min zu Fuß, ausgeschildert, nicht für Kinderwagen geeignet.
Bahn/Bus: ↗ Kirchzell. **Auto:** 7 km südwestlich von Amorbach, an der Straße Richtung Mudau rechts ausgeschildert. **Zeiten:** Ruine frei zugänglich, Bergfried April – Okt Sa und So 10 – 18 Uhr. **Preise:** Eintritt frei.
▶ Auf dem Weg vom Waldmuseum zur Ruine kommt ihr an einer finsteren Höhle vorbei – wer traut sich hinein? Die Wildenberg-Ruine ist ein toller Picknickplatz. Von dieser Burg wird angenommen, dass auf ihr der Dichter Wolfram von Eschenbach (geb. um 1170 in Mittelfranken, gest. vermutlich 1220) im Mittelalter seine berühmte Rittergeschichte **Parsifal** schrieb. Wahrscheinlich war sie das Vorbild für die Gralsburg, die der Held Parsifal sucht. Die Burg Wildenberg wurde um 1200 erbaut und im Bauernkrieg 1525 zerstört. In diesem Krieg lehnten sich die armen Bauern gegen die Adligen auf, die im Luxus schwelgten und von den Bauern obendrein hohe Abgaben verlangten. Eine Schar aufgebrachter Bauern erstürmte auch die Wildenberg.
Einst muss diese Ruine eine sehr imposante Burg gewesen sein, auf der rauschende Feste gefeiert wurden. Der riesige Kamin im Festsaal, in dem im Mittelalter gewaltige Feuer loderten, ist heute noch zu erkennen. Vielleicht fanden auf der Burg sogar große Ritterturniere statt.

Parsifals Vater war als Ritter im Kampf im fernen Orient gestorben, Parsifals Mutter Herzelyde will deshalb ihren Sohn davon abhalten, auch Ritter zu werden. Doch ***Parsifal*** *findet Ritter toll und zieht mit dem erstbesten fort. Herzelyde stirbt sogleich an gebrochenem Herzen. Parsifal durchlebt nun ständig neue Abenteuer, ist immer auf der Suche nach dem Gral, dem Stein der Weisen.*

April – Oktober ist bei gutem Wetter samstags und sonntags der **Bergfried** geöffnet und kann bestiegen werden.

Museen und Stadtrundgänge

Römermuseum Obernburg

Untere Wallstraße 29a, 63785 Obernburg am Main. ✆ 06022/506311, 619140, Fax 619139. www.roemermuseum-obernburg.de. mail@obernburg.de. Eingang von der Unteren Wallstraße aus. **Bahn/Bus:** ↗ Obernburg. 10 Min Fußweg in östliche Richtung über die Mainbrücke, links in Pfaffengasse. **Zeiten:** Mitte März – Mitte Dez Mi, Do 14 – 16 Uhr, So, Fei 14 – 17 Uhr, Führungen nach Vereinbarung unter ✆ 06022/619140. **Preise:** 1,50 €; Kinder bis 6 Jahre frei, bis 16 Jahre 1 €, für Schulen 1 € pro Schüler; Familien 2,50 €.

▶ In einer umgebauten Fachwerkscheune werden Funde aus dem römischen Limeskastell *Nemaninga* gezeigt, das einst an der Stelle lag, wo später die Stadt Obernburg entstand. Ihr bekommt einen guten Eindruck davon, wie die Römer in den ersten vier Jahrhunderten unseres Jahrtausends in der Gegend um Obernburg lebten. Ihr erfahrt, wo und wie sie Straßen bauten, wie ein römisches Kastell aussah, was sie aßen, wie sie sich kleideten und wie sie ihre Toten begruben. Römische Münzen, Schmuck, Reste von Geschirr und Gläsern sind ausgestellt.

Bummel durch Obernburg am Main

Römerstraße 62 – 64, 63785 Obernburg am Main. ✆ 06022/61910, www.obernburg.de. mail@obernburg.de. **Bahn/Bus:** ↗ Obernburg.

▶ Obernburg hat eine nette Altstadt, Türme und Tore der alten Stadtmauer sind zum Teil noch erhalten. Von der nicht zu verfehlenden, weil einzigen Einkaufsstraße führen kleine Gassen mit Kopfsteinpflaster in Richtung Main.

Hunger & Durst

NFH Obernburg, Im Adel 1, ✆ 06022/ 31232. www.naturfreunde-eisenbach.de. Mi (alle 14 Tage) und Sa 14 – 19, So 10 – 19 Uhr. Kleine Speisen. Bei Eisenbach, westlich von Obernburg, ausgeschildert. Sehr schön am Hang gelegen, mit Blick auf Obernburg und die Höhen des Spessart. An Sitzgruppen aus Holz könnt ihr im Freien das Essen genießen.

Wer sich für die Geschichte der Römer in der Region interessiert, sollte das kleine ➚ Römermuseum besuchen. Wenige Meter davon entfernt befindet sich die **Kochsmühle** (Untere Wallstraße 8 – 10), benannt nach ihrem letzten Besitzer, einem Herrn Koch. Heute befinden sich in dem restaurierten Gebäude der ehemaligen Gemeindemühle am Mühlbach die städtische Musikschule, eine Galerie und eine Kleinkunstbühne.

*Im **Hexenturm,** einem der alten Stadttürme, wurden tatsächlich Frauen eingesperrt, die der Hexerei verdächtigt wurden. Er diente zeitweise auch als Gefängnis. Auf halber Höhe könnt ihr an ihm den ehemaligen Zugang von der Stadtmauer aus noch erkennen. An seiner westlichen Seite ragt noch ein Aborterker heraus.*

Berufe der Miltenberger

Museum Stadt Miltenberg, Hauptstraße 169 – 175, 63897 Miltenberg a.M. ✆ 09371/668504, Fax 6698618. www.museen-miltenberg.de. info@museen-miltenberg.de. In der ehemaligen Amtskellerei. **Bahn/Bus:** ➚ Miltenberg. 15 Min Fußweg Richtung Innenstadt. **Zeiten:** April – Okt Di – So 10 – 17.30, Nov – Jan Mi – So 11 – 16 Uhr, für Gruppen nach Absprache auch zu anderen Zeiten. **Preise:** 4 €; Kinder ab 6 Jahre, Schüler, Studenten 3 €; Schwerbehinderte 3, Familien (2 Erw, eigene Kinder) 9 €, Gruppen ab 10 Pers Erw 3,50, Kinder, Schüler, Studenten, Schwerbehinderte 2 € pro Person. **Infos:** Führungen und Workshops für Gruppen, Kindergeburtstage und Schulklassen max. 30 Kinder, Führung 45 € inkl. Eintritt, Workshop 90 – 180 Min 45 – 90 € zzgl. 1,50 € Eintritt.

▶ Im Museum der Stadt Miltenberg könnt ihr euch über die Stadtgeschichte informieren, von den Siedlungen der Römerzeit bis ins 20. Jahrhundert. Ein Schwerpunkt der Ausstellung liegt auf dem Berufsleben der Miltenberger. Wusstet ihr, dass viele Miltenberger früher von der

Mainblick: Miltenberg

© FVA: Miltenberg

Radfahren am Main entlang lässt sich gut mit einer Schifffahrt kombinieren, zum Beispiel flussaufwärts nach Wertheim, wo der Dampfer anlegt. Ihr könnt Räder auf dem Dampfer mitnehmen und dann zurückradeln oder umgekehrt.

Schifffahrt auf dem Main und der Fischerei in dem Fluss lebten? Ihr könnt euch per Kopfhörer von einem der letzten Miltenberger Mainfischer erzählen lassen, wie er einmal beim Fischfang in ein schreckliches Unwetter kam – und zwar mit dem hölzernen Kahn, den ihr heute im Museum bestaunen könnt. Die Geschichte der Juden in Miltenberg wird dargestellt und Bilder des Miltenberger Malers Philipp Wirth sind zu sehen. Außerdem gibt es eine umfangreiche Spielzeugausstellung.

Im Rahmen der Museumspädagogik werden für Gruppen und Schulklassen verschiedene kindgerechte Führungen und Workshops mit Themen wie *Römer in Miltenberg, Spielzeug und Baukästen* oder *Leben in der Stadt vor 400 Jahren* angeboten. In der museumspädagogischen Werkstatt, die gemeinsam mit zwei Miltenberger Schulen ins Leben gerufen wurde, könnt ihr mit euerer Schulklasse Wolle spinnen und färben, Stoffe mit Tonstempeln bedrucken oder Steinwerkzeug herstellen.

Ein Museum namens Mutter

Wolkmannstraße 2, 63916 Amorbach. ✆ 09373/20940, Fax 20941. www.amorbach-mutter.de. touristinfo@amorbach.de. **Bahn/Bus:** ➚ Amorbach. **Zeiten:** Für Gruppen ab 20 Pers nach Anmeldung bei Tourist-Information. **Preise:** 3,90 €; Kinder bis 6 Jahre frei.

▶ Eigentlich produziert die Firma Berger Geschenkartikel, und die ehemalige Besitzerin dieser Firma gründete das Museum. In einem früheren Werksgebäude befinden sich nun ihre Sammlungen, die so unterschiedliche Dinge wie Teekannen, Puppen, alles von Pepsi-Cola und moderne Kunst umfassen. Das Museum, das erst im April 2009 wiedereröffnet wurde, bietet somit etwas für jeden Geschmack. Allein den Puppen ist eine ganze Etage gewidmet, etwa 500 Exemplare aus verschiedenen Epochen. Manche sind sehr wertvolle Sammlerstücke, mit denen nie mehr Kinder spielen werden. Beeindruckend ist

auch, wie viele unterschiedliche Teekannen aus aller Herren Länder zusammengetragen wurden, 2500 Kannen in allen nur erdenklichen Farben und Formen sind ausgestellt.
Die hochkarätige **Sammlung moderner Kunst,** die man hier nicht vermuten würde, umfasst Arbeiten von dem Maler *Marc Chagall,* den Künstlern *Christo* und *Jeanne-Claude,* die 1995 den Berliner Reichstag verhüllt hatten, und bunte Graffitis des Amerikaners *Keith Haring*. Sehr witzig ist der Bücherturm, in den ihr unbedingt euren Kopf hineinstecken müsst. Übrigens begann Frau Berger im hohen Alter von 80 Jahren, sich selbst künstlerisch zu betätigen. Ihren Werken ist ebenfalls ein eigener Raum gewidmet.

Hier geht nichts durch die Lappen: Im Waldmuseum Watterbacher Haus

Dorfstraße 4, 63931 Kirchzell-Preunschen. ✆ 09373/ 7306, 97430 (Museumsverwaltung). www.kirchzell.de. gemeinde@kirchzell.de. **Bahn/Bus:** ↗ Amorbach, von dort Bus Amorbach – Kirchzell Friedhof bis Rathaus. **Zeiten:** April – Sep Sa, So und Fei 11 – 17 Uhr, Okt – März Sa, So, Fei 12 – 16 Uhr, für Gruppen nach Vereinbarung. **Preise:** 2 €; Kinder bis 6 Jahre frei, Schüler 1 €; Studenten, Behinderte, Gruppen 1,50 €, Familien 4 €. **Infos:** Museumsverwaltung und Termine für Führungen Markt Kirchzell, Hauptstraße 19, 63931 Kirchzell.

▶ Das Watterbacher Haus ist ein sehr interessantes, einfallsreich gestaltetes Museum zu Themen rund um den Wald. Hier gibt es viele Infos zu Berufen, die jahrhundertelang mit dem Wald eng verknüpft waren und heute fast vergessen sind – der Alltag von Beerenfrauen, Zapfenpflückern, Holzhauern und Schweinehirten wird anschaulich dargestellt. Außerdem erfahrt ihr, wo der Ausdruck »durch die Lappen gehen« herkommt, was eine Holzbibliothek ist und was die Steinhauer im Mittelalter im Wald so trieben.
Untergebracht ist das Museum im ältesten erhaltenen Bauernhaus des Odenwaldes, dem **Watter-**

Die **Burgruine Wildenberg** liegt ganz in der Nähe, zu Fuß könnt ihr vom Watterbacher Haus in etwa 20 Minuten hinlaufen.

bacher Haus. Dieses Fachwerkhaus hat eine Odyssee hinter sich: Ursprünglich stand es im Ortsteil Watterbach der Gemeinde Kirchzell, es wurde zweimal komplett versetzt. Seit 1982 steht es nun in Preunschen, wurde aufwändig restauriert und beherbergt seit 1997 das Museum. Es war einmal ein Wohnstallhaus: Mensch und Vieh lebten unter einem Dach – das sparte beim Hausbau und war im Winter schön warm. Allerdings roch es auch immer ein bisschen streng …

Schifffahrts- und Schiffbaumuseum in Wörth am Main

Rathausstraße 72, 63939 Wörth a.M. ✆ 09372/72970, 98930 (Rathaus), Fax 989340. www.woerth-am-main.de. postmaster@woerth-am-main.de. Alte Kirche St. Wolfgang. **Bahn/Bus:** RB und Bus Aschaffenburg – Miltenberg, ↗ Obernburg. **Auto:** B469, südlich von Obernburg. **Rad:** Main-Radweg, von Obernburg ca. 5 km, von Miltenberg 14 km. **Zeiten:** Sa und So 14 – 17 Uhr sowie nach Vereinbarung. **Preise:** 1,50 €; Kinder 6 – 16 Jahre 0,50 €; Behinderte und Gruppen 0,80 €. **Infos:** Führungen nach Vereinbarung möglich.

▶ Kapitäne und Piraten aufgepasst – in diesem nur wenige Kilometer von Obernburg entfernten Ort gibt es für Schifffahrt-Fans was zu sehen. Da ist zum einen das **Schifffahrts- und Schiffbaumuseum** in der ehemaligen **Wolfgangskirche.** Diese Barockkirche wurde schon seit 1903 nicht mehr für Gottesdienste genutzt, sie diente unter anderem als Turnhalle und als Lagerplatz. Der Umbau zum Museum rettete sie vor dem Verfall. Sie bildet heute einen eindrucksvollen Rahmen für die Ausstellungsstücke rund um die **Mainschifffahrt.** Modelle, Fotos, Schiffsteile und Werkzeuge lassen die Geschichte der Flussschifffahrt lebendig werden. So erfahrt ihr zum Beispiel, dass der Main bis ins 19. Jahrhundert noch mit Holzschiffen befahren wurde, die flussaufwärts von Menschen oder Tieren gezogen werden mussten. Auch

Hunger & Durst

Waldhaus Diana, ✆ 09372/4683. www.waldhaus-woerth.com. Mi, Sa 13 – 20 Uhr, So 10 – 20 Uhr. 2 km vom Bhf Wörth am Waldrand, für Autofahrer ausgeschildert. Kleine Gerichte wie Rippchen mit Kraut, Handkäse oder Hausmacher Wurst. Von der Terrasse könnt ihr die tolle Aussicht auf den Main genießen. Für Wanderfreudige sind verschiedene Rundwege möglich.

über Dampfschiffe und über die Kettenschifffahrt könnt ihr euch schlau machen, oder darüber, wie Schiffe früher gebaut wurden. Interessant ist auch die Abteilung »Leben an Bord«, die zeigt, wie die Familien der Flussschiffer auf den Booten hausten. Nur etwa 2 Minuten dauert der Spaziergang von der Museumskirche zum Main. Dabei seht ihr die **Schiffswerft** am gegen-überliegenden Ufer sehr genau. Riesige Frachtschiffe liegen dort zum Überholen an Land. Etwas skurril wirkt diese an die Nordsee erinnernde Szenerie neben den südlichen Weinhängen, die sich an den Ausläufern des Spessarts zum Mainufer hinunterziehen.

Im Gegensatz zu Obernburg verläuft in Wörth die Schnellstraße ein Stück von Ort und Fluss entfernt. Daher lässt es sich hier entspannt am Main spazieren oder radeln.

Im Buchener Bezirksmuseum

Kellereistraße 25 – 29, 74722 Buchen. ✆ 06281/ 8898, Fax 556898. www.bezirksmuseum.de. info@bezirksmuseum.de. **Bahn/Bus:** ↗ Buchen, 5 Min Fußweg in südliche Richtung über Am Haag bis Kellereistraße. **Zeiten:** Mai – Okt Di – Fr, So 14 – 17 Uhr. **Preise:** 3 €; Kinder bis 14 Jahre frei; Schüler, Studenten, Behinderte 1 €, Gruppen ab 10 Personen 2 €. **Infos:** Führungsgebühr (außer bei Schulklassen) 15 €.

▶ Das Buchener Bezirksmuseum befindet sich in der ehemaligen kurmainzischen Amtskellerei, auf zwei Gebäude verteilt. Die Vielfalt ist enorm: Gezeigt werden geologische Funde, Funde aus der Römerzeit, Münzen, Trachten aus dem Odenwald, Bauernmöbel, Keramik, eine Spielzeugsammlung, Handwerksgeräte und mehr. Das komplette Atelier des ersten Buchener Fotografen und ein Friseursalon aus den 1920er Jahren sind aufgebaut.

Eine **Inline-Skating Anlage** gibt es am Schrankenberg in Buchen.

Stadt- und Wallfahrtsmuseum Walldürn

Hauptstraße 39, 74731 Walldürn. ✆ 06282/67107, 8121, Fax 67103. www.heimatmuseum-wallduern.de. georg.hussong@t-online.de. Bei der Basilika. **Bahn/ Bus:** ↗ Walldürn, 10 Min Fußweg in nördliche Richtung über Adolf-Kolping-Straße und Hauptstraße, immer geradeaus. **Zeiten:** Mai – Okt Di, Do, So 14.30 – 16.30 Uhr oder nach Anmeldung. **Preise:** 1,50 €; Kinder bis 16 Jahre 1 €; für Gruppen ermäßigt. **Infos:** beim Verkehrsamt.

▶ Im Wallfahrtsmuseum erfahrt ihr alles rund um das Wallfahrtsgewerbe in Walldürn, zum Beispiel wie aus Papier Blumen gefertigt, nach welchen Formen und Rezepten Lebkuchen gebacken wurden und wie der Handel mit Souvenirs blühte. In der originalen, historischen Wachszieherei seht ihr, wie aus Wachs Kerzen gezogen werden. Eine andere Abteilung zeigt Walldürner Funde aus der Römerzeit und wie die römischen Soldaten entlang des Limes, der Grenze des römischen Reichs, im damaligen Obergermanien lebten. Im Obergeschoss erfahrt ihr, wie *Valentin Stumpf,* ein reicher Bürger am Ende des Mittelalters in der Zeit des Humanismus in seinem stattlichen Patrizierhaus lebte. Kunstvoll bemalte Bauernschränke und viele Stücke zur Stadtgeschichte ergänzen die Sammlung.

Geo-Naturpark Bergstraße-Odenwald Informationszentrum, Haupstraße 27, Walldürn. ✆ 06282/67155. www.geopark-madonnenlaendchen.de. Mitte April – Mitte Okt Di – Fr 12 – 18 Uhr. Das Infozentrum hält viele spannende Themenführungen für Kinder von Halbtagsangeboten zum Leben, Essen und Spielen der Römer über Schnitzeljagden mit dem GPS-Gerät bis zur Muschelsuche auf dem urzeitlichen Meeresgrund mit geologischen Erläuterungen bereit. Schaut einfach mal vorbei! Buchungen auch über Tourist-Info.

Im Odenwälder Freilandmuseum

Odenwälder Freilandmuseum e.V., 74731 Walldürn-Gottersdorf. ✆ 06286/320, Fax 1349. www.freilandmuseum.com. info@freilandmuseum.com. **Bahn/Bus:** Beim Verkehrsamt in ↗ Walldürn erfährt man, ob im Sommer wieder ein Busdienst zum Museum eingerichtet ist. Von Walldürn Bhf mit RB 18418 nach Rippberg, von da Bus 849. **Auto:** An der B47 zwischen Amorbach und Walldürn ausgeschildert. Parkplatz vor dem Gelände. **Zeiten:** Mai – Sep Di – So 10 – 18 Uhr, April und Okt täglich 10 – 17 Uhr, Führungen auf Anfrage. **Preise:** 3,50 €, Führungen je nach Dauer 20 – 30 €; Kinder 6 – 12 Jahre und mit Schulklasse 1,50 €.

▶ Das Freilandmuseum breitet sich auf einem großen Gelände hinter einem Teich in dem kleinen Ort Gottersdorf aus. Das Museum ist selbst wie ein Dorf, es zeigt euch, wie die Menschen früher lebten. Ihre Häuser wurden wieder aufgebaut, komplett mit Möbeln und Haushaltsgeräten, Werkzeugen, Ställen und Hühnerhäusern. Nach der Erinnerung der letzten Besitzer oder nach alten Fotos wurden sie genau so eingerichtet, wie sie einst aussahen. Sie stammen aus verschiedenen Regionen, aus dem Odenwald, dem Neckarland und dem Bauland, das sich östlich an den Odenwald anschließt. Vom Tagelöhnerhäuschen über eine dörfliche Poststelle bis zum Großbauernhof ist alles vertreten, was zu einem Dorf gehört. Die Lebensweise der Menschen, wie sie kochten, schliefen und arbeiteten, wird sehr anschaulich. Stellt euch vor, dass in dem winzigen **Tagelöhnerhaus** mit zwei Kammern damals zeitweise 13 Personen wohnten! Die Kinder und Erwachsenen mussten sich die Betten teilen.

*Ein **Tagelöhner** war jemand, der kurzfristig jede Tätigkeit annahm, die er kriegen konnte. Oft war er nur für einen Tag beschäftigt, daher der Name. Meist hatte er keinen Beruf gelernt und musste die anstrengendsten und unangenehmsten Arbeiten machen, die miserabel bezahlt waren.*

Interessant ist auch das ehemalige Armenhaus. Es gehörte der Gemeinde und wurde von ihr finanziert. Früher gerieten besonders alte oder kranke Menschen rasch in Not, denn es gab noch keine Krankenkasse und keine Rentenversicherung, durch die sie abgesichert waren. Hatte jemand keine Familie, die ihm half, so war er auf die Unterstützung des Dorfes angewiesen. Er konnte dann in ein Zimmer des Armenhauses einziehen. Wie ihr seht, gab es dort auch ein Krankenzimmer. Außerdem wohnte in diesem Haus die Hebamme der Gemeinde.

Pantoffelhaufen: Frisch geschnitzte Holzschuhe

Foto: Annette Sievers

Das sogenannte Bauland ist ein Gebiet, in dem traditionell Dinkel, eine Weizenart, angebaut wird. Aus den noch unreif geernteten (grünen) Ähren kann man mit Hilfe der Grünkerndarre, eine steht im Museum, das Getreide trocknen bzw. darren, wodurch er ein würziges Aroma erhält. Beim alljährli-

Hunger & Durst

Museumsschänke Zur goldenen Krone, ✆ 06286/320. www.freilandmuseum.com. So und Fei zu Öffnungszeiten des Museums, werktags nach Absprache. Auf dem Museumsgelände. Es gibt unter anderem Grünkernsuppe und Grünkernküchle. Mehrere Einkehrmöglichkeiten rund um das Museum.

chen Grünkernfest erfahrt ihr mehr darüber, ➚ Feste & Märkte.

Vergesst nicht, euch den **Großbauernhof** anzusehen, der vor dem Museumsgelände ausgeschildert ist. Dieses Gebäude einer wohlhabenden Bauernfamilie steht seit 200 Jahren an seinem Platz, es musste nicht abgebaut werden, um Teil des Museums zu sein. Neben ihm befinden sich Werkstätten, in denen Räder für Kutschen, Möbel und andere Dinge selbst hergestellt wurden.

Veranstaltungen im Freilandmuseum:

- Familientag: am Ostermontag mit Eiersuchen und Spielen.
- Grünkernfest: am 3. Juliwochenende mit verschiedenen Vorführungen.
- Handwerkertag: am 3. So im Aug könnt ihr zusehen, wie eins der alten Handwerke in einer der Werkstätten auf dem Gelände vorgeführt wird.
- Kartoffel- und Mosttag: 3. So im Sep.
- Spielmannstage (Musik mit historischen Instrumenten): letztes Wochenende im Juli.

Von Lampen und Leuchten: Das Lichtermuseum Wettersdorf

Odenwaldstraße, 74731 Walldürn-Wettersdorf. ✆ 06281/3094 (Dorothea Berberich), 255 (Stadtverwaltung), www.lichtermuseum.de. info@lichtermuseum.de. **Bahn/Bus:** ➚ Walldürn Bhf, von dort Bus 849. **Auto:** ➚ Walldürn, 7 km bis Wettersdorf. **Zeiten:** April – Okt 1. So im Monat 14 – 17 Uhr, Gruppen nach Vereinbarung, Führungen nach Absprache jederzeit. **Preise:** Eintritt frei, für Führungen Unkostenbeitrag.

▶ Diese ungewöhnliche Wettersdorfer Sammlung präsentiert über 2000 Objekte rund ums Licht. Kerzenhalter, Laternen und Lampen, aber auch alles, was die Menschen früher sonst noch brauchten, um nicht im Dunkeln zu sitzen. Wenn ihr euch in dem Museum umschaut, werdet ihr merken, dass es für die Menschen jahrhundertelang nicht selbstverständlich war, auf einen Schalter zu drücken und das Licht anzuknipsen. Und wolltet ihr nicht schon immer wissen, was eine Dochtschere oder ein Löschhütchen ist?

Feste und Kultur

Jugend- und Kulturzentrum Schlachthof

Bianca Filbert, Würzburger Straße 5, 74731 Walldürn. ✆ 06282/939670, alter-schlachthof@web.de. **Bahn/Bus:** ↗ Walldürn. **Zeiten:** Di, Do 13.15 – 21.30, Mi 13.15 – 19, Fr 13 – 17 Uhr.

▶ Offene Jugendarbeit, Internet, Kindercafé, Technik-AGs.

Zur Buchener Fasenacht

Verkehrsamt der Stadt Buchen, 74722 Buchen. ✆ 06281/2780, 310, Fax 2732. www.buchen.de. verkehrsamt-buchen@t-online.de. **Bahn/Bus:** ↗ Buchen. **Auto:** B27, etwa 9 km südlich von Walldürn. **Infos:** ↗ www.huddelbaetze.de.

▶ Bei der Buchener Fasenacht gibt es so manches, was ihr sonst nirgends erleben könnt. Alte Traditionen sind hier noch lebendig und werden mit Hingabe gepflegt, u.a. vom Verein *Gesellschaft zur Erhaltung Buchener Bräuche und Sitten.* Die Ursprünge der hiesigen Fasenacht sollen in das Jahr 1450 zurückreichen. Da sind zum Beispiel ungewöhnliche Fastnachtsfiguren wie die *Strohbären* oder die *Huddelbätz* in ihren originellen Kostümen zu sehen. Die bunten Huddelbätz symbolisieren gute Geister, die den Winter mit der Rute vertreiben. Der Gegensatz dazu ist der Strohbär. Er verkörpert das Mondtier und die Natur, die im Winter abstirbt.

Gefeiert wird in Buchen über mehrere Tage. Am **Schmutzigen Donnerstag** beginnt die Fasenacht so richtig. Nachdem die Huddelbätz die bösen Geister, also auch den Winter, vertrieben haben, zieht die

BÜHNE, LEINWAND & AKTIONEN

Menge vom Marktplatz aus vor das Alte Rathaus. Hier erscheint sie dann, in Gestalt einer Strohpuppe: die Fasenacht. Jetzt können die närrischen Tage beginnen! Am interessantesten für Zuschauer ist der Gänsemarsch am Fastnachts-Sonntag. Der Umzug, bei dem viele traditionelle Kostüme zu bewundern sind, beginnt pünktlich um 14.11 Uhr am Musterplatz, führt durch die Straßen Am Haag und Schüttstraße, durchquert den Stadtturm zum Marktplatz hin und endet in der Kellerei.

Natürlich gibt es auch einen **Rosenmontagszug.** Dieser erinnert an die bekannten Umzüge in Hessen oder Franken, mit geschmückten Wagen, Musikgruppen und verkleideten Gruppen. Dienstagsabends, genauer gesagt um Mitternacht, wird zum Abschluss die Strohpuppe, die die Fasenacht symbolisiert, auf dem Marktplatz verbrannt.

FESTKALENDER MAIN, MUD & ELZ

März: Wechselnder Termin: **Oster-Bauernmarkt** Miltenberg.

Juni: 3. So: **Handwerkertag** im Odenwälder Freilandmuseum.

Juli: 1. Wochenende: **Miltenberger Altstadtfest.**

3. Wochenende: **Grünkernfest** im Odenwälder Freilandmuseum.

August: 3. Wochenende: **Handwerkertag** im Odenwälder Freilandmuseum.

Ende Aug – Anfang Sep: Michaelismesse Miltenberg. Ein großes Volksfest mit umfangreichem Unterhaltungsprogramm, das beim Fremdenverkehrsverein angefordert werden kann.

Dezember: 1. Wochenende: Buchen, **Weihnachtsmarkt.**

1. – 4. Adventswochenende: Miltenberg, **Weihnachtsmarkt.**

2. Adventswochenende: **Weihnachtsmärkte** in Walldürn, Amorbach und Obernburg.

INFO & VERKEHR

rismus@stadt.heppenheim.de. **Bahn/Bus:** RB Frankfurt – Darmstadt – Heidelberg. **Auto:** B3, A5 Ausfahrt 31 Heppenheim, A67 Ausfahrt 9 Lorsch. **Rad:** Radweg »diebergstrasse«. **Zeiten:** Jan, Feb Mo – Fr 10 – 17, März – Dez auch Sa 10 – 16 Uhr; Altstadtführung 1. Sa im Monat 16 Uhr, Laternenführung Sa 22 Uhr, jeweils Mai – Sep. **Preise:** Altstadt- 2, Laternenführung 4 €; Kinder Altstadt- 1, Laternenführung 2 €. **Infos:** Individuelle Führungen für Gruppen und Schulklassen nach Absprache.

▶ Ein besonders interessantes Ausflugsziel in Heppenheim ist die Starkenburg, die über der Stadt thront. Unterhalb der Burg befindet sich die Starkenburg-Sternwarte. Außerdem besitzt Heppenheim eine sehenswerte Altstadt mit Fachwerkhäusern, die schon vor mehreren Jahrhunderten erbaut wurden. Besonders idyllisch ist der historische Marktplatz mit dem Rathaus, dessen Steingeschoss schon über 400 Jahre alt ist.

Die Tourist-Info bietet eine Führung durch die Altstadt an. Besonders spannend ist die *Laternenführung*. Treffpunkt ist jeweils am Marktplatz.

Die Straßenlaternen in der Heppenheimer Altstadt sind mit über 150 Scherenschnitten versehen, alle zeigen hessische Sagen z.B. von Riesen, Rittern und natürlich vom Heppenheimer Ratterich Ratz Pfeifer

Lorsch

Tourist-Info Nibelungenland, Marktplatz 1, 64653 Lorsch. ✆ 06251/17526-0, Fax 17526-26. www.lorsch.de. info@nibelungenland.info. **Bahn/Bus:** RB Worms – Bensheim. **Auto:** A67 Ausfahrt 9 Lorsch. **Zeiten:** Täglich 10 – 18 Uhr.

▶ Im Zentrum des Nibelungenlandes sind vor allem das Museumszentrum Lorsch und das Kloster einen Besuch wert.

Dossenheim

Rathaus, Rathausplatz 1, 69221 Dossenheim. ✆ 06221/86510, Fax 865115. www.dossenheim.de. gemeinde@dossenheim.de. **Bahn/Bus:** Ab Heidelberg Bhf Straba 5 und 5R nach Dossenheim Bhf. Keine Busse zu den hier beschriebenen Zielen, nur zu Fuß zu erreichen. **Auto:** B3, A5 Abfahrt 36 Heidelberg/Dossenheim. Durch Dossenheim Richtung Osten bis Ortsende, letzte Möglichkeit zwischen Waldrand und Ort links Richtung Norden, Parkplatz am Ende der Straße. Von dort auf Weg R etwa 25 Minuten bergauf. **Zeiten:** Mo 8.30 – 12, Di 8.30 – 12, 14 – 17.30, Mi, Do 8.30 – 12, 14 – 16, Fr 7.30 – 12.30 Uhr.

▶ Dossenheim hat keine sehenswerte Altstadt wie Bensheim, Heppenheim oder Weinheim. Aber ihr könnt eine kleine Wanderung zu einem sehr ungewöhnlichen Ort unternehmen: zu der Höhle eines Einsiedlers, der einst ganz allein mitten im Wald hauste. Auch die Ruine Schauenburg über Dossenheim ist ein lohnendes Ziel, und dann gibt es da noch die Höhengaststätte *Weißer Stein* im Wald, die bei Familien sehr beliebt ist.

Skateanlage. Hinter der Schauenburghalle ist ein Freizeitgelände mit Halfpipe, Funbox, Rail und Ramp und im Winter bei ausreichender Kälte eine Eisbahn.

Weinheim

Stadt- und Tourismusmarketing Weinheim e.V., Hauptstraße 47, 69469 Weinheim. ✆ 06201/874450, Fax 874430. www.weinheim-marketing.de. info@weinheim-marketing.de. **Bahn/Bus:** Großer Bhf, IC, RE und RB von Darmstadt, Mannheim, Heidelberg. **Auto:** B3 oder A5 Ausfahrt 30 Kreuz Weinheim, A67 Ausfahrt 10 Kreuz Viernheim. **Zeiten:** Mo – Fr 9 – 13 und 14 – 18 Uhr, Sa 10 – 13 Uhr. **Infos:** Stadtführungen von März bis Okt jeden Fr um 17 Uhr ab Marktplatzbrunnen. Kinder- und Themenführungen auf Anfrage.

▶ Weinheim ist einer der sehenswertesten Orte an der Bergstraße. Vom Marktplatz in der malerischen Altstadt aus sind es nur wenige Minuten zu Fuß in den berühmten Schlosspark. Auch zu den Burgen Windeck und Wachenburg startet ihr am Marktplatz mit seinem alten Rathaus aus dem Jahr 1577.

Das idyllische **Gerberbachviertel** unterhalb des Marktplatzes mit seinen vielen kleinen Gassen und Fachwerkhäusern trägt seinen Namen nach dem Gewerbe, das früher dort betrieben wurde: In dem Bach, der die Gassen durchzieht, wurde Leder gegerbt.

Landkreis Rhein-Neckar »Radtouren zwischen Rhein, Neckar, Kraichgau und Odenwald«, 1:50.000. Kreisradwanderkarte für die badische Bergstraße mit Tourenvorschlägen. www.lv-bw.de, ISBN 978-3-89021-733-8, 6,90 €.

FERIENADRESSEN

FAMILIENFREUNDLICHE UNTERKÜNFTE

Auch für einen längeren Urlaub mit der ganzen Familie, mit einer Gruppe oder der Klasse ist der Odenwald geeignet. Die Unterkunftsmöglichkeiten sind zwar nicht gleichmäßig dicht gestreut, doch gibt es für die unterschiedlichen Bedürfnisse insgesamt eine große Auswahl.

Die Adressen empfehlenswerter Unterkünfte mit Bewertung und Beschreibung sind in der Reihenfolge der Griffmarken aufgelistet. Preisgünstig und oft besonders idyllisch sind Zimmer auf Bauernhöfen. Bei jeder Tourist-Information erhält der Besucher Verzeichnisse mit weiteren Pensionen, Hotels und Ferienwohnungen.

Ferienwohnungen und -häuser

Bergstraße

Komfort-Ferienwohnungen Horster, Ulrike Horster, Breslauer Straße 14, 64625 Bensheim. ✆ 06251/ 2180, Fax 2180. Handy 01577/3008990. www.ferienwohnung-horster.de. mail@ferienwohnung-horster.de. **Bahn/Bus:** ↗ Bensheim. **Auto:** A5, Ausfahrt Bensheim, Kreuzung Berliner Ring links abbiegen, bis Breslauer Straße etwa 200 m oder A67, Ausfahrt Lorsch, Richtung Bensheim. **Preise:** Ab 45 € für 2 Pers, jede weitere Person 10 €; jedes weitere Kind bis 16 Jahre 7,50 €. ▶ 1 FeWo, 99 qm, 2 – 7 Pers, 1 FeWo, 50 qm, 2 – 4 Pers, 1 FeWo, 38 qm, 1 – 3 Pers. 2 Babybetten, Hochstühle, Spielzeug, CD-Player, Internet gegen Gebühr, Badepaket für Familien, Kinderfreizeittipps.

Ferienwohnungen Kleber, Familie Kleber, Hambacher Tal 242, 64646 Heppenheim. ✆ & Fax 06252/967760. www.ferienwohnungen-kleber.de. Fewo-Kleber@t-online.de. **Bahn/Bus:** ↗ Heppenheim, Bus 691 oder Ruftaxi 6937 (✆ 06251/7078949). **Rad:** R9 direkt am Haus. **Zeiten:** Ganzjährig. **Preise:** 225 – 350 € pro Woche, Einzeltage, Kurzaufenthalt gegen Aufpreis. ▶ 1 FeWo 50 qm für 2 Personen. 1 FeWo 60 qm für 3 Personen. 1 FeWo 42 qm für 2 Personen, 1 FeWo 25 qm für 2 Personen. Alle mit Balkon

Odenwald-Sterne-Hotels, Rudolf-Marburg-Straße 41, Michelstadt. ✆ 06061/9655922. www.odenwald-sterne-hotels.de. Im Odenwald haben sich 31 Hotels freiwillig nach den Kriterien des deutschen Hotel- und Gaststättenverbandes klassifizieren lassen.

Das Glück dieser Erde liegt … Urlaub auf dem Reiterhof gefällig?

Foto: Annette Sievers

Unterer Röderhof, Paul-Geheebstraße 5, Heppenheim-Ober-Hambach. Kuchen, Marmelade, Obst, Liköre, Kochkäse.

oder Terrasse; im Grünen gelegen. Zustellbett möglich. Kostenlose Abholung bei Anreise. Frühstück auf Anfrage. 3 Fahrräder zum Verleih nach Verfügbarkeit.

Heidelberg

Gästehaus Büttner, Mittlerer Rainweg 15/2, 69118 Heidelberg. ✆ 06221/801599, Fax 801599. Handy 0171/2068556. www.gaestehaus-buettner.de. info@gaestehaus-buettner.de. **Preise:** 47 – 59 € für 2 Pers, weitere Person 11 €. ▶ 4 Apartments, 30 – 48 qm.

Am Neckar

Ferienwohnungen, Heike Wolf, Im Bildsacker 37, 69151 Neckargemünd. ✆ 06223/72170, Handy 0173/6652807. www.ferienwohnung-heike-wolf.de. heikewolf59@googlemail.com. **Bahn/Bus:** S1, S2 bis Neckargemünd Bhf. **Auto:** Ab Heidelberg über die Ziegelhauser Straße (L534) und weiter B37 bis Neckargemünd-Dilsberg. **Preise:** Ab 3 Übernachtungen 40 € für 2 Pers. ▶ FeWo 60 qm, 1 Schlafzimmer, Einbauküche, Du/WC, Terrasse. Nichtraucher, keine Haustiere.

Ferienhaus, Villa Veste Vos, Ron und Tinneke Vos, Obere Straße 9, 69151 Neckargemünd-Dilsberg. Handy 0151/59027473. www.villa-veste-vos.de. info@villa-veste-vos.de. **Bahn/Bus:** S1, S2 bis Neckargemünd Bhf, Bus 752, 753 bis Dilsberg. **Auto:** Ab Heidelberg über die Ziegelhauser Straße (L534) und B37 bis Dilsberg. **Preise:** 1. Nacht 78 € für 2 Pers, weitere Nacht 56 €, weiterer Erw 14 €; Kinder bis 12 Jahre 9 €. ▶ Frei stehendes Burghaus in der ↗ Feste Dilsberg für bis zu 6 Personen. Kinderbett auf Anfrage.

Ferienwohnung, Elke und Albert Waldhauser, Kirchstraße 7, 69151 Neckargemünd-Mückenloch. ✆ 06223/71536, Fax 71536. Handy 0151/ 59106620. www.ferien-am-neckar.de. elke.waldhauser@gmx.de. **Bahn/Bus:** ↗ Neckargemünd, stündl. Bus nach Mückenloch. **Preise:** 35 – 45 € pro Tag für 2 Pers, jede weitere 10 €; Kinder bis 5 Jahre frei; Kinderermäßigung. **Infos:** Bahnreisende können vom Bhf Neckargemünd abgeholt werden. ▶ FeWo, 80 qm, für 2 – 5 Personen, eigener Eingang, ebenerdig. 2 Schlafzimmer, Terrasse, Garten. 2 kostenlose Fahrräder. Hausprospekt anfordern.

Ferienwohnung & -haus, Dr. Elisabeth Eichner, Alte Dielbacher Straße 64, 69412 Eberbach. ✆ & Fax 06271/4141. www.ferien-eichner.de. info@ferien-eichner.de. **Bahn/Bus:** ➚ Eberbach. **Preise:** FH ab 45 € für 2 Pers, jede weitere Pers 6 € pro Tag; FeWo ab 35 € für 2 Pers, jede weitere Pers 6 € pro Tag. ▶ 1 FH für 4 Personen, Am Holderbach, 15 Minuten zu Fuß zum Zentrum, idyllische Waldlage. 1 FeWo für 4 Personen, Spielhof für Kinder, Freisitze.

Norden & Westen

Feriendorf Fürth-Kröckelbach, Feriendorfverwaltung, Am Kröckelbach, 64658 Fürth. ✆ 06253/3149, Fax 948299. www.feriendorf-kroeckelbach.de. feriendorf-kroeckelbach@t-online.de. **Bahn/Bus:** ➚ Fürth. **Preise:** 35 – 45 € pro Tag. ▶ Ganzjährig geöffnet. 25 Ferienhäuser für jeweils bis zu 4 bzw. 7 Personen. Kamin, Terrasse, komplett eingerichtet. In einem Seitental direkt am Waldrand, abseits der Straße gelegen.

Im Mümlingtal

Odenwälder Kleinhaus, Anna und Norbert Allmann, Eulbacher Weg 10, 64720 Michelstadt-Vielbrunn. ✆ 06066/8313, Fax 329001. Handy 0160/7861272. www.odenwald-ferienhaus-allmann.de. n.allmann@freenet.de. **Bahn/Bus:** ➚ Michelstadt, Bus 28, 40, 41, 44 Vielbrunn. **Preise:** Ab 46 € für 2 Pers, weitere Person 6 € pro Nacht; Kinder bis 6 Jahre frei. ▶ Fachwerkhaus für 2 – 5 Personen. Etwa 55 qm. Ruhige Lage, Kamin, kleiner Garten, Terrasse.

Ferienhaus Koch, Unterer Erbsenbach 14, 64743 Beerfelden-Gammelsbach. ✆ 07268/1439 (Inge Koch), **Bahn/Bus:** ➚ Beerfelden, Bus 150 bis Gammelsbach Klenge. **Preise:** 35 – 50 €. ▶ FH für 2 – 5 Personen. Terrasse, Liegewiese, Hausprospekt.

Abkürzungen bei Unterkünften:

AFM – für Familienzuschüsse anerkannte Unterkünfte
bf – behindertenfreundlich
DZ – Doppelzimmer
EZ – Einzelzimmer
FH – Ferienhaus
FeWo – Ferienwohnung
HP – Halbpension
JH – Jugendherberge
Kk – Kleinkindgerecht
MBZ – Mehrbettzimmer
Ü – Übernachtung
ÜF – Ü mit Frühstück
VP – Vollpension

Main, Mud & Elz

Ferienwohnung, Monika Heimberger, Riesengasse 40, 63897 Miltenberg a.M. ✆ & Fax09371/80009. Handy 0160/3739511. www.ferienhaus-heimberger-miltenberg.de. heimberger.monika@gmx.de. **Bahn/Bus:** ↗ Miltenberg. **Preise:** 40 €. ▶ 1 FeWo für 2 – 5 Personen. Separates Haus in der Stadtmitte, aber ruhig gelegen.

Ferienhof Schieser, Klaus Schieser, Fichtenweg 2, 74731 Walldürn-Gottersdorf. ✆ 06286/410, Fax 411. www.ferienhof-schieser.de. gasthof@schieser.com. **Bahn/Bus:** ↗ Walldürn, stündlich Bus 849 Richtung Wettersdorf bis Gottersdorf. **Preise:** FeWo 39 – 55 € pro Tag für 2 Pers, weitere Person 10 €, Frühstück 6 €, DZ ÜF ab 22 € pro Person. ▶ 4 FeWo für 2 – 4 Personen, 2 DZ. Gaststätte. Am Ortsrand in Waldnähe. In Gottersdorf befindet sich das Odenwälder Freilandmuseum.

Ferien auf dem Bauernhof

Urlaub auf dem Bauernhof wird hauptsächlich im Odenwald angeboten, an der Bergstraße und am Neckar gibt es solche Unterkünfte nicht. Daher befinden sich die genannten Adressen fast alle im Herzen des Odenwaldes, von wo aus aber alle Ausflugsziele in diesem Buch schnell zu erreichen sind.

Bergstraße

Anbietergemeinschaft Urlaub auf dem Bauernhof, Amelie Pfeiffer, Hammelsbusch 4, 74722 Bödigheim. ✆ 06292/7500, Fax 7500. www.ferienhof-pfeiffer.de. ferienhof.pfeiffer@t-online.de. **Bahn/Bus:** ↗ Buchen, RB Amorbach – Seckach bis Bödigheim. ▶ Infos und Buchung für den fränkischen Odenwald.

Rettig-Hof, Wilhelm Rettig, Glattbacher Straße 11, 64686 Lautertal-Breitenwiesen. ✆ 06254/1364, Fax 940517. **Bahn/Bus:** ↗ Fürth, von dort Bus 666 Gadernheim bis Breitenwiesen. **Preise:** ÜF ab 15 €. ▶ DLG. 2 DZ, 1 EZ. Küchenmitbenutzung. Viele Tiere, Reitmöglichkeit. Hausschlachtung.

Am Neckar

Kastanienhof Krämer, Familie Krämer, Koppelweg 2, 69429 Waldbrunn-Strümpfelbrunn. ✆ 06274/95161, Fax 95162. www.kastanienhof-kraemer.de. kurt-kraemer@kastanienhof-kraemer.de. **Bahn/Bus:** ➚ Waldbrunn. **Preise:** 1 – 2 Pers 35 €, weitere Person 8 €; Kinder bis 3 Jahre frei. ▶ Bauernhof mit Innenhof von 1875, ruhige Lage, Liegewiese, Spielplatz, Pferde, Kleintiere, 3 FeWo.

Bauernhof Seib, Hartmut Erwin Seib, Im Oberdorf 1, 69434 Eberbach-Brombach. ✆ 06272/2104, Fax 912761. www.bauernhof-seib.de. info@bauernhof-seib.de. **Bahn/Bus:** ➚ Eberbach, vom Bhf 6,5 km zu Fuß oder mit dem Rad. **Preise:** 21 bzw. 25 € pro Tag. ▶ 2 FeWo 50 qm für 2 bzw. 4 Personen. Tierhaltung, Reitmöglichkeit. Wurst, Milch und Butter aus eigener Produktion.

Bauernhof Krämer, Volker Krämer, Burg-Dauchstein-Straße 40, 74862 Binau. ✆ 06263/1797, Fax 1797. **Bahn/Bus:** S2 Kaiserslautern – Mosbach oder S1 Homburg – Osterburken bis Binau. **Preise:** Ab 35 €. ▶ 1 FeWo in ruhiger Ortsrandlage mit Neckarblick für 2 – 7 Personen. Balkon, Liegewiese.

Urlaubshof Schork, Klaus Schork, Lindenstraße 8, 74864 Fahrenbach-Robern. ✆ 06267/204, Fax 929001. www.urlaubshof-schork.de. info@urlaubshof-schork.de. **Bahn/Bus:** ➚ Mosbach, ab Bhf Käfertörle Bus 832 Richtung Dallau/Mudau/Limbach bis Hirsch, Fahrenbach-Robern. **Preise:** Ab 35 € für 2 Pers. ▶ DLG, 1 FeWo 75 qm für 2 – 4 Personen, Hausprospekt, Nähe Kurzentrum Waldbrunn.

Norden & Westen

Biokulturhof, Diethard Becker, Forststraße 37, 64385 Reichelsheim-Erzbach. ✆ 06164/913587, Fax 516899. diethard.becker@web.de. **Bahn/Bus:** ➚ Reichelsheim. **Preise:** 18 – 51 €. ▶ 2 FeWo (75 bzw. 80 qm) für je 6 Pers, Zirkuswagen. Holzwohnanhänger, Zeltplatz, Bücherei, Töpferei, Werkbänke, Grillstelle, Tischtennis, Volleyball, Fahrräder. Der Hof mit seinen vielfältigen Naturmaterialien bietet Kindern viel Platz zum Kennenlernen und Ausprobieren. Speziellen Angebote für Kinder, z.B. Kräutertage, Töpfertage,

@ Urlaubsring Odenwald e.V., Hüttenthaler Straße 45 a, 46756 Mossautal-Güttersbach. ✆ 06062/62522, www.urlaubsring-odenwald.de. info@urlaubsring-odenwald.de. Für den hessischen Odenwald.

Tolle Erfahrung: Tierefüttern auf dem Bauernhof
© pmv

Schnitzen am Feuer und Käsemachen. Hausprospekt anfordern.

Scholzehof, Emmi und Ludwig Pfeiffer, Forststraße 32, 64385 Reichelsheim-Erzbach. ✆ 06164/ 1289, Fax 55128. scholzehof@t-online.de. **Bahn/Bus:** ↗ Reichelsheim. **Preise:** Ab 37 €. ▶ Vollerwerbsbauernhof. 1 FeWo 2 – 5 Pers. Kühe, Pferd, Hühner. Kinderfuhrpark, Grillwiese.

Ferienbauernhof Käsrah, Familie Schwöbel, Kriemhildstraße 8, 64385 Reichelsheim-Gumpen. ✆ 06164/ 1541, Fax 54136. www.kaesrah.de. kaesrah@t-online.de. **Bahn/Bus:** ↗ Reichelsheim, 2 km von der Ortsmitte. **Preise:** DZ ÜF ab 22 €, mit HP 30 – 32 €, FeWo 280 – 525 € pro Woche. ▶ DLG, 7 DZ, 1 MZ, alle mit Du/WC und Balkon. 3 FeWo 50 qm für 2 – 4 Personen, 2 FeWo 75 qm für 4 – 6 Personen. Bauernhof mit Reitmöglichkeit, Sauna, Wassertretbecken, Grillplatz, Tischtennis, Spielplatz. Eigene Schlachtung und Brotbacken im Steinofen. Fahrradverleih.

Ferienhof Weimar, Erna und Silke Weimar, Mergbachstraße 9, 64385 Reichelsheim-Klein-Gumpen. ✆ 06164/2354, 5708, Fax 500539. erna.weimar@t-online.de. **Bahn/Bus:** ↗ Reichelsheim. **Preise:** EZ ÜF ab 23 €, FeWo ab 36 €. ▶ 3 EZ, 3 FeWo für max. 5 Personen. Auch Camping möglich. Zwei Ponys zum Reiten. Hofladen, eigene Schlachtung. Camping möglich.

Kinderbauernhof Dingeldey, Ralf Dingeldey, Mergbachstraße 73, 64385 Reichelsheim-Klein-Gumpen. ✆ 06164/ 54215, Fax 913722. www.ferienhof-dingeldey.de. ferienhof.dingeldey@t-online.de. **Bahn/Bus:** ↗ Reichelsheim, Bus 665, 693 bis Abzweig Klein-Gumpen. **Auto:** A5 Ausfahrt Bensheim über B47 (Nibelungenstraße), in Reichelsheim Richtung Klein-Gumpen. **Preise:** FeWo 55 – 70 € pro Tag. ▶ 2 FeWo für 2 – 3 Personen, 4 FeWo für 2 – 5 Personen. Reitmöglichkeit für Kinder. Milchkühe, Schweine, Kleintiere, Grillplatz, Spielplatz, Tischtennis, Liegewiese.

Weberhof, Rolf Weber, Böllsteiner Straße 5, 64395 Brensbach-Affhöllerbach. ✆ 06161/2325, 873454, Fax 877921. www.weberhof.de. info@weberhof.de. **Bahn/Bus:** ➚ Brensbach. **Preise:** Ab 42 – 88 € pro Tag. ▶ 2 FeWo mit 60 und 75 qm für 2 – 6 Personen. Frühstück möglich. Dieser völlig auf Kinder eingestellte Hof liegt mitten in einem 200-Seelen-Dorf.

Horndreher Hof, Linda Arras, Lindenstraße 19, 64405 Fischbachtal-Niedernhausen. ✆ 06166/8580, Fax 920559. www.horndreher-hof.de. info@horndreher-hof.de. **Bahn/Bus:** ➚ Darmstadt. Ab Hbf Bus K85 bis Niedernhausen Linde. **Preise:** ÜF ab 30 €. ▶ 5 DZ mit Dusche/WC. Küche, Aufenthaltsraum. Unterhalb des Lichtenberger Schlosses. Schafe, Ziegen, Hühner, Enten, Truthähne. Handwerkskurse für Erw und Kinder. Hausprospekt anfordern.

Horndreher Hof, Täglich außer Mo 8 – 19 Uhr. Äpfel, Birnen, Zwetschgen, Kartoffeln, Eier, Nüsse, Kürbisse, Enten, Honig.

Königshof, Georg König, Annelsbacher Tal 17, 64739 Höchst i.Odw.-Annelsbach. ✆ 06163/912877, Fax 912877. www.koenigshof.info. kontakt@koenigshof.de. **Bahn/Bus:** ➚ Höchst, Bus 23 Richtung Hassenroth bis Annelsbach Ort. **Preise:** 15 € pro Person. ▶ 1 FeWo 1 – 6 Personen. Pony, Kleintiere.

Der Apfelbaum, Anja Scheibel, Im Sachsenhausen 10, 64750 Lützelbach-Rimhorn. ✆ 06165/1372, www.apfelbaumhof.de. apfelbaumhof@t-online.de. **Bahn/Bus:** ➚ Höchst, ab Bhf Bus 22 bis Rimhorn Im Sachsenhausen. **Preise:** Ab 115 €. ▶ 1 FH, bis 16 Betten. Tiere, Spielplatz, Baumhaus, Holzbackofen, Eselreiten, Traktorfahrten, Käse machen, Familienpreise.

Hottenbacher Hof, Jürgen Simmermacher, 64997 Modautal-Klein-Bieberau. ✆ 06167/445, Fax 457. www.hottenbacher-hof.de. info@hottenbacher-hof.de. **Bahn/Bus:** ➚ Modautal. **Zeiten:** Biergarten geöffnet Feb – Nov Fr 16 – 32, Sa 14 – 23, So 11 – 22 Uhr. **Preise:** 50 €. ▶ DLG. 1 FeWo für 5 Personen, mit Balkon und Terrasse, hübsches Altenteiler-Häuschen aus Fachwerk. Liegewiese, Grillplatz. Viele Tiere. Vesperstube, Biergarten.

Hottenbacher Hof, Fr und Sa 16 – 23 Uhr, So 11 – 22 Uhr. Verkauf von Wurst und Fleisch. Außerdem Forellen aus eigenen Teichen, sowohl frisch als auch geräuchert. Ab Mitte Dezember kann man hier seinen Weihnachtsbaum selbst schlagen. Biergarten. Eigene Kelterung.

Bauernhof Herbig, Klaus Herbig, Ortsstraße 44, 69253 Heiligkreuzsteinach-Eiterbach. ✆ 06220/234, Fax 03212/2244234. www.herbig-hof.de. kherbig@web.de. **Bahn/Bus:**

↗ Heidelberg, Bus 735 Richtung Eiterbach bis Fachklinik. **Preise:** FeWo ab 37, Zimmer ÜF ab 25 € pro Person. ▶ 2 FeWo 65 qm – 75 qm 2 – 5 Personen. DZ oder EZ mit Frühstück.

Zum Krug, Ewald Jöst, Abtsteinacher Straße 12a, 69488 Birkenau-Löhrbach. ✆ 06201/22990, Fax 259294. **Bahn/Bus:** ↗ Weinheim, RB Weinheim – Fürth bis Birkenau, von dort Bus 681 bis Löhrbach/Abzw. Buchklingen. ▶ DLG. 4 DZ bzw. 3-Bett-Zimmer, 2 EZ, Übernachtung ohne Frühstück 18 €. 1 FeWo 70 qm, ab 40 € pro Tag für 4 Personen. Aufenthaltsraum, Gästeküche. Bauernhof mit Gaststätte, viele Tiere. Je nach Saison können sich Gäste an der Käseherstellung oder am Apfelweinpressen beteiligen.

Ferienhof zum Grünen Baum, Familie Jöst, Vöckelsbacher Weg 1, 69518 Abtsteinach-Mackenheim. ✆ 06207/3077, Fax 3406. www.gruenerbaum-odw.de. info@gruenerbaum-odw.de. **Preise:** DZ ÜF ab 27 €, FeWo 45 € pro Tag. ▶ 5 DZ, 1 FeWo. Viele Tiere, Ponyreiten, Kutschfahrten, Spielplatz, Spielscheune, Leihräder. Gaststätte, eigene Schlachtung, große Sonnenterrasse. Geführte Themenwanderungen, auch für Kinder. Gasthof, Freizeitprogramm für Kinder, Erlebnisnachmittage.

Im Mümlingtal

Rollehof, Heike und Andreas Müller, Rolleweg 35, 64711 Erbach i.Ow. ✆ 06062/3846, Fax 1439. rollehof@gmx.de. **Bahn/Bus:** ↗ Erbach. **Preise:** 41 € pro Tag. ▶ FeWo 70 qm für 4 Personen. Einzelhof. Pferdezucht, Reiten auf dem Platz und in der Halle unter Aufsicht nach Absprache. Angusrinderherde.

Odenwälder Bauernstube, Brot, Kochkäse, Butter, Marmelade, Honig, Eier, Wurst und Schinken, Rindfleisch von der eigenen Angusherde, Schweinefleisch und mehr.

Elsbacher Hof, Volker Gölz, Zur Hardt 4, 64711 Erbach i.Ow.-Elsbach. ✆ 06062/3151, Fax 913006. www.elsbacher-hof.de. volker.goelz@t-online.de. **Bahn/Bus:** ↗ Erbach. **Preise:** ab 45 €. ▶ 1 FeWo 2 – 4 Personen ca. 65 qm, 1 FeWo 2 – 6 Personen ca. 70 qm, 1 FeWo 2 – 8 Personen ca. 80 qm. Terrasse, Liegewiese, Kühe, Schweine, Kleintiere, Spielplatz, eigene Schlachtung, Traktorfahrten.

Ferienhof Weiss, Familie Weis, Marbachstraße 16, 64711 Erbach i.Ow.-Haisterbach. ✆ 06062/3141, Fax 1452.

Bahn/Bus: ↗ Erbach, 4 km bis Haisterbach. **Preise:** 35 €. ▶ 1 FeWo für 2 – 4 Personen. Hofgaststätte, Verkauf von selbst erzeugten Lebensmitteln. Frühstück auf Wunsch. Boxen für Gastpferde, Ausflüge zur Wildbeobachtung nach Absprache möglich.

Horse House, Ludwig und Karin Walther, Am Südhang 5, 64711 Erbach i.Ow.-Haisterbach. ✆ 06062/2883, 912973, www.horse-house.de. karin.walther@t-online.de. **Bahn/Bus:** ↗ Erbach. **Preise:** bis 5 Personen ab 45 €. ▶ 2 FH mit Balkon. Pferde, Ponys, Grillstelle.

Kinderparadies Hohenloher Hof, Ulrich und Ulrike Krämer, Langen-Brombacher Straße 1, 64720 Michelstadt-Rehbach. ✆ 06061/2321, Fax 71560. www.hohenloher-hof.de. info@hohenloherhof.de. **Bahn/Bus:** ↗ Michelstadt, von dort Bus ERB30 Erbach – Reichelsheim bis Rehbach/B47. **Preise:** Preise für 2 Ü mit VP: Kinder unter 1 Jahr frei, 1 – 6 Jahre 55 €, 7 – 13 Jahre oder Betreuer 75 €, Erw 95 €. ▶ 10 FeWo mit 2 – 4 Schlafzimmern, 1 FH mit 3 Schlafzimmern. Ferien- und Reiterhof. Weiträumiges Gelände mit altem Baumbestand. Gruppenfreizeit, Erlebnistage, Kindergeburtstag, Kurzurlaub. Große Spielscheune, Ponyreiten, kleine Rikschas, Streichelzoo, Spielplätze, große Trampoline, Bolzplatz, Slakelines, Tischtennis, Kiosk.

Trockenübung: Holzponyreiten auf dem Hohenloher Hof

Ferienhof Olt, Sigrid und Friedrich Olt, Roemerstraße 2, 64720 Michelstadt-Vielbrunn. ✆ 06066/488, Fax 990025. www.ferienhof-olt.de. ferienhof.olt@t-online.de. **Bahn/Bus:** ↗ Michelstadt. **Preise:** 38 € für 2 Personen, jede weitere 6 €. ▶ 3 FeWo 40 – 55 qm. Grillhütte, Spielplatz. Tierhaltung. Frühstück auf Wunsch.

Hof Heiderich, Jürgen Heiderich, Kirchweg 7, 64743 Beerfelden-Falken-Gesäß. ✆ 06068/3626, Fax 1550. www.hof-

Familie Weyrich, Bremhofweg 6, Michelstadt-Vielbrunn. ✆ 06066/487. Fleisch und Wurst von Rind und Schwein sowie Obst. Auf Vorbestellung Gänse, Puten und Enten.

heiderich.de. info@hofheiderich.de. **Bahn/Bus:** ↗ Beerfelden. **Preise:** ab 50 €. ▶ 3 FeWo 2 – 5 Personen. Kühe, Pferde, Spiel- und Grillplatz.

Lindenhof, Sabine und Hildegard Seip, Erbacher Straße 58, 64743 Beerfelden-Hetzbach. ✆ 06068/1464, Fax 1464. www.seip-lindenhof.de. sabine.seip@gmx.de. **Bahn/Bus:** ↗ Beerfelden, Bus 50 Michelstadt bis Hetzbach Damm. **Preise:** 45 – 80 €. ▶ DLG. 2 FeWo 80 bis 140 qm für 1 – 8 Personen, mit Dusche/WC, Küche. Frühstück auf Wunsch möglich. 1 FeWo behindertengerecht. Spielplatz, Grillplatz, Teich, Tischtennis. Voll bewirtschafteter Bauernhof mit Kühen, Schweinen, Pferden und Ziegen.

Bauernhof Heist, Richard Heist, Zeller Straße 84, 64753 Brombach-Langen-Brombach. ✆ 06063/2472, Fax 577 9399. bauernhof-heist@t-online.de. **Bahn/Bus:** ↗ Bad König, ab Bhf Bus 35 bis Langenbrombach Zeller Straße. **Preise:** ab 35 €. ▶ 1 FeWo bis 5 Personen. Kühe, Pferde, Ponys, Reiten, Kutschfahrten, Tischtennis, Grillplatz, Spielscheune mit Trampolin.

Bärenhof, Familie Muth, In der Großen Harras 11, 64756 Mossautal-Güttersbach. ✆ 06062/7185, Fax 913512. www.baerenhof-ferien.de. baerenhof.muth@t-online.de. **Bahn/Bus:** ↗ Mossautal. **Preise:** ab 54 €. ▶ DLG. 2 FH, 2 Blockhäuser mit je 2 Schlafzimmern, Wohnraum mit Kochnische, Dusche/WC, Balkon. Ruhig und schön gelegene Holzhäuser. Aktiver Bauernhof mit großer Milchkuhherde und vielen Kleintieren wie Hunden, Katzen, Hasen, Hühnern, Schafen. Grillplatz und -hütte, Tischtennis, Trampolin, Lebensmittel vom eigenen Hof, Brötchenservice.

Ferienbauernhof Horn, Familie Horn, Güttersbacher Straße 56, 64756 Mossautal-Hüttenthal. ✆ 06062/4834, Fax 266697. www.bauernhof-horn.com. farmhorn@aol.com. **Bahn/Bus:** ↗ Mossautal. **Preise:** FeWo ab 57 €, DZ ÜF 18 €. ▶ DLG. 2 FeWo, 70 qm, bis 6 Pers. 3 DZ mit Dusche/WC und Balkon. Mitarbeit auf dem Hof möglich. Kühe, Kleintiere. Aufenthaltsraum, Tischtennis, Reiten, Angelmöglichkeiten. Einzelhof in Waldnähe.

Kinderbauernhof Talhof, Monika und Lutz Krämer, Untere Siegfriedstraße 10, 64756 Mossautal-Hüttenthal.

✆ 06062/26179, 26179, Fax 26179. www.talhof-huetten-thal.de. m.l.Kraemer@gmx.de. **Bahn/Bus:** ↗ Mossautal. **Preise:** ab 43 €. ▶ DLG. 3 Ferienbungalows ca. 50 qm, 2 – 6 Personen. Viele Tiere, Marbachsee 1,5 km, Angeln, Reiten, Kinderspielplatz, Tischtennis, Grillhütte.

Waldhubenhof, Elke Kübler, Molkereiweg 7 – 9, 64756 Mossautal-Hüttenthal. ✆ 06062/3898, Fax 910525. www.waldhubenhof.de. kuebler@waldhubenhof.de. **Bahn/Bus:** ↗ Mossautal. **Preise:** ab 55 €. ▶ 9 FeWo, 2 FH, Fjordpferde, Rinder, Kleintiere, Kutschfahrten, Reiten, naturkundliche Wanderungen.

Ferienhof Kredel, Wilhelm und Sonja Kredel, Hauptstraße 75, 64756 Mossautal-Ober-Mossau. ✆ 06061/2499, Fax 968647. www.ferienhof-kredel.de. fewo-kredel@t-online.de. **Bahn/Bus:** ↗ Mossautal. **Preise:** ab 32 €. ▶ 3 FeWo bis 6 Personen, Kühe, Pferde, Hängebauchschweine, Spielplatz, Trampolin, Kinderschwimmbad, Grill, Reitmöglichkeit.

Siefertshof, Familien Weyrauch und Bardohl, Hauptstraße 12, 64756 Mossautal-Ober-Mossau. ✆ 06061/73738, 2380, Fax 925580. Handy 0160/2127299. www.sieferts-hof.de. weybasi@t-online.de. **Bahn/Bus:** ↗ Mossautal. **Zeiten:** Vermietung ganzjährig. **Preise:** ab 50 € für 2 Pers. ▶ DLG, 2 FH mit je 1 DZ und 1 MZ, Küche, offenem Kamin, großem Balkon, Garage. Die beiden Ferienhäuser liegen sehr ruhig in einem Tal. Eigener Badeteich mit Ruderboot, Kinderspielplatz, große Rinderherde.

Ferienbauernhof Hanst, Lydia und Peter Hanst, Ortsstraße 139, 64756 Mossautal-Unter-Mossau. ✆ 06062/2181, ripper.christian@t-online.de. **Bahn/Bus:** ↗ Mossautal. **Preise:** ab 35 €. ▶ 2 FeWo je 50 qm, für 2 – 4 Personen. In einem schönen, kleinen Fachwerkhaus neben dem Hof, Grillmöglichkeit an der Sitzgruppe im Garten, Liegewiese.

Ferienhof Daumsmühle, Familie Scior-Walther, Ortsstraße 96, 64756 Mossautal-Unter-Mossau. ✆ 06062/3836, Fax 3836. www.daumsmuehle.de. daumsmuehle@aol.com. **Bahn/Bus:** ↗ Mossautal. **Zeiten:** Biergarten geöffnet Fr und Sa ab 18, So ab 11 Uhr. Wiese der Wahrnehmungen Mai – Okt täglich. **Preise:** ab 40 €. ▶ DLG, 4 FeWo 45, 55 und 70 qm, 1 – 7 Personen. Viele Tiere, Vollerwerbsbetrieb, Mitarbeit möglich. Ponyreiten, Tischtennis, Bach, Grillmöglichkeit. Vesperstube, Biergarten.

An Main, Mud & Elz

Ferienhof Breunig, Anette und Hubert Breunig, Klingenweg 2, 63931 Kirchzell-Ottorfszell. ✆ 09373/4312, Fax 205629. anette.breunig@ferienhof-breunig.de. **Bahn/Bus:** ↗ Kirchzell. **Preise:** ab 42 €. ▶ 1 FH 2 – 8 Personen, große Terrasse und Balkon, Liegewiese, Grillplatz, Abenteuerspielplatz 50 m entfernt, Hausbroschüre.

Ferienhof Sennert, Fridolin Sennert, Höhenstraße 39, 63931 Kirchzell-Preunschen. ✆ 09373/9509046, Fax 9509045. www.ferienhof-sennert.de. info@ferienhof-sennert.de. **Bahn/Bus:** ↗ Kirchzell. **Preise:** ab 45 €. ▶ 3 sehr schöne FeWo 82 – 110 qm für 2 – 6 Personen. Ponys, Traktorfahrten, Kleintiere, Fahrräder, Spielplatz, Riesentrampolin, Tischtennis, Sitzecke im Garten, Wellness, Brötchenservice.

Bauernhof Müller, Artur Müller, Schulzenweg 6, 69427 Mudau-Oberscheidental. ✆ 06284/275, 928670, Fax 275. www.ferienhof-reinhard-mueller.de. postmaster@ferienhof-reinhard-mueller.de. **Bahn/Bus:** ↗ Buchen, Bus 821 bis Mudau Bhf. Von dort Bus 821 bis Scheidental Ort. **Preise:** ab 21 € bzw. ab 30 €. ▶ 1 FeWo (98 qm), 2 FeWo (45/70 qm) im restaurierten Odenwaldhaus, Liegewiese, Grill, Kinderspielplatz.

Ferienhof Pfeiffer, Rainer und Amelie Pfeiffer, Hammelsbusch 4, 74722 Buchen-Bödigheim. ✆ 06292/7500, Fax 7500. www.ferienhof-pfeiffer.de. info@ferienhof-pfeiffer.de. **Bahn/Bus:** ↗ Buchen, RB Richtung Seckach bis Bödigheim. **Preise:** ab 55 €, Pauschalen für Familien. ▶ 3 FH aus Holz für 2 – 6 Personen. Ponyreiten, Reitunterricht, Badeteich, Tischtennis, Mitarbeit auf dem Hof möglich. Pauschalen für Familien und Reiter, Wellnessangebote.

Ferienbauernhof Gerig, Familie Gerig, Schlempertshof 6, 74746 Höpfingen. ✆ 06283/328, Fax 227402. www.ferienbauernhof-gerig.de. info@ferienbauernhof-gerig.de. **Bahn/Bus:** ↗ Walldürn, Bus 841 Richtung Schweinberg bzw. Hardheim bis Höpfingen. **Preise:** ab 45 €. ▶ 2 FH,

2 FeWo 2 – 4 Personen. Außerhalb gelegener Bauernhof, Wellnessbereich/Sauna. Rinder, Pferde, Kleintiere, Spiel- und Liegewiese, Fahrräder, Tischtennis, Kutschfahrten, Ponyreiten, Hausprospekt.

Reiterferien

Pferdehof Rupp, Ellen und Harald Rupp, Ersheimer Straße 15, 69412 Eberbach-Pleutersbach. ✆ 06271/4772, Fax 919900. www.pferdehof-rupp.de. h.e.rupp@t-online.de. **Bahn/Bus:** ↗ Eberbach, Bus 822 bis Pleutersbach. **Preise:** ab 31 €. ▶ Bioland-Hof in Ortsrandlage, 2 FeWo für 2 – 5 Personen. Wanderreiterstation, Weiden, Boxen, Bewegungshalle, Fahrradgarage.

Fenwick Farm, Nicola Fenwick-Smith, Ortsstraße 41, 64711 Erbach i.Ow.-Erbuch. ✆ 06062/62542, Fax 639970. www.fenwick-farm.de. fenwick-farm@online.de. **Bahn/Bus:** ↗ Erbach. **Zeiten:** Reiterferien in den hessischen Ferien So – Sa, Reiterwochenende außerhalb der Ferien Fr – So. **Preise:** FeWo 45 – 60 € für 2 Pers, jede weitere Person 7 €; Kinder 7 – 18 Jahre Reiterferien mit VP 370 €, Wochenende mit VP 105 €. ▶ Etwa 5 km von Erbach und Michelstadt entfernt, idyllisch und einsam gelegen, 1996 gegründet. Auf 22 ha grasen um die 50 Pferde. Die Betreiberin, Reitlehrerin und Hotelfachfrau, versucht, ihre Tiere so naturgemäß wie möglich zu halten. Sie verzichtet unter anderem auf Hufeisen, Peitschen und Sporen und hat einen prämierten Offenstall bauen lassen. Große Halle. Reiterferien mit 2 Std Reitunterricht, 1 Std Theorie. Reiterwochenende mit 4 Reitstunden. Außerdem 3 FeWo für 2 – 8 Personen. Kinder von Feriengästen nehmen kostenlos am Reiterferienprogramm teil.

Wiesentalranch, Sabine Partscht, Wiesental 12/1, 69427 Mudau. ✆ 06284/929244, www.wiesentalranch.de. info@wiesentalranch.de. **Preise:** Reiterferien 6 Tage 315 €, 25 % Geschwisterrabatt. ▶ Spannendes Angebot mit Wanderreiten, Abenteuerferien, Pferdeflüstern, Outdoortrainings.

@ Unter www.pferd-aktuell.de informiert die Deutsche Reiterliche Vereinigung e.V./FN über alles rund um Reitsportvereine.

Auf der Fenwick Farm könnt ihr das ganze Jahr über Reitunterricht nehmen. Kurse für Anfänger und Fortgeschrittene. Einzelunterricht 1 Std 38 €, in Gruppe 18 €, mit 10er-Karte 14 €. Auch Ausritte, Ausbildung auf eigenem Pferd und Ponyführen.

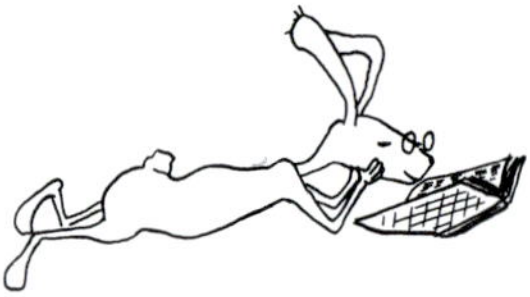

Jugendherbergen (JH)

www.jugendherberge.de. service@djh.de. **Preise:** Mitgliedschaften: 27plus ab 27 Jahre 21 €; Junior bis 26 Jahre 12,50; Familien (Ehepaare, eheähnliche Gemeinschaften mit gleicher Adresse, Familien mit Kindern und eigene volljährige Kinder bis 26 Jahre) 21 €.

▶ Die JH sind ganz auf Familien eingestellt und alle modernisiert. Um hier zu übernachten, ist ein Jugendherbergsausweis erforderlich. Die **Juniorkarte** bekommt jeder bis 26 Jahre, ab 27 Jahre gibt es die **27plus-Karte.** Der 27plus-Preis liegt 3 – 4 € über dem jeweils hier angegebenen Juniorpreis. Eine **Familienmitgliedskarte** berechtigt einen Erwachsenen, eigene und befreundete Kinder mitzubringen, diese brauchen keinen eigenen Ausweis. Fast alle Jugendherbergen nehmen auch Einzelreisende oder Familien auf.

Familien mit mindestens einem minderjährigen Kind zahlen nur den Juniorpreis, Kinder bis 3 Jahre sind frei, bis 6 Jahre meist ermäßigt. HP und VP können hinzu gebucht werden.

JH Darmstadt, Landgraf-Georg-Straße 119, 64287 Darmstadt. ✆ 06151/45293, Fax 422535. www.djh-hessen.de. darmstadt@djh-hessen.de. **Bahn/Bus:** Ab Hbf Bus K55 bis Jugendstilbad. **Preise:** ÜF ab 24,40 €. ▶ An der Nordseite des Großen Woog. 130 Betten, 5 Tagesräume, Freibad, Bootsverleih.

JH Burg Starkenburg, Hildegard Schramm-Reichelt, Starkenburgweg 53, 64646 Heppenheim. ✆ 06252/77323, Fax 78185. www.djh-hessen.de. starkenburg@djh-hessen.de. Vom Bhf 30 Min zu Fuß, 1 km östlich der Stadt auf dem 295 m hohen Schlossberg. **Bahn/Bus:** ↗ Heppenheim. **Preise:** ÜF ab 20,50, HP 24,50, VP 27 €. **Infos:** Auch Zelten möglich. ▶ 121 Betten, 5 Tagesräume, 4 Familienzimmer, Tischtennis, Kicker, Sportplatz, Grillplätze, Lagerfeuerstellen. Projektoren, Video, Klavier.

JH Zwingenberg, Die Lange Schneise 11, 64673 Zwingenberg. ✆ 06251/75938, Fax 788113. www.djh-hessen.de. zwingenberg@djh-hessen.de. Am Fuße des 517 m hohen

Aufgepasst: In Hessen gibt es die Unterscheidung zwischen Junior und 27plus nicht!

In JH können in Deutschland mit Ausnahme von Bayern auch Senioren, also Oma und Opa, übernachten.

Oberer Röderhof, Paul-Geheebstraße 26, Heppenheim-Ober-Hambach. ✆ 06252/75633. Steinofenbrot, Kartoffeln, Äpfel, Wurst, Apfelwein, Säfte, Wein.

Melibokus. **Bahn/Bus:** ↗ Zwingenberg, vom Bhf 10 Min. **Preise:** ÜF ab 18 €. ▶ 125 Betten, 4 Tagesräume, Projektoren, TV, Gitarre, Klavier.

JH Weinheim, Petra Nöth, Breslauer Straße 46, 69469 Weinheim. ✆ 06201/68484, Fax 182730. www.jugendherberge-weinheim.de. info@jugendherberge-weinheim.de. 25 Min Fußweg zur Stadtmitte. **Bahn/Bus:** ↗ Weinheim, Straba Richtung Mannheim bis Stahlbad, von da 3 Min zu Fuß. **Preise:** ÜF ab 21,30 €. ▶ Im Freizeitzentrum von Weinheim. 129 Betten, 4 Gemeinschaftsräume, Billard, Badminton, Tischtennis, Grillplatz, Volleyball, Disco.

JH Heidelberg, Jugendherberge Heidelberg International, Tiergartenstraße 5, 69120 Heidelberg. ✆ 06221/ 651190, Fax 6511928. www.jugendherberge-heidelberg.de. info@jugendherberge-heidelberg.de. **Lage:** Im Neuenheimer Feld im Nordwesten der Stadt, am Neckar, Nähe Zoo und Freibad. **Bahn/Bus:** Bus 3 bis Jugendherberge. **Auto:** ↗ Zoo Heidelberg. **Zeiten:** Ganzjährig geöffnet. **Preise:** Junioren und Familien ÜF ab 24,10, VP 33 €. ▶ 487 Betten, Kinderbetten, 12 Tagesräume, Ballspielplatz, Grillplatz für Gruppen, Fahrradverleih, Tischtennis, TV, Video, Disko, Bistro. Direkt neben Zoo und Neckarufer.

JH Dilsberg, Katharina und Matthias Dreschert, Untere Straße 1, 69151 Neckargemünd. ✆ 06223/2133, Fax 74871. www.jugendherberge-dilsberg.de. info@jugendherberge-dilsberg.de. **Bahn/Bus:** Bus 753 Vor dem Tore. **Preise:** ÜF ab 15,40 €, HP ab 20,50 €, VP ab 23,80 €. ▶ 78 Betten, 5 Betreuerzimmer, 3 Tagungsräume, Spielraum, Tischtennis, Feuerstelle, Schiffanlegestelle in der Nähe.

JH Mosbach, Zur alten Mühle 5, 74821 Mosbach-Neckarelz. ✆ 06261/7191, Fax 61812. www.jugendherberge-mosbach.de. info@jugendherberge-mosbach.de. **Bahn/Bus:** ↗ Mosbach, vom Bhf Neckarelz 10 Min zu Fuß. **Preise:** Junioren ÜF ab 20,60 €, Senioren 3 € Aufpreis. ▶ In einer historischen Gipsmühle am südlichen Ufer der Elz. 140 Betten, 6 Tagesräume, Disco, Grillplatz, Spielwiese, Volleyball, Tischtennis, TV, Video.

JH Burg Breuberg, Jürgen Daniels, 64747 Breuberg. ✆ 06165/3403, Fax 6469. www.djh-hessen.de/jh/burg-

DJH-Mitglieder erhalten vergünstigte Bahntickets in Verbindung mit dem Aufenthalt in einer Jugendherberge. Infos unter ✆ 04881/936340 oder www.anreise-jugendherberge.de.

breuberg. burgbreuberg@djh-hessen.de. Oberhalb des Stadtteils Neustadt. **Bahn/Bus:** ➚ Breuberg. **Rad:** Hessischer Fernradweg R9. **Preise:** ÜF ab 23 €, HP ab 27 €, VP ab 27,90 €. ▶ In der gleichnamigen Burg. 145 Betten, 6 Tagungsräume, Klavier und Flügel, Tischtennis. Anmeldung wird empfohlen.

JH Erbach, Christel Sauerbier, Eulbacher Straße 33, 64711 Erbach-Erbuch. ✆ 06062/3515, Fax 62848. www.djh-hessen.de/jh/erbach. erbach@djh-hessen.de. **Bahn/Bus:** ➚ Erbach, 20 Min Fußweg oder Bus 3, 4 bis Jugendherberge. **Preise:** ÜF ab 20 €. ▶ Am Sportpark Erbach. 162 Betten, 8 Tagesräume, 11 familienfreundliche Zimmer, Tischtennis, Kicker, Projektoren, Klavier, Sportplatz.

JH Walldürn, Familie Rüsenberg, Auf der Heide 37, 74731 Walldürn. ✆ 06282/283, Fax 40194. www.jugendherberge-wallduern.de. info@jugendherberge-wallduern.de. Nördlich der Stadt, 30 Min vom Bhf. **Bahn/Bus:** ➚ Walldürn. **Preise:** ÜF Junioren 21,30, HP 26,60, VP 30,60 €, Senioren 4 € Aufpreis. ▶ 102 Betten, Grill- und Spielplatz, Bolzplatz, Tischtennis, TV, Video.

Naturfreundehäuser (NFH)

Da die Häuser meist sehr schön, aber abseits gelegen sind, sind sie nach einer Anreise per Bus oder Bahn teilweise nur in einem längeren Fußmarsch zu erreichen. Wenn nichts anderes angegeben ist, sind die Häuser nicht bewirtschaftet. Teilbewirtschaftet bedeutet, dass es Getränke und kleine Mahlzeiten wie belegte Brote oder Suppe gibt. Die Preise sind von Haus zu Haus verschieden, für Mitglieder der Naturfreunde sind sie günstiger. Die Preisangaben beziehen sich auf Nichtmitglieder. Manche Häuser sind nur für Gruppen geeignet, die meisten nehmen aber auch Einzelpersonen auf.

NFH Riedberg-Heim, Hainweg 60, 64297 Darmstadt-Eberstadt. ✆ 06151/57112, Fax 943809. www.naturfreunde-hessen.de. info@naturfreunde-hessen.de. ▶ 20 Betten, Aufenthaltsraum, Seminarraum, Freibad in der Nähe.

NFH Ober-Ramstadt, Familie Räuber, Am Heidenacker, Außerhalb 8, 64372 Ober-Ramstadt. ✆ 06154/1751, Fax 51791. www.naturfreunde-ober-ramstadt.de. info@naturfreunde-ober-ramstadt.de. **Bahn/Bus:** RB Darmstadt – Erbach bis Ober-Ramstadt. **Auto:** Südwestlich von Ober-Ramstadt am Waldrand. **Preise:** Erw 11,50 €; Kinder 9 €. ▶ Gaststätte. 25 Betten, 22 Lager, Selbstversorgerküche, als Tagungsstätte geeignet. Sportplatz, Spielplatz.

NFH Karl-Schlösser-Haus, Am Borstein, 64686 Lautertal-Reichenbach. ✆ 06254/1267, www.nfh-borstein.de. info@waldgasthaus-am-borstein.de. **Auto:** A5 Abfahrt Bensheim, Richtung Lindenfels, Lautertal-Reichenbach, dann der Ausschilderung folgen. **Zeiten:** Ganzjährig Mi – So ab 10 Uhr. **Preise:** EZ 18, DZ 16, MBZ 13 €, ÜF 6 €, HP 30,50, VP 36,50 €, Zeltplatz 5 €; Kinder bis 10 Jahre ÜF 3,50 €, HP 22,50, VP 28,50 €, 10 – 16 Jahre HP 26,50, VP 32,50 €. ▶ 28 Betten, Duschräume auf jeder Etage. Kein Selbstversorgerhaus, ganzjährig bewirtschaftet. HP und VP ab 15 Personen auf Anfrage. Zeltplatz. Spielplatz, Biergarten.

NFH Zwingenberger Hof, Im Hoffeld 7 – 8, 69439 Zwingenberg. ✆ 06263/520, Fax 429379. www.naturfreundehaus-zwingenberg.de. naturfreundehaus-zwingenberg@t-online.de. Am Neckartal-Radweg. **Bahn/Bus:** ↗ Zwingenberg. **Zeiten:** Haus ganzjährig, Zeltplatz April – Sep. **Preise:** Mitglied 9, Nicht-Mitglied 12 €; Kinder 3 – 12 Jahre 8 bzw. 4 €, 13 – 17 Jahre 10 bzw. 6 €; Schulklassen ab 15 Pers 7 €. **Infos:** Bürozeiten Okt – Mitte März Mo, Di, Fr 14 – 17 Uhr. ▶ 35 Betten, neu renovierte Zimmer mit Naturholzmöbeln ausgestattet, Selbstkocherküche.

NFH Kohlhof, Adi Rachow, Kohlhof 5, 69198 Schriesheim-Altenbach. ✆ 06220/8520, 0621/745148 (Karin Martin), Fax 03212/2821958. www.naturfreundehaus-kohlhof.com. kohlhof@email.de. **Zeiten:** April – Okt täglich, Nov – März Mi, Sa, So, Fei und nach Absprache. **Preise:** Erw ab 13 €, Frühstück 4 €; Kinder 3 – 10 Jahre ab 7 €, 11 – 17 Jahre ab 9 €. ▶ 84 Betten. Selbstversorgerküche. 426 m hoch mit Blick auf die Rheinebene gelegen. Tischtennis, Kinderspielzimmer, Jugendraum, Sportplatz, Spielplatz, Grillplatz.

Schlossmühle, Darmstädter Straße 112, Ober-Ramstadt. ✆ 06154/2061. www.schloss-korn.de. Mo – Fr 7 – 16 Uhr. An Pfingsten Tag der offenen Tür. Die Schlossmühle gibt es schon seit 1839. Die Mühle arbeitet mit Landwirten aus der Region zusammen, die alle der Arbeitsgemeinschaft Qualitätsgetreide Südhessen e.V. angehören und ihr Getreide nach den Richtlinien des integrierten Pflanzenbaus anbauen.

NFH Trommhaus, Mooswiese 67, 64689 Grasellenbach-Oberscharbach. ✆ 06207/5227, 65110 (Else Engel), Fax 0620165110. www.trommhaus.de. **Bahn/Bus:** ↗ Grasellenbach. **Preise:** 3,50 – 8,50 €. ▶ Ab Scharbach ausgeschildert. 40 Betten, 23 Lager. Geöffnet nur auf Anfrage. Selbstversorgerküche, als Tagungsstätte geeignet. Sportplatz, Spielplatz. Auf dem Höhenzug der Tromm 540 m hoch gelegen, hier ist im Winter Skigebiet.

Jugendfreizeit- und -gästehäuser

Diese werden von unterschiedlichen Trägern unterhalten. Sie sind kleiner als Jugendherbergen, in der Regel haben sie Zwei- oder Vierbett-Zimmer und spätere Schließzeiten. Die Übernachtung kostet inklusive Frühstück und Bettwäsche zwischen 16 und 30 €, je nach Lage, Ausstattung und Ermäßigung. Die Preise beim jeweiligen Träger erfragen, wenn nicht angegeben.

Norikerhof, Peter Jarosch, Böllsteiner Straße 4, 64395 Brensbach-Affhöllerbach. ✆ 06161/2953, Fax 2939. Handy 0170/7718807. www.norikerhof.de. info@norikerhof.de. **Bahn/Bus:** ↗ Brensbach. **Preise:** Blockhausübernachtung 8 €, Frühstück, Mittag-, Abendessen je 8 €; Kinder Blockhausübernachtung 6 €, Frühstück, Mittag-, Abendessen je 6 €. **Infos:** www.planwagenfahrten.de. ▶ Blockhausübernachtungen für Schulklassen, Jugendgruppen, Kindergärten und andere Gruppen. Auch Reiterhof, Ponyreiten 13 € pro Stunde, 1/2 Std. 10 €, Reiten Kinder 12 € pro Std, Erw 14 €. Kindergeburtstage mit Planwagenfahrt und Ponyreiten. Kutsch- und Plangwagenfahrten, 80 € pro Std und Wagen. Reiterferien So – Sa, VP 320 €.

Odenwald-Institut der Karl Kübel Stiftung, Tromm 25, 69483 Wald-Michelbach. ✆ 06207/605-0, Fax -111. www.odenwaldinstitut.de. info@odenwaldinstitut.de. **Bahn/Bus:** ↗ Wald-Michelbach. **Preise:** ab 44 € pro Person. ▶ 5 Tagungshäuser, auf der 580 m hohen Tromm. Meditationsraum, Sauna, eigene Buchhandlung mit Auswahl zu den Seminarthemen. Jedes Tagungshaus ist für Gruppen max. 24 Personen konzipiert. Der Trommer Hof kann bis zu 40 Personen aufnehmen. Die Häuser sind mit Gruppen-, bzw. Seminarräumen, Einzel-, Doppel- und Mehrbett-Zimmern sowie Küche und Speiseraum ausgestattet. Umfangreiches Seminarprogramm: viele Kurse zu Gesundheitsthemen, esoterisch-therapeutische Angebote, aber auch Kurse für Familien und speziell für Kinder.

Petershof, Freizeithaus und Projektwerkstatt, Melanie Götzinger, Talweg 5, 64711 Erbach i.Ow.-Erbuch. ✆ 06062/9105313, Fax 9103981. www.petershof-erbuch.de. info@petershof-erbuch.de. **Bahn/Bus:** Bhf Erbach oder Erbach Nord, Bus 42 bis Erbuch, 250 m Fußweg zum Hof. **Auto:** B45 bis Erbach/Michelstadt, links Amorbacher Straße/B47, nach 600 m rechts Dreiseetalstraße bis Erbuch, gegenüber Bushaltestelle links, begrenzte Anzahl an Parkplätzen vor dem Hof. **Zeiten:** nach Absprache, Belegungsplan ↗ Internetseite. **Preise:** 11 € inkl. Nebenkosten, ab 35 Pers 8 € pro Pers zzgl. Nebenkosten, Mittagessen 4,50 €; Kinder bis 16 Jahre 9 € inkl. Nebenkosten. ▶ Umgebauter Bauernhof direkt am Waldrand, Selbstversorgung, Mittagsmenü buchbar. 16 Zimmer, 74 Betten. Schlafsack, Spannbetttuch und Kopfkissenbezug mitbringen. Großer Saal, Aufenthaltsräume, Tischtennis und Kicker, Badminton, Bolzplatz, Grillplatz, Lagerfeuerstelle, kleiner Spielplatz. Auch FeWo für max. 4 Personen. Ab 2012 verschiedene Angebote für Kinder- und Jugendgruppen aus dem Bereich Natur- und Erlebnispädagogik, z.B. Waldrallyes, Naturexperimente, Indianerwoche, weitere Infos auf der Internetseite.

Heuhotel Burghof, Burghof 10, 64753 Brombachtal. ✆ 06063/1716, Fax 4190. www.burghof-meisinger.de. HansMeisinger@t-online.de. **Bahn/Bus:** ↗ Bad König. Von dort knapp 6 km mit dem Rad oder zu Fuß, oder mit Bus 35 Langenbrombach bis Kirchbrombach. **Preise:** 25 € inkl. Frühstück. ▶ Das ganze Jahr über kann man hier mit Schlafsack als Gruppe bis 20 Personen im Heubett übernachten. Es gibt 10 Heubetten, aber auch 5 Stockbetten ohne Heu für Allergiker. Restaurant, Biergarten.

Angushof Zum Lind'lbrunnen, Cornelia Schwöbel, Obere Siegfriedstraße 17, 64756 Mossautal-Hüttenthal.

Geflügelhof Friedrich, Dorfstraße 24, Brombachtal-Kirchbrombach. ✆ 06063/3516. www.friedrich-gefluegelhof.de. Geflügel frisch vom Bauernhof (Okt – Mai), Gänse, Puten, Enten, Hühner.

Hofladen, Direktverkauf biologisches Angusrindfleisch.

✆ 06062/1494, Fax 266747. www.angushof-lindlbrunnen.de. angushof@web.de. **Bahn/Bus:** ➚ Erbach, von dort Bus 31 und 33 Hiltersklingen Wiesental bis Hüttenthal Obere Siegfriedstraße. **Preise:** Heuhotel ab 12,90 €, FeWo ab 66 € bis 4 Pers; Kinder Heuhotel ab 8 €. ▶ FeWo im Blockhaus oder Übernachten im Heu. Hausprospekt anfordern.

Arnberghütte des Alpenvereins Buchen e.V., Franz Polt, Unterer Hainstadter Weg 39, 74722 Buchen. ✆ 06281/557121, Fax 557121. www.DAV-Buchen.de. franz.polt@t-online.de. **Bahn/Bus:** ➚ Buchen. **Preise:** auf Anfrage. ▶ Bis 18 Personen, 3 Schlafzimmer, Selbstversorger.

Jugenderholungsanlage, Evangelisches Jugendwerk, 74722 Buchen-Hollerbach. ✆ 06264/7100, 06281/96111, www.buchen.de. stadt@buchen.de. **Bahn/Bus:** ➚ Buchen. **Preise:** Pro Person 9 €. ▶ Selbstversorgerhaus, großes Grundstück mit altem Baumbestand, am Waldrand zwischen Hollerbach und Oberneudorf gelegen. Speisesaal, sanitäre Anlagen. Zeltplatz und Spielplatz am Haus.

Jugendhaus St. Kilian, Adolf-Kolping-Straße 29, 74731 Walldürn-Rippberg. ✆ 06282/9207-0, Fax -47. www.st-kilian.de. info@st-kilian.de. **Bahn/Bus:** ➚ Walldürn. **Auto:** ➚ Walldürn, von dort B47 bis Rippberg, dort Straße nach Hornbach folgen, nach 2 km rechts. **Preise:** 11 €, ab der 2. Nacht 10 € (inkl. Nebenkosten und Bettwäsche). Zeltplatz 2,50 €. ▶ Haupthaus mit 90 Betten, Tagungsräumen, VP möglich. Nebenhaus St. Totnan 65 Betten, Selbstversorger. Beide Häuser mit Küche, Speisesaal, Meditationsraum. Spielplatz, Spielwiese, Sportplatz, Tischtennis, Lagerfeuerstelle. Ein Teil kann auch als Zeltplatz gemietet werden.

Jugendzeltplätze

Sie sind nur für organisierte Gruppen zu buchen. Landschaftlich in toller Lage, bieten sie nur ein Mindestmaß an Komfort. Oft gibt es keinen Stromanschluss, nicht immer Wasser oder Toiletten. Übernachtungen kosten meist 2,50 – 3 € pro Person, in der Regel muss eine Kaution von 100 € hinterlegt werden.

Jugendzeltplatz Kreuzschlag, Stadtverwaltung, 69239 Neckarsteinach. ✆ 06229/313, info@neckarsteinach.de. **Bahn/Bus:** ↗ Neckarsteinach. **Preise:** Gebühr pro Person 2,50 €, Kaution 100 €. ▶ Umgeben von Wald und Feld 450 m hoch gelegen. Toiletten, 3 Feuerstellen mit Grillrost, Lagerfeuerplatz. Kein Strom, Holzhaus mit WC, Waschgelegenheiten im Freien. Für 150 – 200 Pers.

Jugendzeltplatz Altlechtern, 64658 Fürth-Altlechtern. ✆ 06253/3150 (Georg Regner), info@gemeinde-fuerth.de. **Bahn/Bus:** ↗ Fürth, knapp 2 km Fußweg bis zum Zeltplatz. **Preise:** 3 € pro Person, 100 € Kaution. ▶ Nahe Fürth Platz für 100 – 120 Pers. Toiletten, Waschanlagen im Freien, kein Strom. Gemauerte Feuerstelle.

Jugendzeltplatz Matterloch, 64678 Lindenfels. ✆ 06255/2608 (Winfried Schnellbächer), Fax 2608. **Bahn/Bus:** ↗ Lindenfels. **Preise:** 3 € pro Person, 100 € Kaution. ▶ Für 80 – 100 Pers. Holzhaus mit Duschen, WC. Gemauerte Feuerstelle, Strom kann vom nahe gelegenen Schwimmbad bezogen werden (Details erfragen!). Freibad, Tennis, Fußball, Reitmöglichkeit in unmittelbarer Nähe.

Jugendzeltplatz Burg Breuberg, 64747 Breuberg-Neustadt. ✆ 06165/1233 (Marianne Schlett), Fax 1233. info@breuberg.de. **Bahn/Bus:** ↗ Breuberg. **Preise:** pro Person 3 €, Kaution 100 €. ▶ 120 Pers. Holzhaus mit kalten Duschen, WC. Gemauerte Feuerstellen, Grillmöglichkeiten. Schwimmbad in der Nähe.

Jugendzeltplatz Raibacher Tal, Geo-Naturpark Bergstraße Odenwald e.V., 64823 Groß-Umstadt-Raibach. ✆ 06251/707990, Fax 7079915. www.geo-naturpark.de. info@geo-naturpark.de. **Bahn/Bus:** ↗ Groß-Umstadt. **Preise:** 2,50 €, Kaution 100 €. **Infos:** www.europeangeoparks.org. ▶ Für 100 bis 120 Personen Holzhaus mit Waschgelegenheit, WC. Kein Strom, gemauerte Feuerstellen.

Jugendzeltplatz Junkerwald, 64853 Otzberg-Schloss Nauses. ✆ 06163/3332 (Helmut Riedel), gemeindeverwaltung@otzberg.de. **Bahn/Bus:** ↗ Otzberg. **Preise:** pro Person 2,50 €, Kaution 100 €. ▶ 100 – 120 Personen. Holzhaus mit Duschen, WC. Gemauerte Feuerstelle. Kein Strom.

Jugendzeltplatz der Stadt Beerfelden, 64743 Beerfelden. ✆ 06068/930320 (Verkehrsamt), Fax 3529. stadtverwaltung@beerfelden.de. **Bahn/Bus:** ↗ Beerfelden. **Preise:** 2,50 €. ▶ Holzhaus mit Duschen und WC, Strom- und Wasseranschluss. Gemauerte Feuerstelle.

Jugendzeltplatz Eutersee, 64754 Hesseneck-Schöllenbach. ✆ 06276/313 (Torsten Laqua). **Preise:** pro Person 3 €, Kaution 100 €. ▶ Direkt am See. 100 – 120 Pers. Holzhaus mit Duschen, WC. Feuerstelle. Kein Strom.

Jugendzeltplatz Meisengrund, 64756 Mossautal-Hüttenthal. ✆ 06062/3898 (Dietrich Kübler), Fax 910525. www.waldhubenhof.de. kuebler@waldhubenhof.de. **Bahn/Bus:** ↗ Mossautal. **Preise:** pro Person 2,50 €, Kaution 100 €. ▶ Direkt am Marbachsee. 150 – 200 Pers. Holzhaus mit Duschen, WC. Gemauerte Feuerstelle, Stromanschluss.

Jugendzeltplatz bei Schneeberg, Zittenfelden-Morretal, 63936 Schneeberg-Zittenfelden. ✆ 09373/973943 (Rathaus, Herr Mengler), Fax 973951. klaus.mengler@schneeberg-odw.de. Der Zeltplatz liegt etwa 1 km südlich des Schneeberger Ortsteils Zittenfelden. **Bahn/Bus:** ↗ Schneeberg. **Zeiten:** Geöffnet von Ostern bis November. **Preise:** Jugendliche aus dem Landkreis Miltenberg 1,50 € pro Nacht, Auswärtige 2 €, 100 € Kaution. **Infos:** Anmeldung bei Markt Schneeberg, Rathaus, Amorbacher Straße 1, 63936 Schneeberg. ▶ Bei Zittenfelden an der Morre, idyllische Lage zwischen Waldrand und Wiesen. Toiletten und Duschen, warmes Wasser, überdachte Sitzgelegenheit, Spülmöglichkeit, 2 Feuerstellen. Kein Strom. Für etwa 100 Personen geeignet.

Jugendzeltplatz Buchen, Stürzenhardter Brückle, Viktor Wiese und Uta Schöllig, 74722 Buchen. ✆ 06281/2780 (Verkehrsamt Buchen), Fax 2732. www.buchen.de. verkehrsamt-buchen@t-online.de. **Bahn/ Bus:** ↗ Buchen. **Preise:** Auf Anfrage. ▶ Nur organisierte Jugendgruppen, max. 100 Personen. Idyllisch gelegen im Morretal. Strom und Wasser vorhanden. WC und Waschbecken im separatem Blockhaus am Zeltplatz.

Jugendzeltplatz Hornbacher Tal, Ortsverwaltung Rippberg, Von-Echter-Ring 69, 74731 Walldürn-Hornbach. ✆ 06282/

228, 67107, Fax 67156. www.wallduern.de. ruediger.allmann@wallduern.de. **Bahn/Bus:** ↗ Walldürn. **Auto:** An der Straße von Walldürn Richtung Hornbach auf der linken Seite. **Preise:** pro Person 1,80 €, min. 35 €. ▶ Feuerstelle und Zeltmöglichkeit auf einer Wiese am Bach. Bis 35 Pers, DU/WC mit kaltem Wasser, Strom.

Campingplätze

Die ausgewählten Plätze liegen alle in landschaftlich schöner Umgebung, sie haben Wasser-, Strom- und Kanalanschluss. Auf den Plätzen im engen Neckartal stört zum Teil der Verkehrslärm der B37.

Campingplatz Gronau, »Oase der Ruhe«, Hans-Jörg Alpers, Hintenausweg 12, 64625 Bensheim-Gronau. ✆ 06251/61138, Fax 4884. Handy 0171/7729252. www.camping-bergstrasse.de. urlaub@camping-bergstrasse.de. **Zeiten:** Ganzjährig. **Preise:** 4 €; Kinder 6 – 14 Jahre 3 €; Motorrad 2,50 €, Auto 3 €, Zelt 3 €, Caravan 4 €, WoMo 5 €. ▶ 5 km entfernt von Bensheim, 125 Dauerplätze und 50 Stellplätze für Durchgangscamper.

Camping Hemsbacher Wiesensee, Familie Herwig, Ulmenweg 7, 69502 Hemsbach. ✆ 06201/72619, Fax 493426. www.camping-wiesensee.de. familie.herwig@camping-wiesensee.de. Direkt am See. **Bahn/Bus:** RB Mannheim – Bensheim bis Hemsbach. **Auto:** A5 oder B3 Ausfahrt Hemsbach. **Zeiten:** ganzjährig geöffnet. **Preise:** Stellplatz 7 €, Erw 5,80 €; Kinder 4 €. **Infos:** Die Badegebühr für den Wiesensee und das beheizte Schwimmbecken sind im Übernachtungspreis enthalten. ▶ Sandstrand. Spielplatz, Restaurant. Wanderwege und Einkaufsmöglichkeiten in der Nähe.

Camping Heidelberg, Schlierbacher Landstraße 151, 69118 Heidelberg-Schlierbach. ✆ 06221/802506, Fax 802506. www.camping-heidelberg.de. camping-heidelberg@online.de. **Bahn/Bus:** ↗ Heidelberg. **Zeiten:** April – Okt. **Preise:** 6 €, Auto 2,50 €, Zelt ab 3,50 €, Caravan, WoMo ab 4,50 €, Hund 3 €, Stromanschluss 3 €; Kinder 5 – 14 Jahre 3,50 €. ▶ Heidelbergs einziger Campingplatz liegt direkt am Neckar und ist idealer Ausgangspunkt für Stadtbesichtigungen und Ausflüge in die Umgebung.

Camping Haide, A. Fitzner, Ziegelhäuser Landstraße 91, 69151 Neckargemünd. ✆ 06223/2111, Fax 71959. www.camping-haide.de. camping-haide@t-online.de. **Bahn/Bus:** ↗ Neckargemünd, HSB Linie 35 oder S1 bis Orthopädische Klinik. **Zeiten:** April – Okt. **Preise:** Erw 5,40, Zelt, WoWa, WoMo ab 5, Strompauschale 1,50, Blockhaus bei 2 Pers 12 € pro Person, bei 4 Pers 10 €, Matratzenlager für 25 und 45 Pers 8,50 € pro Person ab 9 Pers; Kinder bis 15 Jahre 2,70 €. ▶ Direkt am Neckar. 200 Stellplätze, Blockhäuser mit insgesamt 160 Betten. Matratzenlager für 25 und 45 Personen. Kinderspielplatz.

Camping Strandcafe Unterm Dilsberg, Ella Harth, Dorthsfeld 1, 69151 Neckargemünd-Dilsberg. ✆ 06223/72585, Fax 973645. www.camping-dilsberg.de. ellaharth@aol.com. Gegenüber von Neckarsteinach am südlichen Neckarufer, direkt am Fluss. **Bahn/Bus:** ↗ Neckargemünd. **Auto:** Aus Richtung Heidelberg nach Neckargemünd, Ortsteil Rainbach, dann Richtung Feste Dilsberg. Nach dem Verkehrsspiegel in den geteerten Feldweg links abbiegen. **Zeiten:** April – Sep. **Preise:** Stellplatz 7,50 €, Erw 6 €, Stromanschluss einmalig 1,50, Strompauschale 2,50 € pro Tag; Kinder bis 14 Jahre 4 €. ▶ Schön gelegen, denn an ihm führen weder Hauptstraße noch Eisenbahnlinie vorbei, wie es sonst im Neckartal oft der Fall ist. Im Sommer fährt eine Fähre. In der Nähe sind die Feste Dilsberg und das Freibad Neckargemünd. Strandcafé, Kiosk mit Lebensmitteln.

Campingplatz Eberbach, Alte Pleutersbacher Straße 8, 69412 Eberbach. ✆ 06271/1071, Fax 942712. www.campingpark-eberbach.de. info@campingpark-eberbach.de. **Bahn/Bus:** ↗ Eberbach, 15 Min Fußweg zur südlichen Neckarseite. **Preise:** Erw 4,90 €, Kinder 3,60 €, Zelt 4,60 €, Stellplatz 5,90 €. ▶ Am Neckar gegenüber der historischen Altstadt gelegen. Frei- und Hallenbad sowie Sportanlagen in unmittelbarer Nähe. Sehr sonnig. Minigolf, Spielplatz, Restaurant.

Odenwald Camping Park, Jörg und Oliver Pachur, Langenthaler Straße 80, 69430 Hirschhorn (Neckar). ✆ 06272/

809, Fax 3658. www.odenwald-camping-park.de. odenwald-camping-park@t-online.de. **Bahn/Bus:** ↗ Hirschhorn, 15 Min Fußweg in nordwestliche Richtung. **Zeiten:** April – Mitte Okt. **Preise:** Stellplatz 7,50, Erw 5,50, Zelt 6,90, Strompauschale 2,50 €. Mietcaravan pro Tag 25 € (nur telefonisch buchbar); Kinder 1 – 4 Jahre 2,40, 5 – 14 Jahre 3,70 €. ▶ Behindertengerechte Sanitäranlagen. Imbiss-Gaststätte, Biergarten, Einkaufsmarkt, Spielplatz, beheiztes Freibad, Sauna, Minigolf, Tennis, Babywickelraum, Fahrradverleih. Ungefähr 1,5 km von Hirschhorn in einem Seitental des Neckars am Ulfenbach.

Campingplatz Tiefertswinkel, Heinz Hörr, Am Schwimmbad, 64658 Fürth. ✆ 06253/5804, Fax 3717. www.camping-fuerth.de. info@camping-fuerth.de. **Bahn/Bus:** ↗ Fürth. **Zeiten:** Feb – Nov. **Preise:** Erw 3,90 €, Zelt 4 – 6 €, Stellplatz 6 €, Kinder 3 €. ▶ Kiosk, Spielplatz, Fahrradverleih. Beheiztes Schwimmbad in der Nähe.

Terrassencamping Schlierbach, Peter Michael Bauer, Am Zentbuckel 11, 64678 Lindenfels-Schlierbach. ✆ 06255/630, Fax 3526. Handy 0171/126347783. www.terrassencamping-schlierbach.de. info@terrassencamping-schlierbach.de. **Bahn/Bus:** ↗ Lindenfels, Bus 666 Lindenfels – Fürth bis Schlierbach Ort. **Zeiten:** April – Okt. **Preise:** Erw 4,50 €, Kinder 2 – 16 Jahre 3,50 €, Stellplatz 7 €, Zelt 5 – 7 €. ▶ 35 Ferienplätze, außerdem 120 Dauerplätze. Waschmaschine, Trockner, Bügelraum sowie Küchenraum mit Koch- und Spülgelegenheit vorhanden. Spielplatz, Grillplatz, Spielwiese. Am Fuße der Burg Lindenfels, ruhige Lage.

Campingplatz Am Fuße der Tromm, Familie Hörr, Gasse 17, 64689 Grasellenbach-Hammelbach. ✆ 06253/3831, Fax 22947. www.camping-hammelbach.de. info@camping-hammelbach.de. **Bahn/Bus:** ↗ Grasellenbach, Bus 667 Gras-Ellenbach – Heppenheim bis Hammelbach Markt. **Zeiten:** Ganzjährig. **Preise:** Erw 4,40 €, Kinder 2 – 16 Jahre 3 €, Stellplatz 6 €, Zelt 4 – 6 €. ▶ Am Ortsrand von Hammelbach, Restaurant, Spielplatz, Sauna.

Campingplatz an der Friedensbrücke, J. van der Velden, Falltorstraße 4, 69151 Neckargemünd. ✆ 06223/2178, Fax 2178. www.campingplatz-am-neckar.de. j.vandervelden@

web.de. **Bahn/Bus:** ↗ Neckargemünd. **Preise:** Erw 5, Stellplatz 8,50, am Wasser 11 €, Auto 3, Zelte 3,50 €, Strompauschale 3 € pro Tag; Kinder 2 – 13 Jahre 2,75 €.

Campingplatz »Schöner Odenwald«, Robert Dörsam, Spechtbach 35, 69483 Wald-Michelbach. ✆ 06207/2237, Fax 921149. www.schoener-odenwald.de. info@schoener-odenwald.de. **Bahn/Bus:** ↗ Wald-Michelbach. **Zeiten:** ganzjährig geöffnet. **Preise:** Stellplatz 5,50 €, Erw. 4,50 €; Kinder bis 14 Jahre 2,50 €. ▶ Stellplätze für 25 Zelte und 150 Caravans. Restaurant, Spielplatz und Schwimmbad sind in der Nähe.

Camping Safari, Adolf und Waltraut Leu, Gelbe Heide, 64711 Erbach i.Ow.-Bullau. ✆ 06062/266984, Fax 3309. tennishotel@t-online.de. Auf einer Anhöhe in waldreicher Gegend, von Erbach 10 Min Autofahrt. **Bahn/Bus:** ↗ Erbach. **Zeiten:** ganzjährig. **Preise:** Erw 4 €, Kinder 3, Stellplatz 4 €. ▶ 20 Durchgangsplätze für Zelte und Caravans. Restaurant, Spielplatz.

Camp Freienstein, Peter Siefert, Neckartalstraße 172, 64743 Beerfelden-Gammelsbach. ✆ 06068/912120, Fax 912121. **Bahn/Bus:** ↗ Beerfelden, Bus 150 Beerfelden – Eberbach bis Gammelsbach Klenge. **Zeiten:** April – Sep. **Preise:** Erw 3,50 €, Kinder €, Stellplatz 4 €. ▶ Stellplätze für 30 Zelte und Caravans. Restaurant.

Campingplatz Mainwiese, Peter Ullrich, Josef-Wirth-Straße 7, 63897 Miltenberg a.M. ✆ 09371/3985, 68723, Fax 99459. www.campingplatz-miltenberg.de. info@campingplatz-miltenberg.de. **Bahn/Bus:** ↗ Miltenberg. **Preise:** Stellplatz 5,50 €, Erw 4,50 €; Kinder 2 – 13 Jahre 3 €. ▶ Direkt am Main. Bootsverleih, Spielplatz, Tischtennis, Laden.

Erftal Camping, Annelore Ott-Melber, In den Rittern 1, 63928 Eichenbühl. ✆ 09371/2966, 2966, Handy 0170/1160276. www.erftal-camping.com. info@erftal-camping.com. **Bahn/Bus:** ↗ Miltenberg, Bus 83 bis Dreschhalle, Eichenbühl. **Auto:** Von Miltenberg 4 km Richtung Hardheim. **Preise:** Erw 3 €, Wohnwagen 4,50, WoMo 4, Zelt mit Pkw 4, Zelt mit Fahrrad 2,50 €, Strom pro kwh 0,60 €; Kinder 3 – 12 Jahre 2 €, 13 – 18 Jahre 2,50 €. ▶ Mit Gaststätte und Spielplatz.

Azur Campingpark Odenwald, Am Campingplatz 1, 63931 Kirchzell. ✆ 09373/566, Fax 7375. www.azur-camping.de. kirchzell@azur-camping.de. Etwa 5 km von Amorbach entfernt. **Bahn/Bus:** ↗ Kirchzell. **Preise:** Erw ab 5 €, Kinder 2 – 12 Jahre ab 3 €, Stellplatz ab 6 €, Zelt ab 4,50 €. ▶ 340 Stellplätze. Gehört zu einer großen Camping-Kette. Spielplatz, Tischtennis, Hallenbad, Laden, Bistro.

Odenwald-Camping-Grimm, Alte Mühle 1, 74838 Limbach-Krumbach. ✆ 06287/1485, Fax 4456. www.odenwald-camping.de. odenwald.camping@t-online.de. **Bahn/Bus:** ↗ Mosbach, ab Bhf Käfertörle Bus 832 bis Krumbach Sportplatz. **Preise:** Stellplatz (Wohnwagen, Auto, kleines Zelt) 8,80 €, Erw 7 €, weiteres Auto 3 €, Zelt ab 3,50 €, Stromanschluss 1,50, Stromverbrauch 2 €; Kinder 5 – 12 Jahre 3,50 €, Kinder bis 5 Jahre frei. ▶ Sanitärgebäude mit Duschen, Toiletten, Behindertentoilette, Waschbecken, Geschirrspülplätzen. SB-Laden und Bistro. Kostenfreie Kinderanimation. Spielplatz und Familienraum. Hallen- und Freibad, Fitnessstudio und Saunalandschaft vorhanden.

Campingplatz Mainaue, Wiesenweg 3, 76744 Wörth a.M. ✆ 09372/5165, Fax 408890. campingplatzmainaue@t-online.de. **Zeiten:** Ganzjährig. **Preise:** Pro Pers 4 € und Zelt 3 – 4 €. ▶ Mit Biergarten im Sommer. Platz mit vielen festen Campern, aber auch viel Platz auf der Wiese direkt am Main für Zelter, die sich nicht anzumelden brauchen.

KARTEN & REGISTER

Zeichenerklärung

Hallenbad	Kirche, Kloster
Freibad	Schloss, Burg
Badestelle, Strandbad	Museum
Paddeln	Betriebsbesichtigung
Segeln, Surfen	Bergwerk
Wandern	Aussichtsturm
Reiten	Höhle
Garten, Park, Natur	Hist. Eisenbahn
Wild-, Vogelpark	Essen & Trinken
Naturlehrpfad	Wintersport
Zoo	Autobahn
Radtour	Ausfahrt
Kletterpark	Bundesstraße
Erlebnispark, Spielplatz	Internat. Flughafen

DARMSTADT
BERGSTRASSE
HEIDELBERG
AM NECKAR
NORDEN & WESTEN
IM MÜMLINGTAL
AN MAIN, MUD & ELZ
INFO & VERKEHR
FERIENADRESSEN
KARTEN & REGISTER

Maaraue
Gustavsburg
Bischofsheim
MZ-Süd
S8
S8, 9
RÜSSELSHEIM
MAINZ
Weisenau
Hassloch
Mörfelden-
Ginsheim-
DEUTSCHE FACHWERKSTRASSE
Königstädten
Schwarzbach
Hegbach
MZ-Hechtsheim
MZ-Laubenheim
Nonnenau
Bauschheim
Langenau
Nauheim
Schwarzbach
Astheim
Apfelbach
Bodenheim
Groß-Gerau
Gräfenhau
Trebur
Worfelden
210
Gauberg
Mühlbach
Nackenheim
Hohenau
Gau Bischofsheim
Landgraben
Braunshardt
175
Königsstuhl
Hessenaue
Wallerstädten
Büttelborn
Weiterstad
Rhein
Landgraben
Geinsheim
Badesee Vogel
Dornheim
Darmbach
Nierstein
Kornsand
Ried
Schwabsburg
Oppenheim
Riedsee
Leeheim
GRIESHEIM
208
Farrenberg
Erfelden
Wolfskehlen
Dexheim
Dienheim
Goddelau
S7
Knoblochsaue
296/297
Sandbach
Naturschutzgebiet
Riedstadt
Ludwigshöhe
Kühkopf
Stockstadt
Crumstadt
PFUNGSTA
Guntersblum
Eimsheim
Gimbsheim
Biebesheim
NSG Altrhein
Elisabethen-See
Eicher See
Erlense
Alsheim
Heinrich-Thalau-See
Altrheinsee
Gernsheim
Rheinaue
Bickenba
Eich
Mettenheim
Bechtheim
Hamm
Rhein
Winkelbach
Hähnlein
Zwingenbe
Groß-Rohrheim
AKW
Osthofen

Langen
Götzenhain
Offenthal
Nieder-Roden
Messenhausen
Ober-Roden
Urberach
Rödermark
DEUTSCHE FACHWERKSTRASSE
Hegbach
Egelsbach
Erzhausen
1 cm
2 km
Thomashütte
Eppertshausen
Lache
Berbershausen
Wixhausen
© PETER MEYER VERLAG
Messel
Münster
Silz
Grube Messel
Arheilgen
Altheim
Kranichstein
227
Mainzer Berg
Reicher Bach
Oberwaldhaus
DIEBURG
DARMSTADT
Mathildenhöhe
Hbf.
S3, 4
Groß-Zimmern
Klein-Zimmern
Gundernhausen
Roßdorf
Bessungen
Roßberg
290
Habitzheim
Gersprenz
242
Ludwigshöhe
Traisa
Ober-Ramstadt
281
Kirchberg
Nieder-Ramstadt
Lengfeld
REINHEIM
Veste Otzberg
BERGSTRASSE
DA-Eberstadt
337
Silberberg
Galgenberg
258
Mühltal
Ober-Klingen
Nieder-Beerbach
Waschenbach
Groß-Bieberau
Mummenroth
Burg Frankenstein
Malchen
Rodau
Hasse
422
Langenberg
Ernsthofen
Asbach
Schloss Lichtenberg
Wersau
Hollerbach
Lichtenberg
Niedern-hausen
Brensbach
Seeheim-
Ober-beerbach
Fischbachtal
Schloss Heiligenberg
Klein-Bieberau
Nieder-Kainsbach
Wallba
-Jugenheim
Fischbach
Fränkisch-Crumbach
Affhöllerbach
Stettbach
Modautal
Alsbach
Beedenkirchen
Brandau
Meßbach
Neunkirchen
Gersprenz
Ruine Schnellerts
517
Felsenmeer
Rodenstein
Lebkuchenbäcker
Hembach
Melibokus
Kaiserturm
605
Beerfurth
Laudenau
Schloss Reichenberg
Schloss Auerbach
NIBELUNGENSTRASSE
Gadernheim
Neunk. Höhe
Reichelsheim
Klein-Gumpen
Bockenrod
518
Reichenbach
Winterkasten
Frohnhofen
Morsberg

Nieder-Roden
Ober-Roden
45
DEUTSCHE FACHWERKSTRASSE
56
47
E41
57
58
Stockstadt
Main-
aschaff
Damm
Babenhausen
469
ASCHAFFENBURG
Lache
Gersprenz
26
Eppertshausen
Main
Berbershausen
Münster
Obernau
Schaafheim
Langstadt
Altheim
Großostheim
235
Spitzberg
Niedernberg
Reicher Bach
Pflaumheim
DIEBURG
Wenigumstadt
Mosbach
Groß-
Zimmern
Raibach
Großwallstadt
285
Lichtplatte
DEUTSCHE FACHWERKSTR.
GROSS-
UMSTADT
Klein-Zimmern
Dorndiel
Mömlingen
358
Alte Höhe
Habitzheim
Wald-
Amorbach
Obernburg
am Main
Geonaturpark
DEUTSCHE FERIENROUTE
426
Wambolt-
schlösschen
Heubach
Mümling
Lengfeld
Hainstadt
Eisenbach
REINHEIM
Burg
Breuberg
Breuberg
Hering
Veste Otzberg
Sandbach
Rai-Breitenbach
Ober-Klingen
Otzberg
Schloss
Nauses
Höchst
im Odenwald
Mummenroth
Wörth
am Main
Hassenroth
Pfirschbach
Annelsbach
Hummetroth
Seckmauern
Rimhorn
Wersau
Höllerbach
Villa
Haselburg
Mümling-
Grumbach
Forstel
343
Heckenberg
Brensbach
Wallbach
Ober-
-Kinzig
Breitenbrunn
Nieder-
Kainsbach
Unter-
Affhöllerbach
Fürstengrund
Birkert
Bad König
38
Ruine
Schnellerts
Böllstein
Kirchbrombach
Gersprenz
Odenwald-
Therme
Hembach
Lebkuchen-
bäcker
Brombachtal
Beerfurth
Langen-
Brombach
Vielbrunn
Schloss
Reichenberg
47
Spreng
Bockenrod
Rehbach
NIBELUNGENSTR.
518
Morsberg
Frohnhofen
Weitengesäß

Hosbach
Goldbach
Aschaff
Schmerlenbach
Keilberg
Waldaschaff
Neuhütten
Hengstkopf
506
Bischborner Hof
Rothenbuch
Straßbessenbach
Waldmichelbach
Haibach
Schweinheim
Gailbach
Bessenbach
BAYERISCHER
Lichtenau
Hafenlohr
Ober-
bessenbach
Weibersbrunn
539
Hoher Knuck
Hessenthal
Forsthaus
Echterspfahl
Sulzbach
SPESSART
548
Geierskopf
Mespelbrunn
417
Hohe Wart
N
1 cm
2 km
Sulzbach
am Main
Forsthaus Sylvan
Leidersbach
Volkersbrunn
424
Eichenberg
© PETER MEYER VERLAG
Naturlehrpfad
Rohrberg
298/299
Klein-
wallstadt
Heim-
buchenthal
Bischbrunn
Hausen
Elsava
Damm-
bach
Hofstetten
520
Schnecken-Höhe
Hobbach
Elsenfeld
Oberwintersbach
Eichelsbach
520
Geißhöhe
Hundsrück
Haslochbach
Haselbach
Sommerau
Altenbuch
Schollbrunn
Wildensee
Elsava
Faulbach
Grünau
Eschau
Erlenbach
am Main
Aubach
449
Hoher Berg
Hasselberg
Weinfranken
Streit
Mechenhard
Neuenbuch
Breitenbrunn
Mönchberg
Stadtprozelten
Faulbach
Dorfprozelten
Schmachtenberg
Klingenberg
am Main
Collenberg
Fechenberg
391
Unterer Berg
Röllfeld
Röllbach
Röllbach
Wertheim
Kirschfurt
Freudenberg
Klotzenhof
Odengesäß
NIBELUNGENSTRASSE
Großheubach
Steingasse
Kleinheubach
Bürgstadt
Sonderriet
Rüdenau
Eichenbühl

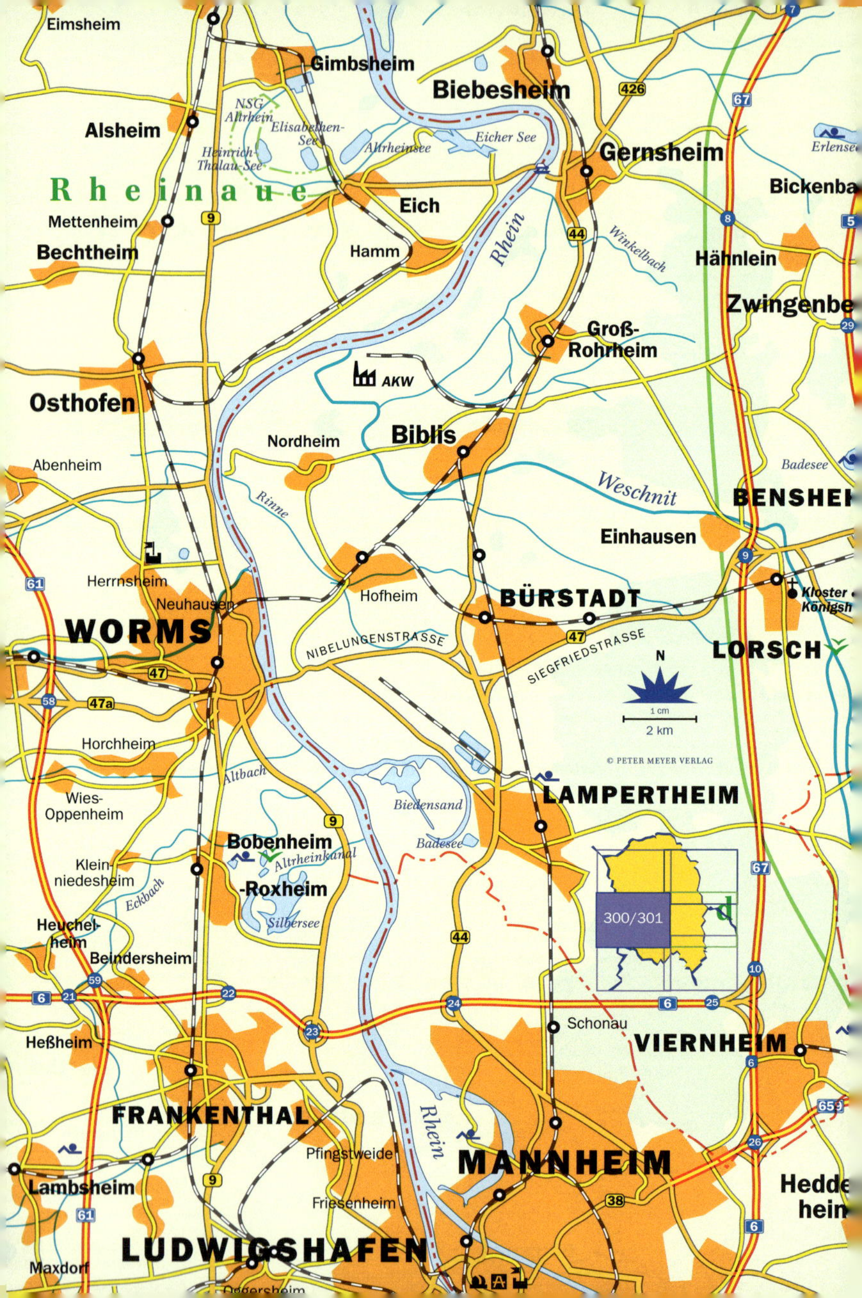
Eimsheim
Gimbsheim
Biebesheim
426
Alsheim
NSG Altrhein
Elisabethen-See
Heinrich-Thalau-See
Altrheinsee
Eicher See
Gernsheim
Erlensee
Bickenba
Rheinaue
Eich
Mettenheim
9
Bechtheim
Hamm
44
Rhein
Winkelbach
Hähnlein
Zwingenbe
Groß-Rohrheim
AKW
Osthofen
Nordheim
Biblis
Abenheim
Badesee
Weschnitz
BENSHEI
Rinne
Einhausen
61
Herrnsheim
Hofheim
BÜRSTADT
Kloster Königsh
Neuhausen
WORMS
NIBELUNGENSTRASSE
47
SIEGFRIEDSTRASSE
LORSCH
47
58
47a
N
1 cm
2 km
© PETER MEYER VERLAG
Horchheim
Altbach
Wies-Oppenheim
Biedensand
LAMPERTHEIM
Bobenheim-Roxheim
Badesee
Altrheinkanal
Klein-niedesheim
Eckbach
Silbersee
300/301
Heuchelheim
Beindersheim
67
59
6
21
22
24
6
25
10
23
Schonau
Heßheim
VIERNHEIM
Rhein
FRANKENTHAL
659
Pfingstweide
MANNHEIM
26
Lambsheim
Heddehein
Friesenheim
38
61
LUDWIGSHAFEN
Maxdorf
Oggersheim

Beerbach
Waschenbach
Bieberau
Mummenroth
Malchen
Burg Frankenstein
Rodau
Hummet
422
Langenberg
Ernsthofen
Asbach
Schloss Lichtenberg
Seeheim-
-Jugenheim
Schloss Heiligenberg
Ober-
beerbach
Lichtenberg
Niedern-
hausen
Wersau
Höllerbach
Brensbach
Fischbachtal
Nieder-
Kainsbach
Klein-
Bieberau
Fischbach
Fränkisch-
Crumbach
Affhöllerbach
Alsbach
Stettbach
Beeden-
kirchen
Brandau
Modautal
Meßbach
Neunkirchen
Ruine Schnellerts
Gersprenz
517
Felsenmeer
Melibokus
Rodenstein
Lebkuchen-
bäcker
Hembach
Kaiserturm
605
Beerfurth
Laudenau
Schloss Auerbach
NIBELUNGENSTRASSE
Gadernheim
Neunk. Höhe
Schloss Reichenberg
Reichelsheim
Spreng
Bockenrod
Klein-Gumpen
518
Morsberg
Reichenbach
Winterkasten
Frohnhofen
Unter-
Ostern
Fürstenlager
Lautertal
Breitenwiesen
Gumpen
221
Kirchberg
Winkel
DEUTSCHE FACHWERKSTRASSE
Rohrbach
Schlierbach
Groß-Gumpen
Erzbach
Lindenfels
BERGSTRASSE
Ober-
Ostern
Ober-
Hambach
Mittershausen
Erlenbach
460
Lärmfeuer
Unter-
Starkenburg
Igelsbach
Weschnitz
Gaßbach
SIEGFRIEDSTR.
SIEGFRIEDSTRASSE
Fürth
Altlechtern
Ober-
HEPPENHEIM
an der Bergstraße
535
Hiltersklingen
Wagenberg
Hammelbach
Unter-
Juhöhe
Rimbach
Grasellenbach
547
Scharbach
Spessartskopf
Tromm
Laudenbach
Wahlen
Zotzenbach
Affolterbach
Hemsbach
Weschnitz
Mörlenbach
Tromm
Kocherbach
577
Neue Weschnitz
Ober-
Mumbach
Wald-Michelbach
Mackenheim
Ulfenbach
WEINHEIM
Birkenau
Wachenburg & Windeck
Löhrbach
Siedelsbrunn
Hinterbach
Schlosspark
Abtsteinach
593
484
Waid
Gorxheimertal
Hardberg
Geiersberg
Lützel-
sachsen
Unter-
flockenbach
Ober-
Schönmattenwag
Unter-
Großsachsen
Korsika
Finkenbach
Hirschberg
an der Bergstraße
Eichelberg
526
Lampenhain
Rothenberg
Leutershausen
455

Nauses
im Odenwald
Wört
am Mai
Mummenroth
Hassenroth
Pfirschbach
Annelsbach
Hummetroth
Seckmauern
Rimhorn
enberg
Wersau
Höllerbach
Villa Haselburg
Forstel
Mümling-Grumbach
343
Heckenbe
Brensbach
Wallbach
Ober-
Kinzig
Breitenbrunn
Nieder-Kainsbach
45
Unter-
Fränkisch-Crumbach
Affhöllerbach
Fürstengrund
38
Birkert
Bad König
Ruine Schnellerts
Böllstein
Lauder
Gersprenz
Kirchbrombach
Mümling
Hembach
Odenwald-Therme
Lebkuchenbäcker
Brombachtal
Beerfurth
Langen-Brombach
Vielbrunn
Schloss Reichenberg
47
Spreng
Bockenrod
518
Morsberg
Rehbach
NIBELUNGENSTRASSE
Weitengesäß
Frohnhofen
Unter-
Ostern
DEUTSCHE FACHWERKSTRASSE
Bergstraße
Ohrnbach
Steinbach
Mossauer Höhe
415
Rohrbach
Jagdschloss
N
Erzbach
Steinbuch
Michelstadt
1 cm
2 km
Ober-
Ostern
Ober-Mossau
47
Eulbach
Roßbach
Ernsbach
© PETER MEYER VERLAG
Lärmfeuer
Dorf-Erbach
SIEGFRIEDSTR.
Gaßbach
Unter-Mossau
Wildpark
Würzberg
Brudergrund
545
Elsbach
Erbach
im Odenwald
Ober-
Hiltersklingen
Mossautal
Römerbad
Hammelbach
Unter-
440
Erbuch
Grasellenbach
Geisberg
Grasellenbach
Mümlingtal
Haisterbach
547
Spessartskopf
45
Hüttenthal
560
Güttersbach
460
Wahlen
Mümling
Limes-Wanderweg
Stausee
Bullau
Affolterbach
Marbach
Himbächl-Viadukt
Airlenbach
Hetzbach
Ottorfszell
Etzean
Krähberg
SIEGFRIEDSTRASSE
Hesselbach
Odenwald
Wald-Michelbach
Schöllenbach
Eutersee
Falken-Gesäß
Westlicher Limes
(1. Jh. n.Chr.)
Ulfenbach
Obersensbach
HESSENECK
Beerfelden
Sensbachtal
Hinterbach
546
484
Falkenberg
Geiersberg
553
Kinzert
Ober-
Untersensbach
Schönmattenwag
ROUTE
Freienstein
Unter-
Gammelsbach
Friedrichsdorf
Korsika
Finkenbach
Gammelsbach
45
DEUTSCHE FERIEN-
Itter
Obersch
Reisenbach
Rothenberg
548

Mechenhard
Streit
Neuenbuch
Breitenbrunn
Weinfra
Mönchberg
Stadtprozelten
Faulbach
Schmachtenberg
Dorfprozelten
Klingenberg
am Main
Collenberg
Fechenberg
391
Unterer Berg
Röllfeld
Röllbach
Röllbach
Werthei
Klotzenhof
Kirschfurt
Freudenberg
Odengesäß
NIBELUNGENSTRASSE
Großheubach
Steingasse
Kleinheubach
Bürgstadt
Sonderriet
Rüdenau
Eichenbühl
Miltenberg
am Main
Mildenburg
Neunkirchen
469
452
Weckbach
Geißbuckel
Erf
Weilbach
Riedern
Mud
481
Winkelberg
Amorbach
Odenwälder Freilandmuseum
M
Reinhardsachsen
Schneeberg
Gottersdorf
Wettersdorf
Kirchzell
Dornberg
Hambrunn
Rippberg
Östlicher Limes
(2. Jh. n. Chr.)
470
Winterberg
DEUTSCHE LIMES-STR.
47
Hardheim
Eiderbach
Zittenfelden
Linkenmühle
Wildenberg
Beuchertsmühle
Höpfingen
27
Preunschen
Marsbachtal
Hettigenbeuern
Walldürn
Röm. Kastell & Bad
Morre
Mud
Steinbach
Erfe
302/303
Hollersee
450
Mudau
Buchen
Eulsberg
Hettingen
Langenelz
Hollerbach
Wartberg
394
Elz-Bach
Hasenwäldchen
27
FRIEDSTRASSE
DEUTSCH

MANNHEIM
LUDWIGSHAFEN
Pfingstweide
Friesenheim
Lambsheim
Maxdorf
Oggersheim
LU Hbf.
MA Hbf.
Heddesheim
Ilvesheim
Ruchheim
Fußgönheim
Mundheim
Rheingönheim
Mutterstadt
Schauernheim
Dannstadt
Limburgerhof
Neuhofen
Waldmühle
Hotel Darstein
Altrip
Rheinau
Rheinblick
Pfingstberg
Edingen
Zur Fischerhütte
Waldsee
Brühl
Böhl-Iggelheim
SCHIFFERSTADT
Otterstadt
SCHWETZING
Ketsch
Oftersheim
Plank
Angelwald
Rehbach
DEUTSCH-FRANZÖSISCHE TOURISTIKROUTE
N
1 cm
2 km
Ranschgraben
© PETER MEYER VERLAG
SPEYER
HOCKENHEIM
Hardtgraben
Speyer-Bach
Hanhofen
Mühlbach
Woogbach
Wooggraben
Altlußheim
Neulußheim
Römerberg
Heiligenstein
Reilingen
Kriegbach
Rheinhausen
304/305
Schwegenheim
Mechtersheim
Oberhausen-Rheinhausen
Saalb.
AKW
Sankt Le
Lingenfeld
Rhein
Westheim
Rheinsheim
Philippsburg
Kirrlach
WAGHÄUSEL
Druslach
Wiesental

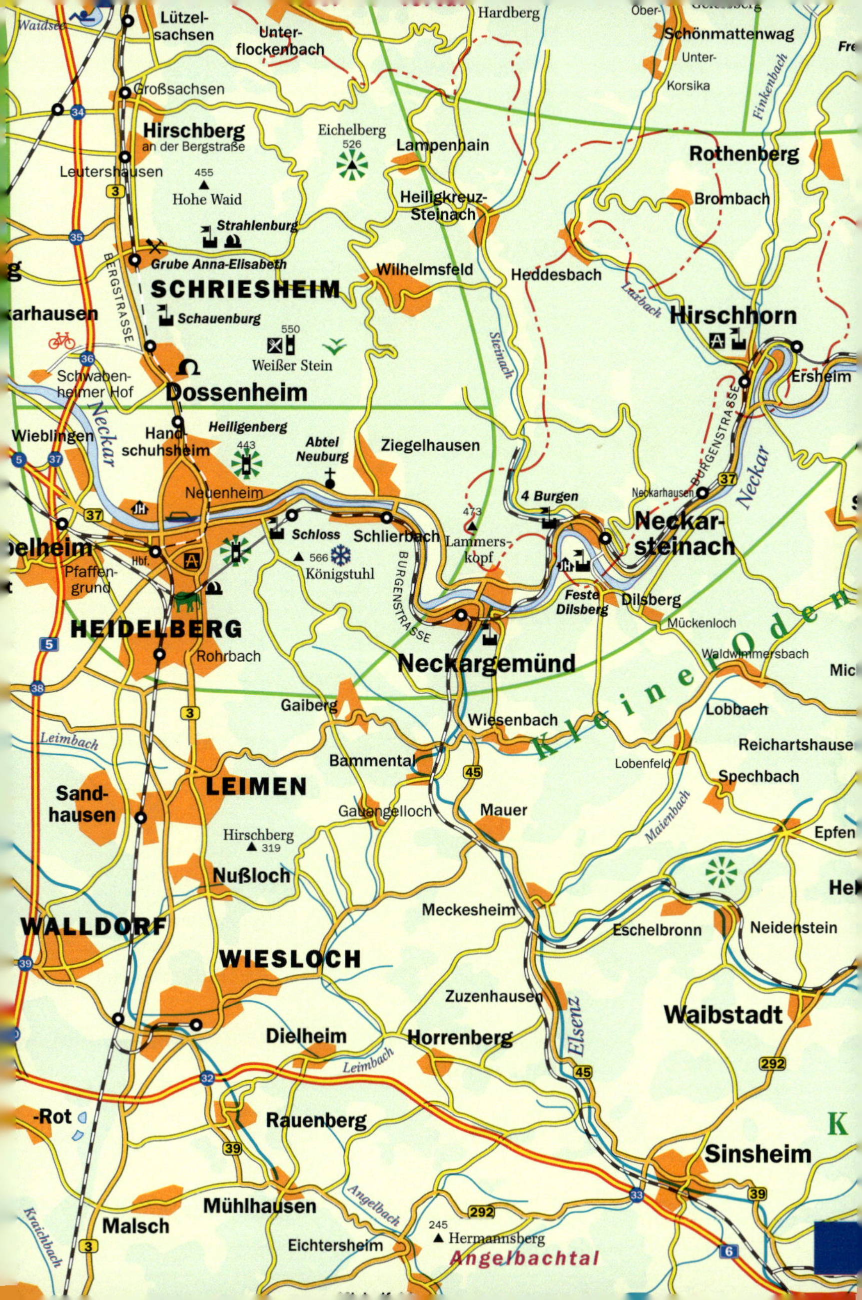

Lützelsachsen
Unter-flockenbach
Hardberg
Ober-
Schönmattenwag
Unter-Korsika
Finkenbach
Großsachsen
Hirschberg
an der Bergstraße
Eichelberg
526
Lampenhain
Rothenberg
Leutershausen
455
Hohe Waid
Heiligkreuz-Steinach
Brombach
Strahlenburg
Grube Anna-Elisabeth
SCHRIESHEIM
Wilhelmsfeld
Heddesbach
Laxbach
Hirschhorn
BERGSTRASSE
Schauenburg
550
Weißer Stein
Steinach
Ersheim
Schwabenheimer Hof
Dossenheim
Neckar
BURGENSTRASSE
Wieblingen
Handschuhsheim
Heiligenberg
443
Abtei Neuburg
Ziegelhausen
Neuenheim
4 Burgen
Neckarhausen
Neckarsteinach
473
Lammerskopf
Schloss
Schlierbach
566
Königstuhl
Pfaffengrund
Hbf.
Feste Dilsberg
Dilsberg
Mückenloch
HEIDELBERG
Rohrbach
Neckargemünd
Waldwimmersbach
Gaiberg
Kleiner Odenwald
Lobbach
Wiesenbach
Leimbach
Reichartshausen
Bammental
Lobenfeld
Spechbach
Sandhausen
LEIMEN
Gauangelloch
Mauer
Maienbach
Epfenbach
Hirschberg
319
Nußloch
Meckesheim
Eschelbronn
Neidenstein
WALLDORF
WIESLOCH
Zuzenhausen
Waibstadt
Elsenz
Dielheim
Horrenberg
Leimbach
Rauenberg
Sinsheim
Mühlhausen
Angelbach
245
Hermannsberg
Malsch
Eichtersheim
Angelbachtal
Kraichbach

Schönmattenwag
Unter-
Korsika
Finkenbach
Freienstein
Gammelsbach
45
DEUTSCHE FERIEN-ROUTE
Untersensbach
Kinzert
Friedrichsdorf
Itter
Oberscheidental
Reisenbach
Rothenberg
Brombach
548
Hohe Warte
EBERBACH
am Neckar
Katzenbuckel
626
Waldbrunn
Waldkatzenbach
Ober-Höllgrund
Mülben
Holdergrund
Strümpfelbrunn
Robern
Laxbach
Hirschhorn
Ersheim
Pleutersbach
Ober-
Unter-
Dielbach
Weisbach
Fahrenbach
Seebach
BURGENSTRASSE
Allemühl
Stolzeneck
Wolfsschlucht
Zwingenberg
Neckar
37
Neckarhausen
Schönbrunn
Neckar-
steinach
Lohrbach
Neckargerach
Minneburg
Dilsberg
Mückenloch
Kleiner Odenwald
Neunkirchen
Waldwimmersbach
Michelbach
Schwarzach
Lobbach
Aglaster-
hausen
MOSBACH
Reichartshausen
Lobenfeld
292
Spechbach
Obrigheim
27
Maienbach
Epfenbach
Neckarelz
Helmstadt
Hochhausen
Neckarzimmern
Burg Hornberg
Eschelbronn
Neidenstein
264
Steifelsberg
Bargen
Haßmersheim
Waibstadt
Hüffenhardt
Gundelsheim
Neckar-
Bischofsheim
Siegelsbach
Guttenberg
Kraichgau
Sinsheim
39
33
6
Bad Rappenau
Offenau

Mudau
Buchen
Hollersee
450
Eulsberg
Hettingen
Langenelz
Hollerbach
Wartberg
394
Hasenwäldchen
Elz-Bach
27
SIEGFRIEDSTRASSE
DEUTSCHE LIMES-STRASSE
306/307
Tropfsteinhöhle
alsbach
Laudenberg
Bödigheim
Eberstadt
Limbach
Rinschbach
Rosenberg
Krumbach
Elz-Bach
Großeicholzheim
Seckach
292
Kirnau
Hohe
Aspen
Ritters-
bach
340
Jugenddorf Klinge
Osterburken
Adelsheim
Elztal
Ober-
81
292
Mittel-
Schefflenz
6
Unter-
Dallau
Östlicher Limes
(2. Jh. n. Chr.)
330
Hühner-B.
N
Seckach
Roigheim
Schefflenz
2 km
© PETER MEYER VERLAG
Billigheim
Sulzbach
Kessach
Schöntal
Allfeld
Widdern
Möckmühl
304
Dachsberg
Jagst
Jagsthausen
Neudenau
SCHWÄBISCHE DICHTERSTRASSE
DEUTSCHE LIMES-STRAS
Kocher
DT. FERIENROUTE
Lampoldshausen
Koche
81
BAD
FRIEDRICHS-
HALL
Oedheim
Neuenstadt
Hardthausen

Register der Orte, Personen und Stichworte

A

B

C – D

L

M

N

O

IMPRESSUM

pmv Peter Meyer Verlag, Schopenhauerstraße 11, 60316 Frankfurt a.M., www.PeterMeyerVerlag.de mit Bücher- und Datenshop, info@PeterMeyerVerlag.de. | Unsere Inhalte werden ständig gepflegt, aktualisiert und erweitert. Für die Richtigkeit der Angaben übernimmt der Verlag jedoch keine Haftung. | © pmv 7. Auflage 2012 | **Umschlag- und Reihenkonzept** sowie Text, Gliederung und Layout, Karten, Tabellen, Piktogramme und Illustrationen sind urheberrechtlich geschützt. | **Inhalt:** Die Aufnahme und Beurteilung in »Odenwald mit Kindern« unterliegt der Auswahl durch Verlag und Autoren und kann nicht erkauft werden. Der Abdruck der Texte und Daten erfolgt kostenlos. Abdruck und Einspeisung in elektronische Medien (Computer, Internet), auch auszugsweise, nur mit Genehmigung des Verlags. | **Druck & Bindung:** AZ Druck und Datentechnik GmbH, Kempten, www.az-druck.de | **Umschlaggestaltung:** pmv, Annette Sievers; Agentur 42, Mainz, www.agentur42.de | **Redaktion:** Sarah König | **Fotos:** Wenn nicht anders angegeben, alle Rechte beim Verlag, siehe Nachweis beim jeweiligen Bild. Wir danken allen Unterstützern. | **Zeichnungen:** Silke Schmidt, alle Rechte beim Verlag | **Karten:** pmv, Lizenzen auf Anfrage. | **Bezug:** über Prolit, Fernwald-Annerod, oder den Verlag, vertrieb@PeterMeyerVerlag.de, ✆ 069/405 62 57-0.

ISBN 978-3-89859-429-5

ClimatePartner
klimaneutral gedruckt

Unsere Verlagsphilosophie und Nachhaltigkeitserklärung finden Sie auf unserer Internetseite. www.PeterMeyerVerlag.de

Printed in Germany with love. Klimaneutral und auf umweltfreundlich hergestelltem Novatech Satin Bilderdruck-Papier, FSC® Mix-GFA-GOC 001493.

FSC www.fsc.org MIX Papier aus verantwortungsvollen Quellen FSC® C008457

KRAICHGAU MIT KINDERN

500 Aktivitäten und Ausflüge zwischen Heidelberg, Karlsruhe und Heilbronn

Marion Landwehr

Langeweile ade! Vom Erlebnispfad mitten in der Natur bis zum Technikmuseum, von Burgen und Schlössern bis zu Wildparks und Wassertouren hat die Autorin mit ihren Kindern Aktivitäten und Ausflüge erkundet, die sich wirklich lohnen.

»Bei Ratlosigkeit und Langeweile ist »Kraichgau mit Kindern« voller Lösungen.« Rhein-Neckar-Zeitung

ISBN 978-3-89859-426-4
320 Seiten, 14,95 Euro [D]

FRANKFURT RHEIN-MAIN MIT KINDERN

400 preiswerte und spannende Aktivitäten für draußen und drinnen

Eberhard Schmitt-Burk

»Frankfurt Rhein-Main mit Kindern« nennt nicht nur alle Spielparks und Grillplätze in und rund um Frankfurt, sondern auch Tipps für Wasserratten, Museumsmäuse, Zirkusflöhe und Pedalritter.

»Wahnsinn! In ›Frankfurt/Rhein-Main mit Kindern‹ von Eberhard Schmitt-Burk finden sich so viele tolle Tipps für Ausflüge wieder, dass man gar nicht weiß, wann man die alle machen soll.« Lilliput

ISBN 978-3-89859-434-9
3. aktualis. Auflage
304 Seiten, 16 Euro [D]

Die pmv-Reihe »... mit Kindern« wurde bereits mehrfach ausgezeichnet, allein 3 x mit dem ITB BuchAward der weltgrößten Tourismusmesse Berlin.

SPESSART MIT KINDERN

700 Ausflüge und Aktivitäten rund ums Jahr

Maria Bonifer

Der Spessart, der weitgehend unentdeckt zwischen der Kinzig und dem Mainbogen vor sich hin schlummert, steckt wie ein märchenhaftes Schatzkästlein voller Ausflugsmöglichkeiten: von Rad- und Wandertouren, über Reiten und Ferien auf dem Bauernhof, Baden und Wassersport bis zu Burgen und Museen. Über 700 Tipps finden sich in diesem übersichtlich gegliederten Handbuch.

»Für jedes Kinderherz das Richtige.«
Offenbacher Post

ISBN 978-3-89859-407-3
320 Seiten, 12,95 Euro [D]

SCHWÄBISCHE ALB MIT KINDERN

Über 500 spannende Ausflüge und Aktivitäten rund ums Jahr

Anregungen für Ferienspaß und Wochenende: Ausflüge, Aktivitäten, Höhlen, Baden, Sport und Spiel zwischen Neckar und Donau, Schwarzwald-Ausläufern und Nördlinger Ries. Jeweils mit Beschreibung, Adressen, Anfahrt, Öffnungszeiten und Preisen. Zum Losstürmen für die ganze Familie und für jede Jahreszeit!

»In diesem Führer ist alles drin, was Spaß macht – und zwar der ganzen Familie.«
Die Neckarquelle

ISBN 978-3-89859-415-8
320 Seiten, 14,95 Euro [D]

BODENSEE MIT KINDERN

400 x Abenteuer und Erlebnis rund um den ganzen See

Wolfgang Taschner, Michael Reimer

Eine der beliebtesten Ferienregionen mit Kindern wieder- oder neu entdecken: Vom Bootsverleih über Tierparks bis zur kinderfreundlichen Unterkunft, vom Aquarium über die Radtour bis hin zum Apfelzügle-Express. Tipps für D, A und CH.

»Ein großes Kompliment. In diesem Reiseführer – der beste derzeit auf dem Markt – können Familien mit Kindern wirklich viele nette Unternehmungen planen und sich sicher sein, dass die ganze Familie Spaß daran hat.«
Karin Stippe, Ehingen

ISBN 978-3-89859-428-8
3. aktualis. Auflage
272 Seiten, 16 Euro [D]

BERCHTESGADENER LAND & CHIEMGAU MIT KINDERN

400 spannende Aktivitäten zwischen Rosenheim und Salzburg

Katja Faby, Antje Kindler-Koch

Der Chiemgau ist eine bäuerlich geprägte Region und gerade deswegen eine der beliebtesten Tourismusgebiete Bayerns. Dieser Freizeitführer bietet 400 spannende Aktivitäten im Berchtesgadener Land und Chiemgau für Radeltouren, Wasserspaß oder Besichtigungen, die selbst bei schlechtem Wetter für gute Laune sorgen. Von Rosenheim bis Salzburg, vom Chiemsee bis zum Watzmann.

ISBN 978-3-89859-427-1
272 Seiten, 16 Euro [D]

Jetzt den kostenlosen eBrief »Lesen & Ausfliegen« abonnieren und tolle Freizeittipps sammeln oder Bücher gewinnen! Mehr unter www.Peter-MeyerVerlag.de.

pmv PETER MEYER VERLAG

PFALZ MIT KINDERN

400 x Abenteuer und Erlebnis rund um Pfälzerwald und Weinstraße

Eberhard Schmitt-Burk

Die Pfalz lädt sowohl landschaftlich als auch kulturell Familien mit Kindern zum Entdecken ein. Vom Badesee über Wander- und Radwege bis hin zu Burgen und einem Technikmuseum hat der Autor die schönsten Freizeittipps für alle Jahreszeiten gesammelt.

»Der Freizeitführer bietet reizvolle Touren unabhängig von Jahreszeiten und gibt Tipps, die nicht nur die Kleinsten begeistern wwerden.«
MVV Life

ISBN 978-3-89859-433-2
320 Seiten, 16 Euro [D]

SAARLAND MIT KINDERN

400 spannende Ausflüge und Aktivitäten rund ums Jahr

Carola Schulz

Mit diesem Buch können Familien mit Kindern in ihrer Region Neues entdecken, Erfahrungen sammeln und Grenzen überwinden. Denn im Saarland und seinen angrenzenden Regionen, die die gleichen kulturellen Wurzeln besitzen, gibt es jede Menge Ritterburgen, Bergwerke, Höhlen, Seen und Tierparks zu erkunden.

»Bietet in ansprechender Bebilderung und übersichtlich alles an Infos, was man so braucht.«
Saarbrücker Zeitung

ISBN 978-3-89859-425-7
256 Seiten, 14,95 Euro [D]

Jetzt den kostenlosen eBrief »Lesen & Ausfliegen« abonnieren und tolle Freizeittipps sammeln oder Bücher gewinnen! Mehr unter www.Peter-MeyerVerlag.de.

BERLIN UND UMGEBUNG MIT KINDERN

1001 Aktivitäten und Ausflüge mit S & U

Ina Kalanpé und Wolfgang Kling

Mit dieser großen Auswahl an Ausflügen und Aktivitäten sowie den praktischen Informationen können Familien mit Kindern zwischen 3 und 13 Jahren jederzeit auch spontan je nach Lust und Wetter aufbrechen.

»Mit diesem Buch im Gepäck haben Eltern mit Kindern – in Deutschland unterwegs – leichtes Spiel. Nutzt man die Ideen und Tipps, dürften die Quengeleien gegen null tendieren.«
Der Tagesspiegel

ISBN 978-3-89859-436-3
3. aktualis. Auflage
320 Seiten, 16 Euro [D]

EIFEL MIT KINDERN
Über 500 spannende Ausflüge und Aktivitäten rund ums Jahr
Ingrid Retterath

Die Eifel ist ein großartiges Ausflugsgebiet. Neben weiten Wäldern mit herrlichen Wanderwegen und schönen Stauseen bietet sie jedoch vor allem Kindern noch unglaublich viel mehr.
Über 500 Ausflüge und Aktivitäten von Aachen bis Trier, von Luxemburg bis zur Aar, zeigen Kindern zwischen 3 und 13 Jahre wie spannend Freizeitvergnügen in der Eifel ist. Spaß in und am Wasser, Radeln und Natur erleben, Museen, Burgen und Schlösser – Unternehmungen jeder Art und rund ums Jahr, immer persönlich recherchiert und komplett mit Anfahrt, Öffnungszeiten und Preisen.

ISBN 978-3-89859-435-6
320 Seiten, 14,95 Euro [D]

RHEINLAND MIT KINDERN
Über 500 Aktivitäten und Ausflüge bei jedem Wetter
Ingrid Retterath

Für spontane Ausflüge gründlich recherchiert: Der pmv-Freizeitführer »Rheinland mit Kindern« bietet rund 500 Ausflüge und Aktivitäten für kleine Naturfreunde und Kulturfans inklusive Preisen, Öffnungszeiten und Anfahrtsbeschreibung. Ob Schwimmbad, Radtour oder Museum, hier findet jedes Familienmitglied schnell seinen Lieblingstipp.

»500 Ideen, sich die freie Zeit zu vertreiben.«
Kölner Stadt-Anzeiger

»Das Buch hat das klassische Jackentaschenformat und ist damit ausgesprochen benutzerfreundlich. Vor dem Ausflug einstecken, fertig.«
Neuß-Grevenbroicher Zeitung

ISBN 978-3-89859-409-7
320 Seiten, 14,95 Euro [D]

HANNOVER & REGION MIT KINDERN
400 spannende Ausflüge und Aktivitäten im Herzen Niedersachsens
Kirsten Wagner

400 preiswerte Aktivitäten für Familien mit Kindern zeigen, dass es in der Großstadt Hannover und deren Region nie langweilig wird! Vom Miniausflug über leichte Wander- und Radeltouren, Spaß an Leine, Weser und Aller bis hin zu Aktivitäten, die selbst bei schlechtem Wetter für gute Laune sorgen.

»Wer in Hannover noch Langeweile hat, braucht diesen Freizeitführer! Denn für die ganze Familie gibt es viel Abenteuerliches zu entdecken und zu erleben!«
www.reisegezwitscher.de

ISBN 978-3-89859-418-9
304 Seiten, 16 Euro [D]

pmv PETER MEYER VERLAG

66 SCHÖNSTE AUSSICHTEN HESSEN
Burgen, Türme, Berge – Wandern, Radeln, Einkehren
Alexander Kraft

Sie sind oft die heimlichen Höhepunkte eines Ausflugs, liegen aber genauso oft eher zufällig an der Route: grandiose Aussichtspunkte. Anders bei diesem Buch. Hier stehen die Fernblicke im Mittelpunkt. Ob Türme, Burgen oder Klippen – das Panorama ist jedesmal einzigartig.
Für alle, die den Überblick suchen. Mal ganz bequem per Auto oder Seilbahn, mal per Rad, Mountainbike oder mit Wanderschuhen. Immer mit Rast und Einkehr, immer was Besonderes.

»Wandertouren, Radtouren und die perfekten Einkehrmöglichkeiten vermitteln Hessens schönste Seite.«
Frankfurter Rundschau

ISBN 978-3-89859-317-5
256 Seiten, 14,95 Euro [D]

WEITWANDERN HESSEN
Die 10 schönsten Streckenwanderungen. Mit Einkehr, Unterkunft & Bahntransfer
Michael Schnelle

10 gründlich recherchierte Streckenwanderungen führen passionierte Wanderer und Entdecker zu schönen Naturlandschaften und interessanten Kulturdenkmälern in Hessen. Alle Ausgangs- und Endpunkte sind mit Bus und Bahn erreichbar, und weil bei jeder Tour Übernachtungs- und Einkehrtipps aufgeführt sind, kann mit leichtem Gepäck gewandert werden!

»Mit leichtem Gepäck, doch im Wandern schwer bewandert.«
DIE ZEIT
über pmv-»Mehrtagestouren im Westen Deutschlands«, ISBN 978-3-89859-305-2

ISBN 978-3-89859-306-9
256 Seiten, 16 Euro [D]

199 KM MOSEL
Sehenswertes, Ausflüge & Einkehr zwischen Trier und Koblenz
Annette Sievers (Hrsg.)

Ob Rebhänge, Moselschifffahrt oder Porta Nigra – wer mit diesem Reiseführer aufbricht, erlebt abwechslungsreichen Kulturgenuss. Kenntnisreich führt dieses Buch zu den schönsten Orten und Sehenswürdigkeiten entlang der deutschen Mosel, Einkehr- und Übernachtungsmöglichkeiten inklusive.

ISBN 978-3-89859-310-6
256 Seiten, 16 Euro [D]

Deutschland als Reiseziel wird immer beliebter – pmv-Freizeitführer ebenso. Genaue Reiseinformationen zu Einkehr, Unterkunft und Verkehr gepaart mit sauber recherchierten Beschreibungen von Sehenswürdigkeiten, Wanderungen und Radtouren sowie einer ansprechenden, übersichtlichen Gestaltung machen Reiselust und Lesefreude.

77 SCHÖNSTE ORTE RUND UM BERLIN
Ausflüge zu Schlössern, Seen und Sehenswürdigkeiten mit 88 Einkehrtipps
Wolfgang Kling

Zu den 77 schönsten Orten rund um Berlin: Raus aus der Stadt und rein in die Natur! Jedes Ziel ist mit der Bahn erreichbar. Bei allen Ausflügen gibt es zudem 166 tolle Einkehrmöglichkeiten. Vom Schloss Rheinsberg im Norden bis Lübbenau im Süden ist für jeden der passende Ausflug dabei. Zum radeln, wandern, einkehren. Mit Beschreibung, Einkehrtipps und farbigen Karten.

ISBN 978-3-89859-314-4
304 Seiten, 16 Euro [D]

Die erwachsene Ergänzung zu »Berlin & Umgebung mit Kindern«, siehe Seite 316.

AUSFLÜGE MIT GENUSS: WEINFRANKEN
Wandern, Radeln, Einkehren
Barbi Lasar

Gemütliche Wanderungen und knackige Fahrradtouren, urige Mühlencafés und rustikale Winzerhöfe: 20 vielseitige Ausflüge in Kombination mit der passenden Einkehr machen das Wochenende schöner.

»Genuss wird hier nicht nur aufs Kulinarische bezogen, sondern schließt den Augenschmaus, den die fränkische Landschaft mit Fluss, Wald und Weinbergen bereithält, mit ein.«
Fränkische Nachrichten

ISBN 978-3-89859-316-8
224 Seiten, 14,95 Euro [D]

33 SCHÖNSTE RADTOUREN RHEIN-MAIN
Radeln von leicht bis weit rund um Frankfurt
Rheingau – Vogelsberg, Rheinhessen – Rodgau
Alexander Kraft

1549 km oder einfach die schönsten Radeltouren im Rhein-Main-Gebiet: Sie bringen Abwechslung und Schwung in den Wochenendausflug. Mit Extra-Karte und GPS-Daten zum Herunterladen.

ISBN 978-3-89859-318-2
224 Seiten, 18 Euro [D]
mit extra Fahrradkarte

pmv PETER MEYER VERLAG

pmv

PETER MEYER VERLAG

Vor die Haustür, fertig – los!

Klimabewusstes Handeln wird in Zeiten von Klimawandel und globaler Erwärmung immer wichtiger. Beim Druck ist das Entstehen von CO_2 jedoch unvermeidlich. Das schädliche Kohlendioxid ist für den vom Menschen verursachten Treibhauseffekt verantwortlich.

Deshalb geht der Peter Meyer Verlag mit gutem Beispiel voran und unterstützt mit einer freiwilligen Ausgleichszahlung ganzheitliche Energieprojekte in Entwicklungsländern, um CO_2-Emissionen bei der Stromerzeugung von vornherein vermeiden zu helfen.

Zudem drucken wir alle Bücher und Prospekte ausschließlich auf Recycling- oder FSC®-Papier aus zertifizierter, nachhaltiger Waldbewirtschaftung.

Mit dem Kauf unserer Reiseführer unterstützen Sie dieses Engagement.

Dafür danke. Und jetzt: Raus in die Natur!

FRITZ WALTER

3:2

Das Spiel ist aus! Deutschland ist Weltmeister!

COPRESS
SPORT

Fotos: Bachem, dpa, Hubmann, Hüttenberger, Keystone, Kunz, Mehrens, Neuwirth, Schirner, O. Schmidt, A. Schulz, Wundshammer, Privat

Zu diesem Buch

Bei fast allen Fotos handelt es sich um heute kaum oder gar nicht mehr zu beschaffende Originalaufnahmen, deren hoher dokumentarischer Wert die teilweise reduzierte Wiedergabequalität ausgleichen dürfte.

Bibliografische Information Der Deutschen Bibliothek
Die Deutsche Bibliothek verzeichnet diese Publikation in der Deutschen Nationalbibliografie; detaillierte bibliografische Daten sind im Internet über <http://dnb.ddb.de> abrufbar.

Originalausgabe

Gesamtherstellung: Stiebner, München
Printed in Germany
ISBN 3-7679-0869-7
www.copress.de

INHALT

WIR SETZEN UNS DURCH

»Schalt' dein Kofferradio ein, Fritz, ich kann nicht schlafen!«
Hellwach taste ich nach dem Knopf; auch ich habe noch kein Auge zugetan. Dabei ist es vier Uhr früh. Aber was für ein Tag liegt hinter uns! Ein Tag, der uns das Unwahrscheinlichste, das nie Erwartete gebracht hat – die Fußball-Weltmeisterschaft. Irgendein Sender überträgt noch Tanzmusik.
Helmut Rahn, der seit Wochen im Spiezer Hotel »Belvédère« Zimmer Nr. 303 mit mir teilt, dreht sich mit einem Ruck zu mir hin:
»Mensch, Fritz, ich kann und kann es einfach nicht glauben! Weißt du noch, mit welchem Bammel wir in die Schweiz gefahren sind?«
»Du wirst sehen, morgen stellt sich heraus, daß wir alles bloß geträumt haben!«
»Aber ich bin doch hellwach!« schreit Helmut so laut, daß ich erschrocken hochfahre. Mit beiden Beinen strampelt er seine Decke weg, springt aus dem Bett, schlägt einen Salto und liegt auch schon wieder in den Federn.
»Siehst du, ich träum' doch nicht, Fritz! Wir haben wirklich die Ungarn weggeputzt!«
Schade – jetzt ist Schluß mit der Tanzmusik. Auf meinem Apparat bring' ich nichts mehr her. Es ist sechs Uhr morgens.
»Vielleicht können wir doch noch ein bißchen schlafen«, gähne ich, und tatsächlich fallen uns vor Übermüdung die Augen zu. Plötzlich bin ich wieder wach. Ich greife nach der Uhr. Es ist sieben. Auch der stabile Helmut Rahn starrt schon wieder die Decke an. Vergeblich versuchen wir eine Viertelstunde lang, nochmals einzuschlafen. Es ist aussichtslos.
»Sieh mal raus, was für Wetter ist! Am besten machen wir einen Kopfsprung in den Thuner See.«
»Nichts zu wollen, Fritz draußen ist es trostlos!« Und weil der »Boß«, wie Helmut Rahn bei uns heißt, nun schon auf dem Balkon steht, gibt er an diesem letzten Morgen in Spiez noch einmal mit voller Lautstärke seine Essener Marktfrau zum besten:

Prima schnittfeste Tomaten, Leut!
Die prima Oma-Lutsch-Birnen für zahnlose Großmütter!

1 a Rotkohl, Weißkohl, Wirsing, Spinat!
Wenn keiner kommt, dann leckt mich am ...
Leute, ich bin das Leben leid, heut wird die Ware verschenkt!
Aaa sch—on wieder einer da!
Prima schnittfeste Tomaten!

Ich liege im Bett und lache, lache, bis mir die Tränen kommen. Wie oft hab ich mich während der drei Wochen in der Schweiz über den Boß und seine urwüchsigen, jungenhaften Kraftausbrüche gefreut! Schmerzlich durchfährt mich der Gedanke, daß es nun bald aus ist mit dem kameradschaftlichen Zusammensein. Aus mit den unvergeßlichen Tagen, die uns menschlich einander so nahe gebracht haben.

Als wir im Frühstückszimmer Platz nehmen, sind die meisten anderen schon da, nicht nur die Frühaufsteher. Niemand hat richtig schlafen können in dieser Nacht. Der Toni, der Max, der Jupp – sie alle sind von ihren Gedanken bestürmt worden und von ihren Erinnerungen. Ist das nicht ganz natürlich? Haben wir denn überhaupt schon begriffen, was in diesen Tagen und Wochen geschehen ist?

Wir sind Fußball-Weltmeister 1954!

Spreu oder Weizen?

»Wenn ihr nicht besser spielt, braucht ihr erst gar nicht in die Schweiz zu fahren!«

So scharf schießen 1953 unsere Kritiker. Leider nicht ganz zu Unrecht. Bei den Ausscheidungsspielen, die wir zu absolvieren haben, sind die Leistungen der deutschen Nationalmannschaft alles andere als eindrucksvoll. Ehrlich gesagt, denke ich nur ungern an die zermürbenden Vorpostengefechte zurück, die uns den Weg in die Schweiz frei machen – – –

36 Länder haben sich zur Teilnahme an der V. Weltmeisterschaft der FIFA, des Internationalen Fußballverbandes, gemeldet. Nur sechzehn Mannschaften aber sollen nach dem Plan des Organisationskomitees in der Schweiz um die höchste Fußballtrophäe, den Coupe Rimet, kämpfen. Es muß also vorgesiebt werden. Die 36 Konkurrenten teilt man in dreizehn Qualifika-

tionsgruppen ein, deren jeweiliger Sieger die Fahrkarte in die Schweiz erhält. Nur bei der Gruppe III (England, Schottland, Irland, Wales), die traditionsgemäß für besonders stark gehalten wird, darf auch der Zweite mitfahren. Auf diese Weise sollen die vierzehn Besten ermittelt werden. Zwei Teilnehmer stehen von Anfang an fest: Uruguay als Titelverteidiger und die Schweiz als Gastgeber.
»Ich möchte wetten, daß wir mit dem Saarland in eine Gruppe kommen!« sage ich zu Bundestrainer Herberger. Die Wette hätte ich glatt gewonnen: die Organisatoren der Weltmeisterschaft stecken uns zusammen mit der Saar und Norwegen in die Ausscheidungsgruppe I.
»So ein Dusel!« frohlocken die Optimisten. Ich habe über die »leichte« Gruppe I meine eigene Meinung. Noch in jedem Länderspiel ist die Saarmannschaft über sich selbst hinausgewachsen. Obwohl sie praktisch nur aus Spielern des 1. FC Saarbrücken besteht, wäre es kurzsichtig, ihre Leistungen wie die einer Vereinsmannschaft einzuschätzen. Zumal Helmut Schön, der Trainer des Saarländischen Fußballverbandes, seine Elf seit Monaten intensiv auf die Ausscheidungsspiele zur Weltmeisterschaft vorbereitete. Und Norwegen? Es ist seit eh und je unser Angstgegner, der uns 1936 beim Olympischen Fußballturnier in Berlin mit Pauken und Trompeten ausgebootet hat.
Trotzdem ist Deutschland in Gruppe I eindeutiger Favorit. Die Saar und Norwegen haben als Außenseiter nichts zu verlieren, aber alles zu gewinnen.
»Ihr müßt es schaffen! Ihr müßt es schaffen!« Wie uns dieser Imperativ, dieses leichthin gesagte »muß« im Magen liegt!
Am 18. Juli 1953 bringt der Postbote den erwarteten Brief mit dem Absender »Seppl Herberger, Hohensachsen an der Bergstraße«. Jeder, der für ein Länderspiel vorgesehen ist, wird vom Bundestrainer benachrichtigt:
»Liebe Kameraden!
Die neue Spielzeit ruft. Für unsere Nationalmannschaft setzt sie gleich mit vollen Akkorden ein. Am 19. August spielen wir in Oslo gegen Norwegen. Es geht um die Teilnahme an der Weltmeisterschaft . . .«
Allen Empfängern legt der »Chef«, wie wir Herberger unter uns nennen, nahe, sich durch die Vereinsspiele und entspre-

chendes Training in gute Kondition zu bringen. Ihm bleibt nichts anderes übrig als dieser erste Appell an das sportliche Gewissen jedes einzelnen. Bedingt durch die Verhältnisse im deutschen Fußball können wir uns immer nur wenige Tage vor einem Länderspiel treffen. Es ist klar, daß wir deshalb die nötige Form schon mitbringen müssen. Jedem seiner Pappenheimer schreibt der Chef noch ein paar spezielle Worte. Er weist auf individuelle Schwächen hin und gibt zugleich Ratschläge, wie sie am besten zu beheben sind.

Gleichzeitig kommt der offizielle Bescheid von der Geschäftsstelle des DFB, des Deutschen Fußballbundes in Frankfurt. Demnach gehöre ich zur vorgesehenen Mannschaft gegen Norwegen, die sich vor dem Abflug in Malente, der Sportschule des Schleswig-Holsteinischen Fußballverbandes, trifft.

Am 19. August 1953 spielen wir im Osloer »Ulleval«-Stadion gegen die Norweger. Sie stehen bereits mitten in ihrer Fußballsaison, haben die Höchstform erreicht und sind überraschend stark. Unser letztes Länderspiel war vor fünf Monaten. Wir sind zudem durch die unmittelbar zurückliegende Sommerpause aus dem Tritt geraten. Obwohl wir in der Besetzung: *Turek; Retter, Kohlmeyer; Eckel, Posipal, Schanko; Rahn, Morlock, O. Walter, F. Walter, Schäfer* antreten, kommen wir gegen die Skandinavier nicht zum Zug. Kurz vor der Halbzeit wird Schäfer verletzt und durch Pfaff ersetzt. Der 21jährige norwegische Torwart Asbjörn Hansen hält die schwierigsten Schüsse. Nur ein einziges Mal läßt er den Ball passieren. Dieses Tor, von mir geschossen, bringt uns den 1:1-Ausgleich, und wir müssen froh sein, mit dem Unentschieden wenigstens einen Punkt gerettet zu haben. Ziemlich belämmert ziehen wir ab. Deutschlands Fußballfreunde und wir selbst sind keineswegs mit unserer Leistung zufrieden, zumal die Saar im Juli Norwegen auf demselben Platz 3:2 geschlagen hat. Die Sorgenfalten auf der Stirn unseres Chefs wollen nicht mehr verschwinden.

Als wir nach dem Rückflug wieder in Hamburg landen, regnet es in Strömen, und grau wie das Wetter ist unsere Stimmung. Wir flüchten in den bereitstehenden Omnibus und fahren auf dem schnellsten Weg ins Hotel. Noch am gleichen Abend reisen wir nach einem hastigen Essen sang- und klanglos in unsere Heimatorte ab. Eines steht für Herberger und für uns nach diesem 1:1 fest. Das Spiel gegen die Saar muß wohl besser werden! Es findet am 11. Oktober 1953 im Stuttgarter Neckar-Stadion statt. Obwohl die Saar bei diesem wichtigen Ausscheidungsspiel in prächtiger Form antritt, geht die deutsche Elf (*Turek; Retter, Erhardt; Mai, Posipal, Gottinger; Rahn, Morlock, Schade, Metzner, Schäfer)* als klarer Favorit auf den Platz, um praktisch gegen den 1. FC Saarbrücken anzutreten, der nur durch Clemens von Saar 05 verstärkt ist. Wie Ottmar und Kohlmeyer bin ich verletzt und sehe das Spiel von der Tribüne aus. Unsere Mannschaft, bei der Gottinger angeschlagen und durch Eckel ersetzt wird, tut sich schwer, gegen die unerschrocken und schwungvoll angreifenden Saarländer einen 3:0-Sieg zu erringen. Das Resultat entspricht nicht unbedingt dem Spielverlauf. Dem Stuttgarter Treffen fehlt die große Linie, nur selten kommt unsere Elf zu einer harmonischen Zusammenarbeit. »Kein Grund zum Optimismus!« schreiben die Kritiker nach diesem Spiel. Unsere Chancen für die Schweiz schätzen sie nicht allzu hoch ein, auch wenn wir jetzt mit 3:1 Punkten vor dem Saarland (2:2) und Norwegen (1:3) in der Qualifikationsgruppe I führen. Einmütig erneuern wir das Versprechen, das wir uns in Oslo gegeben haben: Das nächste Spiel muß besser werden!

Die letzten Hürden

Das zweite Treffen mit Norwegen – im weiten Oval des neuen Volkspark-Stadions – ist für Hamburg das erste Länderspiel nach 13jähriger Pause. Die schöne, alte Hansestadt gibt ihm einen entsprechend großartigen Rahmen.
Turek steht auch heute in unserem, Hansen wieder im Norwegertor. *Retter* und *Kohlmeyer* verteidigen, *Eckel* und *Mai* sind Außenläufer, der Hamburger *Jupp Posipal* spielt vor heimischem Publikum Stopper. *Rahn, Morlock, O. Walter, F. Walter* und *Herrmann* stürmen. Im Rahmen der Ausscheidungskämpfe für die Schweiz kommt es an diesem 22. November 1953 zum erstenmal zu einer geschlossenen Mannschaftsleistung unseres Teams, wenn auch das Zusammenspiel erst in der zweiten Halbzeit auf vollen Touren läuft. Die Norweger sind zähe Gegner. Bis zur Pause können sie ein 1:1 halten. In der letzten hal-

ben Stunde kommen 75000 Zuschauer voll und ganz auf ihre Kosten. Wir Stürmer haben eine guten Tag und erzielen noch vier Treffer. Ich feiere ein Jubiläum und schieße mein 25. Länderspieltor. Nach diesem eindeutigen 5:1 ist Norwegen endgültig aus dem Kampf um den Gruppensieg ausgeschaltet. Wir brauchen beim Rückspiel gegen die Saar nur ein Unentschieden, um in die Schweiz zu kommen.
Die nach einem Spiel übliche Tasse Kaffee schmeckt uns an diesem Tag schon besser, wenn wir auch traurig darüber sind, daß Max Morlock erheblich verletzt worden ist. Kaum haben wir uns umgezogen, ruft uns Herberger vor der Fahrt zum offiziellen Bankett noch einmal zusammen. Neben ihm steht der Vertreter einer Schweizer Firma, der jedem Spieler eine Uhr überreichen soll.
»Alle Mannschaften, die sich für die Schweiz qualifizieren, bekommen von uns solche Uhren«, sagt er.
Vorschußlorbeeren? Uns ist nicht ganz wohl dabei. Noch steht das zweite Spiel gegen die Saar aus, das erst am 28. März 1954 stattfinden wird. Wir nehmen die Uhren trotzdem – zurückgeben können wir sie ja immer noch. Daß wir uns später mit den Geschenken auf Reklamefotos wiedersehen, na ja, das ist eine andere Geschichte.
Der Chef glaubt nicht daran, daß wir die Uhren wieder abliefern müssen. Obwohl wir den letzten für den Gruppensieg erforderlichen Punkt noch nicht in der Tasche haben, denkt er bereits an unser Quartier in der Schweiz. Er setzt sich mit Albert Sing in Verbindung, mit dem ich von 1940 bis 1942 in der deutschen Nationalmannschaft gespielt habe, und der heute Spielertrainer bei Young Boys Bern ist. Zusammen besichtigen sie verschiedene Quartiere, die von der Schweiz als Unterkunft für die zu erwartenden Mannschaften vorgeschlagen sind. Sing empfiehlt Herberger besonders Spiez am Thuner See, und vorsorglich belegen sie dort im »Belvédère« Zimmer für uns. Wieder zu Hause, schwärmt der Bundestrainer: »Ein wunderbares Hotel direkt am See, mit großem Garten und Liegestühlen, mitten in einer herrlichen Berglandschaft! Und Kahnfahren könnt ihr jeden Tag!«
Herberger soll die Zimmer nicht umsonst bestellt haben! Der Weg nach Spiez führt über Saarbrücken.

Wenige Minuten vor dem Rückspiel gegen die Saar herrscht in unserer Kabine der übliche Trubel. Einer wird massiert, der andere läßt sich eine Bandage anlegen. Die Schuhe werden noch einmal nachgesehen und der Chef gibt die letzten Anweisungen:
»Paßt vor allem auf, daß ihr in der ersten Viertelstunde kein Tor 'reinkriegt! Vergeßt die Deckung nicht!«
»Wär' doch gar nicht so schlimm, wenn wir verlieren«, sagt einer im Spaß, »dann kommen wir wenigstens noch ein paar Tage nach Paris!«
An der Seine, auf neutralem Boden, würde nämlich ein Wiederholungsspiel stattfinden, wenn wir in Saarbrücken verlieren und dadurch mit dem Saarland punktegleich werden sollten.
»Besser, wir gewinnen heut!« meint ein Vorsichtiger, »nach Paris fahren wir lieber ein andermal. Drei Wochen Spiez sind auch nicht zu verachten, was meint ihr?«
Mein Anteil am 3:1-Sieg von Saarbrücken, der uns an diesem 28. März 1954 endgültig die Fahrkarte nach der Schweiz sichert, bleibt gering. Eine vierzehn Tage alte Verletzung ist gerade erst ausgeheilt. Zehn Minuten nach dem Anpfiff habe ich erneut Pech – Muskelriß! Ich humple noch kurze Zeit herum und überlasse dann Ottmar meinen Platz (in diesen Ausscheidungskämpfen darf im Fall einer Verletzung bis fünf Minuten vor der Pause ein Mann ersetzt werden). Auf dem Spielfeld stehen also: *Turek; Retter, Kohlmeyer; Posipal, Liebrich, Schanko; Rahn, Morlock, O. Walter, Röhrig* und *Schäfer.* In der Halbzeit liegen sie 1:0 im Vorteil, aber sie spielen verkrampft und voller Komplexe. Deutlich spürt man, wie dieses »Ihr müßt gewinnen!« ihre Aktionen beeinflußt. Ehrlich muß man anerkennen, daß die Saarländer lange Zeit einen besseren Eindruck machen als die deutsche Elf. Den 3:1-Sieg verdanken wir letzten Endes unserer größeren Routine. Trotzdem ist nach dem Spiel die Freude groß. Wir sind Sieger in der Ausscheidungsgruppe I:

	Spiele	gewonnen	unentschieden	verloren	Tore	Punkte
1. Deutschland	4	3	1	–	12:3	7:1
2. Saar	4	1	1	2	4:8	3:5
3. Norwegen	4	–	2	2	4:9	2:6

Der Weg in die Schweiz ist frei!

»Hals- und Beinbruch!« wünschen uns neidlos Helmut Schön und seine Mannschaft. »Wir halten euch die Daumen!« Offensichtlich haben sie ihr Versprechen eingelöst. Daß ihre Daumendrückerei jedoch einen so durchschlagenden Erfolg bringen soll, können sie nicht voraussehen.
»Die Spiele gegen euch waren halt doch die schwersten!« sagte ich gutgelaunt, als uns die Saarmannschaft mit ihrem Trainer einen Tag nach dem Endspiel in Spiez aufsuchte, um uns begeistert zur Weltmeisterschaft zu gratulieren.

In sechs Wochen kommen wir wieder

Das 31. Länderspiel zwischen der Schweiz und Deutschland, das am 25. April 1954 zur Einweihung des Baseler St.-Jakob-Stadions ausgetragen wird, steht in keinem Zusammenhang mit der Weltmeisterschaft. Es gilt aber beiden Teams als Generalprobe für die Kämpfe um den Coupe Rimet. Wenn die Generalprobe klappt, geht die Premiere daneben! sagt man beim Theater. Das gilt – toi-toi-toi – hoffentlich nicht für den Fußball!
Der deutsche Sturm kombiniert in den ersten 45 Minuten dieses Spiels hervorragend. Die ganze Mannschaft – das kann man ruhig behaupten – zeigt eine erfreuliche Leistung. Beim Halbzeitpfiff führen wir bereits 4:0. Der klare Vorsprung verleitet uns leider in der zweiten Spielhälfte zu allzu früher Sorglosigkeit. Erst als die Schweizer auf 4:2 herankommen, reißen wir uns wieder richtig zusammen und schießen ein fünftes Tor. Allerdings müssen wir in den letzten Minuten auch noch eins einstecken. 5:3 steht es also! Dieses Resultat kühlt die anfängliche Begeisterung zwar merklich ab, wir aber wissen zum erstenmal wieder aus voller Überzeugung, daß doch noch etwas in uns steckt. Mehr jedenfalls, als wir in den Ausscheidungskämpfen gezeigt haben. Und das Bewußtsein der eigenen Kraft ist bekanntlich viel wert. In diesem Spiel vollzieht sich Erich Retters trauriges Geschick. Unser Standardverteidiger erleidet eine so schwere Meniskusverletzung, daß er für die Weltmeisterschaft ausfällt. Ein harter Schlag für ihn, der bei allen vier Ausscheidungskämpfen dabei war, ein harter Schlag auch für uns.

VORBEREITUNGEN

Die Weltmeisterschaft rückt immer näher. Da sagt Herberger eines Tages zu mir:
»Was halten Sie davon, Fritz, wenn wir alle einmal ohne Training und ohne Probleme irgendwo zusammenkämen? Meinen Sie nicht auch, daß uns das gut tun würde?«
»Sie wollen unseren seelischen Akku aufladen?« frage ich.
»Wenn Sie es so nennen wollen! Leider Gottes sind unsere Nationalspieler ohnehin viel zu selten beieinander.«
Unverdrossen macht er sich auf, einen geeigneten Ort zu suchen. Schließlich fällt seine Wahl auf Obertal bei Baiersbronn im Schwarzwald. Von der Sportschule Schöneck des Badischen Fußball-Verbandes ist es mit dem Omnibus leicht zu erreichen. Der Chef hat eine gute Nase gehabt: in einem erstklassigen Haus werden wir liebevoll aufgenommen. Die Kurgäste kann man jetzt im April noch an einer Hand abzählen. Wir sind also ganz unter uns. Im Speisesaal rücken wir die Tische an die Wand, um Platz zum Tischtennisspielen zu haben. Wir liefern uns erbitterte Kämpfe um Buchpreise, die Herberger gestiftet hat. Sehr beliebt sind auch Turniere auf dem Miniaturgolfplatz. Über Felder mit phantasievoll gestalteten Hindernissen muß ein Ball durch möglichst wenig Schläge zum Ziel getrieben werden. In den ersten Tagen brauchen wir 46, 47, ja 49 Schläge, am letzten Tag stelle ich mit 32 einen neuen Rekord auf.
Bei gemeinsamen Spaziergängen genießen wir die gesunde Schwarzwaldluft in vollen Zügen. Sorglos leben wir in den Tag hinein. Vom Fußball wird wenig geredet. Nur Maxl Morlock sagt vor der Heimfahrt etwas, was er besser nicht so laut gesagt hätte:
»Am Sonntag schlagt ihr« – er meint uns Kaiserslauterer – »in Stuttgart die Kölner, und eine Woche drauf macht ihr zum drittenmal den Deutschen Meister!«
»Wenn du nur recht hättest, Maxl!«
Das mit dem »drittenmal« ist uns ja dann auch gründlich daneben gegangen...
Rückblickend kann ich behaupten, daß uns die fünf Tage von Obertal mit einem hübschen Quantum Sorglosigkeit und

Unternehmungsgeist für die Schweizer Reise verproviantiert haben. Schade, daß ein paar der Weltmeisterschaftskandidaten aus beruflichen Gründen nicht abkömmlich waren.
Kreuzfidel steigen wir in den Bus, der uns zurück nach Schönbeck bei Karlsruhe bringt.

Herbergers Hochglanzpolitur

Am 26. Mai 1954 treffen wir uns in München-Grünwald. Hierher, in die vorbildlich eingerichtete Sportschule des Bayerischen Landessportverbandes, hat der Bundestrainer 28 Spieler berufen. Aus vierzig Mann, die schon vor Wochen dem Organisationskomitee der FIFA zu melden waren, sind sie ausgewählt. Aber der Kreis muß noch enger gezogen werden, denn nur 22 Mann dürfen endgültig – letzter Termin ist der 6. Juli – für die Schweiz nominiert werden. Erst am Schluß des Lehrganges wird der Chef bekanntgeben, wen er – sicherlich schweren Herzens – zurückläßt.
Von den Vereinen fordert Herberger dringend, die nach Grünwald geladenen Spieler ab 23. Mai, dem Tag des deutschen Endspiels, für den Lehrgang freizugeben. Die in Frage kommenden Klubs sind dem Prestige des deutschen Fußballsports zuliebe einverstanden – teilweise unter erheblichen Opfern, denn sie verzichten ja damit auf ihre bekanntesten und zugkräftigsten Spieler. Ohne sie gewinnbringende Privatspiele abzuschließen, ist natürlich sehr schwer. Das trifft vor allem für den 1. FC Kaiserslautern zu, der gleich fünf Mann wochenlang hergeben muß.
Nun, die Freigabe seiner Kandidaten für den Grünwalder Lehrgang hat Herberger erreicht. Leider muß er in Kauf nehmen, daß einige der 28 Mann vor dem Stichtag verletzt wurden und mehr oder weniger angeschlagen in Grünwald erscheinen. Pechvogel Jupp Posipal zum Beispiel ist ausgerechnet am 23., wenige Minuten vor Spielschluß, erheblich am Knöchel verletzt worden. Auch Baumann vom 1. FC Nürnberg hat noch etwas abbekommen, und Karl Mai aus Fürth klagt über eine Entzündung am Wadenbein. Unser Masseur Deuser hat während der ersten Tage in Grünwald alle Hände voll zu tun.

Als Max Morlock mir zur Begrüßung die Hand schüttelt, kann ich nicht umhin, ihn an seine Prophezeiung zur Deutschen Fußball-Meisterschaft zu erinnern:
»Na, Maxl, was sagst du nun?«
»Da kannst halt nix macha, Fritz!« erklärt er in unerschütterlich bayerischer Ruhe. »Ich hab' hundertprozentig mit euch gerechnet.«

Hundertprozentig? Was will das beim Fußball schon heißen?
In den Spielen um die Gruppenmeisterschaft der Oberliga Südwest hatte der 1. FCK einen hartnäckigen Gegner: Pirmasens! Mit 4:0 wurden wir im allerletzten Spiel auf eigenem Platz schließlich Meister. Und wieder kamen wir im Kampf um die »Viktoria« gleich in die schwerste Gruppe – ausgerechnet mit unseren Gegnern vom Jahr zuvor, dem 1. FC Köln und Eintracht Frankfurt. Wir wußten, wie stark beide Mannschaften sind, und gingen entsprechend belastet in die Spiele. In Köln gegen Frankfurt und in Stuttgart gegen Köln haben wir es schließlich geschafft und kamen glücklich ins Finale. Unser Endspielpartner aber war nicht der VfB Stuttgart, wie erwartet, sondern das starke und ehrgeizige Hannover 96.
In der ersten Halbzeit des Hamburger Endspiels gab uns das Führungstor gleich am Anfang guten Auftrieb. Aber schon mit dem Ausgleichstreffer der Hannoveraner, der mit dem Halbzeitpfiff fast zusammenfiel, spürten wir das Unheil nahen. Wir haben in der Pause fast gar nichts geredet.
»Heute geht's schief!« Keiner hat es ausgesprochen, aber es lag einfach in der Luft.
Mit dem zweiten Tor, ausgerechnet einem Eigentor von Kohlmeyer, war das Spiel praktisch verloren. Eine Depression ergriff uns, die mit dem tatsächlichen Kräfteverhältnis beinahe nichts mehr zu tun hatte. Unfähig, bis zum Letzten zu kämpfen, war es uns fast egal, ob es 4:1 ausging oder 5:1. Für uns schien nichts mehr drin zu sein in diesem Spiel. Aber wir waren – glaub' ich – anständige Verlierer, haben nicht versucht, durch Härten oder Unsportlichkeiten den Sieg der Hannoveraner zu vereiteln. Mit fliegenden Fahnen sind wir untergegangen, und unser Glückwunsch für den hervorragend spielenden Rivalen kam aus vollem Herzen.

Toni Turek, der mit seinem Klub Fortuna Düsseldorf auf Tournee in Amerika war, ist gerade einen Tag vor dem Endspiel wieder in Hamburg eingetroffen. Er hat unsere Niederlage miterlebt.
»Trotz allem herzlichen Glückwunsch!« sagt er, als er mir in Grünwald gegenübersteht.
»Du willst mich wohl veräppeln?«
»Keineswegs! Was meinst du, wie viele Vereine in Deutschland froh wären, an eurer Stelle zu sein. Einmal im Endspiel zu stehen, auch wenn sie dann verlieren.«
Hat der Toni nicht recht? Trotzdem vergehen noch ein paar Tage, bis ich im Kreis der Kameraden meine Niedergeschlagenheit ganz überwinde.
Hier in Grünwald kommt es unter allen Umständen darauf an, uns für die Weltmeisterschaftskämpfe in beste Form zu bringen. Für Herberger steht fest, daß in der Schweiz zwischen den einzelnen Spielen nicht mehr allzu scharf trainiert werden kann. Zwischen einem Sonntags- und einem Mittwochspiel werden wir genug damit zu tun haben, unsere Kondition zu halten. Die Grundlage für die körperliche Verfassung der einzelnen Spieler soll deshalb dieser Lehrgang schaffen, für den der Chef ein exaktes Programm ausgearbeitet hat.
Normalerweise stehen wir um halb acht Uhr auf, frühstücken gemeinsam und gehen anschließend in den Lehrsaal zum theoretischen Unterricht.
Wir diskutieren über Stärken und Schwächen anderer Mannschaften, in erster Linie aber kehren wir selbstverständlich vor unserer eigenen Tür und beraten, wie die harmonische Zusammenarbeit der deutschen Nationalelf noch verbessert werden kann.
Zweimal sehen wir den Film vom 3:6-Spiel England – Ungarn in London, bei dem die Briten bekanntlich erstmalig in ihrer Fußballgeschichte auf eigenem Boden geschlagen wurden. Während der Vorführung weist uns Herberger auf alle taktischen Finessen hin, besonders aber auf die Tatsache, mit der die Engländer bei diesem Spiel und beim 7:1-Rückspiel in Budapest nie fertig geworden sind: Hidegkuti als ungarischer Mittelstürmer pendelt zurückgezogen weit hinten und lauert nicht stur vorn wie ein englischer Centerfor. Obwohl der Kommentator

des Films englisch spricht, kennen wir ihm die Verwunderung darüber deutlich an.
»Schauen Sie, Jupp«, sagt Herberger zu Posipal, »wo der Hidegkuti 'rumläuft! Der englische Stopper bleibt jetzt da hinten, statt ihm wie ein Schatten zu folgen oder wenigstens einen Außenläufer zur Deckung hinzuschicken.«
»Und das, meine Freunde, ist der berühmte Major Puskas!«
Wir wissen, daß wir bei der Weltmeisterschaft einmal mit ihm zusammentreffen werden, denn Ungarn gehört wie wir, die Türkei und Südkorea zur Gruppe II. Die sechzehn Teilnehmer, die sich für die Schweiz qualifiziert haben, sind inzwischen für das Achtelfinale in vier Gruppen eingeteilt worden.

Gruppe I	=	*Brasilien, Frankreich,* Jugoslawien, Mexiko.
Gruppe II	=	*Ungarn, Türkei,* Deutschland, Südkorea.
Gruppe III	=	*Uruguay, Österreich,* Tschechoslowakei, Schottland.
Gruppe IV	=	*England, Italien,* Schweiz, Belgien.

Von jeder dieser Gruppen kommen zwei Länder eine Runde weiter, und zwei müssen ausscheiden. Natürlich sollen die Besten aufrücken. Um sie zu ermitteln, müßte gerechterweise jeder gegen jeden antreten. Eine solche Regelung würde zuviel Spiele erfordern. Man muß deshalb einen Ausweg finden. Die in der obenstehenden Gruppeneinteilung kursiv gedruckten Länder werden »gesetzt«. Man hält sie mit mehr oder weniger Berechtigung für stärker als die anderen und billigt ihnen gewisse Vorteile zu: Sie brauchen nicht untereinander, sondern nur gegen die Nichtgesetzten, d.h. die für schwächer Gehaltenen ihrer Gruppe, zu spielen.
Eine ideale Lösung? Es gibt keine ideale Lösung, wenn nicht jeder gegen jeden spielt. Die Gruppe II mit Deutschland ist ein Musterbeispiel dafür. Wir können uns ganz gut ausrechnen, wie die Geschichte wahrscheinlich läuft:
Gruppenfavorit Ungarn spielt gegen Deutschland und Südkorea – das ergibt vier Punkte und bringt den Magyaren den Eintritt vom Achtel- ins Viertelfinale. Die Türkei, die an die Stelle des voreilig »gesetzten« Spanien gerückt ist (die Spanier sind nach zweimaliger Verlängerung im Entscheidungsspiel gegen

die Türken durch Losentscheid unterlegen), spielt gegen Südkorea und gegen Deutschland. Man kann annehmen, daß sie gegen den Punktelieferanten Korea gewinnt, und hoffen, daß sie gegen Deutschland verliert. Das macht 2:2 Punkte. Da Deutschland in diesem angenommenen Fall dasselbe Punkteverhältnis hat (Sieg gegen die Türkei, Niederlage gegen Ungarn), muß es mit der Türkei ein Entscheidungsspiel austragen. Der Sieger kommt als Zweiter der Gruppe II ins Viertelfinale.
Mit soviel FIFA-Steinen ist also der Weg gepflastert, der uns mit Ferenc Puskas, den wir jetzt in der Sportschule Grünwald noch auf der Filmleinwand sehen, in der Schweiz zusammenführen wird.

Training mit und ohne Ball

Theorie allein macht keinen Fußballspieler. Deshalb geht es nach dem Unterricht gleich raus zum Training, das hart, aber abwechslungsreich ist. Zum erstenmal treiben wir in ausgedehnter Form Laufarbeit. Wir teilen uns in verschiedene Gruppen, fünf oder sechs Stürmer, ein paar Läufer, die Verteidiger und die Torwächter. So laufen wir uns über drei, vier Runden ein, um die Muskulatur gut durchzuwärmen und Zerrungen und Muskelrisse zu vermeiden. Dann erst legen wir – immer noch gruppenweise – richtig los. Langsam anlaufen! Bei fünfzig Meter durchstarten bis zu hundert Meter! In den Kurven bummeln wir, werden wieder ein wenig schneller und treten noch mal fünfzig Meter durch.
Das machen wir mindestens eine Stunde lang: spurten, langsamer werden, drüben auf der Gegengeraden wieder spurten, zehn Meter auslaufen, wieder spurten! Wenn die Stunde um ist, sind wir ganz schön in Schweiß gebadet und wissen, was wir getan haben. Max Morlock nimmt das Training so ernst, daß er sich in Grünwald acht Pfund Speck herunterarbeitet.
Alfred Pfaff, dem die Puste nie ausgeht, nutzt die kleine Pause zu einem seiner lebensgefährlichen Kalauer:
»Kinder, wißt ihr, warum der Eber so traurig durch den Wald läuft?«
»Nee!«

»Weil seine Frau eine Wildsau ist!«
»Au!«
Lachend geht es wieder auf die Bahn. So trainieren wir jeden Vormittag gründlich, oft auch zusätzlich eine Stunde vor dem Frühstück.
Das Lauftraining auf der Aschenbahn genügt natürlich nicht. Regelmäßig arbeiten wir mit dem Ball. Die Stürmer spielen gegen die Hintermannschaft, drei Mann gegen einen, vier gegen zwei oder, über den ganzen Platz hinweg, fünf gegen fünf oder sechs gegen sechs. Zwischendurch spielen wir Fußball-Tennis. Dazu wird ein Feld abgegrenzt und durch eine in beliebiger Höhe gespannte Schnur zweigeteilt. Ein gewöhnlicher Fußball wird über die Schnur hin- und hergetreten oder -geköpft, er darf in jedem Feld einmal springen, nie über die Spielfeldgrenze rollen, unter der Schnur durchgehen oder sie berühren. Wenn eine Mannschaft zehn Pluspunkte hat, wird gewechselt, bei 21 Punkten auf einer Seite ist das Match beendet.
Auch Korbball-Mannschaften gehören zu unserem »spielerischen« Training, bei dem man gar nicht merkt, wieviel man läuft – eine vortreffliche Ergänzung zur systematisch betriebenen Laufarbeit.
Auf der schönen Grünwalder Kegelbahn schiebt der Sturm manche Kugel gegen die Hintermannschaft. Oder wir kegeln in Stubenbesetzung gegeneinander. Helmut Rahn, der mit mir auf einem Zimmer wohnt, wirft einen Kranz und holt für uns die Meisterschaft. Siegespreise sind zwei Bücher mit einer Widmung von Herberger. Der Boß verzichtet aus freien Stücken auf sein Buch »08/15«, das ich als alter Landser zweifellos besser verkraften kann als er.
Ein paarmal fahren wir hinein nach München, um ins Kino zu gehen. Es ist wie verhext: Jede Wochenschau endet mit Ausschnitten aus dem 1:5-Endspiel um die Deutsche Meisterschaft. Nichts bleibt uns erspart. Nach dreimaligem Kinobesuch haben wir Kaiserslauterer 3×5 = 15 Tore von Hannover einstecken müssen.
Herberger ist in all den Tagen ein vorbildlicher, idealer Kamerad. Er kennt jeden einzelnen mit seinen Fehlern und seinen guten Seiten. Er weiß genau, mit wem er mal ein bißchen lauter reden muß, und wem er am besten in Ruhe zuspricht. Wenn ihn

ein besonderes Anliegen drückt, schnappt er sich den einen oder anderen, auch mal zwei oder drei, und bespricht auf einem Spaziergang, was er auf dem Herzen hat.
Große Aufmerksamkeit müssen wir unserem Speisezettel widmen. Jeder weiß ohnehin schon längst, wieviel er essen darf. Horst Eckel zum Beispiel kann Riesenportionen verschlingen, ohne daß es bei ihm anschlägt. Ich dagegen hab' seit Jahren Schwierigkeiten mit meinem Gewicht; ich darf keine Suppe essen, keine Kartoffeln, kein Schweinefleisch und keine fetten Soßen. Ein Punkt aber, in dem sich alle zurückhalten müssen, ist das Trinken. Nur nicht viel trinken! Je trockener der Körper, desto leistungsfähiger ist er. Alkohol ist grundsätzlich verpönt.
Erlaubt sind Apfelschorle, Trauben- und Orangensaft mit aufgelöstem Traubenzucker oder auch Milch mit ausgepreßten Erdbeeren, natürlich alles schön frisch serviert. Sehen wir, daß an einem Tisch viel getrunken wird, dann heißt es gleich:
»Feuchter Tisch bei euch! Wie sieht's denn da aus?«
Gegenseitig helfen wir uns, nicht mehr zu trinken, als unbedingt nötig ist. Nur eine Ausnahme machen wir, an dem Abend nämlich, an dem wir zu einem original-bayerischen Essen eingeladen sind. Es gibt Schweinsbraten mit Knödel und Kraut, Gselchtes und Würstl. Dazu wären Limo und Sprudel Todsünden. Also wird jedem ein Glas Bier bewilligt.
Die zünftige Einladung hat uns übrigens Jackl Streitle verschafft, der in Grünwald Herberger hilft, wo er nur kann. Er kümmert sich um die Bälle und sorgt dafür, daß der Lehrsaal frei ist, wenn ein Film vorgeführt werden soll. Außer Masseur Deuser, der uns in den letzten Jahren bei allen Länderspielen betreut hat, steht zum erstenmal auch ein Arzt zur Verfügung, Dr. Loogen.
Nur ein Schatten fällt auf die Tage von Grünwald. Noch sind wir 28 Mann, aber nur 22 dürfen bekanntlich in die Schweiz. Sechs Kameraden, voll Freude und Erwartung wie wir alle, werden ausscheiden.
Das harte Los, zurückzustehen und damit die Chance ihrer Fußballkarriere aus der Hand geben zu müssen, fällt schließlich auf Baumann und Röhrig, die verletzt sind, auf Harpers, Gottinger, Schäfer aus Siegen und Deinert.

Am Mittwoch vor Pfingsten ist unser Lehrgang beendet, und am Mittwoch nach Pfingsten sollen wir 22, die nun endgültig feststehen, uns in der Sportschule Schöneck bei Karlsruhe-Durlach wieder melden.

Wir können also ein paar Tage nach Hause fahren und ausspannen. Das Training aber dürfen wir auf keinen Fall vergessen.

»Ihr wißt selbst, was ihr zu tun habt! Niemand von euch kann es sich leisten, die zwölf Tage von Grünwald aufs Spiel zu setzen!« Herberger spricht noch einmal aus, was uns längst klar ist. Wir müssen alles dransetzen, um in der Höchstform zu bleiben, in die wir uns gebracht haben. Das gilt für mich noch mehr als für die meisten anderen, denn wenn man einmal die berüchtigte 30-Jahres-Grenze überschritten hat, muß man unermüdlich an sich arbeiten, um mit den Jüngeren Schritt halten zu können.

»Wenn wir über Pfingsten zu Hause bleiben, geht wieder ununterbrochen die Klingel, rappelt pausenlos das Telefon«, sagte ich, nach Kaiserslautern zurückgekehrt, zu meiner Frau. »Du wirst sehen, wir haben keine Viertelstunde Ruhe! Am besten verschwinden wir ein paar Tage!«

Kurz entschlossen packen wir die Koffer, meine Trainingssachen ganz obendrauf, und fahren nach Obertal, wo es meinen Kameraden und mir so gut gefallen hat.

Hoch oben am Berg suche ich mir eine Waldlaufstrecke, die etwa einen Kilometer lang ist. Jeden Morgen nach dem Frühstück packe ich die tausend Meter viermal, hin und zurück und wieder hin und zurück. Zuerst laufe ich mich warm, dann verschärfe ich das Tempo und lege regelmäßig Zwischenstarts ein. Kein Mensch stört mich um diese Zeit beim Training. Während die Beine mechanisch laufen, hämmern in meinem Kopf die Gedanken an die Weltmeisterschaft. Was dürfen wir hoffen? Was werden wir erreichen?

Wie schwer ist es doch, so allein zu laufen! Wenn die Kameraden dabei sind, läßt man sich mitreißen, hat seinen Ehrgeiz, nicht zurückzustehen. Pfingsten ist heute! Im Tal gehen die Leute spazieren oder sitzen auf den Balkons und frühstücken.

»Und du machst dich hier verrückt, läufst und läufst, bis dir das Wasser aus allen Poren rinnt. Lauf doch langsamer! Wozu rennst du denn so blödsinnig? Wozu?«

Ganz einfach, um meine körperliche Form für die Weltmeisterschaft zu halten. So wie ich in Obertal, trainieren die anderen bei sich zu Hause. wo kämen wir denn hin, wenn wir uns nicht unbedingt aufeinander verlassen könnten? Die Pflicht den Kameraden gegenüber ringt dann auch bald die Stimme der Versuchung nieder.

VON SCHÖNECK NACH SPIEZ

Als ich in Schöneck eintreffe, sind die meisten von den 22 Spielern schon da. Bei der Einkleidung am ersten Tag gibt es ein Mordstheater und Hallo. Den größten Spaß haben wir mit den Hüten. Viele von uns gehen normalerweise ohne Kopfbedeckung, heute wird ausnahmslos jedem ein Deckel verpaßt. Ein paar sehen unmöglich aus, andere kleidet er prima. Bei mir geht es grad so. Ich bin selbst überrascht, denn ich habe in meinem Leben bisher nur einmal einen Hut aufgesetzt: als ich aus russischer Kriegsgefangenschaft kam und einen weithin leuchtenden Plattkopf heimbrachte. Damals hab' ich den Hut fast Tag und Nacht getragen und ihn selbst beim Training nicht abgenommen. Nur vor einem saftigen Torschuß wurde er ehrerbietig gelüftet.
Wir bekommen alle graue Hosen, grüne Sakkos mit dem DFB-Wappen, gleiche Hemden, Krawatten, Schuhe und, wie schon gesagt, gleiche Hüte. Auch einheitliche Trainingsanzüge erhalten wir, selbstverständlich alles nach Maß. Dazu werden noch Laufschuhe und Schultertaschen für unsere Sportutensilien ausgegeben. Fußballschuhe, Schienbein- und Knöchelschützer, Unterziehhosen bringt jeder selbst mit. Trikots und Hosen, von denen an manchen Tagen eine oder zwei Garnituren durchgeschwitzt werden, liefert wiederum die Geschäftsstelle des Deutschen Fußballbundes in Frankfurt.
Endlich ist es soweit!
Am 11. Juni 1954 um 11.38 Uhr fahren wir freudestrahlend von Karlsruhe nach Basel ab. Unsere Expedition leitet Hans Huber

Unser erster Schritt zur Weltmeisterschaft: Im Ulleval-Stadion von Oslo treten wir am 19. August 1953 gegen Norwegen an. Mit einem dürftigen 1:1 sind wir nach diesem Ausscheidungsspiel unserem Ziel, in der Schweiz dabeizusein, nicht viel nähergekommen. Die Kritik ist entsprechend.

Kein Länderspiel ohne Morlock-Tor! Beim Stuttgarter 3:0 gegen unseren zweiten Gegner in der Ausscheidungsgruppe I, die Saar, hat Max Torwart Strempel überwunden und setzt zum erfolgreichen Torschuß an. In Hamburg, beim Rückspiel gegen Norwegen (5:1), verwandelt er mit phantastischem Hechtsprung eine Flanke zum Ausgleichstor (rechte Seite).

Erst zappelt der Ball, dann der glückliche Torschütze Max Morlock im Netz (oben). Ein prächtig gelungener Schnappschuß aus dem Rückspiel gegen die Saar in Saarbrücken.

Nach meinem Ausscheiden in der ersten Halbzeit verfolgte ich neben Sepp Herberger, Daßler, Kubsch und Herrmann den entscheidenden Kampf von der Reservebank aus (links).

Jupp Posipal steht im zweiten Spiel gegen die Saar zeitweise im Sturm. Neben Ottmar und Max Morlock beobachtet er gebannt ein Duell zwischen Hans Schäfer und dem saarländischen Torwart. Das Ausscheidungsspiel endet 3:1 – die Fahrkarte in die Schweiz haben wir in der Tasche.

Nur 22 von den in der Sportschule München-Grünwald versammelten Spielern kann Bundestrainer Herberger mit in die Schweiz nehmen. Ich weiß, wie schwer es ihm fällt, einige Kameraden daheim lassen zu müssen.

Die Lage ist ernst, aber nicht hoffnungslos! Bei der Ankunft in der Schweiz verraten die nachdenklichen Gesichter sehr deutlich, daß wir unseren Aufenthalt nicht für einen sorglosen Erholungsurlaub halten.

Mit Turgay, dem Kapitän und Torwart der türkischen Mannschaft, tausche ich vor unserem ersten Weltmeisterschaftsspiel – gegen die Türkei in Bern – den Wimpel aus.

Tor Nummer 1 schießt der Kölner Hans Schäfer. Es bringt nach dem unerwarteten Führungstreffer der Türken den Ausgleich und damit für unsere Elf die Wende zum Guten.

Ottmar verwandelt eine Flanke von mir in ein prächtiges Kopfballtor. 3:1! Hans Schäfers Eingreifen ist nicht nötig, Turgays Abwehr nicht möglich.

Gleichklang der Bewegung: Ottmar reißt vor Freude die Arme hoch, Turgay hebt sie resigniert. »Da war ich leider machtlos!« scheint er zu sagen.

Wer hat Angst vorm bösen Wolf? Nur ein Mann der türkischen Abwehrmauer blickt bei einem Freistoß der Gefahr ins Auge. Das Spiel endet 4:1.

»Ein alter Mann ist doch kein Schnellzug!« sage ich zum Boß, als ich auf dem Thuner Trainingsplatz mit ihm und Karl Mai Runden drehe. Selbstironie kann ich mir leisten, denn ich bin in der Form meines Lebens.

Kleine Fische für Werner Liebrich! In einem Bassin macht er mit der bloßen Hand Jagd auf Forellen. Erwischt er eine, hält er sie triumphierend hoch und wirft sie sofort wieder ins Wasser zurück. Toni Turek und Horst Eckel (rechts) betrachten die Fußarbeit auf dem schönen Thuner See als Vergnügen und Training zugleich.

Oben: Beim Spiel gegen Ungarn in Basel können wir das gegnerische Tor nicht oft in Gefahr bringen. Alfred Pfaff hat es dieses Mal geschafft, aber Torwart Grosits ist schneller am Ball. Rechts im Bild: Linksaußen Herrmann.

Linke Seite: Bauer, Mebus, Liebrich und Kwiatkowski bemühen sich, den gefährlichen ungarischen Torjäger Kocsis (verdeckt) zu stoppen. Vergeblich! Sekundenbruchteile später zappelt der Ball im Netz – eine typische Szene aus dem unglücklichen 3:8-Spiel gegen den Weltmeisterschaftsfavoriten Ungarn.

»Freundchen, Freundchen!« droht der ungarische Mittelläufer Lorant mit erhobenem Zeigefinger dem temperamentvollen Boß. Torwart Grosits sitzt, den Ball im Arm, am Boden und schaut verdutzt zu Rahn auf. Der englische Schiedsrichter Ling mahnt ungeduldig, doch weiterzuspielen.

aus München, der Zweite Vorsitzende des Deutschen Fußballbundes. Dazu kommen Bundestrainer Herberger, DFB-Geschäftsführer Dr. Xandry, Spielausschußvorsitzender Körfer, der Arzt Dr. Loogen, Masseur Deuser, Schuhspezialist Dassler und folgende 22 Spieler: Hans Bauer, Ulrich Biesinger, Horst Eckel, Herbert Erhardt, Richard Hermann, Bernhard Klodt, Werner Kohlmeyer, Heinz Kubsch, Heinrich Kwiatkowski, Friedrich Laband, Werner Liebrich, Karl Mai, Paul Mebus, Karl-Heinz Metzner, Max Morlock, Alfred Pfaff, Jupp Posipal, Helmut Rahn, Hans Schäfer, Toni Turek, Fritz Walter, Ottmar Walter.

An der Grenze gibt es keine Schwierigkeiten. Die Schweizer Zöllner sind für die Dauer der Fußball-Weltmeisterschaft mit besonderer Liebenswürdigkeit gerüstet.

»Was wollt denn ihr in der Schweiz?« verulken sie uns gutmütig, »ihr habt doch nicht etwa vor, die Ungarn, Brasilianer oder Urus zu schlagen?«

Offensichtlich trauen sie uns nicht allzuviel zu, aber um Autogramme bitten sie uns doch. Man kann ja nie wissen ...

In Basel heißt uns Präsident Dr. Thommen vom Schweizerischen Fußballbund willkommen.

Wir essen eine Kleinigkeit und fahren dann im Omnibus weiter. Ein großes Ulmer Werk hat ihn mit Chauffeur für die Dauer unseres Aufenthaltes in der Schweiz kostenlos zur Verfügung gestellt. Albert Sing, unser Verbindungsmann zum Organisationskomitee der FIFA, sorgt dafür, daß wir auf dem Weg nach Spiez das Berner Stadion besichtigen können. Hier werden wir am nächsten Donnerstag gegen die Türken spielen. Hier findet am 4. Juli auch das Finale der Fußball-Weltmeisterschaft statt. Keiner denkt im Ernst daran, daß wir da noch etwas mitzureden haben. Aber wir werden von den Tribünen dort oben aus zusehen, wenn die Weltbesten unten auf dem Rasen um den Coupe Rimet kämpfen. Ein großartiges Spiel muß das werden! Wir möchten es um keinen Preis verpassen!

Es ist schon neun Uhr abends vorbei, als unser Bus vor dem Belvédère in Spiez hält. Zimmerverteilung! Kofferschleppen! Herberger hat für alles gesorgt: der dritte Stock im Hotel ist für uns reserviert. In jedem Zimmer wohnen zwei Mann. Der Chef sucht sie nach Möglichkeit so aus, daß sie sich bis in die letzten Träume hinein fachlich unterhalten können. So hausen zwei Verteidiger zusammen, Kohlmeyer und Laband; die zwei Torwächter Kwiatkowski und Kubsch; der rechte Flügel, Morlock und Klodt; Mai und Posipal von der Hintermannschaft; Außenläufer mit Außenstürmer wie Eckel und Schäfer, oder wie die Gespanne alle heißen. Mein Zimmergefährte ist schon seit einigen Länderspielen Helmut Rahn, unsere Stimmungskanone.

Die Paare sind zum Teil unzertrennlich. Eckel weicht auch dann nicht von Schäfers Seite, als dessen Frau in die Schweiz kommt. Sie nennt ihn aus diesem Grund nur noch den »Schatten«.

Herberger hat ein Zimmer für sich, Dr. Loogen und Deuser beziehen zusammen eines. Unsere Offiziellen – Dr. Bauwens, Huber, Körfer, Deckert – wohnen eine Etage tiefer.

Wir sind im dritten Stock ganz unter uns und halten fröhlichen Einzug. Jedes Zimmer hat einen kleinen Balkon mit herrlichem Ausblick auf den See und die Berge. Ich glaube nicht, daß irgendeine Nationalmannschaft ein landschaftlich schöner gelegenes Quartier hat. Die Ungarn zum Beispiel wohnen in Solothurn, direkt an einer verkehrsreichen Straße. Zu unserem Hotel dringt kein Lärm, es ist wohltuend ruhig. Mit den anderen Gästen haben wir wenig Kontakt. Zu den Mahlzeiten treffen wir uns in einem kleinen, reservierten Raum.

Gleich bei der Ankunft wird mir ein Eilbrief meiner Frau überreicht.

»Ich bin fest davon überzeugt«, schreibt sie, »Ihr werdet der ganzen Welt zeigen, was Ihr könnt. Du wirst die Spiele Deines Lebens spielen, damit ich auch weiß, warum ich Dich so oft und so lange hab' hergeben müssen.«

Am anderen Morgen beginnt gleich nach dem Frühstück der Ernst des Lebens. Für uns heißt das: Training! Zehn Kilometer

von Spiez entfernt steht uns in Thun ein gepflegter, wunderschön gelegener Sportplatz zur Verfügung. Zufällig trainieren hier auch die Uruguayer, die über dem See in Hilterfingen wohnen. Es ergibt sich, daß sie den Platz von neun bis halb elf Uhr benutzen, und wir anschließend bis zwölf. Als wir das erstemal auftauchen, werden wir stürmisch begrüßt. Das Hallo gilt vor allem Helmut Rahn, der mit seinem Verein Rot-Weiß Essen wochenlang in Südamerika war und auch gegen die Nationalelf der Urus gespielt hat. Zweimal konnte Rot-Weiß-Essen in Uruguay gewinnen, gegen die Nationalmannschaft allerdings hat es 1:5 verloren. Der Boß bekam Bombenkritiken und auch zahlreiche Angebote. Jetzt fallen ihm die Urus um den Hals, schlagen ihm temperamentvoll auf die rechte und auf die linke Schulter. Der Helmut in seiner burschikosen Art steht ihnen nicht nach. Auch er: rechte Schulter, linke Schulter. Es ist ein unbeschreibliches Palaver!
Am nächsten Tag treffen wir in Thun die Urus wieder. Ich täusche mich bestimmt nicht: bei aller Liebenswürdigkeit mustern sie uns ziemlich mitleidig. Ganz offensichtlich denken sie: »Ja, was wollen denn die?« In den Zeitungen liest man, daß die Urus, die 1950 bei der IV. Fußball-Weltmeisterschaft in Brasilien den Coupe du Monde zum zweitenmal gewonnen haben, den Pokal erst gar nicht mit in die Schweiz bringen wollten. So fest sind sie davon überzeugt, daß sie ihn ein drittes Mal erringen – in diesem Fall würde er ihr Eigentum.
Die Schweizer schenken uns neben der großen Konkurrenz nur wenig Beachtung. In Scharen kommen sie und schauen den Südamerikanern beim Training zu; sie können sich an ihrer Ballartistik nicht sattsehen. In unserer mehr nüchternen und sachlichen Art warten wir, bis sich die Zuschauer verlaufen, und nur noch unsere Anhänger auf dem Platz sind. Das Training umfaßt ein reichliches Pensum an Laufarbeit. Wir drehen Runden auf der Bahn, erst gemächlich, machen zwischendurch ein paar Starts wie in Grünwald. Dann spielen wieder fünf Mann gegen fünf oder Sturm gegen Hintermannschaft. Jedenfalls ist alles darauf abgestellt, uns zu lockern und gut in Kondition zu halten.
»Ich werde einfach das Gefühl nicht los, wir müssen eines Tages gegen die Urus spielen!«

Davon bin ich fest überzeugt, und die anderen sind es auch. Die Vorstellung hält sich, weiß der Teufel warum, lange Zeit und wird zur fixen Idee für die ganze Mannschaft.
Es ist selbstverständlich, daß uns diese Vorahnung gleich am Samstag, einen Tag nachdem wir in der Schweiz eingetroffen sind, nach Thun treibt, wo die Urus gegen die Thuner Stadtmannschaft antreten. Die Gastgeber, die uns ihr schönes Stadion zum Training überlassen, sind gerade in die I. Schweizer Liga aufgestiegen.
Auch die Ungarn kommen aus Solothurn, um ihre vielgerühmten Rivalen spielen zu sehen. Unser Jupp Posipal, der aus dem Banat stammt und ungarisch spricht, geht gleich auf Rechtsaußen Zoltan Czibor zu. Vor Jahren hat er mit ihm die Schulbank gedrückt, jetzt begrüßt er ihn herzlich. Jupp kennt auch die anderen Ungarn ganz gut, weil er mit Herberger beim Spiel Österreich gegen Ungarn (0:1) in Wien war.
Die Zuschauer des ungleichen Fußballkampfes Uruguay – Thun kommen voll und ganz auf ihre Kosten. Die Südamerikaner sparen nicht mit Tricks und Raffinessen. Ihre spielerische Eleganz, ihre traumwandlerisch sichere Ballbehandlung sind bestechend.
In der ersten Halbzeit wehren sich die Thuner noch recht tapfer, sie haben sogar ein paar Torgelegenheiten. Nach der Pause aber gehen sie im Wirbel der Urus unter. Mit einer zweistelligen Packung verlassen sie den Platz.
Wir bestaunen und bewundern die Südamerikaner, erkennen aber auch, daß ihre Deckung nicht reibungslos funktioniert. Taktisch, als Mannschaft gesehen, sind diese Individualisten durchaus verwundbar. Wenn wir in bester Form gegen sie antreten könnten, mit unserem schnellen, direkten Spiel ohne jeden Schnörkel, trauen wir uns durchaus eine Chance gegen den Weltmeister von 1950 zu. Wir sind zwar beeindruckt, aber doch nicht so, daß wir Komplexe mit heimnehmen. Im Gegenteil – unser Selbstvertrauen wächst um ein gutes Stück.
Nur ein Spieler fasziniert mich von der ersten Minute an, Juan Schiaffino, der berühmte Halbstürmer. Auch Herberger ist der Meinung, daß er hoch über alle hinausragt. Es ist ein Genuß, diesem Mann zuzuschauen. So begeistert bin ich, daß ich meiner Frau schreibe:

»Ich wünschte mir nur, zehn Jahre jünger zu sein und mit ihm in einer Mannschaft spielen zu können!«
Wie dir Urus nutzen die Ungarn und die Brasilianer jede sich bietende Gelegenheit zu ähnlichen Übungsspielen. So wählen die Ungarn beispielsweise Young Boys Bern als Partner.
Herberger hält weniger von dieser Art zu trainieren.
»In solchen Begegnungen tritt doch immer deutlich die Überlegenheit einer Mannschaft zutage. Und das ist für die Weltmeisterschaft, bei der man nur mit gefährlichen Gegnern zu rechnen hat, nicht ganz das Richtige.«
Andere Trainer vertreten demgegenüber den Standpunkt, durch solche Spiele würde sich ein Team noch eher finden und noch besser kennenlernen. Unangefochten steht eine Ansicht neben der anderen. Jeder handelt nach seiner Fasson.
Im Hotel Belvédère leben wir uns prächtig ein. Die Speisekarte ist reichhaltig, und wir haben keinen Grund, uns über irgend etwas zu beklagen. Hinter dem Büfett in unserem Speisesaal regiert eine energische Blondine, von der die hin und her flitzende Bedienung ganz nett am Gängelband gehalten wird. Werner Liebrich, bei uns nur der »Kleine« genannt, tauft sie dann auch bald »Feldwebel«, später heißt sie einfach »Sergeant«. Sie ist aber keineswegs beleidigt, und wir haben bald heraus, daß hinter ihrer rauhen Schale ein weicher Kern steckt. Auch die Serviermädchen haben schnell ihren Spitznamen weg, eine rufen wir zärtlich »Schwärzchen«. Doch gleich ob »Sergeant« oder »Schwärzchen«, sie sind rührend um uns besorgt, und wir fühlen uns geborgen und gut aufgehoben.
Helmut Rahn sprüht vor Kraft und Lebensfreude. In aller Herrgottsfrühe steht er auf dem Balkon und imitiert in zwerchfellerschütterndem Tonfall seine geliebte Essener Marktfrau:

> *»Prima schnittfeste Tomaten heute, Leute!*
> *Kauft die prima Oma-Lutsch-Birnen!«*

Oder er wälzt sich mit Werner Liebrich in einem turbulenten Freistilringkampf am Boden, stellt seinem Gegner den Fuß auf den Bauch und verdreht ihm fürchterlich die Glieder. Zum Zeichen der Aufgabe klopft Werner dreimal auf den Boden. Beide Kämpfer sind naßgeschwitzt. Wir stehen im Kreis herum und klatschen hingerissen Beifall. Der Boß aber hat noch nicht genug. Er dreht Werner, der vor Lachen kaum noch Luft kriegt, auf den Bauch und beißt ihn mit aller Kraft in den Hintern. Der »Kleine« schreit wie am Spieß, und wir brüllen vor Vergnügen. Krumm genommen wird grundsätzlich nichts, das versteht sich ganz von selbst. Einer mag den andern gern, auch wenn man sich mal ein wenig auf die Schippe nimmt.

DAS ERSTE TÜRKEN-SPIEL

Unter täglich gleich gewissenhaftem Training vergehen die Tage bis zum Spiel gegen die Türkei. Die Vorbereitungen lassen keinen Zweifel darüber, daß wir diesen Kampf auf alle Fälle gewinnen müssen. Schon als wir uns in Saarbrücken die nötigen Punkte holten, um in die Schweiz fahren zu können, war Herbergers Programm fix und fertig: Über die Ungarn würden wir es nie schaffen, unter die letzten Acht zu kommen, das stand für ihn fest. Alles dreht sich deshalb einzig und allein darum, gegen die Türken zu gewinnen. Selbst ein Unentschieden würde uns praktisch aus dem Rennen werfen, denn dann müßten wir die Ungarn besiegen, und diese Möglichkeit läßt der Chef, wie schon gesagt, ganz außer Betracht. Auch zwei Unentschieden, gegen die Ungarn und gegen die Türkei, nützen uns nichts. Wir hätten 2:2 Punkte, die beiden Rivalen aber durch Siege über Korea jeweils 3:1 Punkte. Ohne eine Niederlage erlitten zu haben, müßten wir ausscheiden! Es gibt also nur eine Möglichkeit: Wir versuchen, durch ein zweites Türken-Spiel, das natürlich auch gewonnen werden muß, in das Achtelfinale zu kommen.

So alt wie diese Überlegung ist Herbergers Entschluß, nicht die stärkste Mannschaft gegen Ungarn einzusetzen, um einige Spieler für das zweite Treffen mit den Türken zu schonen. In vielen deutschen Zeitungen und auch in der breiten Öffentlichkeit hat man ihn dieses Planes wegen vernichtend kritisiert.

Der 17. Juni, der Tag unseres ersten Spiels im Rahmen der Fußball-Weltmeisterschaft, kommt heran!
Wir haben ihn brennend herbeigesehnt. Endlich werden wir zeigen können, daß trotz aller Unkereien etwas in uns steckt.
Vor dem Mittagessen ruft Herberger zur heute besonders wichtigen Spielersitzung, bei der auch die endgültige Mannschaftsaufstellung bekanntgegeben wird. Der Stamm ist zwar schon lange bestimmt, nur in der Rechtsaußenfrage – Rahn oder Klodt? – und in der Torhüterbesetzung – Turek oder Kubsch? – wird noch hin und her überlegt? Die Elf spielt schließlich mit *Turek; Laband, Kohlmeyer, Eckel, Posipal, Mai; Klodt, Morlock, O. Walter, F. Walter, Schäfer.*
»Die Türkei braucht, weil sie ›gesetzt‹ ist und weil sie gegen Korea bombensicher gewinnt, nur ein Unentschieden! Vergeßt das nicht!« Herberger hämmert es uns immer wieder ein.
»Sie wird betont auf Deckung spielen, uns anrennen lassen und dann versuchen, mit einem blitzschnellen Vorstoß ein Tor zu schießen. Ihr dürft euch in der ersten Viertelstunde auf keinen Fall überrumpeln lassen!« Aufmerksam hören wir zu. Der Chef studiert jede Nationalmannschaft gründlich, bevor er uns gegen sie aufs Feld schickt, und seine Ratschläge sind nur zu oft Stütze und Halt.
»Versucht, möglichst bald ein Tor zu machen, damit die Türken aus ihrer zu erwartenden Defensive herausgehen. Das könnt ihr dann ausnutzen, um euren Vorsprung auszubauen.«
Auch die Aufgaben der Verteidigung werden noch einmal durchgehechelt, die Zusammenarbeit von Außenläufern und Halbstürmern. Wenn sich die Außenläufer vorn in den Angriff einschalten, soll dafür der Halbstürmer zurückbleiben und Deckungsaufgaben übernehmen.
Bei Einwürfen auf keinen Fall herumstehen und warten, bis der Ball kommt! Einer läuft hin zu dem, der einwirft, als ob er das Leder annehmen möchte. Damit zieht er den Gegner auf sich; der Ball aber wird in Wirklichkeit einem anderen Kameraden zugeworfen, der inzwischen in entsprechende Position gelaufen ist. Ständig soll Bewegung sein, der Gegner muß irritiert werden! Keinen Augenblick darf er wissen, woran er ist.
Ein Problem für sich sind die gegnerischen Freistöße. Immer wieder, vor allem bei unserem Grünwalder Lehrgang, haben

wir geübt, wie sie am sichersten abzuwehren sind. Einer legt den Ball in Strafraumnähe zum Freistoß bereit, die anderen mußten blitzschnell eine Mauer bilden. Toni Turek, oder wer gerade im Tor war, hatte fix den Standpunkt des Flügelmannes der Abwehrmauer zu bestimmen. Kam der Freistoß von rechts, war nach Möglichkeit unser rechter Läufer Flügelmann, kam er von links, war es der linke Läufer. Er hatte sich so zu stellen, daß dem Gegner kein freies Schußfeld blieb, daß er entweder die Mauer oder den Torwart anschießen mußte. Bei eigenen Freistößen gilt als abgemacht, daß sie kurz vor dem gegnerischen Strafraum von mir getreten werden. Mit Effet hebe ich sie über die Mauer. Im Mittelfeld übernehmen Leute mit kräftigem Schuß, wie Ottmar oder Max Morlock, die Ausführung.
Bei eigenen Eckbällen halten wir uns an folgende Regel: Von rechts schießt sie der Rechtsaußen, die von links übernehme ich. Sie sind meine Spezialität; in einem einzigen Training habe ich sie oft dreißig- bis vierzigmal geübt. Ich schieße Ecken von links mit dem rechten Fuß und gebe ihnen – Gefühlssache! – den nötigen Effet. Um den Gegner zu irritieren, haben wir eine oft erfolgreiche List ausgeheckt: Bei der ersten Ecke läuft ein Spieler dem Ball entgegen, als rechne er damit, daß er kurz hereinkommt. Dadurch zieht er einen oder auch zwei Deckungsspieler auf sich. Die Ecke kommt aber lang. Zwei, drei Spieler von uns, die sich von vornherein darauf eingestellt haben und am langen Eck lauern, sind dadurch weniger bewacht. Sie haben oft eine Chance, das Leder ins Tor zu schießen oder zu köpfen. Beim zweiten Eckball läuft wieder einer unserer Stürmer dem Ball entgegen. Die gegnerische Abwehr, die sich nicht an der Nase herumführen lassen will, reagiert auf die vermutliche Finte nicht, weil sie, gewarnt durch das erstemal, mit einer langen Ecke rechnet. Aber die Ecke kommt wirklich kurz.
Eine Kriegslist, die man beliebig variieren kann, und die komplizierter klingt als sie ist.
Dann die Elfmeter! Am Anfang hab' ich mich heftig gesträubt, sie auszuführen. Herberger aber hat angeordnet:
»Bei mir schießen Sie die Elfmeter! Auch wenn es in Ihrer Vereinsmannschaft ein anderer macht! Sie können ruhig einen Strafstoß verschießen. Die Verantwortung dafür übernehme ich. Hauptsache, *daß* Sie schießen!«

Es kann natürlich vorkommen, daß der Elfmeterschütze aus irgendwelchen Gründen gerade nicht einsatzfähig ist. Vor dem Spiel wird deshalb schon ein Schütze Nummer Zwei bestimmt. Beim Türken-Spiel hieß er Jupp Posipal.
Auch die eventuelle Verletzung des Torwarts ist einzukalkulieren. Beim Training sind Kohlmeyer, Liebrich, Rahn und Ottmar im Tor ausprobiert worden. Wenn Turek verletzt wird, soll Ottmar für ihn ins Tor gehen. Aber nur für den Fall, daß wir im Vorteil sind und auf einen Stürmer verzichten können. Umgekehrt, wenn es darum geht, unter allen Umständen einen gegnerischen Vorsprung aufzuholen, soll Kohlmeyer die Torhüterrolle übernehmen.
Ich glaube nicht, daß Herberger in dieser gründlichen Spielersitzung etwas vergessen hat. Voll guter Vorsätze für das Spiel gehen wir in den Speisesaal zum Mittagessen.
»Poulet« steht auf der Karte, unser vor Länderspielen schon zur lieben Gewohnheit gewordenes Hähnchen; ein leichtes, aber kräftiges Essen.
Nach Tisch ist wie jeden Tag Bettruhe. Wer nicht schlafen kann, liest oder hört wie ich Kofferradio. Geruht werden muß auf jeden Fall. Deuser geht von einem Zimmer zum anderen und macht bei den elf, die zum Spiel aufgestellt sind, eine leichte Auflockerungsmassage.
Langsam wandert der Uhrzeiger! Endlich können wir dann aber doch unsere Siebensachen zusammenpacken und in den Omnibus klettern, der uns nach Bern bringt.
»Singen oder laufen!« heißt es beim Einsteigen, und ich kann versichern, daß noch niemand gelaufen ist.
Von Spiez nach Bern sind es nur etwa dreißig Kilometer. Als wir vor dem Stadion eintreffen und den Bus verlassen, nehmen uns begeisterte deutsche Schlachtenbummler in Empfang. Fähnchenschwenkend wünschen sie uns alles Gute.
Zum erstenmal im Verlauf der Weltmeisterschaft gehen wir in unsere Kabine. Jeder sucht einen Platz und beginnt sich umzuziehen. Wir spielen in schwarzen Hosen und weißen Trikots!
Das ist heute nicht so selbstverständlich, wie es klingt, denn die Türken haben ebenfalls weiße Trikots (mit rotem Brustring). Damit der Schiedsrichter nicht irritiert werden kann und Verwechslungen zwischen den Spielern selbst ausgeschlossen sind,

muß eine Mannschaft andere Trikots tragen. Es wird gelost, wer in seinem gewohnten Dreß auf den Rasen darf. Eine Viertelstunde vor Spielbeginn kommt Dr. Bauwens freudestrahlend in die Kabine und verkündet.
»Das richtige Los hab' ich schon mal erwischt! 1:0 für uns! Alles andere liegt jetzt bei euch!« Wir dürfen unsere gewohnten Trikots tragen, die Türken nehmen rote mit weißem Bruststreifen.
Herberger prüft den Rasen, Dassler sorgt dafür, daß die richtigen Stollen auf die Schuhe geschraubt werden, Arzt, Masseur – sie alle sind auf ihrem Posten. Auch ein paar von den elf Mann, die nicht spielen, müssen in der Kabine bleiben. Es könnte in letzter Minute noch etwas passieren. Erst wenn alle Spieler draußen sind, dürfen die Ersatzleute zu den andern auf die Zuschauerbänke. Alle, die heute nicht eingesetzt werden, geben uns vor dem Spiel die Hand und wünschen »Hals- und Beinbruch«!
Jeder von uns elf sucht noch einmal das ganz stille Örtchen auf. Aufgeregtere laufen auch zwei- oder dreimal.
Herberger erinnert schnell an seine wichtigsten Anweisungen. Als draußen auf dem Gang der Pfiff des Schiedsrichters zum Fertigmachen ertönt, drückt er mir, dem Spielführer, kräftig die Hand.
»Alles klar?« frage ich die Kameraden.
»Alles klar! Jeder seinen Mann!«
Wir verlassen unsere Kabine. Mit den Türken betreten wir den Platz, umbraust vom Jubel der deutschen Landsleute, die von den rund 30000 Zuschauern glatt die Hälfte ausmachen. Die Mannschaften stellen sich in einer Reihe auf, in der Mitte Schiedsrichter da Costa, Portugal, flankiert von beiden Linienrichtern.
Zum erstenmal während der Weltmeisterschaft hören wir die deutsche Nationalhymne. Für uns ein feierlicher Augenblick.
Nachdem sich die Spielführer – Turgay und ich – dem Schiedsrichter vorgestellt haben und von ihm mit den Linienrichtern bekannt gemacht worden sind, tausche ich mit dem türkischen Mannschaftskapitän die Wimpel aus.
»Alles Gute!« wünsche ich ihm dabei und »Hals- und Beinbruch!«

Ob er mich versteht? Den Sinn meiner Worte bestimmt; er entgegnet mit festem Händedruck auf französisch:
»Bonne chance!« – »Viel Glück!«
Endlich, endlich ist es soweit!
Der Schiedsrichter pfeift nach der Platzwahl – ich gewinne sie – unser erstes Spiel um die Weltmeisterschaft an.

Schreckschuß ohne Wirkung

Die Türken haben Anstoß. Kohli fängt ihren Angriff ab. Dann greifen wir an und sind sofort gut in Form. Aber schon nach drei Minuten tritt das ein, was wir unter allen Umständen vermeiden wollten. Der gefährliche türkische Halbrechte Suat wird bei einem überraschenden Vorstoß nicht am Schuß gehindert. Unsere Hintermannschaft ist nicht gleich im Bilde. Der an und für sich harmlose Ball geht unter Toni Turek, der sich zu spät danach wirft, ins Tor.
Wir erstarren zu Salzsäulen. Die Türken springen vor Freude in die Luft, sie stürzen aufeinander zu und fliegen sich um den Hals. Wir haben nur einen Gedanken: ihnen genügt ein Unentschieden! Und jetzt liegen sie schon 1:0 im Vorteil!
Der Schock wirkt zum Glück nur kurze Sekunden. Wir schauen einander an, und Max Morlock schreit:
»Macht nix! Jetzt erst recht!«
Ottmar und ich stehen in seiner Nähe. Mit Händen und Füßen redend geben wir den anderen zu verstehen: Laßt jetzt bloß die Köpfe nicht hängen! Im Nu haben wir uns wieder in der Gewalt; mit verstärktem Elan stürmen wir los.
Die Taktik der Türken ist für uns eine große Überraschung. Sie verlegen sich durchaus nicht so ausschließlich auf die Verteidigung, wie wir es erwartet haben. Immer wieder brechen sie durch, spielen wirklich gescheit ihren Mittelstürmer an, und der setzt geschickt die Flügelstürmer ein. Ihr Kombinationsspiel klappt vorzüglich. Diese Türkenmannschaft, die ja – und das war die erste Sensation – das »gesetzte« Spanien ausgeschaltet hat, ist weit stärker als in Berlin, wo sie (auf den Tag genau vor drei Jahren) gegen eine schwach spielende deutsche Mannschaft 2:1 gewonnen hat. Sie ist auch weit stärker als beim Rückspiel

in Istanbul, wo wir uns am 21. November 1951 sehr, sehr schwer taten, einen 2:0-Sieg zu erringen.
Da kommt von der Läuferreihe, von Eckel, ein Paß zu mir. Bevor ich den Ball am Fuße habe, weiß ich schon, was er will. Steil lege ich ihn Max Morlock vor, der sofort in Stellung läuft. Er reagiert genau so prompt, erkennt blitzschnell, daß sich Hans Schäfer von seinem Posten als linker Flügelstürmer löst und in die Mitte startet. Haargenau spielt Max in den freien Raum. Schäfer bekommt den Ball direkt auf den Fuß, nimmt ihn mit und stürmt – stürmt zwischen zwei Verteidigern in der Mitte durch und schießt an dem herauslaufenden Torwart Turgay vorbei in der 13. Minute den Ausgleich.
Nun liegen wir uns in den Armen.
»So, jetzt kann's losgehen!«
»Aufpassen!«
»Nur nicht nachgeben!«
Aufgemuntert forcieren wir das Tempo und unser ganzes Spiel. Keine Spur mehr von Nervosität bei uns im Sturm, immer häufiger gehen wir zum Angriff über. Aber die türkische Hintermannschaft gibt sich keine Blöße. Die beiden Verteidiger sind eisenhart, und Turgay hat einen guten Tag. Mit aller Kraft setzen sich unsere Gegner zur Wehr, dabei sind harte Zweikämpfe unvermeidlich. Sie sehen von außen her jedoch meist viel schlimmer aus, als sie wirklich sind. Man geht auch gleich aufeinander zu, entschuldigt sich, klopft sich gegenseitig auf die Schulter und beteuert, daß es nicht so gemeint war. Wir können es den Türken nicht einmal verdenken, daß sie hart spielen und außerdem die Bälle immer wieder weit nach vorn schlagen, nur um Luft zu bekommen. Ihnen genügt ein Unentschieden! Sie versuchen durch verzögernde Tricks das 1:1 zu halten. Kurz vor der Halbzeit gehen wir, nein, wären wir beinahe durch Ottmar in Führung gegangen: Er schießt ein Tor, leider aus einwandfreier Abseitsstellung. Auch eine Ecke gibt es noch für uns, aber sie bringt nichts ein. Kurz darauf pfeift Schiedsrichter da Costa zur Pause.
In der Kabine holen wir zwei, drei Minuten lang zuerst einmal ruhig Luft, schnaufen so tief, wie wir nur können. Masseur Deuser sieht nach, was wir an Prellungen abbekommen haben. Mit einer Tinktur reibt er dem einen die Oberschenkel, dem an-

dern den Rücken oder die Brust ein. Er schuftet in der kurzen Pause mit aller Kraft, um uns wieder fit zu machen. Schuhfachmann Dassler kontrolliert, ob jemand seine Stollen verloren oder beschädigt hat. Wir spülen uns inzwischen den Mund aus, trinken einen Schluck Tee oder kauen auf einem Zitronenscheibchen.

Erst jetzt nimmt uns Herberger ins Gebet. Vor allem die Hintermannschaft ermahnt er zur Vorsicht, damit nichts mehr passiert. Posipal ist doch noch nicht ganz auf dem Posten, wie es scheint. Seine Unsicherheit überträgt sich ganz automatisch auf die anderen. Selbst Toni Turek, sonst die Ruhe in Person, zeigt eine gewisse Nervosität. Vom Sturm verlangt der Chef, daß er möglichst bald ein Tor schießt, damit die Türken noch mehr aus ihrer defensiven Haltung heraus müssen, als sie das freiwillig ohnehin schon tun.

Die Pause ist schnell vorbei. In Gruppen von drei, vier Mann gehen wir wieder auf den Platz. Einer spricht dem andern nochmal Mut zu. Auch der vieltausendstimmige Beifall unserer Landsleute ist ein kraftspendender Motor.

Schiedsrichter da Costa pfeift die zweite Halbzeit an. Wie besprochen stürmen wir gleich mit Vehemenz los. Nach einer Steilvorlage, die Ottmar von der Mittellinie aus gibt, läßt Berni Klodt in einem unwiderstehlichen Sprint alle türkischen Deckungsleute hinter sich und schießt in der 51. Minute an dem herausflitzenden Turgay vorbei das so wichtige und auch entscheidende zweite Tor. Damit sind die Türken eindeutig auf die Verliererbahn gedrängt.

Bald darauf prallen Toni Turek und Jupp Posipal zusammen, ein unglücklicher Zwischenfall, wie er vorkommen kann. Der Düsseldorfer hat den härteren Schädel, und der Hamburger muß für ein paar Minuten ausscheiden. Masseur Deuser nimmt ihn unter seine Fittiche, er bringt ihn vom Spielfeld weg hinter das Tor und beginnt seine erfolgreichen »Wiederbelebungsversuche«. Für den ausgefallenen Posipal geht Max Morlock einstweilen in die Verteidigung, die heute, wie schon gesagt, sehr leicht ins Schwimmen gerät. Posipal kehrt bald aufs Spielfeld und Max auf seinen halbrechten Posten zurück.

Etwa zehn Minuten sind seit unserem Führungstor vergangen. Da wird Hans Schäfer von zwei Türken angegriffen. Bedrängt

gibt er den Ball dennoch zentimetergenau an Morlock ab, der etwa auf der Höhe der Torlinie zur Mitte flankt. Turgay verfehlt und Ottmar hält den Kopf hin: 3:1 für uns!
Eine Viertelstunde später hätte ich beinahe den vierten Treffer erzielt. Klodt schiebt mir im Strafraum den Ball zu. Turgay scheint schon geschlagen, ich brauche dem Leder nur noch ein Tüpferl zu geben, dann fliegt es in den Kasten. Aber wie von einer Feder geschnellt, taucht plötzlich Turgay auf, wirft sich halb nach rückwärts und verhindert ein todsicheres Tor in allerletzter Sekunde. Ich könnte mir die Haare raufen. Es wäre eine Kleinigkeit gewesen, den Ball schärfer zu treten. Dann hätte ihn auch Turgay, der Teufelskerl, nicht mehr erwischt.
Hans Schäfer läuft auf mich zu, um mich zu trösten:
»Mach dir nichts draus, Fritz! Das kommt in den besten Familien vor. Ist mir auch schon passiert.«
Zehn Minuten später liefere ich dafür Maßarbeit, eine haargenaue Vierzig-Meter-Vorlage zu Ottmar. Der täuscht den rechten Verteidiger der Türken und gibt einen Paß nach innen zu Morlock. Torhüter Turgay ist in der Klemme. Was soll er tun? Herauslaufen? Im Tor bleiben? Zum einen ist es zu spät, das andere ist zu gefährlich. Wie man es macht, so ist es bekanntlich falsch. Turgay ist immer noch unschlüssig. Morlock aber schaltet schnell und schießt. Der Ball prallt vom linken Torpfosten ab ins Netz. 4:1. An unserem Sieg gibt es nichts mehr zu rütteln.

Das Stimmungsbarometer steigt

Nach dem Schlußpfiff lassen die deutschen Zuschauer, die uns während des ganzen Spiels anfeuernde Begleitmusik schenkten, ihrer Freude freien Lauf. Jetzt stürmen sie aufs Spielfeld und drücken uns enthusiastisch ihre Anerkennung aus.
Auch in der Kabine gibt es zunächst ein allgemeines Händeschütteln. Herberger drückt mir als Spielführer die Hand, und ich gehe zu den zehn Kameraden und danke ihnen für ihr faires und anständiges Spiel. Dann kommen noch die verantwortlichen Leiter des DFB, Dr. Bauwens, Huber, Körfer und

quittieren unsere Leistung mit einem kräftigen Händedruck.
»Uff, das hätten wir hinter uns!«
»Jetzt kann es in aller Ruhe weitergehen!«
»Selbst wenn am nächsten Sonntag gegen die Ungarn alles schiefläuft, können wir durch ein zweites Spiel gegen die Türkei immer noch eine Runde weiter kommen.«
»Wenn wir Weltmeister werden«, gelobt Berni Klodt ziemlich voreilig, »spring ich mit den Kleidern kopfüber in den Thuner See.« Ein tolles Angebot von einem, der nicht schwimmen kann!
»Dann laß dich von Kwiat retten!« empfiehlt ein Spaßvogel, der genau weiß, daß Kwiatkowski auch Nichtschwimmer ist.
Von allen Seiten schwirrt der Optimismus. Eine gute und zufriedene Stimmung macht sich breit.
Ich zerre noch an meinen Schuhen herum, da sind die anderen schon unter der Brause. Aber warum soll ich mich beeilen? Jetzt hängt ja nichts mehr von Sekunden ab. Trotzdem schaue ich, daß ich allmählich auch fertig werde. Das köstliche Gefühl nach einem Spiel, noch dazu nach einem gewonnenen Spiel, unter der warmen Brause zu stehen, möchte ich gründlich genießen. Um sofort jede Müdigkeit aus dem Körper zu vertreiben, nehmen wir heiße und kalte Wechselbäder. Während wir wie übermütige Kinder herumhantieren, packt Deuser seine Utensilien zusammen. Die Ersatzleute helfen mit, Trikots, Hosen und Stutzen zu zählen.
Als wir es absolut nicht mehr hinausschieben können, trocknen wir uns ab und schlüpfen in unsere Trainingsanzüge.
Vor der Kabine warten Scharen von deutschen Schlachtenbummlern, um uns die Hände zu schütteln und Glück zu wünschen. Von allen Seiten strecken sie uns Fotos und Ansichtskarten entgegen, die wir unterschreiben sollen. Wir denken an die Begeisterung, mit der sie unser Spiel unterstützt haben und erfüllen ihre Bitten so weit wie möglich.
Im Omnibus machen wir es uns dann gemütlich. Die Stimmung ist gut. Singend kommen wir gegen neun Uhr wieder im Belvédère an. Nachdem wir unsere Sachen auf die Zimmer gebracht haben, treffen wir uns gleich anschließend im Speisesaal. Bevor das Abendessen aufgetragen wird, dankt Herberger kurz noch einmal für den Einsatz der Mannschaft.

»Über alles, was noch falsch war, reden wir morgen. Das erste Spiel habt ihr jedenfalls gewonnen. Und nun laßt es euch schmecken!«
Mit gesundem Appetit langen wir zu. Das zur Feier des Tages genehmigte Glas Bier wird mit lautem Hallo begrüßt. Außer Sprudel und Traubensaft müssen wir nämlich sonst mit einer Tasse Kaffee oder einem Glas Tee zufrieden sein.
Möglichst bald wollen wir heute in den Betten liegen. Vorher gehe ich noch zu Deuser in die Unterwassermassage. Zwei, drei Kameraden schließen sich an.
Die Unterwassermassage hat uns schon in Grünwald zur Verfügung gestanden. Sie ist keine absolut neue Erfindung. Das Kaiserslauterer Pfaffbad z.B. hat die »U-Massage« schon längere Zeit. Deuser verwendet sie bei Fortune Düsseldorf ständig, und auch andere Vereine gebrauchen sie regelmäßig. Die Nationalelf hat sie bisher noch nicht benutzen können, weil dafür eine Badewanne mit einem fest angebauten Gerät erforderlich ist. Für die Dauer der Weltmeisterschaftskämpfe aber hat eine Firma, soviel ich weiß, kostenlos, einen leicht transportablen Apparat zur Verfügung gestellt, der in die Schweiz vorausgeschickt wurde. Man kann ihn – und das ist der Vorteil – an jede beliebige Badewanne anschließen.
Prellungen, Zerrungen und Blutergüsse sind durch Unterwassermassage viel schneller und intensiver zu vertreiben als mit Handmassage. Aber auch ohne angeschlagen zu sein, nehmen wir die Spezialbehandlung gern in Anspruch, um die kleinste Verkrampfung der Muskeln zu lösen und verbrauchte Stoffe erst gar nicht im Körper zu lassen. Nach keinem Spiel in der Schweiz gehen ich ins Bett, ohne mich vorher Deusers Händen anzuvertrauen, selbst wenn wir erst um ein Uhr oder zwei Uhr ins Hotel zurückkehren.
Als ich endlich ins Zimmer komme, liegt der Boß schon in den Federn. Er war beim ersten Türken-Spiel nicht aufgestellt. Eine bittere Pille für ihn, der in prächtiger Form ist und seinen Einsatz kaum erwarten kann. Dafür rechnet er fest damit, in einem der nächsten Spiele mit von der Partie zu sein. Aber wenn er auch heute nur Zuschauer war, freut er sich ehrlich über unseren Sieg. Mit einem schönen und zufriedenen Gefühl schlafen wir an diesem Abend ein.

Sechs Uhr früh bin ich wieder mobil. Um den Boß nicht zu wecken, stehe ich leise auf und gehe hinaus auf den Balkon. Still und friedlich liegt der Thuner See. In den Bergen hängen noch vereinzelte Wolkenfetzen. Die Luft ist kühl und frisch. Mit tiefen Zügen pumpe ich die Lungen voll. So glücklich und gelöst wie jetzt habe ich mich selten gefühlt. Wenn es überhaupt einen »sensiblen« Fritz Walter gibt, dann ist er bestimmt nicht mit in die Schweiz gekommen. Die robusteren Kameraden schütteln den Kopf über mich.

»Du bist wie verwandelt, Fritz!«

»Wo nimmst du nur die Ruhe her?«

Weiß ich es selbst? Liegt es daran, daß wir im Kampf um den Coupe Rimet nur wenig beachtete Außenseiter sind? Niemand wird sich ernstlich wundern, wenn wir nicht exzellent abschneiden, dafür sind unseren Leistungen nach oben keine Grenzen gesetzt. Hier muß ich nicht mit dem schrecklichen Gefühl auf den Platz gehen, daß man von mir wer weiß was erwartet, daß man Wunderdinge sehen will. Unauffällig werde ich ein Spieler unter vielen sein, unauffällig mein Bestes geben wie alle anderen auch.

Wie war es denn in den letzten Jahren, wenn ich einmal einen schlechten Tag hatte? Gleich sind die Zeitungen über mich hergefallen: ein alter Mann, müde und ausgebrannt!

»Lesen Sie um Gottes willen nichts!« schrieb mir Herberger nach dem Unglücksspiel von Paris, aber ich hatte schon zu viel Gift geschluckt.

»Jetzt gebe ich auf, nehmen Sie in Zukunft keine Rücksicht mehr auf mich!« erklärte ich bitter und resigniert.

»Reden Sie doch keinen Quatsch, Fritz! Sie sind noch lange nicht soweit. Das weiß niemand besser als ich.« Wäre nicht Herberger mit seinem durch nichts zu erschütternden Glauben an meine spielerischen Qualitäten, vielleicht hätte ich schon längst kapituliert.

Bin ich deshalb sensibel? Fußball wird doch nicht nur mit den Füßen gespielt! Warum lauern die gleichen Leute, die mich ohne mein Dazutun zu einem Stern, zu einem Kometen am

Fußballhimmel gemacht haben, so gierig darauf, daß ich mir eine Blöße gebe? Oft wünsche ich mir ein dickeres Fell, so wie es der Toni hat oder der Max Morlock, von denen man in Düsseldorf oder Nürnberg auch immer Wunderdinge sehen will. Wie häufig bin ich auf den Platz gegangen mit einem Gefühl, als habe ich Blei in den Gliedern. Nur weil mir die übertriebenen Erwartungen des Publikums schon vor dem Spiel auf den Magen geschlagen sind.

»Mit diesem Fritz Walter, mit diesen ausgebrannten, müden Leuten will Herberger in die Schweiz fahren!« spotteten und drohten die Zeitungen, nachdem Kaiserslautern im Endspiel um die Deutsche Fußball-Meisterschaft gegen Hannover verlor. Liegt das erst ein paar Wochen zurück? Warum läßt mich das alles heute so völlig kalt?

Auf den Berghängen ruht hell und golden die Morgensonne. Vor uns liegt ein schöner Tag. Ich weiß, daß ich wieder froh und glücklich bin.

Im Zimmer hinter mir beginnt es zu rumoren. Helmut Rahn ist aufgewacht. Ich warte, bis er in seinen Trainingsanzug gestiegen ist, dann laufen wir 'runter zum See und klettern in ein Pedaloboot. Wir sind noch nicht weit draußen, da sehen wir auch schon andere Kameraden am Ufer. Obwohl wir uns nicht verabredet haben, treiben wenige Minuten später sieben, acht Boote auf dem See. Niemand hat es in den Zimmern gehalten, Erregung und Glück haben uns zu so früher Stunde herausgelockt, auch wenn keiner sich etwas anmerken läßt. Ohne die Pedalos zu treten, lassen wir unser Fahrzeug von den Wellen wiegen.

Um halb elf Uhr sind wir wie gewohnt auf dem Trainingsplatz. Befriedigt stellen wir fest, daß uns das Spiel vom Vortag nichts hat anhaben können, so frisch und munter fühlen wir uns. Bisher haben alle 22 Spieler, die in die Schweiz gefahren sind, das gleiche Training absolviert. Heute darf die Elf von gestern frei trainieren, während sich Herberger zunächst die Spieler vorknüpft, die für den nächsten Kampf in Frage kommen. Wir »Unbeaufsichtigten« laufen ein, zwei Runden um den Platz, machen eine kurze Atempause, unterhalten uns zwischendurch und überlegen, was gestern vielleicht noch falsch war und wie

wir es besser machen können. Plötzlich schreit einer: »Weitermachen!« und wir starten wieder los. Später nehmen wir den Ball, um nicht »ganz aus der Übung zu kommen«.
»Kleiner Kalauer gefällig?« unterbricht Alfred Pfaff unser löbliches Treiben.
»Na, schieß schon los! Du bist ja doch kreuzunglücklich, wenn du ihn nicht anbringst.«
»Wißt ihr, wie das Reh mit Vornamen heißt?«
»Nee!«
»Sag schon!«
»Kartoffelpü ...«
»Au!« – »Au!«
Durch das Wehgeschrei angezogen, kommt Herberger auf unsere Gruppe zu:
»Laßt euch nicht stören! Ich bin auch kein Kostverächter!«
Wir wissen, daß der Chef nicht nur so tut als ob, aber uns fallen urplötzlich leider nur noch Witze ein, die wir einer freiwilligen Selbstkontrolle unterzogen haben.
»Ende der humoristischen Einlage!« Schon spritzen wir nach allen Richtungen davon. Rahn läuft neben mir auf der Bahn. Unvermittelt ruf ich: »Boß!« und schon bin ich drei, vier Meter vorgesaust. Er hinter mir her, und weil er unglaublich flink ist, hat er mich bald eingeholt. Zwar startet er langsamer als ich, wird dann aber sehr schnell. Friedlich trotten wir wieder nebeneinander her.
Plötzlich schreit er: »Friedrich!« und fegt los. Ich tue so, als hätte ich nichts gehört, und laufe schön gemütlich mein Tempo weiter. Er schaut sich um und wartet auf mich. Als ich ungefähr in seiner Höhe bin, starte ich los wie wild, und er jagt hinter mir her.
Jungenhaft und übermütig halten wir uns in Bewegung und in Form.
Die Kabine, in der wir uns nach dem Brausen anziehen, hat Glasscheiben mit Gardinen davor. Man kann von drinnen nach draußen, aber nicht von draußen nach drinnen sehen. All die Tage schon ist uns ein merkwürdiges Männlein aufgefallen, das sich vor den Fenstern zu schaffen macht. Merkwürdig, weil es von einem Bein auf das andere hüpft und dabei in den blauen Schweizer Himmel jodelt. Wenn er jodeln kann, warum nicht

wir? Gestern haben wir unser erstes Spiel gewonnen! Uns ist wahrlich zum Jodeln zumute. Fängt Werner Liebrich an oder Hans Schäfer? In der Kabine wird plötzlich anhaltend und stimmgewaltig gejodelt. Das harmlos verrückte Männlein auf dem Vorplatz hüpft entzückt von einem Bein aufs andere.
Nach dem Mittagessen und der Bettruhe schreiben wir Grüße in die Heimat – eine anstrengende Geschichte, denn jeder legt seine Karten allen anderen zur Unterschrift vor. Das ergibt ein ganz ansehnliches Arbeitspensum. Und heute will es mit den Kollektivautogrammen überhaupt nicht klappen. Ununterbrochen bekommen wir an diesem Freitag Besuch von Landsleuten, die das erste Türken-Spiel gesehen haben. Viele bleiben gleich in der Schweiz zum Ungarn-Spiel, von dem sie sich wer weiß was versprechen. In Omnibussen und Privatwagen fahren sie am Belvédère vor.
»Ich komme aus Nürnberg und kenne den Max Morlock gut!« schwört einer, der sich nicht abweisen lassen will. Echte und falsche Bekannte geben sich die Tür in die Hand. Sie wollen fotografieren und Unterschriften für ihre Erinnerungswimpel und Postkarten. Wo wir uns im Freien sehen lassen, fallen gleich zehn, fünfzehn oder zwanzig Mann über uns her. Wir wissen, mit welcher Begeisterung sie alle gestern unser Spiel verfolgt haben. Willig und unermüdlich geben wir ihnen, was sie sich wünschen.
Auch am Samstag reißt die Besucherinvasion nicht ab, kaum daß wir unseren gewohnten Spaziergang durch den Park oder unten am See machen können. Wie gern würden wir einmal kopfüber ins Wasser springen. Aber können wir uns den Luxus leisten, im kalten See einen Schnupfen abzubekommen? Freiwillig verzichten wir auf die Trauben, die vor unserem Mund hängen.
»Einmal spring ich aber doch noch 'rein!« versichere ich Kohli, »nicht jetzt, aber wenn wir ausgeschieden sind!«

Wir sind zwar nicht ausgeschieden, aber wir haben auch nicht mehr in den See springen können, wenn man das unfreiwillige Bad von Kwiatkowski und Kubsch außer Betracht läßt, das den bedauernswerten Kubsch um einen Einsatz bei der Weltmeisterschaft bringt.

An einem schönen Abend rennen Werner Kohlmeyer und Heinz Kubsch um die Wette vom Hotel hinunter zum See, um das einzige dort noch liegende Pedaloboot zu erobern. Kohli ist der Schnellere, steigt blitzschnell ein und startet los, um seinen Zimmergefährten Laband abzuholen. Kubsch muß mit einem Ruderboot vorlieb nehmen. Um seinen Freund Kwiatkowski, der ihm langsamer vom Hotel her gefolgt ist, einsteigen zu lassen, fährt er den Kahn an die Ufermauer, die gut eineinhalb Meter aus dem Wasser ragt. Wäre er doch an die kleine Treppe gefahren, die vom Anlegeplatz ins Wasser führt! Kwiat will sich an der Mauer ins Boot hinunterlassen. Er klammert sich oben fest und versucht, mit den Füßen den Kahn zu erreichen. Statt ihn aber heranzuziehen, stößt er ihn weiter weg, ein Stück auf den See hinaus. »Mensch, Heinz, warte doch, ich bin ja noch gar nicht drin!« ruft er Kubsch zu, der aber die Ruder gar nicht gebraucht hat. Im Gegenteil, er bemüht sich, das treibende Boot schnell wieder an die Mauer zu bringen.

Am Ufer hat sich mittlerweile eine ganze Reihe Zuschauer eingefunden, Kameraden und auch Hotelgäste. Alles lacht über den an der Mauer zappelnden Kwiat. Der hält sich noch eine Weile krampfhaft fest, verliert dann aber den Halt und fällt direkt ins Wasser. Wie eine getaufte Maus taucht er wieder hoch und versucht noch einmal, sich in Richtung Boot abzustoßen.

Summe unglückseliger Zufälle! Kubsch macht, statt das schwankende Boot im Gleichgewicht zu halten, eine falsche Bewegung. Er beugt sich nach der Seite, an der sich Kwiat hineinziehen will. Der Kahn kippt gewaltig und läuft dreiviertel voll. Mit einem Hechtsprung rettet sich Kubsch, dem es nun doch zu bunt wird, nach der Kaimauer.

Die Zuschauer am Ufer haben ihren Spaß, zumal Kwiat immer noch wild im Wasser herumfuchtelt. Schäfer, der mit den anderen das Schauspiel verfolgt, durchfährt es plötzlich eiskalt:

»Ottmar, schau dir den Kwiat an, ich glaube, der kann wirklich nicht schwimmen!«
Dies hören, die Trainingshose herunterreißen und zum Wasser stürzen ist für Ottmar die Sache weniger Sekunden. Aber die Lebensrettung ist nicht mehr nötig. Kwiat hat es doch noch geschafft, sich am Kahn hochzuziehen. Er nimmt die Schöpfkelle und macht sich gleich daran, den Kahn von seiner Wasserlast zu befreien. Vom See her kommen der Boß mit einem Pedaloboot, Kohlmeyer und Laband mit einem zweiten. Gemeinsam drücken sie das Unglücksfahrzeug an die Wand, damit der triefendnasse Kwiat endlich aussteigen kann. Den noch immer halb mit Wasser gefüllten Kahn nehmen sie dann ins Schlepp und bringen ihn an seinen Platz zurück.
Kwiat und Kubsch stürmen gleich ins Hotel, um sich von ihren nassen Klamotten zu befreien. Jetzt erst stellt Kubsch fest, daß er sich die Schulter verstaucht hat, und zwar so stark, daß an seinen Einsatz als Torhüter während der Weltmeisterschaft nicht mehr gedacht werden kann.
»Mensch, Fritz, jetzt hätte ich mal eine Chance gehabt, zum Zug zu kommen und zu zeigen, was ich kann, da muß mir so was Dummes passieren!« Mit seinem großen Pech hat er uns allen von ganzem Herzen leid getan.
Wie gesagt, wir anderen verzichten auf jeglichen Schwimmversuch. Wir wünschen, daß Kwiatkowski, der am Sonntag, beim ersten Ungarn-Spiel, wahrscheinlich im Tor stehen wird, den Schrecken restlos verwunden hat.

8:3 FÜR UNGARN

In der Spielersitzung erläutert Herberger noch einmal die Pläne, die er schon vor Monaten ausgearbeitet hat. Voll und ganz billigen wir seinen Entschluß, am 20. Juni nicht die komplette erste Garnitur gegen Ungarn einzusetzen. Er verzichtet auf Toni Turek, Fritz Laband, Max Morlock, meinen Bruder Ottmar und Hans Schäfer, um sie für das zweite Türken-Spiel

zu schonen. Brennend gern hätten sie ihre Kräfte mit den Magyaren gemessen. Doch der Chef weiß, was er will. Er kennt die Ungarn genau; jede Einzelheit ihres grandiosen 6:3-Sieges gegen England hat er im Film gewissenhaft studiert, außerdem war er am 11. April 1954 zusammen mit Jupp Posipal als »Spion« beim Spiel Österreich gegen Ungarn in Wien, das die Magyaren durch ein Selbsttor ihrer Gegner glücklich gewannen.
Der Bundestrainer glaubt, daß er den Ungarn mit der Mannschaft: *Kwiatkowski; Bauer, Kohlmeyer; Posipal, Liebrich, Mebus; Rahn, Mai, F. Walter, Pfaff, Herrmann* 90 Minuten lang hinhaltenden Widerstand leisten kann.
Für uns alle, die über die Eigenheiten des FIFA-Reglementes bei der Weltmeisterschaft 1954 Bescheid wissen, bietet die Nominierung dieser ungewöhnlichen »B-Elf« keine Überraschung. Unprogrammäßig ist nur, daß der ursprünglich als Stürmer vorgesehene Karl Mai seit zwei Tagen mit 39,5 Fieber im Bett liegt und durch Horst Eckel ersetzt werden muß. Eckel als Halbrechter? Nur dem Namen nach! Er soll als zurückhängender Verbinder einen der eminent gefährlichen Ungarnstürmer beschatten. Gerade in diesem Spiel, in dem wir nicht mehr als ein Unentschieden erhoffen, ist alles darauf abgestellt, unsere zuweilen schwimmende Hintermannschaft zu verstärken.
Mich beauftragt Herberger, um Ruhe und Sicherheit ins Spiel zu bringen, im Mittelfeld die Verbindung zwischen Hintermannschaft und den vorn lauernden drei Stürmern herzustellen. Mehr als je soll in diesem Spiel notfalls unser ganzer Sturm verteidigen, darüber hinaus aber versuchen, durch blitzschnelle Vorstöße die nicht ganz sattelfeste Hintermannschaft der Ungarn zu beunruhigen. Zu solchen Blitzaktionen scheinen vor allem Alfred Pfaff, Richard Herrmann und unser Rechtsaußen Helmut Rahn geeignet. Hauptsache aber bleibt die Verteidigungsmauer, an der die zu erwartenden Angriffswellen der Ungarn zerschellen sollen.
»Ihr habt durchaus die Chance, unentschieden zu spielen«, sagt Herberger, »wenn ihr das schafft, braucht ihr nicht mehr gegen die Türken anzutreten und habt eine achttägige Pause.«
Zeitig suchen wir die Zimmer auf.
Um 8.30 Uhr am Sonntag früh steht unser Omnibus bereit. Wir fahren dreieinhalb Stunden bis nach Rheinfelden bei Basel, wo

Sing einige Zimmer bestellt hat. Bevor wir uns zur Bettruhe zurückziehen, vertilgen wir mit Genuß das obligate Hähnchen. Draußen ist es drückend heiß. Entspannung und Abkühlung haben wir heute dringend nötig. Wir strecken uns auf den Betten aus und warten auf Deusers Massagevisite.
Rheinfelden ist etwa zehn Kilometer vom Baseler St.-Jakob-Stadion entfernt. Guter Stimmung fahren wir mit dem Omnibus rechtzeitig los.
In Basel herrscht ein unvorstellbarer Betrieb. Die Straßen sind verstopft mit Autos aus Deutschland. 30 000 Landsleute sind in die Schweiz gekommen, um dieses – wie sie meinen – vielversprechende Spiel mitzuerleben. Es ist gar nicht auszudenken, wie die Wagenkolonnen und Menschenmassen nachher wieder aus der Stadt hinausgeschleust werden sollen.
In der Kabine das vertraute Treiben! Ich bin ruhig und guten Mutes. Auf der Stelle laufe ich mich warm und versuche einen kleinen Spurt. Alles in Ordnung! Wie der Fisch im Wasser fühle ich mich.
Werner Liebrich, der blaß in seiner Ecke sitzt, schüttelt den Kopf und sieht mich ganz entgeistert an:
»Wie kannst du nur so optimistisch sein, Fritz?«
Ich weiß ganz gut, was in ihm vorgeht. Bis jetzt hat er noch nicht viel Glück gehabt mit seinen Länderspielen. Immer, wenn er dabei war, ging etwas schief, mochte er selbst noch so überragende Partien liefern. Beim »Schwarzen Tag« in Paris war es zum Beispiel so und auch bei der Niederlage gegen die Türken in Berlin. Nur im zweiten Saar-Spiel gehörte er zur Gewinnermannschaft. Aber da ließ man an der Leistung unserer Elf kein gutes Haar.
Auch Kwiatkowski, der heute zum erstenmal in der Ländermannschaft spielt, braucht kameradschaftlichen Zuspruch.
»Nur Mut, Kwiat! Wir tun, was wir können! Es wird schon gut gehen. Hals- und Beinbruch!«
Im Gang ertönt der Pfiff des Schiedsrichters. Fertigmachen! heißt das. So nimm denn, Schicksal, deinen Lauf . . .
Mister Ling aus England wird das Spiel leiten. Anfänglich werden wir ein dummes, unbehagliches Gefühl nicht los. Er war es, der 1951 in Dublin unser Match gegen Irland pfiff und ausgerechnet in der Sekunde beendete, in der Jackl Streitles Kopfball

zum Ausgleich im irischen Tor landete. Eine Fehlentscheidung, die heftige Diskussionen ausgelöst hat. Aber wir wollen ohne Vorurteil auf den Platz gehen.
Vor der Kabine stoße ich auf Puskas. Wir geben uns die Hand, und er sagt auf deutsch:
»Servus, Fritz!«
Die anderen begrüßt Jupp Posipal, der heute Geburtstag hat, in klingendem Ungarisch.
Wir stellen uns wie üblich in der Spielfeldmitte auf. Ich werfe noch einen kurzen prüfenden Blick in Richtung Herberger, der – wie mir scheinen will – reichlich sorgenvoll auf seinem Platz sitzt. In der Kabine konnten wir es ja nicht hören, aber hinterher haben es uns Kameraden erzählt: als über den Lautsprecher die Mannschaftsaufstellung bekanntgegeben wurde, setzte auf den Rängen des Stadions ein gellendes Pfeifkonzert unserer Schlachtenbummler ein. Sie alle sind in die Schweiz gekommen, um ein erstklassiges Spiel mit einer erstklassigen Besetzung zu sehen. Womöglich wollen sie die Sensation erleben, daß die deutsche Elf dem unbestrittenen Weltmeisterschafts-Favoriten eins auswischt.
Major Puskas gewinnt die Platzwahl. Wir stoßen an und starten in der ersten Minute einen mustergültigen Angriff. Ich setze Rechtsaußen Helmut Rahn ein, er läuft ein paar Schritte und riskiert aus 20–25 Metern einen Bombenschuß auf das Tor von Grosits. Knapp neben dem Pfosten geht der Ball ins Aus. Pech! Das hätte die Führung bedeuten können. Im Nu wird die Stimmung hoffnungsvoll, ein Teil der Zuschauer schaltet auf Begeisterung um.
Doch schon nach wenigen Minuten beginnt das Unheil. Czibor kommt durch, Kohlmeyer bremst ihn, aber das kostet eine Ecke. Rechtsaußen Toth schießt sie. Rückwärts laufend greift Kwiatkowski nach dem Ball, wird aber dabei durch den Kopf von Hans Bauer behindert und läßt das Leder aus den Händen fallen. Kocsis erwischt es und jagt einen unhaltbaren Linksschuß in unser Netz. So geschehen in der dritten Spielminute.
Die Schockwirkung ist enorm. Wird sich die Hintermannschaft wieder fangen? Wir müssen sie entlasten. Pfaff versucht einen Vorstoß. Er kommt nicht durch. Die Ungarn holen sich den Ball zurück und wirbeln mit ihm davon. Einstweilen hält un-

sere Betonmauer noch stand. Posipal läßt Puskas nicht aus den Augen. Eckel klebt an Mittelstürmer Hidegkuti, und Mebus beschattet den gefährlichen Kopfballspezialisten Kocsis. Werner Liebrich putzt den Strafraum aus.
Unsere gefährlichen Angriffe – es gibt in den ersten Minuten eine ganze Anzahl – werden über die Flügel vorgetragen. Eckel, der vor nichts Respekt hat, nimmt dem berühmten Puskas den Ball ab und paßt ihn zu Pfaff, der die Linie entlang rast, einen Verteidiger abschüttelt und schießt – Torhüter Grosits vor die Füße. Kurz darauf gebe ich den Ball weit hinaus zum linken Flügel. Wieder jagt Pfaff davon, dieses Mal trifft er auch ins Tor, aber leider aus einwandfreier Abseitsstellung. Ist es nicht zum Verzweifeln?
Nach etwa einer Viertelstunde führt uns Major Puskas ein Bilderbuchtor vor. Souverän umspielt er unsere Abwehr und knallt dann am herauslaufenden Kwiat vorbei unhaltbar zum 2:0 ein. Langsam wird's kritisch. Das ungarische Innentrio Puskas, Hidegkuti und Kocsis heizt unserer Verteidigung mächtig ein. Tore liegen in der Luft! In der 21. Minute schiebt Hidegkuti zu Puskas, dieser verlängert blitzschnell und zentimetergenau zu Kocsis – 3:0! – Wir spüren, wie uns die Felle schwimmen gehen. Rahn versucht nun auf Biegen und Brechen das Blatt zu wenden. Kein Erfolg! Aber der Boß gibt nicht auf. Wieder im Ballbesitz spielt er zum freistehenden Pfaff. Grosits erkennt die Gefahr und läuft heraus. Es nützt ihm nichts. Pfaff erspäht eine Gasse zwischen Torhüter und Pfosten, in die er vorsichtig und fast bedächtig den Ball schiebt. Unser Ehrentreffer!
Schiedsrichter Ling weist unmißverständlich zur Spielfeldmitte. Das sieht man gern – wenn es die andern angeht.
Wir bekommen wieder etwas Auftrieb. Pfaff ist ausgezeichnet in Form. Liegt die Initiative heute bei ihm? Vertrauensvoll passe ich ihm das Leder zu, aber diesmal verlassen ihn die Nerven. Die Fotografen neben dem Tor stieben unter seiner Bombe auseinander. Es bleibt beim 3:1! Langsam vergehen die Minuten bis zur Halbzeit. Kurz vor dem Abpfiff verpaßt uns Kocsis noch einen Schreckschuß. Sein Tor wird aber zum Glück wegen Abseits nicht anerkannt.
Wir atmen auf, als Mister Ling zur Pause pfeift. Es muß schon als Leistung angesehen werden, daß wir trotz vieler klarer

Chancen der Ungarn das 3:1 bis zum Schluß der ersten Spielhälfte halten können.
In der Pause machen wir uns nach besten Kräften selbst etwas vor:
»Es steht doch erst 3:1.«
»Daraus kann noch leicht ein Unentschieden werden.«
»So aussichtslos ist es doch gar nicht!«
Überzeugt aber ist niemand von dem, was er sich und den Kameraden einzureden sucht. Vor allem dem kreuzunglücklichen Kwiatkowski müssen wir zusprechen. Wie das Spiel bisher gelaufen ist, hätte es jeder andere Torwart genau so schwer gehabt, Treffer zu verhindern, Die Ungarn haben die Chancen so klar herausgespielt, daß oft zwei, drei Mann ungehindert vor Kwiat standen, von denen einer dann in Seelenruhe den Ball ins Netz jagte.
»Verlier bloß die Nerven nicht, Kwiat!«
Mich kann komischerweise heute nichts erschüttern. Ich fühle mich hundertprozentig fit und bemühe mich von Beginn der zweiten Halbzeit an unentwegt, Linie in das Spiel zu bringen.
Unser erster Angriff gleich nach dem Wiederanpfiff nützt nichts. Zwar nimmt Herrmann meinen Paß auf und schmettert den Ball mit unheimlicher Wucht auf das Ungarntor, aber Grosits hält.
In der 50. Minute wird die Lage hoffnungslos. Die Ungarn kombinieren ganz nach Belieben. Das Spiel scheint sie trotz der Hitze keine Anstrengungen zu kosten. Immer häufiger stehen unsere schwer geprüften Verteidiger und der bedauernswerte Kwiat im Brennpunkt ihrer Angriffsblitze. Prachtvoll wehrt der Tormann, schon am Boden liegend, eine Bombe von Czibor ab. Nachschuß von Kocsis. Bauer und Kohlmeyer funken dazwischen. Der Ball rollt zu Hidegkuti, der ihn aus über 20 Meter Entfernung flach in die lange Ecke drischt. 4:1 also!
Lohnt es sich noch, dieses Spiel mit letzter Kraft durchzustehen? Ich denke an unsere schwere Aufgabe im zweiten Spiel gegen die Türken, schon am kommenden Dienstag oder Mittwoch und halte mich von jetzt ab bewußt etwas zurück. Wenn ich in Ballbesitz komme, bemühe ich mich selbstverständlich nach wie vor, ein gutes Sturmspiel aufzuziehen. Ganz automatisch aber jagt man in einer solchen Situation dem Ball nicht mit

letzter Kraft entgegen, kämpft man nicht wie sonst um jeden Meter Boden.
Die Ungarn haben nicht mehr viel Mühe mit uns. Wie ein Unwetter brausen sie gegen das deutsche Tor. In der 55. Minute muß der arme Kwiat vollkommen machtlos zum fünftenmal das Leder aus dem Netz holen. Die Zuschauer pfeifen. Ein Unentschieden zu erzwingen – diese Möglichkeit ist jetzt gründlich verpaßt. An Sieg ist überhaupt nicht zu denken.
Verzweifelt wirft sich Werner Liebrich dem ungarischen Spielführer Puskas entgegen. Der Schiedsrichter pfeift – Freistoß gegen uns. Wenig später läßt sich Werner in seiner frechen, unerschrockenen Art in ein Dribbling von Puskas schliddern. Mit dem Oberkörper wirft er den Ungarn um, der das Pech hat, beim Sturz mit dem vollen Körpergewicht auf seinen umgeknickten Knöchel zu fallen. Liebrich hat Puskas, das muß ausdrücklich festgestellt werden, nicht durch einen regelwidrigen Schlag oder gar durch einen absichtlichen Tritt verletzt. Daß er die Folgen seines harten Remplers mehr als jeder andere bedauert, ist ganz selbstverständlich.
25 Minuten vor dem Schlußpfiff verläßt Major Puskas den Rasen. Trotzdem spielen jetzt nicht elf Deutsche gegen zehn Ungarn: Auch unser Läufer Paul Mebus humpelt mit schmerzverzerrtem Gesicht vom Platz. Sehneneinriß wird später festgestellt. Tapfer kommt er zwar noch einmal auf das Spielfeld zurück, muß sich aber mit einer Statistenrolle auf Rechtsaußen begnügen. Auch seine Verletzung wurde durch einen Zusammenprall verursacht. Niemand nimmt große Notiz davon ...
Soll ich die letzten Spielminuten schildern? Sie gehen ohnehin unter im gellenden Pfeifkonzert unseres Publikums. Als Kocsis gut zwanzig Minuten vor Schluß das sechste Tor für Ungarn schießt, beginnen die ersten Zuschauer abzuwandern. Schließlich ist eine Mannschaft, die so haushoch unterliegt, keine reine Augenweide. Mitleidlos ziehen die Ungarn auf 7:1 davon – Rechtsaußen Toth schießt ein.
Dieses Mißverständnis scheint Helmut Rahn aber doch zu happig. Er lockt Torhüter Grosits aus dem Kasten, umspielt ihn mit wundervollem Dribbling und hebt den Ball nach diesem hervorragenden Solo ins gegnerische Netz. 7:2 – das hört sich zwar schon besser, aber immer noch nicht gut an.

Die Ungarn führen den Anstoß aus, und schon steht es 8:2. So etwas geht schneller, als es sich erzählen läßt. Linksaußen Czibor gibt zu Kocsis, und der schießt, ehe jemand eingreifen kann, an Kwiat vorbei ins Netz. Vier von den acht Toren in diesem Unglücksspiel haben wir Kocsis zu verdanken!
Wenige Minuten später passe ich den Ball zu Herrmann. Richard rast, als hätten ihm Anstrengungen und grausame Hitze überhaupt nichts angehabt, seinen Bewachern davon, umspielt Torwart Grosits und schießt das dritte Tor. Jeder unserer drei »Ersatzleute« – Rahn, Pfaff, Herrmann – hat damit immerhin die beachtliche Leistung vollbracht, gegen die sagenhaft spielenden Weltmeisterschaftsfavoriten aus Budapest ein Tor zu erzielen.
Der Schiedsrichter pfeift ab. Auch Katastrophen nehmen ein Ende ...
Den größten Teil der anderthalb Stunden haben wir unter Mißfallenskundgebungen der enttäuschten deutschen Zuschauer gespielt. Für unsere ohnehin nicht ganz sattelfeste Elf kein ideales Begleitkonzert! Trotzdem wahren wir Haltung und bedanken uns sportlich korrekt bei den Ungarn für ihr faires und hervorragendes Spiel. Die deutschen Schlachtenbummler hingegen sind wie aus allen Wolken gefallen. Sie bringen kein Verständnis dafür auf, daß hier unten auf dem Rasen elf Männer ihr Möglichstes versuchten, um einer undankbaren Aufgabe gerecht zu werden. Als wir wie üblich nach beiden Seiten grüßen, deckt uns die Menge mit Schreien und Johlen ein. Mit einem schrillen Pfeifkonzert werden wir gnadenlos verabschiedet.
Werner Liebrich und ich gehen nicht gleich in unsere, sondern zuerst in die Kabine der Ungarn, um uns nach Puskas' Verletzung zu erkundigen. Sein Knöchel ist bös geschwollen, aber der ungarische Spielführer beißt die Zähne zusammen. Gestikulierend geben wir ihm zu verstehen, wie leid uns die Geschichte tut. Er schüttelt den Kopf und bestätigt, daß er Werner keine Absicht unterschiebt, daß er ihm nicht böse ist. Wir wünschen aufrichtig schnelle Genesung. Als Kapitän der deutschen Mannschaft gratuliere ich Puskas, da er ja zum Schluß nicht mehr dabei war, zu dem großartigen Spiel seiner Landsleute.
In der deutschen Kabine herrscht große Niedergeschlagenheit. Nicht so sehr darüber, daß wir verloren haben, sondern wie wir

untergegangen sind. Die Verabschiedung durch unsere Landsleute hat ein Übriges getan. Herberger aber denkt bereits an das zweite Türken-Spiel. Er unternimmt deshalb alles, um die Stimmung nicht zu trostlos werden zu lassen. Auch ich danke genau wie sonst jedem Spieler für seinen Einsatz und tröste vor allem Kwiatkowski:

»Heute hätte auch ein anderer nicht mehr tun können als du. Laß dir keine grauen Haare wachsen.« Ungeachtet der Niederlage gratuliere ich ihm zu seinem ersten Länderspiel.

Ziemlich schweigsam brausen und waschen wir uns. Wie ein Kloß sitzt jedem die Enttäuschung in der Kehle.

»Jetzt hört mal zu! Sie sollen sagen, schreiben, was sie wollen, sie sollen pfeifen – wir werden schon beweisen, daß wir noch da sind. Männer, laßt den Kopf nicht hängen! Laßt euch nicht unterkriegen! Jetzt erst recht! Habt ihr noch Luft genug zu einem Lied? Na also!«

Singend fahren wir zum Hotel Salinen, wo wir vor der Rückkehr nach Spiez zu Abend essen. Verloren oder gewonnen, wir bekommen unser Glas Bier. Einen guten Teil des Kummers spülen wir mit ihm hinunter.

Es ist ein Uhr nachts vorbei, als der Omnibus vor dem Belvédère bremst. Vorsorglich hat uns die Küche noch eine kalte Platte gerichtet. Deuser, der weiß, daß ich auch mitten in der Nacht die Unterwassermassage nicht auslasse, wartet schon auf mich.

Da werden Niederlagen leicht . . .

Gut durchgeknetet und verhältnismäßig frisch liege ich schließlich im Bett. Die hohe Niederlage hat mich nicht völlig aus der Fassung gebracht. Zum Teil mag es daran liegen, daß ich mich mitverantwortlich fühle, die Kameraden bei guter Stimmung zu halten. Ganz gegen meinen Willen klingt dennoch das Pfeifkonzert der Zuschauer in mir nach. Ist die Gunst des Publikums so wandelbar? Ist es nur der nackte Spiegel für eine gute oder weniger gute Leistung?

Mit Rührung denke ich an das erschütterndste Erlebnis meines an Höhen und Tiefen nicht armen Fußballerdaseins. Es liegt erst wenige Wochen zurück:

Wir Kaiserslauterer hatten im Endspiel um die Deutsche Fußballmeisterschaft gegen Hannover 96 haushoch verloren. Mit leeren Händen würden wir heimkehren in unsere Vaterstadt, die fest mit einem dritten Sieg des 1. FCK gerechnet hat. Der Empfang war schon längst vorbereitet, das wußten wir. Und nun kamen wir doch nicht als Sieger. Was tun? Alles abblasen?
»Nein, wir fahren durch die Stadt«, sagte ich, »auch wenn links und rechts an den Straßen niemand steht. Dann lernen wir wenigstens einmal unsere echten Freunde kennen. Die anderen, die nur schreien, wenn wir Deutscher Meister sind, die haben uns schon längst vergessen. Lassen wir es darauf ankommen!«
Trotzdem saßen wir mit ungemütlichem Gefühl im D-Zug, der uns von Hamburg nach Edenkoben brachte. Hier, wo wir 1953 mit der »Viktoria« offiziell und feierlich begrüßt wurden, interessierte sich kein Mensch für uns. Einsam und verlassen stiegen wir um in den Omnibus, der uns zum Sportheim Ludwigshöhe fuhr. In den letzten beiden Jahren warteten dort festlich gedeckte Tische auf uns. Kunterbunt saßen wir an diesem Abend im Bauernstüberl durcheinander. Jeder bestellte sich nach der Karte eine Kleinigkeit zu essen, um sie dann lust- und appetitlos hinunterzuwürgen. Langsam wurde uns doch schwummerig zumute. Was würden wir am nächsten Tag in unserer Vaterstadt erleben?
Vorsichtshalber tranken wir uns morgens mit zwei, drei Glas Sekt Mut an, bevor wir in den bereitgestellten Sondertriebwagen stiegen.
Die Ankunft in Kaiserslautern war unvorstellbar. Kopf an Kopf säumte eine riesige Menschenmenge die Straßen. Niemand war anscheinend daheimgeblieben. Begeisterte Anhänger warfen Blumen und Geschenke in unsere Autos. Mit allen Mitteln versuchten sie, uns über die Niederlage hinwegzuhelfen. Mir sind Tränen gekommen, auch die anderen haben vor Rührung geweint.
»Kopf hoch!« riefen die Lauterer.
»Macht euch nichts draus!«
»Nicht schlimm! Jetzt erst recht!«
»Nächstes Jahr schafft ihr's wieder!«
Schuldbewußt und fassungslos haben wir uns gegenseitig angeschaut. Einer hat wieder zu heulen angefangen, und die anderen

haben mitgeheult. Das würden wir unserer Vaterstadt nie vergessen! Auch der Schlußakt in der Fruchthalle, dem größten Festsaal von Kaiserslautern, war so erhebend, daß wir schnell über die Niederlage weggekommen sind.

An diese Treue einer Fußballerstadt muß ich denken, während ich hier in Spiez in meinem Zimmer liege und nicht einschlafen kann. Ich sage es immer wieder: Fußball wird nicht nur mit den Füßen gespielt. Es gehört auch Herz dazu. Das gilt für die Spieler und auch für die Zuschauer.

Pfeifend und singend schlendre ich am nächsten Morgen hinunter in den Frühstückssaal. Max Morlock, Ottmar und Hans Schäfer kapieren sofort, worauf ich hinaus will. So laut, daß es alle hören müssen, werfen wir uns gegenseitige Ermunterungen zu wie Bälle:

»Am Mittwoch sind wir wieder da!« sagt Ottmar.

»Hasche Mumm?« frage ich in reinstem Pfälzerisch den Max.

»Fritz, paß auf, wir machen einen dollen Wirbel!« antwortet er und spuckt sich in die Hände.

»Die Türken, die putzen wir weg!«

»Was wir uns vorgenommen haben, das schaffen wir auch.«

»Wir kommen bestimmt unter die letzten Acht.«

Herberger, der mit uns schon vormittags den Küchenzettel bespricht, erkundigt sich väterlich besorgt:

»Auf was habt ihr den heute Appetit? Rumpsteak oder Wiener Schnitzel?«

»Auf ungarisches Gulasch!« platzt Pfaff anzüglich heraus.

»Ja, ungarisches Gulasch!« stimmen wir in heller Begeisterung zu, »mit Spaghetti und Salat!«

Ungestört können wir am Montag und Dienstag, den Tagen zwischen dem ersten Ungarn- und dem zweiten Türken-Spiel, unseren Liebhabereien nachgehen. Der Besucherstrom vom vergangenen Wochenende ist wie mit dem Messer abgeschnitten. Kein Mensch kümmert sich um uns. Posipal kann seiner Leidenschaft, der Kartenschreiberei, nach Herzenslust frönen. Zwanzig auf einen Streich sind für ihn eine Kleinigkeit. Seine Privatangelegenheit, nicht wahr? Aber die Kartenempfänger freuen sich nur, wenn alle 22 unterschrieben haben. »Volle Deckung!« heißt es deshalb, wenn Jupp mit seinem Schreibzeug naht.

Eckel, Kohlmeyer und ein paar andere spielen Tischtennis. Einige fahren mit Booten auf den See hinaus. Toni und ich, wir älteren Jahrgänge, machen es uns in Liegestühlen bequem und schauen zu. Rahn, Ottmar und Liebrich knien, die Ärmel aufgekrempelt, am Rand eines Wasserbassins und fangen mit bloßer Hand Forellen. Erwischen sie eine, freuen sie sich diebisch. Natürlich werfen sie ihre Beute gleich wieder ins Wasser zurück. Rahn ist Spezialist in derlei Dingen. Ich erinnere mich noch gut, wie er 1951 in Istanbul vom Fenstersims unseres Hotelzimmers Tauben einfing, um sie zwischen Koffern und Schränken herumfliegen zu lassen.
»... wo mein Vater doch Brieftaubenzüchter ist!«
Bis zum Abendessen bleibt noch so viel Zeit, daß ich an Erich Retter schreiben kann. Er soll nicht glauben, daß wir ihn vergessen haben. »Du fehlst uns nicht nur als feste Stütze unserer Hintermannschaft, wir vermissen Dich auch als Mensch und Kamerad.« Als der Brief fertig ist, mache ich mit ihm die Runde und lasse alle unterschreiben. Es ist nicht das einzige Lebenszeichen, das der kurz vor der Weltmeisterschaft so unglücklich verletzte Nationalspieler von uns bekommt. Ich weiß, daß ihm der Bundestrainer bei jeder Gelegenheit Kartengrüße schickt. Wir vergessen weder Retter noch unseren alten Freund und Sportkameraden Erich Schanko, der in der Schweiz nicht mehr dabeisein kann.
Mit gemischten Gefühlen sehen wir in diesen Tagen der Post aus Deutschland entgegen. Pfaff und Herrmann bekommen aufs Frankfurt Zeitungen nachgeschickt, Jupp Posipal aus Hamburg. Wir tauschen sie aus und informieren uns über die Stimmung in der Heimat. Was denkt man von uns? Was erwartet man? Nach dem verlorenen Ungarn-Spiel macht man nur wenig Komplimente.
»Da, lesen Sie!« sagt Herberger und schiebt mir ein paar Briefe zu, die er soeben erhalten hat. »Hängen Sie sich doch auf!« steht in einem. »Höchste Zeit für Sie, zu verschwinden! Jede Mark, die noch für Sie bezahlt wird, ist glatt zum Fenster hinausgeworfen.« Die scharfen Linien um Herbergers Mund werden noch tiefer.
Wie befremdend, daß ausländische Blätter seine strategische Maßnahme sofort verstehen, während er von vielen seiner

Landsleute bitterböse angegriffen wird. Dabei hat sich der Bundestrainer die heftig kritisierte Mannschaftsbesetzung im 8:3-Ungarnspiel tausendfach überlegt!
Ein paar Journalisten, die zu uns ins Hotel kommen, bringen eine Neuigkeit: Die Ungarn haben erklärt, daß ihnen ihr Sieg über die deutsche »B-Mannschaft« keine Freude macht.
»Sie können ja im Finale noch mal gegen uns spielen!« schlage ich in einer harmlosen Anwandlung von Größenwahn vor.
Zu den Leuten, die uns trösten wollen, zählt ein Freund Max Morlocks, der mit einem Bekannten in der nächstgelegenen Ortschaft, Faulensee, wohnt. Oft erscheinen die beiden bei uns und schauen beim Training zu. Sie haben zwanzig Flaschen echtes Kulmbacher Bier mitgebracht. Immer wieder bieten sie uns davon an. Als gewissenhafte Sportler widerstehen wir der Versuchung und lehnen ab. Aber wir haben nichts dagegen, daß noch siebzig Flaschen nachbestellt werden.
»Wenn ihr ausgeschieden seid, dann machen wir einen drauf!«

DAS ZWEITE TÜRKEN-SPIEL

In der Spielersitzung wird erst recht deutlich, ein wie starkes und wesentliches Handicap die Verletzung Kohlmeyers für uns ist. Das Foul von Werner Liebrich an Puskas steht so sehr im Vordergrund aller Diskussionen, daß von unseren Ausfällen kaum geredet wird. Kohlis große Zehe, die das volle Gewicht eines Ungarn aushalten mußte, ist dick angeschwollen. Sie schillert blau und hat sich entzündet. Dr. Loogen gibt Kohli eine Spritze, entfernt den Nagel teilweise und holt das geronnene Blut heraus. Trotzdem ist nicht daran zu denken, daß Kohlmeyer in unserem dritten Spiel eingesetzt werden kann. Dafür läßt Herberger die Verteidiger Laband und Bauer zum Zug kommen. Ein Glück, daß Mai mit seiner robusten Natur sich von dem Fieberanfall so weit erholt hat, daß der Chef ihn wieder verwenden kann. Der Sturm wird, weil er sich ja sehr gut bewährt hat, in derselben Aufstellung wie beim ersten Türken-Spiel antreten.

Um die dreistündige Fahrt nach Zürich am Spieltag selbst zu ersparen, reisen wir bereits am Dienstagabend an. Sieben Kilometer von Zürich entfernt übernachten wir in einem ruhigen, kleinen Hotel. Am anderen Morgen sind wir froh, richtig ausgeschlafen zu haben. Alle Mann hoch fahren wir zwischen Frühstück und Mittagessen in die Stadt und schauen uns den Platz an, auf dem wir nachmittags spielen werden. Wir probieren, welche Klötzchen sich am besten für den Rasen eignen. So können wir uns, wenn wir verlieren, nicht gegenseitig die Schuld »in die Schuhe« schieben. Platz und Rasen sind so ver lockend, daß wir uns gleich ein bißchen warmlaufen.
Mit prächtigem Appetit fallen wir mittags über unser Hähnchen her. Das Essen ist aber auch das einzige, was wir noch gern in Kauf nehmen. Auf die Bettruhe würden wir am liebsten verzichten, so sehr fiebern wir dem Spiel entgegen.
Wie eingesperrte Raubtiere rennen wir in der Kabine hin und her. Wir können uns nicht einmal umziehen. Wie beim ersten Türken-Spiel muß zuvor wegen der gleichfarbenen Trikots gelost werden. Die Türken – abergläubisch wie fast jede Fußballmannschaft – bitten jedoch in letzter Minute, wir sollen sie dieses Mal in ihrem vertrauten Dreß spielen lassen. Auf meinen Rat hin verzichten wir auf die Auslosung und nehmen statt der weißen heute grüne Trikots.
»Wenn wir gewinnen sollen, gewinnen wir auch so.« Wir sind voll gesundem Optimismus und fest davon überzeugt, daß wir es schaffen werden.
»Aufpassen!« schärfen wir noch schnell der Hintermannschaft ein.
»Geht doch ihr mal richtig los und schießt gleich ein Tor, so wie es die Türken auch gemacht haben!« geben unsere Verteidiger kontra.
»An uns soll's nicht liegen. Wir machen die Tore gern!«
Bei der Begrüßungszeremonie auf dem Platz passiert ein kleines Malheur. Der türkische Spielführer – dieses Mal nicht Turgay, sondern der Halblinke Lefter – überreicht mir den Wimpel seiner Mannschaft. Ich aber stehe mit leeren Händen da. Peinlich! Wir haben gedacht, daß sich der Wimpelaustausch bei einem Wiederholungsspiel erübrigt.
Lefter winkt ab, es ist nicht so schlimm!

Der türkische Verbandstrainer Sandro Puppo hat seine Mannschaft gegenüber dem ersten Spiel auf drei Posten umgestellt. Am überraschendsten ist für uns, daß Wildkatze Turgay, der man die vier Treffer von Bern anscheinend zu streng angekreidet hat, durch Ersoy Sükrü ersetzt wird.
Drückende Schwüle liegt über dem Züricher Hardturm-Stadion. Der französische Schiedsrichter Vincenti bittet zur Seitenwahl. Ich gewinne sie, und Monsieur Vincenti pfeift an. Die nächsten 90 Minuten werden darüber entscheiden, ob uns der Sprung ins Viertelfinale, also unter die letzten Acht, gelingt. Wir sind zuversichtlich vom ersten Augenblick an.
Die Türken haben Anstoß und stürmen sofort in unsere Hälfte. Toni Turek klärt ein paarmal die zwar bedrohliche, aber nicht lebensgefährliche Situation. Kritisch wird es nur bei einem Eckball, den Mustafa Gott sei dank neben den Pfosten köpft.
Nach dieser Ecke legen wir uns mächtig ins Zeug. Tonis kraftvoller und haargenau auf den Mann gezielter Anstoß kommt zu unserem Linksaußen Hannes Schäfer. Der fegt los, schüttelt einen Bewacher ab und peilt den türkischen Strafraum an. Alarm für Sükrü! Schäfers Flanke ist bereits unterwegs. Ottmar startet, bekommt sie goldrichtig auf den rechten Fuß und knallt den Ball volley in den türkischen Kasten. Da stehst du machtlos vis-à-vis, lieber Sükrü! Ottmar hat so viel Schwung, daß er hinter dem Leder ins Tor saust und sich im Netz verfängt. Maxl, Berni, Hannes und ich eilen auf ihn zu und fallen ihm um den Hals. Von hinten winken unsere Verteidiger und Toni Anerkennung. Wir signalisieren zurück: Euer Wunsch war uns Befehl! Das beruhigende Führungstor – hier ist es! Die Stadionuhr zeigt sieben Minuten Spielzeit an.
Ottmar fühlt sich offenbar Hannes Schäfer für das präzise Zuspiel verpflichtet, das ihm das erste Tor ermöglicht hat. Wenige Minuten später bedient er seinerseits den Kölner mit einer wunderschönen Vorlage. Schäfer ist nicht zu halten. Im Sprintertempo jagt er auf Sükrü zu und setzt den Ball wohlüberlegt dicht neben dem Pfosten ins Netz. Der Türkentormann wirft sich vergeblich. 2:0!
Schäfer ist heute in Bombenform. Er stellt uns alle in den Schatten. Allein durch ihn könnte es schon in der ersten Viertelstunde 3:0 oder 4:0 heißen, hätten wir nur ein bißchen mehr Glück.

Einen Bombenschuß jagt Hannes an den linken Pfosten, zwei, drei haarscharf vorbei. Zweifellos ist unser Sturm schwer auf Draht. Beglückt spüren wir, daß eigentlich nicht viel schiefgehen kann. Aber man soll den Tag nicht vor dem Abend loben. Ein Abseitstor der Türken, das Schiedsrichter Vincenti mit Recht nicht anerkennt, beweist, daß die Männer vom Bosporus noch da sind. Wegen der Unsicherheit unserer Hintermannschaft sind ihre energischen Vorstöße immer gefährlich. Jupp Posipal, der gesundheitlich doch noch nicht ganz auf der Höhe ist, fällt die Bewachung von Mittelstürmer Necmettin sehr schwer. Auch Laband und der junge Münchener Bauer kommen anfangs langsam in Fahrt.
Es darf uns dann auch nicht wundern, daß in der 23. Minute das erste türkische Gegentor fällt. Einer der Männer mit dem weißen Halbmond im roten Bruststreifen gibt eine Flanke in unseren Strafraum. Mustafa, der stämmige, schwarzhaarige Bursche, springt hoch und bugsiert den Ball mit dem Schädel ins rechte Toreck. Toni erreicht ihn zwar noch mit den Fingerspitzen, kann aber das Übel nicht mehr abwenden. Es steht 2:1, und die Türken können wieder Mut schöpfen.
Hoffentlich wird jetzt der Toni nicht nervös! Da hilft nur eines: mit doppelter Energie stürmen wir nach vorn, um unsere Hintermannschaft zu entlasten. Ich passe den Ball zu Ottmar, der gibt weiter zu Morlock. Mit hartem Schuß sichert uns Max das vorentscheidende dritte Tor. 3:1!
Doch die Mannschaft vom Bosporus gibt sich noch nicht geschlagen. Immer wieder geht sie zu Gegenangriffen über. Um ein Haar schießt Spielführer Kücük Lefter ein zweites Tor für die Türkei. Turek ist schon geschlagen, Laband aber steht genau da, wo's brennt: auf der Torlinie wendet er das Unglück ab. Es bleibt bei unserem 3:1-Vorsprung. Beruhigt gehen wir nach dem Halbzeitpfiff in die Kabine.
Mit einem Bein sind wir schon im Viertelfinale!

Der türkische Halbmond geht unter

Voll Zuversicht und Tatendrang treten wir nach der Pause an. Das Spiel wogt hin und her, ohne daß Entscheidendes geschieht. Zehn Minuten sind vergangen, da erfüllt sich das Schicksal des türkischen Mittelläufers Zeybek Cetin. Seine Kniebandage war uns schon von Anfang an aufgefallen. Zu Beginn der zweiten Halbzeit stand er nur mehr als Statist auf Rechtsaußen. Nach einem harmlosen Zusammenprall mit unserem Verteidiger Hans Bauer muß er jetzt endgültig aufgeben. Einige von uns sehen Tränen in seinen Augen, als er das Spielfeld verläßt. Hat ihn Trainer Puppo zu früh eingesetzt? Gab es keinen gleichwertigen Ersatz für Cetin?

Es ist uns gar nicht recht, daß der Gegner jetzt einen Spieler weniger hat. Ohne Überheblichkeit kann ich behaupten: An diesem Tag wären wir auch mit elf voll einsatzfähigen Türken fertig geworden.

In der 60. Minute erkämpfe ich mir kurz vor der Eckfahne in hartem Zweikampf den Ball und schüttle einen Verteidiger ab. Maxl, wo bleibst du? Da ist er schon! Im rechten Augenblick erscheint er am rechten Platz. Ich schiebe ihm das Leder zu. Beim Max ist es in guten Händen- will sagen »guten Füßen«. Es steht 4:1.

Einige Zeit später bin ich endlich auch mal dran. Ottmar und Hans Schäfer spielen ein glanzvolles Duett. Drei- oder viermal passen sie sich den Ball zu.

»Ottes!« rufe ich. Da kommt das Leder schon. Schuß – sitzt! Wir führen 5:1!

Die Kameraden stürzen auf mich zu. Sogar Toni Turek läßt seinen Kasten im Stich und kommt bis zur Spielfeldmitte, um mich zu umarmen. Eine Traube von Spielern hängt an mir. Was ist denn bloß los? Die tun ja so begeistert, als hätte eine blinde Henne auch mal ein Korn gefunden. Das hat man davon, wenn man nicht Max Morlock heißt! Wie sagt man doch: Kein Länderspiel ohne Morlock-Tor . . .

Toni Turek muß für seine spontane Gratulationscour in die Spielfeldmitte später einen gelinden Rüffler von Herberger einstecken:

»So geht das natürlich nicht, lieber Toni! Ihre Freude in Ehren, aber in Zukunft bleiben Sie doch lieber da, wo Sie hingehören.«

Die Türken lassen nach unserem fünften Tor deutlich nach. Ihr anfänglich so kombinationsreiches, schnelles Spiel ist jetzt verzweifelt hart. Schäfer wird gefoult und krümmt sich am Boden.

Ich stolpere über das gestreckte Bein von Naci Mehmet. Er entschuldigt sich sofort. Verständlich, daß einer in diesem Spiel um Sein oder Nichtsein die Nerven verliert.
Auch Max Morlock wird gelegt. Es trifft sich glänzend, daß unter seinen urbayerischen Flüchen einer ist, der »Kruzitürken« heißt.
Schäfer kommt mit einem Verband am Schienbein auf den Platz zurück. Noch ist etwa eine Viertelstunde zu spielen. Da haben wir wieder eine Chance. Berni Klodt läßt zwei, drei Türken stehen, nach grandiosem Alleingang taucht er wenige Meter vor dem lauernden Sükrü auf. Jetzt hat er ein Tor verdient. Ich sehe, wie er zum Schuß ansetzt. Nein, der gute Berni schießt nicht! Obwohl er völlig frei steht, paßt er weiter zu Ottmar. Der aber hat schon zum Torgebrüll angesetzt und muß erst eine Schrecksekunde überwinden, als er den Ball so unerwartet auf sich zukommen sieht. Prompt verfehlt er ihn, die Türken schlagen das Leder aus dem Strafraum. Ich kann es aufnehmen und sofort zu dem immer bereitstehenden Max Morlock weiterleiten. Max denkt noch einmal »Kruzitürken« und schießt ohne Federlesen sein drittes Tor in diesem Spiel. 6:1! Das halbe Dutzend ist voll.
In etwa zehn Minuten wird Monsieur Vincenti das Spiel abpfeifen. Verlieren können wir nun nicht mehr, aber ein, zwei Törchen würden uns nach dem Schreck vom Ungarn-Spiel ganz gut tun. Ich bekomme den Ball von Klodt. Einen Türken lasse ich ins Leere laufen, kurze Körpertäuschung – der zweite bleibt auch zurück. Jetzt will mich der dritte aufhalten. Zu spät! Schäfer wartet auf meine Vorlage. Er hat heute schon manches Bravourstück gezeigt und enttäuscht uns auch jetzt nicht. Tor Nr. 7 ist fällig. 7:1.
Postwendend antworten die Türken. Lefter, der mit zu ihren Besten gehört, schaltet geschickt unsere Abwehr aus und erzielt einen zweiten Treffer für seine Mannschaft. Toni sieht den Ball nicht kommen, die eigenen Verteidiger nehmen ihm die Sicht. Spielstand: 7:2!
Völlig niedergeschlagen verlassen die Gegner nach dem Schlußpfiff des Unparteiischen das Spielfeld. Die 17 000 Zuschauer – mehr wollten uns nach dem deprimierenden Ungarn-Spiel nicht sehen – sind voll und ganz zufrieden. Ihr Begeisterungsjubel klingt uns bis in die Kabine nach.

Hier werden wir von den Kameraden, die nicht mitgespielt haben, stürmisch beglückwünscht. Auch dem Chef leuchtet die Freude aus den Augen.
Jetzt stehen wir mit beiden Beinen im Viertelfinale!
Auf dem Weg von der Umkleidekabine zu unserem supermodernen Omnibus, der überall Aufsehen erregt, treffe ich kurz meine Frau. Sie ist mit Bekannten aus Freiburg gekommen, um sich das Spiel anzusehen. Während wir miteinander reden, fährt der Bus mit den türkischen Spielern langsam an uns vorbei. Wir sehen, wie niedergeschlagen sie sind, und können ihre Enttäuschung gut verstehen. Wie war uns nach dem 8:3-Ungarn-Spiel zumute! Um wieviel härter muß die heutige Niederlage für die Türken sein, die ihr Bestes gegeben haben und trotzdem aus dem Weltmeisterschaftsturnier unwiderruflich ausgeschieden sind. Um sie ein wenig zu trösten, winke ich ihnen mit verschränkten Händen zu. »Seid nicht traurig!« heißt das. »Nehmt es nicht so tragisch! Im Fußball ist es nun mal so.« Da huscht über einige der verbitterten Gesichter ein Lächeln, und kameradschaftlich winken die Türken zurück.
»Na, ihr Massler!« höre ich plötzlich jemand sagen. Den Ausdruck kenn' ich doch! Vor uns steht Karl Adam, der frühere Torwart des 1. FC Kaiserslautern, der dreimal in der Nationalelf gespielt und keinen Treffer zugelassen hat. Er ist privat in der Schweiz und gratuliert herzlich zu unserem Erfolg.
Wir unterbrechen die Omnibusfahrt von Zürich nach Spiez in Rothrist und essen in aller Ruhe zu Abend. Ein Glas Bier für jeden versteht sich jetzt schon von selbst. Als wir gegen ein Uhr nachts im Belvédère ankommen, haben manche bereits wieder Hunger und sprechen herzhaft der kalten Platte zu, die wie üblich für uns gerichtet ist. Die meisten fallen todmüde gleich ins Bett.
Nur in Herbergers Zimmer ist noch was los. Horst Eckel und Hans Schäfer, die nebenan wohnen, hören deutlich, daß gesprochen wird. Einstweilen achten sie nicht weiter darauf. Erst als sie in den Betten liegen und es still wird im dritten Stock des Belvédère, werden sie auf das ungewöhnliche Treiben aufmerksam. Wie neugierige Schulbuben schleichen sie an die Verbindungstür und halten abwechselnd ihr Ohr ans Schlüsselloch. Da hören sie, daß Kurt Müller vom DFB, der ein paar Tage mit

Herberger das Zimmer geteilt hat, mit dem Chef spricht. Er ist inzwischen umgezogen, hat aber den gemeinsamen Schrank noch nicht ganz geräumt. Mitten in der Nacht will er sich ein paar Sachen holen.

»Verzeihen Sie, wenn ich noch mal störe«, sagt Müller, »ich hol' nur meinen Schlafanzug.«

»Bitte!« entgegnet höflich der Chef.

Nach zwei Minuten klopft Müller erneut.

»Zahnpasta und Zahnbürste müssen auch noch hier liegen.«

»Bitte!« entgegnet der Chef.

Nach zwei Minuten ist Müller wieder da.

»Meinen Mantel hab' ich noch vergessen!«

Herberger, nun zum vierten-, fünften- oder sechstenmal – Hans und Horst haben ja nur den Schluß der Komödie mitbekommen – aus seinen Einschlafversuchen gerissen, platzt langsam der Kragen.

»Den Mantel brauchen Sie auch noch zum Schlafen? Wie wär's denn, wenn Sie endlich den ganzen Schrank mitnähmen, ich kann ihn heute nacht leicht entbehren.«

Da ist es um Hänschen Schäfers Selbstbeherrschung geschehen. Er prustet los. Damit nicht das ganze Hotel aufwacht, wirft er sich auf das Bett und beißt, um sein Lachen zu ersticken, in die Kissen. Der Lachkrampf aber schüttelt ihn dermaßen, daß er zum guten Schluß mit dumpfem Gepolter auf den Boden fällt.

Herberger, in dessen Zimmer nun endlich Ruhe eingekehrt ist, fährt erschrocken hoch, klopft und fragt besorgt:

»Was ist denn los bei euch?«

Wie ertappte Sünder gestehen Horst und Hans, daß sie gelauscht haben und Zeuge des ganzen Theaters geworden sind. Zum Abschluß lachen sie zu dritt und fallen dann endlich in den Schlaf des Gerechten.

Wie nach den beiden ersten Spielen hab' ich mir den Umweg über Deusers Unterwassermassage nicht gespart. Sie hat mir gutgetan, und schon am frühen Morgen bin ich wohl ausgeruht zu der üblichen Pedalofahrt unten am See.

Müdigkeit? Erschöpfung? Keiner läßt sie aufkommen. Keiner spürt sie aber auch, denn das große Erlebnis der Weltmeisterschaft hält uns so in Atem, daß wir nur nach vorn und keinen Moment zurückblicken. Diese Einstellung allein erklärt die unbegreifliche Steigerung, die uns von Spiel zu Spiel vorwärtsreißt.

Wie sieht es bei den andern aus?

Mit uns stehen im Viertelfinale: Brasilien, Jugoslawien, Ungarn, Uruguay, Österreich, England, Schweiz. In mehr oder weniger heftigen Auseinandersetzungen haben sie sich qualifiziert. Wer ist auf der Strecke geblieben?

GRUPPE I:
16. Juni in Genf: Brasilien – Mexiko 5:0 (4:0). Das Ergebnis ist keine Überraschung. Die gesetzten Brasilianer siegen überlegen.
16. Juni in Lausanne: Frankreich – Jugoslawien 0:1 (0:1). Eine kleine Sensation. Der erste Gesetzte verliert gegen einen Nichtgesetzten.
19. Juni in Lausanne: Brasilien – Jugoslawien 1:1 nach Verlängerung (0:0). Ein erbittertes Ringen, das beiden Kontrahenten den dritten Pluspunkt bringt. Trotz des Unentschiedens gibt es einen Verlierer – Frankreich!
19. Juni in Genf: Frankreich – Mexiko 3:2 (1:0). Zwei hart erkämpfte Punkte für die gesetzten Franzosen, aber sie nützen nichts mehr. Das Unentschieden von Lausanne brachte den Todesstoß

	Spiele	gewonnen	unentschieden	verloren	Tore	Punkte
1. Brasilien	2	1	1	–	6:1	3:1
2. Jugoslawien	2	1	1	–	2:1	3:1
3. Frankreich	2	1	–	1	3:3	2:2
4. Mexiko	2	–	–	2	2:8	0:4

GRUPPE II:
17. Juni in Bern: Deutschland – Türkei 4:1 (1:1). Die Türken, die nicht gesetzt sind, aber die Rechte einer gesetzten Mannschaft genießen, unterliegen nach hartem Kampf.
17. Juni in Zürich: Ungarn – Südkorea 9:0 (4:0). Weltmeisterschaftsfavorit gegen tapferen Fußball-Abc-Schützen.

20. Juni in Basel: Ungarn – Deutschland 8:3 (3:1). Herbergers umgestellte Elf kann das erhoffte Unentschieden nicht erzwingen.
20. Juni in Genf: Türkei – Südkorea 7:0 (4:0). Zwei todsichere Punkte für die Türken, die damit, wie erwartet, punktegleich mit Deutschland werden.

	Spiele	gewonnen	unentschieden	verloren	Tore	Punkte
1. Ungarn	2	2	–	–	17:3	4:0
2. Türkei	2	1	–	1	8:4	2:2
3. Deutschland	2	1	–	1	7:9	2:2
4. Südkorea	2	–	–	2	0:16	0:4

Im Entscheidungsspiel Deutschland – Türkei, das notwendig ist, weil das Torverhältnis keine Rolle spielt, qualifiziert sich Deutschland mit 7:2 (3:1) für den Eintritt ins Viertelfinale.

GRUPPE III:
16. Juni in Bern: Uruguay – Tschechoslowakei 2:0 (0:0). Die Südamerikaner, Weltmeister von 1930 und 1950, spielen nicht so gut, wie man es ihrem Nimbus nach erwartet.
16. Juni in Zürich: Österreich – Schottland 1:0 (1:0). Die gesetzten Österreicher müssen sich anstrengen, um das knappe Resultat zu halten.
19. Juni in Zürich: Österreich – Tschechoslowakei 5:0 (4:0). Mit so eindeutigem Ergebnis erkämpfen sich die Wiener zwei weitere und entscheidende Punkte.
19. Juni in Basel: Uruguay – Schottland 7:0 (2:0). In diesem Match haben die Schotten nichts zu bestellen; die Urus lassen den enttäuschenden Eindruck ihres ersten Spiels wieder vergessen.

	Spiele	gewonnen	unentschieden	verloren	Tore	Punkte
1. Uruguay	2	2	–	–	9:0	4:0
2. Österreich	2	2	–	–	6:0	4:0
3. Tschechosl.	2	–	–	2	0:7	0:4
4. Schottland	2	–	–	2	0:8	0:4

GRUPPE IV:

17. Juni in Basel: England – Belgien 4:4 nach Verlängerung (2:1). Eine von Kennern einkalkulierte Möglichkeit: das gesetzte England spielt gegen Belgien nur unentschieden.

17. Juni in Lausanne: Italien – Schweiz 1:2 (1:1). Wieder verliert ein Gesetzter gegen einen Nichtgesetzten. Die Schweiz beweist erneut, daß sie da ist, wenn es darauf ankommt.

20. Juni in Bern: England – Schweiz 2:0 (1:0). Vor 50000 Zuschauern verlieren die Schweizer, haben aber – wie Deutschland in der Gruppe II – trotzdem noch eine Möglichkeit, weiterzukommen.

20. Juni in Lugano: Italien – Belgien 4:1 (1:0). Durch diesen Sieg werden die Italiener mit der Schweiz punktegleich.

	Spiele	gewonnen	unentschieden	verloren	Tore	Punkte
1. England	2	1	1	–	6:4	3:1
2. Italien	2	1	–	1	5:3	2:2
3. Schweiz	2	1	–	1	2:3	2:2
4. Belgien	2	–	1	1	5:8	1:3

Im Entscheidungsspiel Italien – Schweiz 1:4 (0:1) qualifiziert sich das Gastgeberland der V. Fußball-Weltmeisterschaft für das Viertelfinale.

Unsere Weisheit über den Verlauf der einzelnen Begegnungen beziehen wir über den Sportfunk und aus Zeitungen. In natura haben wir noch kein einziges Spiel gesehen. Herberger vertritt nämlich den Standpunkt, daß die mit einem Spielbesuch verbundenen Omnisbusfahrten unserer guten Form nicht zuträglich sind. Vielleicht hat er, der erfahrene und gewitzte Psychologe, auch noch andere Gründe. Wir kümmern uns nicht groß darum und verzichten, wenn auch schweren Herzens, darauf, die Urus, die Brasilianer oder eine andere Mannschaft von Weltklasse spielen zu sehen.

JUGOSLAWIEN ODER WIR

»Wir nehmen es, wie's kommt!« sagt der immer realistische Ottmar und zieht aus dem allgemeinen Rätselraten um unseren nächsten Gegner den einzig vernünftigen Schluß. Schon lange vor dem zweiten Türken-Spiel, das uns den Eintritt ins Viertelfinale sichert, wissen wir, daß nur zwei Mannschaften als Gegner zur Debatte stehen: Brasilien oder Jugoslawien. Nach den Austragungsbestimmungen wird das Los darüber entscheiden. Seltsamerweise sind Herberger, viele Presseleute und Schlachtenbummler der Ansicht, daß wir mit den Brasilianern leichter fertig würden als mit den Jugoslawen. Als die beiden am 19. Juni in Lausanne gegeneinander spielten, trennten sie sich zwar trotz Verlängerung 1:1, die Jugoslawen aber lieferten eine so überzeugende Partie, daß sie für gefährlicher eingeschätzt werden. Die Südamerikaner gelten als hervorragende Einzelkönner, werden taktisch und mannschaftlich aber nicht für unschlagbar angesehen.

Das Los macht dem Rätselraten ein Ende. Es teilt die Brasilianer den Ungarn zu, die Jugoslawen bleiben uns vorbehalten.

»Wir nehmen es, wie's kommt!« Laut Ottmars Devise schalten wir alle auf Zuversicht. Schließlich haben wir die Jugoslawen am 21. Dezember 1952 in Ludwigshafen schon einmal 3:2 geschlagen. Allerdings war damals der Boden morastig, und das ausgezeichnete, flache Kombinationsspiel der Jugoslawen kam in Pfützen und im Schlamm nicht richtig zur Entfaltung. Wir bevorzugen zwar auch den Flachpaß, konnten uns aber doch leichter auf halbhohes Spiel umstellen. Natürlich ist es grundfalsch, den Gegner von damals mit der jugoslawischen Elf von heute zu vergleichen. Sie ist viel stärker geworden. Ihr Star, der weltbekannte Außenläufer Cajkowski, soll – nach seiner Meinung zur Weltmeisterschaft befragt – erklärt haben:

»Wir werden Weltmeister! Wenn es sein muß, schlagen wir in unserer Gruppe Frankreich zweimal und nehmen dann im Viertelfinale Revanche an Deutschland für die 2:3-Niederlage von Ludwigshafen. Bange machen gilt nicht! Wir fassen es im Gegenteil als Kompliment auf, daß Cajkowski uns offensichtlich zutraut, unter die letzten acht zu kommen.

Der erste Teil seiner Vorhersage ist bereits eingetroffen: die Franzosen haben ihre Niederlage weg. Das Spiel Jugoslawien gegen Frankreich am 16. Juni wurde über den Schweizer Fernsehfunk übertragen. Wir hätten es gern gesehen. Aber wo? Der nächste Fernsehapparat stand in einem kleinen Radiogeschäft, das bei einer Invasion von 22 Mann aus den Fugen gegangen wäre. Erst in letzter Minute hat unser Hotelchef Werner Liebrich und mich im Auto hingefahren, und wir konnten die erste Halbzeit auf dem Bildschirm miterleben. Auf die zweiten 45 Minuten mußten wir leider verzichten, da wir um sieben Uhr zum Abendessen wieder zurück sein wollten.
Unser Training am Donnerstag und Freitag stellen wir ganz auf das Jugoslawien-Spiel ein, das am Sonntag, dem 27. Juni 1954, im Stadion Charmilles von Genf stattfinden und mehr von uns verlangen wird als die bisherigen Auseinandersetzungen. Dafür verspricht es aber auch höheren Gewinn: Der Sieger kommt unter die letzten Vier. Wir arbeiten hart, um unsere gute Kondition zu halten und, wenn möglich, noch zu steigern.
»Ein schwieriger Fall!« stöhnt Dr. Xandry, der Geschäftsführer des DFB. Zwei Tage lang legt er den Telefonhörer nicht mehr aus der Hand. Verzweifelt versucht er, in den Hotels von Genf und Umgebung Zimmer für uns zu bestellen. Eine aussichtslose Angelegenheit! In Genf tagen die Herren Außenminister, und sie sind sich noch nicht einmal über den Austragungsmodus ihres Turniers einig. Sie und ihr vielköpfiger Anhang, zahllose Journalisten und politische Schlachtenbummler füllen die Hotels bis unter die Dächer. In letzter Minute treibt Dr. Xandry dann doch noch ein Quartier für uns auf, in dem wir von Samstag auf Sonntag übernachten können. Es heißt »Château de Dully« und liegt zwanzig Kilometer von Genf entfernt.
Uns soll's recht sein. Im Notfall schlafen wir auch in einem Schloß.
Auf dem Weg nach Genf haben wir zum erstenmal Gelegenheit, als Zuschauer ein Spiel der Weltmeisterschaft mitzuerleben. In Lausanne kämpft am Samstag Österreich gegen die Schweiz um den Eintritt ins Halbfinale. Wir bekommen gute Tribünenplätze und warten voll Spannung auf die 22 Akteure, von denen wir jeden einzelnen gut kennen. Ein interessanteres Spiel hätten wir uns nicht wünschen können. In dramatischer

Folge fallen in 90 Minuten zwölf Tore. Unter unbeschreiblichem Jubel des einheimischen Publikums zieht die Schweiz auf 3:0 davon. In der 16. Minute glückt Ballamann das 1:0. Eine Minute später heißt es durch Mittelstürmer Hügi 2:0. Zwei Minuten später schießt er das dritte Tor. Es ist unglaublich! Uns reißt es von den Sitzen. So was haben wir noch nicht gesehen.
»Unterschätzt die Schweiz nicht!« hat Herberger immer wieder gemahnt. »Wenn es darauf ankommt, ist sie todsicher da. Bei der letzten Weltmeisterschaft hat sie dem haushohen Favoriten, dem Gastgeber Brasilien, ein 2:2 abgerungen, und jetzt – in vertrauter Umgebung – wird sie wieder mitzureden haben.«
Sagt die sensationelle 3:0-Führung in der 19. Minute nicht alles? Es sieht so aus, als sollten die Österreicher im Sturmwirbel der Eidgenossen kläglich untergehen.
Doch was ist los? Werden die Schweizer durch ihren unglaublichen Vorsprung leichtsinnig? Saugt ihnen die glühende Hitze die Kraft aus den Knochen? In drei, vier Minuten folgt der Sensation eine neue Sensation: Österreich holt auf! 3:1! Eine Minute danach 3:2! Zwei Minuten später 3:3! Ein Tor jagt das andere. Es ist unfaßbar. Die Zuschauer toben. Das Stadion gleicht einem Hexenkessel. Wir stoßen uns gegenseitig die Ellbogen in die Rippen.
»Mensch, Friedrich, was sagst du dazu?« brüllt der Boß. »So was gibt es doch gar nicht!«
Max Morlock schüttelt den Kopf. »Da legst die nieder!« sagt er. Das spricht bei ihm Bände. Dabei hat das dramatische Spiel noch lange nicht seinen Höhepunkt erreicht. Die Österreicher gehen in Führung – 4:3! Sie bauen ihre Führung aus – 5:3! Kann man endlich einmal Atem holen? Keine Spur! Der Nervenkitzel geht weiter. Die Schweizer kommen wieder an die Wiener heran – 5:4! Und jetzt – auch das noch! – kurz vor der Halbzeit ein Elfmeter für die Österreicher. Sitz er? Sitzt er nicht? Er sitzt nicht! Körner Robert verschießt ihn.
Der schottische Schiedsrichter pfeift zur Pause. Die 22 Spieler verschwinden in den Kabinen. Wir schauen uns verdutzt an. Schüsse aus zwanzig Metern, ins linke Lattenkreuz, ins rechte! Flache Blitze in die Ecken. Ein Schützenfest mit lauter Meistern. Die Stürmer können zufrieden sein. Was aber sagen die Hintermannschaften?

Trotz tropischer Hitze geht das Duell nach der Pause mit demselben Elan weiter. Die Österreicher ziehen auf 6:4 davon. Immer noch geben sich die Schweizer nicht geschlagen. Hügi schießt das Anschlußtor – 6:5! Alles ist wieder drin in diesem Spiel. Dann aber macht sich doch bemerkbar, daß die Eidgenossen ein Spiel (ihr entscheidendes Match gegen Italien) mehr auf dem Buckel haben als die Österreicher.
Dreizehn Minuten vor Schluß stellt Probst mit einem weiteren Tor den Sieg für die Wiener sicher. 7:5! Damit steht die erste Mannschaft fest, die ins Halbfinale einziehen wird: Österreich!
Noch ganz unter dem Eindruck des dramatischen Spiels fahren wir in Richtung Genf weiter zu unserem Schloß de Dully. Still und verwunschen liegt es ein Stück von der Straße weg in einem gepflegten Park. Die Dame des Hauses, die hier eine Pension und ein exklusives Restaurant leitet, heißt uns willkommen. Wir sind nicht ihre ersten Gäste aus der Fußballbranche. Im Château de Dully hat die französische Nationalmannschaft gewohnt, die nach ihren Spielen gegen Jugoslawien und Mexiko aus dem Wettbewerb ausgeschieden und enttäuscht sofort heimgereist ist.
Das mit schönen alten Möbeln ausgestattete Haus ist wie alles im Umkreis von Genf überbelegt. Die freien Zimmer reichen bei weitem nicht für uns aus. Zwar prunkt in jedem ein breites französisches Bett, in dem ganz gut zwei Mann Platz haben, trotzdem müssen noch Couches und Matratzen in die Räume gestellt werden. Es versteht sich ganz von selbst, daß alle, die morgen spielen, in den Betten schlafen, die anderen sich mit den improvisierten Lagern zufriedengeben.
Am Sonntag weckt uns strahlender Sonnenschein. Wenn wir an das Spiel denken, macht uns das Wetter wenig Freude. Aber wir nehmen es vorläufig von der guten Seite und räkeln uns nach dem Frühstück in Liegestühlen, die unten im Park stehen.
Nur der Chef findet keine Ruhe. Ich bin überzeugt davon, daß er schon manche schlaflose Nacht hinter sich hat. Da ist zunächst die dumme Geschichte mit Jupp Posipal. Er war zwar bei allen drei Spielen dabei, hat aber selbst gefühlt, daß er noch nicht so ganz richtig auf dem Posten ist. Sein Knöchel, den er sich beim letzten Privatspiel des HSV verletzt hat, hindert ihn bei jedem Sprung. Jupp scheut sich einfach, weite Bälle, die

Mutterseelenallein unter vier Türken springt Max Morlock nach dem Ball. Sükrü, den die Türkei im alles entscheidenden Wiederholungsspiel gegen Deutschland an Stelle von Turgay ins Tor gestellt hat, ist abwehrbereit. Gebannt starren seine Kameraden der drohenden Gefahr entgegen.

Der türkische Halbrechte Mustafa (oben links) versucht, am herausstürzenden Toni vorbei einzuschießen. Auf unserer Seite beteiligt sich sogar Horst Eckel (Bild unten), der vorzügliche rechte Läufer, an der Kanonade auf das gegnerische Tor. Er ist in den Strafraum eingedrungen und läßt einen Bombenschuß los, der aber zu Sükrüs Glück neben den Kasten geht.

Aller guten Dinge sind drei! Unser Torjäger Max Morlock, der es, wenn's drauf ankommt, auch mit drei Gegnern aufnimmt, schießt im wichtigen Spiel gegen die Türkei drei Tore. Der 7:2-Sieg ebnet uns den Weg unter die letzten acht; unser erstes Ziel bei der Weltmeisterschaft ist erreicht.

In Genf, beim 2:0-Spiel gegen Jugoslawien, weicht Werner Kohlmeyer, wie so oft Retter in höchster Not, seinem Gegenspieler Milutinovic keinen Zollbreit von der Ferse. Die beiden tragen oft erbitterte Duelle aus.

Die dramatische zehnte Minute: Hans Schäfer will den Ball in den jugoslawischen Kasten köpfen, Mittelläufer Horvat springt dazwischen und erreicht das Leder vor unserem Linksaußen. Beara stürzt heraus, Morlock und Rahn beobachten, was sich da anbahnt – ein Eigentor! 1:0 für uns!

Turek, im Spiel gegen Jugoslawien ein Torhüter von Weltklasse, faustet den Ball vor Cebec weg. Für alle Fälle steht noch Werner Liebrich bereit.

Überglücklich liegen wir uns nach dem harterkämpften 2:0-Sieg in den Armen. Wir haben es geschafft und sind jetzt unter den letzten vier.

Oben: Der Held des Tages, Toni Turek, wird nach dem Jugoslawien-Spiel von begeisterten Zuschauern auf den Schultern vom Platz getragen. Im Vordergrund: Helmut Rahn, der glückliche Meisterschütze des zweiten Tores.

Rechte Seite: Kameradschaft ist alles! Nicht nur der fußballerische, sondern auch der menschliche Kontakt zwischen uns vertieft sich während des Aufenthalts in der Schweiz. Ein Beispiel dafür: Jupp Posipal, der wegen seiner Verletzung das Selbstvertrauen verloren hat, gewinnt durch Herbergers väterlichen Zuspruch und unsere Freundschaft seine alte Sicherheit zurück.

Oben: Seite an Seite mit Ernst Ocwirk, dem Kapitän der österreichischen Nationalelf, betrete ich das Spielfeld des St.-Jakob-Stadions in Basel. Wer heute gewinnt, der zieht ins Finale der Fußball-Weltmeisterschaft ein.

Rechte Seite: 31. Minute: Hans Schäfer verwandelt eine Flanke von mir zum ersten und wichtigen Führungstor. Zeman wirft sich vergeblich. Mit diesem 1:0 wird ein finsteres Kapitel der österreichischen Fußballgeschichte eingeleitet.

COGNAC FAVRAUD
BALOISE

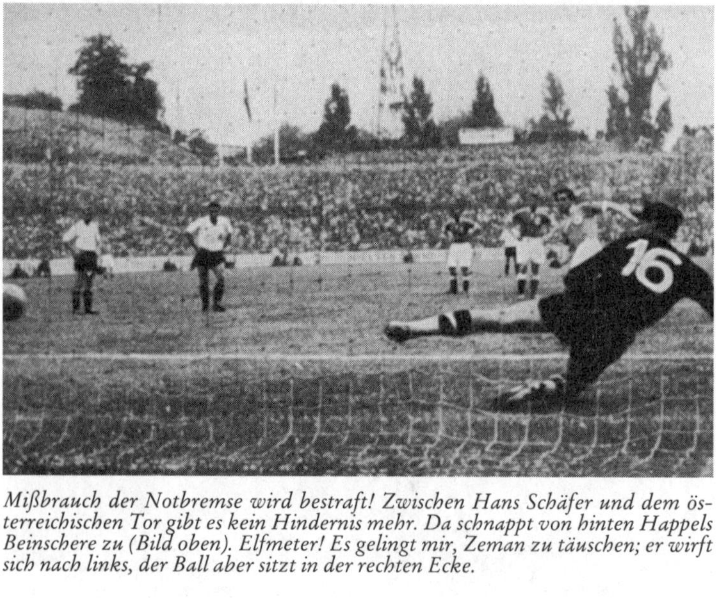

Mißbrauch der Notbremse wird bestraft! Zwischen Hans Schäfer und dem österreichischen Tor gibt es kein Hindernis mehr. Da schnappt von hinten Happels Beinschere zu (Bild oben). Elfmeter! Es gelingt mir, Zeman zu täuschen; er wirft sich nach links, der Ball aber sitzt in der rechten Ecke.

Ottmars Stirn ist das Ziel eines von mir getretenen Eckballs. Mit geschickter Kopfbewegung befördert mein Bruder das Leder zum vierten Tor ins Netz. Zu spät kommen die Rettungsversuche der österreichischen Hintermannschaft. An unserer Überlegenheit ist jetzt nicht mehr zu zweifeln.

Oben: Zemans Mißgriff: Als der Boß den österreichischen Torwart schon umspielt hat und mit dem Ball in den leeren Kasten laufen wollte, ist Zeman verzweifelt nach Rahns Standbein gehechtet und hat unseren Rechtsaußen nach allen Regeln der Kunst auf den Rasen gelegt. Da liegt er nun . . .

Unten: Wie ertappte Sünder schleichen Zeman und Hanappi mit Blickwendung zum Schiedsrichter vom Tatort. Ihre gerechte Strafe: ein zweiter Elfmeter.

Das Foul an Rahn ist gerächt! Mein zweiter Strafstoß schlägt, dieses Mal in der linken Ecke, zum 5:1 ein. Zeman wirft sich richtig, aber zu spät.

Oben: Wieder liegen wir uns in den Armen. Ein weiteres Tor ist gefallen. Niedergeschlagen und völlig hoffnungslos gehen die Österreicher zum Anstoß.

Unten: Erschöpft, aber glücklich verlassen wir den Platz. 6:1 haben wir gewonnen. Deutschland steht im Endspiel um die Fußball-Weltmeisterschaft!

sonst seine Stärke sind, über fünfzig, sechzig Meter auf die Flügel zu schlagen. Da er seit Jahren unbestritten der überragende Mann unserer Hintermannschaft ist und im Oktober 1953 beim 4:4 der Kontinent-Elf gegen England hervorragende Kritiken hatte, trifft ihn seine Schwäche besonders hart. Unser guter Jupp kommt ganz aus dem seelischen Gleichgewicht.

»Ich glaube, Sie nehmen im Jugoslawien-Spiel doch besser einen anderen!« sagt er als echter Sportsmann zum Bundestrainer. »Ich kann nicht hundertprozentig garantieren, daß ich so spiele, wie Sie es von mir erwarten.«

Schweren Herzens muß sich der Chef entschließen, den immer zuverlässigen Hamburger durch Werner Liebrich zu ersetzen. Masseur Deuser soll inzwischen versuchen, Jupps Knöchel wieder in Ordnung zu bringen. Wir spielen ja heute hoffentlich nicht unser letztes Spiel!

Posipal ist nicht Herbergers einziger Kummer. Wen soll er als Rechtsaußen spielen lassen?

»Gehen Sie ein paar Schritte mit mir, Fritz!« bittet der Chef. Wir schlendern im Park von Dully auf und ab.

»Ich bin mir immer noch nicht im klaren, was ich machen soll! nehmen wir jetzt den Berni oder den Helmut auf Rechtsaußen? Was meinen Sie?«

Es ist schwer für mich, darauf eine Antwort zu geben. Natürlich mache ich mir auch meine Gedanken, aber ich finde, daß Herberger mit seiner größeren Erfahrung doch eher zu einer Entscheidung berufen ist.

»Machen Sie, was Sie für richtig halten, dann wird es schon hinhauen.«

Doch damit ist der Chef nicht zufrieden:

»Sie können als Spielführer offen und ehrlich sagen, was Sie meinen, Fritz!«

»Tja, das ist furchtbar schwer! Klodt oder Rahn? Jeder hat seine Vorzüge«, weiche ich immer noch aus.

»Der Berni hat bisher so gut gespielt. Er harmoniert prächtig mit Max Morlock. Lasse ich die beiden zusammen, können wir mit einem flüssigen Kombinationsspiel rechnen. Heut' aber müssen wir aus der Defensive heraus spielen und versuchen, die Jugoslawen durch blitzschnelle Vorstöße zu überrumpeln. Vielleicht ist dafür Helmut doch besser. Er geht mal auf eigene

Faust an zwei, drei Mann vorbei. Er reißt durch. Soll er ruhig mal nicht abgeben oder schlecht zuspielen! Ich hab' das Gefühl, er bringt heut' die Entscheidung. Der Helmut schießt das entscheidende Tor. Berni ist ein so lieber, guter Kerl. Durch seine Leistungen hätte er bestimmt verdient, daß man ihn wieder aufstellt. Trotzdem glaub' ich, daß gegen die Jugoslawen der Helmut besser am Platz ist.«
»Dann lassen Sie es doch mal auf Ihr Gefühl ankommen!«
Ich kann den Chef gut verstehen. wie oft ist er in einer solchen Zwickmühle! Auch mir ist der Berni so lieb wie der Helmut. Leider können in einem Länderspiel nur elf mitmachen, wir sind aber zweiundzwanzig.
Nun sind die Würfel also für den Boß gefallen. Wenn er wüßte, was ich schon weiß! Die letzten Tage hindurch sitzt er wie auf glühenden Kohlen. Ohne Neid und Mißgunst hätte Rahn es hingenommen, wenn Berni gegen Jugoslawien spielen würde, aber . . . wenn man so verdammt jung ist und so gut in Form, dann zeigt man auch selber ganz gern, was man kann.
Vor ein paar Tagen hat er noch geschworen:
»Das eine, Friedrich, kann ich dir sagen, wenn ich am Sonntag spielen darf, dem Beara hau' ich einen in den Kasten! Darauf kannst du dich verlassen!«
»Mensch, Boß, mach doch nicht so ein Theater, wart erst mal, bis du drankommst, und spar deine Luft für das Spiel!«
Aber Helmut läßt sich nicht beirren.
»Friedrich, du kannst mir ruhig glauben. Rot-Weiß Essen hat schon zweimal gegen Hajduk Split gespielt, bei denen Beara im Tor steht. Vier Tore hab' ich ihm schon 'reingeknallt! Und wenn wir gegen Fortuna Düsseldorf spielen, ist es genau so. Frag den Toni! Jedesmal, und wenn ich der schlechteste Mann bin, kriegt er ein, zwei Dinger 'rein von mir!«
In ein paar Stunden wird der Boß nun also beweisen können, ob er nur Sprüche gemacht hat. Herberger schnappt ihn und Berni zu einem kurzen Spaziergang und löst in seiner väterlich-freundschaftlichen Art das heikle Problem.
In der Spielersitzung stellt der Bundestrainer vor allem klar, daß der heutige Kampf aus der Defensive heraus bestritten werden muß. Weil in den Türken-Spielen die Hintermannschaft manchmal einen erschreckend schwachen Eindruck gemacht

hat, und Posipal heute nicht dabei sein wird, verdoppeln sich Herbergers Sorgen. Max Morlock und ich erhalten Sonderanweisung, in der ersten Viertelstunde, wenn nötig aber auch länger, die Hintermannschaft zu unterstützen. Max muß sehr zurückgezogen spielen, während ich die Verbindung von ihm zum Sturm herstelle. Unsere beiden schnellen Außenstürmer Schäfer und Rahn sollen in Zusammenarbeit mit Mittelstürmer Ottmar, der immer wieder nach den Flügeln zu rochieren hat, die gegnerische Verteidigung aufreißen, verwirren und nach Möglichkeit das wichtige erste Tor schießen.
Folgende elf Spieler werden heute nachmittag den Jugoslawen gegenüberstehen:

Turek
Laband Kohlmeyer
Eckel Liebrich Mai
Rahn Morlock O. Walter F. Walter Schäfer

Während der Mittagsruhe fallen die ersten Regentropfen an die Fensterscheiben des Château de Dully. Die Sonne hat sich ganz hinter die Wolken verzogen. Uns ist das gerade recht. Wir spielen lieber bei bedecktem Himmel oder bei Regen. Nassen Boden kann eine technische versierte Mannschaft leicht zu ihrem Vorteil ausnutzen. Hart ausgedörrten Rasen schätzen wir so wenig wie Temperaturen von 25 bis 30 Grad.
Rechtzeitig packen wir unsere Siebensachen zusammen und fahren zum Genfer Stadion Charmilles. Wenn wir am Abend wieder nach Dully zurückkommen, werden wir himmelhochjauchzend oder zu Tode betrübt sein.

»Ob wir mal wieder unseren Kreis machen?« frage ich in der Kabine Werner Liebrich. Der »Kreis« ist eine Erfindung des 1. FC Kaiserslautern. Vor allen wichtigen Entscheidungen haben sich Spieler, Trainer und Masseur im Kreis aufgestellt und sich durch kräftigen Händedruck gelobt, auf Biegen und Brechen zusammenzuhalten. Die Nationalmannschaft hat sich vor dem Spiel gegen Österreich am 23. September 1951 in Wien zum erstenmal auf diese Weise Mut zugesprochen, und wir siegten sensationell 2:0. Seither ist der Kreis völlig in Vergessenheit geraten. Heute, wo wir uns den Sieg so sehnsüchtig wünschen wie

noch nie, fällt er mir wieder ein. Ob er uns nicht Glück bringt?
»Ja, wann de denkscht!« sagt Werner Liebrich.
Der Schiedsrichter pfeift schon zum Fertigmachen. Schnell geben wir uns die Hand: Spieler, Trainer, Arzt, Masseur.
»Alles klar?« frage ich.
Es ist alles klar. Wir wollen unsere ganze Kraft daransetzen, dieses Spiel zu gewinnen!
Wenige Minuten vor siebzehn Uhr betreten wir zusammen mit den Jugoslawen den Platz. Während die Nationalhymnen ertönen, geht jeder noch einmal seinen Gedanken nach:
Werden wir es schaffen?
Wie viele von unsern Freunden daheim wohl jetzt am Radio sitzen?
Haltet bloß die Daumen! Heute können wir's gebrauchen!
Schiedsrichter Zsolt pfeift zur Platzwahl. Zsolt ist Ungar, und wir haben uns schon Sorgen gemacht. Die Presse hat Werner Liebrichs Foul an Puskas so aufgebauscht, daß wir auf alles gefaßt sind.
»Ach, du lieber Gott!« sagt einer, »wenn der Werner mal ein bißchen hart an einen Jugoslawen' rangeht, wird er nichts zu lachen haben!«
Natürlich kann nichts passieren, wenn der Schiedsrichter ein echter Sportsmann ist. Zsolt ist es zweifellos. Nicht einen einzigen Moment haben wir das Gefühl, benachteiligt zu werden. Wir haben es übrigens bei keinem Spiel um die Weltmeisterschaft gehabt.
Der jugoslawische Spielführer Mitic gewinnt die Seitenwahl. Er entscheidet sich, gegen den Wind zu spielen. Aber immer noch läßt der Anpfiff auf sich warten. Jugoslawische Betreuer schleppen riesige Blumensträuße herbei – Mitic spielt heute zum 50., Boskov und Horvat spielen zum 25. Mal in ihrer Nationalelf. Die Jubilare werden von ihren Kameraden herzhaft abgeküßt. Ich schließe mich der Gratulation an und drücke den drei Spielern die Hand.
Mit kleiner Verspätung ertönt der Pfiff des Unparteiischen. Wir stoßen an und brechen sofort gefährlich durch. In den Verteidigerbeinen der Jugoslawen bleibt das Leder hängen, kommt zu Horvat, dem riesenhaften Mittelläufer, der uns alle um einen Kopf überragt. Dessen Vorlage fängt Laband ab. Er leitet den

Ball wieder in unseren Sturm. Es passiert nichts Aufregendes in den ersten Minuten. Bemerkenswert ist höchstens, daß wir zügig angreifen, obwohl wir doch aus der Deckung heraus operieren wollten.
In den nächsten Minuten kommen die im blauen Trikot und weißer Hose spielenden Jugoslawen gut auf. Immer wieder leitet Cajkowski, der das Mittelfeld beherrscht, die Angriffe seiner Mannschaft ein. Blitzschnell tauchen die fünf gefährlichen Stürmer Milutinovic, Bobeck, Mitic, Vukas und Zebec vor Toni Tureks Tor auf. Alle fünf sind wieselflink, ausdauernde und glänzende Techniker. Einmal rettet Eckel durch Rückgabe zu Toni, ein andermal klärt Kohlmeyer, beim nächsten Mal funkt Liebrich dazwischen.
Wie eine Klette hängt Spielmacher Cajkowski an mir. Er läßt sich nicht leicht abschütteln. Trotzdem bringe ich ein paar Kombinationen mit Ottmar und Maxl zustande, der, wie verabredet, weit zurückhängt. Schnell wie die Feuerwehr aber ist er vorne, wenn es brennt.
Zehn Minuten sind gespielt, als wir den Ball nach einem mehrmals abgewehrten Angriff erneut in den Strafraum vor Bearas Tor bringen. In hohem Bogen fliegt er hinein. Ich sehe nicht, von wem die Flanke kommt. Von Ottmar oder Max, aber ich merke, daß für die Jugos dicke Luft herrscht. Zwischen Elfmeterpunkt und Tor brausen Schäfer und der Riese Horvat auf den Ball zu. Torwart Beara saust heraus, aber da ist es schon passiert. Stopper Horvat hat, bedrängt von dem hochspringenden Hans Schäfer, den Ball über Beara hinweg ins eigene Tor geköpft. Maxl und der Boß, die fünfzehn, zwanzig Meter vom Tatort entfernt stehen, lösen sich aus ihrer Erstarrung und rasen auf Hannes Schäfer zu. Fast unsere ganze Mannschaft eilt herbei, und im Nu hat sich ein hüpfendes Fußballer-Freudenknäuel gebildet. Obwohl Schäfer das Tor nicht geschossen hat, verdient er unsere Ovation – er war in der entscheidenden Sekunde da!
Es scheinen doch mehr deutsche Schlachtenbummler den weiten Weg nach Genf gefunden zu haben, als wir ursprünglich annahmen. Ein paar tausend Mann brüllen frenetisch Beifall. Uns wird plötzlich ganz warm ums Herz. Die überwältigende Mehrheit des Publikums hier im französisch sprechenden Genf

steht zwar eindeutig hinter unserem Gegner, aber auch eine Minderheit von Freunden im Stadion genügt schon, daß sich elf Spieler nicht verloren und allein fühlen.
1:0 für Deutschland also! Wir sind froh, daß der Vorsprung unserem Plan, aus der Defensive heraus zu spielen, zustatten kommt. Die Jugoslawen stoßen an. Voll Schrecken sehen wir, wie ihre Angriffe in ununterbrochener Folge vor unser Tor rollen. Max und ich sind fast nur noch in der eigenen Hälfte zu finden, wir laufen, klären, wehren ab. Beruhigend wie Baldriantropfen geht uns die Gewißheit ein, daß sich die Hintermannschaft in diesem Kampf zusammengefunden hat. Wie ein Fels in der Brandung steht unser »Kleiner«, Werner Liebrich – schon nach einer Viertelstunde die Offenbarung dieses Spiels. Aber der blonde Lauterer ist nicht nur ein guter Stopper, der bravourös sein Pensum erfüllt, er ist auch ein glänzender Dirigent, der nie den Überblick verliert und seine Leute durch Zuruf auf den richtigen Platz schickt. »Zurück, Karl!« schreit er Mai zu.
»Hierher, Kohli!«
»Fritz, deck deinen Mann!« – womit er den zweiten Fritz unserer Mannschaft, Laband, meint.
Mittelstürmer Mitic führt den Ball. Keiner von uns kommt an ihn heran. Er taucht im Strafraum auf. Liebrich wird ausgespielt, ich renne zurück, um die Gefahr abzuwenden, um in der Not zur Stelle zu sein. Unsere halbe Mannschaft ist im Strafraum. Wo ist das Leder? Ein Jugoslawe köpft aufs Tor! Toni rettet. Nachschuß! Liebrich rettet! Nochmals Nachschuß! Und wieder ist Toni da, fängt den Ball auf der Linie und erhält uns den Vorsprung im letzten Moment. Während im deutschen Strafraum die Hölle los ist, lauern vorne einsam unsere drei Stürmer Schäfer, Rahn und Ottmar. Immer wieder plage ich mich mit meinem Gegenspieler Cajkowski herum. Jedesmal, wenn es mir gelingt, ihn zu umspielen, weiß ich, daß die hartgeprüfte Hintermannschaft für ein paar Atemzüge Ruhe hat.
Max Morlock ist überall, er verteidigt und stürmt mit einer unwahrscheinlichen Ausdauer wieder nach vorn, hilft im Aufbau unseres eigenen Angriffs, setzt den Boß ein, der zwei-, dreimal in rasantem Lauf auf Bearas Tor zustrebt und von den standfesten jugoslawischen Verteidigern erst im letzten Augenblick gebremst werden kann.

»Boß, wo bleibt dein Tor?« ruf' ich ihm zu.
»Kommt schon noch, verlaß dich drauf!«
Einstweilen sieht es nicht danach aus. Fast pausenlos liegt unser Tor im Trommelfeuer. Was wären wir heute ohne Toni? Eine Viertelstunde vor Schluß der ersten Halbzeit heizen ihm die Jugoslawen höllisch ein. Boskov gibt zu Zebec, der weiter zu Vukas. Vukas steht fünf Meter vor dem Tor. Toni, Toni, jetzt kann dir keiner mehr helfen! Vukas schießt blitzschnell, unheimlich scharf ...
Turek hält den »unhaltbaren« Ball. Toni, deine Kindeskinder sollen sich noch über diese Meisterleistung freuen!
Eine Minute später greifen die Jugoslawen wieder an.
Milutinovic schießt – Toni hält!
Vukas schießt – Toni hält!
Mitic schießt – Toni hält!
Der Düsseldorfer scheint heute keine Nerven zu haben. Wie könnte das Spiel schon stehen, wenn er nicht so in Form wäre!
Morlock kann endlich wieder einen Angriff einleiten. Verbissen schleppt er den Ball nach vorn. Erst als ihm seine Bedränger in der Klemme haben, gibt er geschickt ab zu mir. Ruhig Blut, Fritz! Ein paar Meter Boden gewinne ich noch, dann passe ich hinaus zu Schäfer. Der kämpft mit einem Verteidiger, kommt vorbei, nein, kommt nicht vorbei. Immerhin springt für uns eine Ecke heraus. Die Jugoslawen können sie abwehren.
Und schon greifen sie wieder an. Cajkowski, den die Franzosen im Match Jugoslawien – Brasilien »König des Spielfelds« nannten, füttert seine Stürmer mit Vorlagen. Wie gut, daß sie nicht ins Schwarze treffen.
Wir schielen zur Stadionuhr, bald muß doch Halbzeit sein! Wenn wir unseren Vorsprung in die Pause retten können, ist schon viel gewonnen.
Es ist höchstens noch eine Minute zu spielen. Ich hole mir den Ball, dribble zehn Meter vor, schicke Morlock auf die Reise. Warum schießt er denn nicht? Schieß doch, Max! Zu spät! Schiedsrichter Zsolt pfeift ab.
Wir gehen in die Kabine. Eine Schnaufpause haben wir wirklich nötig. Wie soll es jetzt weitergehen? Herberger ist mit dem bisherigen Spielverlauf zufrieden. Bei aller augenfälligen Überlegenheit der Jugoslawen ist unser Plan besser geglückt, als wir

erwartet haben. Ein Unentschieden wollten wir in die Pause retten, jetzt aber haben wir ein Tor Vorsprung. Unsere Taktik für die zweite Halbzeit ist klar: wir werden weiter aus der Defensive heraus operieren, wenigstens so lange, wie wir im Vorteil sind. Es kann sich dabei immer noch die Gelegenheit ergeben, mit überraschenden Steildurchbrüchen unseren Vorsprung auszubauen. Auf die Hintermannschaft ist hundertprozentig Verlaß!
Bevor wir aufs Spielfeld zurückkehren, versprechen wir uns noch einmal, bis zum Letzten zu kämpfen, auch nach aussichtslos scheinenden Bällen zu laufen, keinen Schritt zu scheuen. Überflüssig, zu wiederholen, worum es geht! Die Möglichkeit, zu den vier Besten der Welt aufzurücken, liegt greifbar nahe. Die nächsten 45 Minuten werden entscheiden, ob wir dieser sportlichen Ehre würdig sind . . .

Wer hat mehr Luft?

Gleich zu Beginn der zweiten Halbzeit treiben wir den Ball energisch in die jugoslawische Hälfte. Die paar tausend Deutschen im Stadion atmen erleichtert auf. Können wir sie von der Angst befreien, die sie bei den pausenlosen Gewittern vor unserem Tor ausgestanden haben?
Vorläufig müssen wir sie enttäuschen. Der erste Angriff in Richtung Jugoslawen-Tor ist nur ein Strohfeuer. Schäfer verlängert meinen Paßball zu Rahn, der ackert sich durch, schießt – aber er hat die Abseitsfalle nicht beachtet.
Und schon beweisen die Jugoslawen, daß sie sich die Initiative keinesfalls aus der Hand schlagen lassen. Mit ungeheurem Druck wälzt sich ihre Sturmlawine immer wieder vor Toni Tureks Tor. Wie beruhigend, daß wir nicht ständig auf Kurzschlüsse bei unserer Abwehr gefaßt sein müssen! Sie ist heute zuverlässig und stabil. Wenn es besonders brenzlig riecht, sind Max Morlock und ich sogleich zur Stelle. Alle Mann bis auf Rahn und Schäfer tauchen bei Großalarm vor Tonis Kasten auf. Selbst Mittelstürmer Ottmar saust als Retter in der Not zurück. Wir halten zusammen wie Pech und Schwefel, um den unbezahlbaren Vorsprung zu sichern.

Eine Viertelstunde, zwanzig Minuten lang berennen die Jugoslawen unser Tor. Aber was sie auch versuchen, der Ball landet todsicher in Tonis Händen. Und wenn der Düsseldorfer wirklich einmal ausgespielt ist – dann stehen Kohlmeyer, Eckel, Laband, Liebrich und Mai auf der Torlinie und klären. Bis hierher und nicht weiter!
Die Jugoslawen greifen sich an die Köpfe. Ich möchte Serbisch verstehen, um herauszubringen, was sie sich zurufen. Der Sinn ihres Kauderwelsches ist unschwer zu erraten: »Das kann doch nicht mit rechten Dingen zugehen!« beschwören sie sich gegenseitig. »Wir rackern und rackern uns ab, schießen, lassen ein wahres Trommelfeuer los, aber an Turek und Co. prallt alles ab!«
Langsam, ganz langsam beginnen sie zu resignieren. Ihre Vorstöße verlieren an Wucht, werden lahmer und müder. Mitic, Vukas und die anderen vom Jugoslawensturm schießen immer häufiger daneben. Tonis Ruhe hat zermürbend gewirkt. Das Ungewitter vor unserem Tor grollt noch, aber man spürt bereits, daß es abzieht.
Max Morlock geht es wie mir. Wir sind Verteidiger, Läufer und Stürmer, ganz nach Bedarf und ohne Erschöpfung zu fühlen. Auch die anderen haben tausend Füße und jeder mindestens doppelte Lungen. Eisern halten wir das nerven- und kräftezerreißende Kesseltreiben durch.
In der 60. Minute segelt erneut eine Flanke vor Tonis Kasten. Turek saust heraus. Milutinovic braust ihm entgegen. In höchster Bedrängnis faustet unser Schlußmann den Ball ins Feld zurück. Im nächsten Moment sackt er zusammen. Ist er angeschlagen? Toni, Toni, mach jetzt keine Geschichten! Du wirst uns doch nicht im Stich lassen?
Schiedsrichter Zsolt unterbricht das Spiel. Die Nächststehenden laufen auf den am Boden liegenden Toni zu und helfen ihm auf die Beine. Deuser kommt herein und verarztet ihn. Turek hält mit beiden Händen den schmerzenden Magen. Doch er reißt sich zusammen und pflanzt sich wieder zwischen den Pfosten auf.
Die Jugos haben den Sturmangriff auf unsere Festung noch nicht abgeblasen. Ihre Kanonade aber ist nicht mehr sehr gut gezielt. Damit wird die Hintermannschaft zur Not auch mal al-

lein fertig! Wir Stürmer brechen aus, preschen vor und greifen nun unsererseits an. Ich lege den Ball weit hinaus zum lauernden Helmut Rahn, der kämpft sich nach vorn und gibt zu Ottmar weiter. Ottes versucht sein Heil und schießt. Beara wehrt ab. Das Leder springt von ihm fort und rollt Hannes Schäfer vor die Füße. Blitzschnell schießt auch er – haarscharf daneben! Nun braust die wilde Jagd zurück vor unser Tor. Turek ist wieder hundertprozentig auf Draht. Mit dem Fuß wehrt er in glänzender Parade einen Scharfschuß von Milutinovic ab. Werner Kohlmeyer ist sprungbereit wie ein Panther. Als Toni kurz darauf bereits ausgespielt ist, verhindert er auf der Linie mit prachtvollen Kopfbällen zwei sichere Tore. Hochexplosiv und mit allen Wassern gewaschen ist der jugoslawische Mittelstürmer Vukas; er hat einen Bombenschuß, aber auch er kann das Blatt nicht wenden.
Eine Zerreißprobe ohnegleichen ist dieses Spiel. Wie gut, daß wir in Grünwald ausgiebig Laufarbeit getrieben und eisenhart trainiert haben! Wo blieben wir ohne unsere guten Konditionen bei einem so zähen und aggressiven Gegner wie den Jugos? Mit Haut und Haaren hätte er uns gefressen.
Obwohl wir erst vor drei Tagen gegen die Türken spielten, die Jugoslawen aber die ganze letzte Woche pausieren durften, haben wir einwandfrei den längeren Atem. Ausdauernd, selbstlos, aufopfernd werfen sich die Männer in das kräfteverzehrende Spiel.
Cajkowski, ein Außenläufer von Weltformat, klein, untersetzt und stämmig, macht mir persönlich die Hölle besonders heiß. Doch von Minute zu Minute werde ich besser fertig mit ihm. Durch ein paar Tricks schüttle ich meinen zähen, harten, aber fairen Bewacher ab und fädle aufs neue unseren Angriff ein. Beara soll nicht rosten in seinem Tor. Ein Mordsschuß von Hans Schäfer reißt ihn aus der Passivität. Nun folgen – ausgleichende Gerechtigkeit – bange Minuten für ihn. Der Ball läuft von mir zu Ottmar, von Ottmar zu Rahn. Helmut umdribbelt einen Gegner, schüttelt zwei Jugoslawen ab wie der Pudel das Wasser und stürmt auf ihren Strafraum zu. Typisch Boß! Ich stehe zwanzig Meter hinter ihm und verfolge, wie er zum Schuß ansetzt. Rahn schießt mit unheimlicher Wucht, im Laufen schon wirft er die Arme hoch. Beara ist geschlagen! Aber

der Freudenschrei bleibt uns in der Kehle stecken. Wie aus dem Erdboden gestampft steht Stopperriese Horvat auf der Torlinie und lenkt den Ball, der schon zwischen den Pfosten tanzt, zur Ecke. Eine phantastische Leistung! Hat der baumlange Jugoslawe die Rechnung mit seinem Eigentor begleichen wollen? Wie eine Seifenblase zerplatzt das 2:0 für uns in der Luft.
Noch zehn Minuten sind zu spielen. Nach wie vor heißt es 1:0. Zehn Minuten noch? Lieber Boß, dann wird es Zeit, daß du dein Versprechen einlöst. Wolltest du nicht garantiert dem Beara eine 'reinknallen? Garantiert!
Cajkowski, mein Schatten, blickt ebenfalls nach der Stadionuhr. Ihm läuft der Zeiger viel zu schnell. Wenn nicht in den nächsten Minuten der Ausgleich fällt, ist das Schicksal seiner Elf besiegelt. Aus der Traum von der Weltmeisterschaft! »Tschik!«, wie Cajkowski von den Kameraden genannt wird, kurbelt verzweifelt noch einmal den jugoslawischen Angriff an, wirft den Sturm nach vorn. Ein Tor brauchen sie nur, ein einziges Tor! Das Spiel würde verlängert, und wer weiß, was dann passiert. Aber die Angriffe der Jugoslawen sind jetzt ohne Pepp, sind leidenschaftslos und bei weitem nicht mehr so zwingend wie vor einer halben Stunde. Fünf Minuten noch! Boß, wo bleibt dein Tor? Hat nicht auch Herberger gesagt: »Ich werde das Gefühl nicht los, der Helmut bringt heute die Entscheidung?«
Wir übernehmen wieder die Initiative. Mit Turek, Liebrich, Mai, Laband, Eckel im Rücken wagen wir uns weit nach vorn. Und siehe da: reibungslos wie in den schönsten Augenblicken des zweiten Türken-Spiels rollen unsere Angriffe.
In Gedankenschnelle passe ich zu Schäfer, der wie ein Hundertmeterläufer mit dem Ball davonschnellt. Am rechten Flügel läuft der Boß mit, stellt sich frei und wartet, daß Hannes ihm das Leder schickt. Da kommt es schon. Jetzt gibt es für Rahn keine Bremse mehr. Er spurtet mit seinem Verteidiger um die Wette, gewinnt das Rennen und läßt aus etwa sechzehn, achtzehn Meter seine Bombe los. Kraftvoll und haarscharf gezielt hängt sie im linken Eck. Der Ball prallt blitzschnell wieder ins Feld zurück. So groß ist seine Wucht.
Tor! Tor für uns! Kurz vor Schluß steht es 2:0!
Du bist doch kein Sprüchemacher, Boß! Ein Tormacher bist du! In unserer blödsinnigen Freude tun wir, als hätten wir den Hel-

mut nie mehr nötig. Wir erdrücken und erschlagen ihn beinahe. Die deutschen Zuschauer – inmitten des jugoslawienfreundlichen Publikums bei den pausenlosen Angriffen der Jugos schon ganz schüchtern geworden – jubeln in heller, reiner Freude los. Auch das Gros der Schweizer schlägt um. Dieses Tor ist die Entscheidung. Es klärt die Fronten.
Vier Minuten sind noch zu spielen.
Die Jugoslawen greifen an, wir fangen ab. Mit dem untrüglichen Instinkt alter Fußballhasen wissen wir, was jetzt noch zu tun bleibt: Ball halten, genau auf den Mann passen, freilaufen, Ball aufnehmen, passen – das Spiel auf faire Weise verzögern.
Beara wirkt ziemlich resigniert, vielleicht können wir sogar noch angreifen? Kommt es ihm jetzt auf ein Tor mehr oder weniger nicht mehr an?
Aber nein, die Jugoslawen geben nicht auf. Vielleicht, vielleicht ... es geschehen ja mitunter in allerletzter Minute Zeichen und Wunder.
Toni, laß dich nicht überlisten! Vorsichtshalber trabt fast unser ganzer Sturm den angreifenden Jugoslawen nach in die eigene Hälfte.
Und wirklich, die Jugos haben noch eine Chance. Milutinovic hat neben das Tor geschossen. Kurz darauf gibt es aus achtzehn Metern Freistoß gegen uns, den Bobek tritt. Er läuft mordsmäßig an und tritt den Ball wie eine Rakete in die deutsche Abwehrmauer. Zu spät! Zu spät! Wir geben unser schönes 2:0 nicht her!
Schiedrichter Zsolt bekräftigt es durch den Schlußpfiff!
Die Jugoslawen laufen auf uns zu und schütteln uns gratulierend die Hände. Natürlich sind sie traurig und niedergeschlagen, aber sie sind in sportlich einwandfreier Haltung einem ausdauernden Gegner unterlegen. Cajkowski, mit dem ich in diesem Spiel so manches schöne Duell ausgetragen hatte, kommt zu mir und wünscht auf deutsch Glück für die nächsten Spiele. Anerkennend schlägt er mir auf die Schulter.
Unsere Schlachtenbummler sind auf das Spielfeld gestürmt, sie lassen sich nicht mehr zurückhalten. Toni, Kohli und noch ein paar werden auf den Schultern vom Platz getragen. Auch mich hat man erwischt, da überfällt mich plötzlich ein lächerlicher Aberglaube: 1948 beim Vorrundenspiel um die Deutsche Meis-

terschaft gegen 1860 München bin ich in Worms vom Platz getragen worden – das Endspiel gegen Nürnberg haben wir vom 1. FCK dann 2:1 verloren! Besser, ich lasse mich nicht auf die Schultern heben. Noch nicht! Schließlich unterliegen wir sonst im nächsten Spiel. Schnell laufe ich in die Kabine.
Dort fallen wir einander alle noch mal um den Hals, schauen uns an, lachen und fallen uns wieder um den Hals. Jetzt sind wir unter den letzten Vier! Jawohl, meine Herren, unter den letzten VIER! V wie Viktoria; I wie Illusion; E wie Endspiel und R wie Rahn! Wie Rahn, unser Torschütze! Herberger drückt freudestrahlend seinen elf Spielern die Hand.
»Bravo, das habt ihr gut gemacht!«
Auch ich gehe von einem zum anderen und danke für den mustergültigen Einsatz.
»Was wird denn jetzt aus deiner Italienreise?« nehmen wir Max Morlock hoch. In der voreiligen Annahme, daß wir heute eventuell unser letztes Match austragen würden, hat Max vor langer Zeit seiner Frau versprochen, morgen, Montag, mit ihr nach dem Süden zu fahren.
»Pfeif auf Italien! Jetzt sind wir unter den letzten Vier. Selbst wenn wir am Mittwoch verlieren, haben wir am Samstag das Spiel um den dritten Platz. Dann kann ich immer noch fahren.«
»Aber wenn wir nun Weltmeister werden, Maxl, und man uns daheim ein wenig feiern will?«
Da leuchteten seine Augen auf. Klar, daß er unter diesen unvorstellbaren Umständen gern auf die Urlaubsreise verzichten würde, um Jubel und Begeisterung in der Heimat mitzuerleben!
Max entsagt also dem Lido und der Adria. Immer noch stehen wir beieinander, boxen uns ausgelassen gegen die Brust oder drehen Freudentänze. Ein Journalist, der in unsere Kabine eingedrungen ist, küßt uns der Reihe nach ab. Ich bin nicht nachtragend, aber eine gewisse Schadenfreude kann ich schwer unterdrücken. Hat er uns Lauterer nach dem Endspiel in Hamburg nicht ganz besonders wild heruntergeputzt? Hat er nicht besonders ausfällig über Herberger und seine »Affenliebe« zum 1. FCK losgelegt? Soll ich ihn darauf aufmerksam machen, daß er jetzt fünf von den »müden«, ausgebrannten »roten Teufeln« abküßt? Aber wie gesagt, ich bin nicht nachtragend.

Das Jugoslawien-Spiel hat uns noch nicht losgelassen, da sorgen wir bereits für das nächste Match. Unter der Brause und in Wechselbädern vertreiben wir die verbrauchten Stoffe aus Muskeln und Knochen. Nur keine Müdigkeit aufkommen lassen! Am Mittwoch werden wir schon wieder auf dem Rasen stehen. Wo? Gegen wen? Wir wissen es noch nicht.
Wer hat wie wir die Viertelfinal-Hürden übersprungen?
Das Spiel Österreich – Schweiz in Lausanne haben wir selbst gesehen. Mit dem Handballergebnis 7:5 hat Österreich die Schweiz ausgespielt.
Zur gleichen Stunde bootete in Basel Uruguay die Engländer nach dramatischem Kampf mit 4:2 Toren aus.
Die härteste Auseinandersetzung gab es heute zwischen Ungarn und Brasilien, dem einzigen Spiel der Weltmeisterschaft, das den sportlichen Rahmen sprengte und in Tätlichkeiten ausartete. Die Südamerikaner konnten sich nicht damit abfinden, daß sie von den Ungarn 4:2 aus dem Feld geschlagen wurden.
Nach dem Treffen am gestrigen Samstag und heutigen Sonntag sieht es also folgendermaßen aus:

Österreich – Schweiz	7:5	Die	*Österreich*
Uruguay – England	4:2	letzten	*Uruguay*
Ungarn – Brasilien	4:2	Vier:	*Ungarn*
Deutschland – Jugoslawien	2:0		*Deutschland*

Den Austragungsbestimmungen entsprechend können wir nur auf Österreich oder Uruguay treffen. Wie sagte Ottmar vor dem Jugoslawien-Spiel? »Wir nehmen es, wie's kommt!«
Gern würden wir noch eine Nacht im Château de Dully bleiben, so wie es eigentlich geplant war. Herberger aber will uns möglichst schnell wieder in unserem Spiezer Quartier haben, weil wir dort, in der nun schon vertrauten Umgebung, am besten ausspannen. Nur für ein paar Stunden fahren wir noch nach Dully.
Das Abendessen in den fürstlichen Gemächern fällt besonders festlich aus. Vor unseren Augen drehen sich die aufgespießten Hähnchen über dem Feuer des offenen Kamins. Noblesse oblige: zur Feier des Tages gibt es ein Glas Sekt. Mit ihm stoßen wir auf die vor uns liegenden Spiele an.

RIVALE ÖSTERREICH

Im Omnibus, der uns mitten in der Nacht vom Château de Dully zum Belvédère fährt, fallen einem nach dem anderen die Augen zu. Die Sehnsucht nach den gewohnten Hotelzimmern und Betten ist plötzlich riesengroß.
Wie spät ist es eigentlich?
Zwölf Uhr oder eins?
Unser Bus bremst und bleibt in einer kleinen Ortschaft stehen.
Was ist los?
Deutsche Schlachtenbummler haben uns erkannt. Sie reißen die Wagentür auf und rufen:
»Wißt ihr schon, daß ihr am Mittwoch in Basel gegen Österreich spielen müßt?«
»Grad ist es bekannt geworden!«
»Na, denen werdet ihr es schon zeigen!«
»Wir sind auch da am Mittwoch, wenn ihr gewinnt!«
Schon setzt sich der Bus wieder in Bewegung.
Gegen Österreich also! Gegen Österreich und nicht gegen Uruguay, wie es als fixe Idee immer noch in unseren Köpfen herumspukt. Folglich wird Uruguay gegen Ungarn spielen.
Mit einem Schlag sind wir hellwach. Die Österreicher! Sind sie uns als Gegner willkommener als die Urus? Ich glaube nicht. Wir hätten lieber gegen die Urus gespielt, weil wir sie für mannschaftlich nicht so stark halten wie die Wiener. Österreich hat sich erst vor einem Dreivierteljahr auf das WM-System umgestellt und damit aufsehenerregende Erfolge erzielt. Bis zum Spiel gegen die Schweiz, gestern, ist es ohne jedes Gegentor geblieben, hat dann allerdings gleich fünf aufgebrummt bekommen. Und schon wieder meldet sich mein hoffnungslos eingefleischter Aberglaube: Das erste Nachkriegsspiel gegen Österreich haben wir in Wien gewonnen. Das zweite in Köln war unentschieden. Beim dritten jetzt am Mittwoch sind wir demnach mit dem Verlieren an der Reihe. Natürlich verscheuche ich diese Gedanken und schalte um auf unsere gute, alte Zuversicht, die uns während der Weltmeisterschaft nie verlassen hat.
Es muß schon drei oder vier Uhr sein, als wir in Spiez eintreffen. Nicht spät genug, daß ich mir die Unterwassermassage

schenken würde. In den Zimmern stehen Blumengrüße. Bei jedem steckt ein Kärtchen: Herzlichen Glückwunsch von . . . Unbekannt. Am nächsten Morgen bringen wir schnell heraus, daß uns die Sekretärinnen und Mädels aus dem Hotel diese Freude gemacht haben.

Todmüde fallen wir endlich in die Betten. Nur der Boß fühlt sich noch bärenstark. Mit einem wilden Satz ist er bei mir, zerzaust meine Haare und schreit:

»Was sagst du nun? Hab' ich nicht versprochen, ich hau' dem Beara eine 'rein?«

»Schlaf gut, Helmut, und träum von lauter saftigen Beara-Toren!« Damit drehte ich mich auf die andere Seite, denn der Boß bringt es fertig und verspricht für den Rest der Nacht nichts als Tor . . . Toore . . . Tooore . . .

Nur einer von uns ist todunglücklich: Max Morlock! Nicht wegen der aufgeschobenen Italienreise, die kann er ja nachholen. Er hat in den letzten Minuten des Jugoslawien-Spiels eine Knöchelverletzung abbekommen, die er zuerst kaum beachtet hat. Der Knöchel schwoll im Laufe des Abends aber bös an und schmerzte fürchterlich. Max konnte überhaupt nicht mehr auftreten. Wir mußten ihn praktisch aus dem Bus in sein Zimmer tragen.

»Nun bin ich am Mittwoch nicht dabei!« klagt der Nürnberger entsetzt, und diese Vorstellung ist für ihn einfach unfaßlich.

»Mach dir keinen Kummer, Max!« sucht Deuser ihn zu trösten, »wir schauen uns die Geschichte gleich mal an. Wir machen Unterwassermassage, und dann wollen wir mal sehen, wie's weiter geht.« Mit Alkohol, Salben, Verbänden und dem festen Willen zu helfen zieht er gegen die Knöchelverletzung ins Feld.

Nach reichlich kurzem Schlaf treibt es mich Montag früh gleich zu dem verzweifelten Max.

»Na, was macht denn unser Wirbel?« fragte ich besorgt.

»Mit dem sieht's im Augenblick schlecht aus, Fritz. Der Knöchel ist zwar schon nicht mehr ganz so dick, aber ich glaube nicht, daß ich am Mittwoch dabei sein kann.«

»Menschenskind, du wirst uns doch jetzt nicht im Stich lassen, wo es ums Ganze geht.«

»Im Stich lassen net. Ich mach', was ich kann. Aber wenn's net geht, geht's halt net.«

»Denk nur immer an unseren Wirbel!« sag' ich, und ohne Max fahren wir zur gewohnten Stunde 'raus zum Trainingsplatz nach Thun.
Bilde ich mir das ein? Nein, es ist wirklich so. Die Urus haben nun doch mehr Respekt vor uns. Donnerwetter, denken sie anscheinend, die Burschen da haben wir aber unterschätzt. Wie wir sind sie unter den letzten Vier.
Die Trainingsmethode dürfen wir auch heute wieder selbst bestimmen. Herberger mischt sich kaum ein, er will uns zwischen diesen schweren Spielen nicht mehr hart an die Kandare nehmen. Haben wir unsere Form nicht oft genug unter Beweis gestellt? Wir bilden wie gewohnt Stürmer-, Verteidiger- oder Läufergruppen, rennen uns warm und toben herum wie eine übermütige Schulklasse. Nur die Kameraden, die nicht gespielt haben, müssen ein schärferes Training durchführen. Wie der Fall Morlock zeigt, ist es gut, wenn der Ersatz, der gar kein »Ersatz« ist, immer bereitsteht.
Als wir zum Mittagessen in unser Hotel heimfahren, humpelt uns Max entgegen. Während wir in Thun waren, hat Deuser ihn behandelt. »Wie sieht's aus, Max?« frage ich.
»Schon viel besser! Ich kann wenigstens wieder auftreten.« So hoffnungslos traurig und hilflos kommt er mir schon nicht mehr vor.
Die Fächer, in die der Empfangschef unsere Post verteilt, fangen an, bedenklich überzuquellen. Telegramme, Eilbriefe und Zeitungen! Ein schönes Stück Arbeit, sie zu lesen. Gierig stürzen wir uns auf die Blätter, die bereits Berichte über unser Spiel bringen. Die Leistung der deutschen Elf wird allgemein anerkannt, und auch Herberger bestätigt man nun, wie richtig er gehandelt hat, wie großartig sein Plan war. Sogar österreichische Journale verirren sich nach Spiez. Die Buchstaben springen uns förmlich ins Gesicht, so randvoll sind die Zeitungsspalten von Zuversicht, von der Hoffnung, mit uns fertig zu werden. Hofft nur, liebe Wiener! Lassen wir erst einmal das Spiel herankommen! Wir wissen, daß ihr kein leichter Gegner seid. Aber wißt ihr, in welcher Bombenform wir sind?
In Liegestühlen ausgestreckt, geht jeder seinen Gedanken nach. Vom »Wunder von Genf« hab' ich irgendwo gelesen. War unsere Leistung ein Wunder?

Zum erstenmal ist uns deutschen Fußballspielern Gelegenheit gegeben, längere Zeit zusammen zu sein, uns voll und ganz aufeinander einzuspielen, uns aneinander zu steigern. Die Fehler vom ersten Spiel haben wir im zweiten vermieden, und aus den Fehlern des zweiten Spiels sind die Tugenden des dritten geworden. Dazu die vernünftige Regie unseres Sepp Herberger, der endlich einmal die Möglichkeit hat, seine Pläne auch tatsächlich zur Entfaltung zu bringen. Wie stark ist er mit einer Elf, die immer greifbar ist. Wie ohnmächtig, wenn ihm wie bei vielen Länderspielen die besten Pläne wie Schneebälle in der warmen Hand zerrinnen, nur weil sich die Mannschaft von einem Spiel auf das nächste wieder völlig auseinandergelebt und -entwickelt hat. Man spricht also besser nicht von »Wunder«, wenn es sich nur um die natürliche Steigerung einer allerdings wohlgesteuerten Leistung handelt. Hinzu kommt das große Erlebnis für alle, hier in der Schweiz dabei sein zu dürfen, und der gesunde, sportliche Ehrgeiz, der uns einfach von einem Spiel zum anderen reißt.

Friedlich und ruhig sitzen wir hier. Der Montag- und Dienstagbetrieb nimmt seinen normalen Gang. Kein Mensch merkt uns rein äußerlich an, daß wir bis zum Ersticken voll sind von guten Vorsätzen, von sportlichem Stolz und Glück. Wir reden nicht mehr viel darüber, gehen spazieren, fahren Pedalo, spielen Tischtennis, schreiben Briefe oder fangen Forellen, ganz wie sonst auch.

Max Morlock und Jupp Posipals Verletzungen bleiben unsere einzige Sorge. Unter Deusers Händen hat Maxls Knöchel sich zwar unwahrscheinlich gebessert, aber wird er bis Mittwoch ganz ausgeheilt sein? Am Dienstag fährt Max schon wieder mit uns zum Training. Mitmachen kann er natürlich noch nicht. Am Rande des Platzes probiert er für sich allein einen kurzen Dauerlauf. Zäher Bursche, dieser Nürnberger!

»Wie schaut's aus?« frage ich hinterher, und siehe, sein Pessimismus ist wie weggeblasen:

»Wenn ich heut noch mal so ein Stück weiterkomme wie bisher, ich glaub' fast, dann schaff' ich es doch noch! Gegen Österreich muß ich dabei sein, Fritz! Da drehen wir den dollsten Wirbel aller Zeiten. Gegen die gehen wir los wie Raketen. Die putzen wir weg!«

»Dann sieh mal zu, daß du gesund wirst. Allein kann ich den Wirbel nicht machen.«
»Wenn es nur die kleinste Möglichkeit gibt, ich bin dabei!«
Der schnell geheilte Knöchel mag ein Beweis für Morlocks nicht unterzukriegende Energie sein, er ist aber auch eine Bestätigung für Deusers erfolgreiche und aufopfernde Behandlungskunst.
Auch die Verletzung Posipals ist unter den Händen unseres Masseurs inzwischen ausgeheilt. Herbergers väterlicher Zuspruch hat zudem das seelische Gleichgewicht des Hamburgers wieder völlig hergestellt.
»Das schaffst du doch! Alles ist in Ordnung mit dir!« Auch ich habe es Jupp auf Spaziergängen unermüdlich gepredigt.
Am Dienstag vormittag knöpft sich Herberger auf dem Trainingsplatz Posipal ganz allein vor. Er läßt ihn in den verschiedenen Stellungen schlagen, hochspringen – kurz, er nimmt ihn gründlich unter die Lupe. Alles ist o. k.! Außerdem kann man sich sowieso darauf verlassen: Wenn Jupp sagt, es geht, dann geht es auch! Und wenn es nicht geht, dann sagt er es, der Jupp.
Auch Max Morlock legt ein paar Spurts hin, die sich sehen lassen können. Alles klar bei ihm!
Und doch ist noch nicht alles klar. Soll Herberger Posipal wieder als Mittelläufer aufstellen und Werner Liebrich nach seiner überragenden Leistung im Jugoslawien-Spiel herausnehmen? Soll er Laband, der sich ebenfalls hervorragend bewährt hat, stehen lassen? Pausenlos schlägt sich der Chef mit diesen Überlegungen herum. Schließlich ringt er sich dazu durch, an Liebrich als Mittelläufer festzuhalten und Posipal an Labands Stelle als rechten Verteidiger aufzustellen. Liebrich als Verteidiger zu nehmen, riskiert er vorsichtshalber nicht, denn immer, wenn der Chef das in einem Spiel versucht hat, klappte es nicht so recht. Fragt sich nur, ob Jupp Posipal ein so glänzender Verteidiger sein wird, wie er ein erstklassiger Mittelläufer ist.
Abgesehen von dem Austausch Laband-Posipal bleibt es – wenn keiner verletzt wird – bei unserer Standardbesetzung. Die restlichen Spieler wissen nun ziemlich sicher, daß sie nicht mehr mit einem Einsatz rechnen dürfen. Das ist hart und enttäuschend für sie, und wir können ihnen nicht hoch genug anrechnen, daß sie diesen Verzicht mit echter Kameradschaft hin-

nehmen. Metzner, Biesinger und Erhardt waren kein einziges Mal bei einem Spiel dabei, obwohl sie wie wir in prächtiger Kondition und Höchstform sind. Heinz Kubsch hat sich durch seine unglückselige Kahnpartie die Wochen in der Schweiz verdorben. Pfaff und Herrmann haben wenigstens einmal gespielt und jeder durch ein schönes Tor bewiesen, daß sie sogar den Ungarn eins 'reinpfeffern, wenn es sein muß. Klodt, Laband und Bauer waren schon etwas besser dran, sie sind zwei- bzw. dreimal zum Zug gekommen. Liebrich und Rahn viermal, doch das hat vollauf genügt, ihre Namen in die Fußballgeschichte eingehen zu lassen. Ottmar, Morlock, Schäfer und Mai waren bei unserer 3:8 Niederlage gegen Ungarn Zuschauer, nur Horst Eckel und ich haben bei keinem Spiel gefehlt.
Nie habe ich vor Spielbeginn auf dem Rasen gestanden ohne einen guten Gedanken für die Kameraden auf der Ersatzbank. Doch das Erlebnis Schweiz wird auch denen, die nicht zum Zug gekommen sind, unvergessen bleiben.

Wer spielt die erste Geige?

Die Stimmung vor dem Österreich-Spiel läßt kaum zu wünschen übrig. Unter den letzten Vier sind wir, daran kann keine Macht der Welt etwas ändern. Das heißt: Vierte sind wir bestimmt, vielleicht aber auch Dritte. Wenn wir das Spiel gegen Österreich gewinnen, sind wir sogar Zweite, und wenn wir . . . das kann man nun drehen, wie man will. Und wir drehen und wenden es nach allen Seiten wie einen doppelseitig tragbaren Mantel.
Die Vorstellung, gegen die Wiener anzutreten, jagt uns durchaus keinen panischen Schrecken ein. Nein, wir fürchten uns nicht! Das wäre entschieden zuviel behauptet.
Wie war das in der Weltmeisterschaft 1934 in Italien? Da ging es zwischen Österreich und Deutschland um den dritten oder vierten Platz, und wir gewannen 3:2.
Singend und pfeifend bringen wir unsere Sachen in Ordnung. Besonders Ottmar und Karl Mai putzen ausdauernd an ihren Fußballschuhen herum, weil sie noch lange nicht pico bello sind. Helmut, der mich feierlich zum Stubenältesten ernannt

hat, nimmt mir das Putzzeug aus der Hand und wienert meine Schuhe mit.

»Spielst du heute wieder erste Geige?« fragte ich Kohli.

»Warum nicht, wenn du richtig dirigierst!« gibt er schlagfertig zurück. Kohlmeyer hat nämlich gestern erste Geige gespielt.

Ein in der Schweiz gastierendes deutsches Tanzorchester hatte uns in Spiez besucht, um eine Abwechslung in unser Sportlerdasein zu bringen. Es war schönes Wetter, und das Konzert fand auf der Hotelterrasse statt. Heiter und leicht klang die Musik weit hin über den idyllischen Thuner See. Sogar eine Sängerin war bei der Gruppe, und wir hörten ihr hingerissen zu.

»Müßten wir ihr nicht ein paar Blumen überreichen?« Wir hielten galanten Kriegsrat.

»Ja! Aber wer soll es tun?«

»Toni, der macht das am besten.«

»Aber wartet damit bis zum Schluß.«

Das Orchester musizierte unermüdlich, erst nach einer Stunde legten die Spieler für kurze Zeit die Instrumente aus der Hand. Sie waren noch nicht ganz von ihren Plätzen verschwunden, da saßen Biesinger, Pfaff und Klodt bereits am Saxophon. Rahn stand am Schlagzeug und Kohlmeyer griff nach der Geige. Auch Morlock versteht ein bißchen was vom Geigen. Klodt und Rahn spielen außerdem noch gut Akkordeon. Nach kurzer Fühlungsnahme klappte ihr Zusammenspiel, nicht ganz so gut wie auf dem Rasen, aber sie brachten doch so etwas wie Musik zustande. Man mußte sich nicht unbedingt die Ohren verstopfen. Die musizierenden Nationalspieler machten den Berufsmusikern gern wieder Platz, und Toni warf sich langsam in Positur, der Sängerin den Blumenstrauß wirkungsvoll zu präsentieren. Er unterzog sich seiner Pflicht mit so viel Geschick, daß er nicht nur das Blumengebinde, sondern sogar noch einen Kuß anbrachte.

»Für euch alle!« entschuldigte er sich hinterher fadenscheinig. Wir werden es uns aber sehr überlegen, ob wir ihn jemals wieder so selbstlos mit reizvollen Missionen betrauen.

Die Melodien von gestern bringen wir heute noch nicht los. Alles, was wir tun, hat mehr Schwung. Was wird uns im Kopf herumgehen, wenn die Österreicher ihre Wiener-Walzer-Platte auflegen?

In der Spielersitzung sieht die Sache natürlich bei weitem nicht so heiter und walzerselig aus. Die Österreicher sind Gegner, die wir nicht unterschätzen dürfen. Die allgemeine Befürchtung, die Energieleistung von Genf könne irgendwelche Rückschläge auf unsere Form ausüben, teilen wir selbst keineswegs. Wohl hatten wir, als wir uns am Morgen nach dem Jugoslawien-Spiel zur Gewichtskontrolle auf die Waage stellten, durchschnittlich fünf bis sechs Pfund abgenommen. Dieser Gewichtsschwund aber ist nach vielen Spielen festzustellen und in erster Linie ein Flüssigkeitsverlust des Körpers, den man schnell wieder aufholt.
Wir trauen uns durchaus zu, die anderthalb Stunden gegen die Österreicher ohne die geringsten Schwierigkeiten durchzustehen. Aussichtslos ist es ja nicht, dieses Spiel zu gewinnen. Und wenn die Chance, ins Endspiel zu kommen, so greifbar nahe liegt, müßten wir schlechte Sportler sein, suchten wir sie nicht mit allen erlaubten Mitteln auszunutzen.
Mit viel Liebe und Sorgfalt knobeln wir die alten Eckball- und Freistoßtricks aus. Herberger mahnt noch einmal:
»Vergeßt die Deckung nicht! Keiner weicht von seinem Mann, selbst wenn er Kaffee trinken geht!« Es ist bekannt, daß unsere Deckung den Österreichern das größte Unbehagen bereitet. In ihrer Freude am spielerischen Fußball vernachlässigen sie die eigene Deckung oft sträflich. Die konsequente Bewachung durch den Gegner empfinden sie als äußerst lästig.
»Und nun schaut zum Fenster raus'! Der Wettergott ist auf eurer Seite. Laßt alles andere mit Ruhe herankommen.«
Draußen regnet es seit dem frühen Morgen. Es regnet, regnet pausenlos. Ein Wetter so recht nach meinem Geschmack. »Fritz-Walter-Wetter« haben es die Kameraden genannt, obwohl es auch ihnen am liebsten ist.
»Dein Wetter, Fritz!«
Wie beim ersten Spiel in Basel fährt der Omnibus so früh, daß wir einige Kilometer vor der Stadt in einem Hotel zu Mittag essen und ein paar Stunden ausruhen können. »Poulet« oder Hähnchen schmeckt uns immer noch. Wenn ich wieder zu Hause bin, werde ich gelegentlich ausrechnen, wieviele Gockel in der Schweiz für uns gestorben sind. Noch habe ich anderes zu denken.

Im Hotelzimmer strecke ich mich auf dem Bett aus; bald muß Deuser zur Auflockerungsmassage kommen. Draußen nieselt es weiter. Mit beruhigendem Gefühl stelle ich mir den schönen, glitschigen Rasen vor, der heute, am 30. Juni, im Basler Stadion auf uns wartet.

In vier Tagen geht, wenn alles programmmäßig verläuft, die V. Weltmeisterschaft im Fußball zu Ende. Und wir sind immer noch dabei. Nicht als Schlachtenbummler, wie der DFB uns das im Fall des Ausscheidens freundlicherweise angeboten hat, nein, als Akteure, die ein ernstes Wörtchen mitzureden haben. Das ist uns entschieden lieber so. Wir hätten uns nicht sehr wohl gefühlt in unserer Haut, als längst ausgeschiedene Mannschaft unter den anderen herumzuspazieren. Mit Berechtigung hier zu sein, das ist eine ganz andere Sache!

Meine Wünsche gehen plötzlich kühne Wege. Wünsche? Es sind wohl nur Wunschträume ... Sie wagen sich vor bis zum Endspiel. Wie wäre das wohl, wenn wir beim Endspiel auf dem Rasen stünden? Wenn eine von den Nationalhymnen die deutsche wäre? Müßte es nicht herrlich sein, erst im letzten, im allerletzen Spiel zu unterliegen? Ehrenvoll natürlich. Nicht auszudenken! Meine Träume geben noch keine Ruhe ... Warum denn unterliegen? Warum nicht gewinnen? Warum sollen wir, wenn der Schlußpfiff ertönt, nicht selbst die Sieger sein? Alles wird sich von den Plätzen erheben, um uns, den neuen Weltmeister, zu feiern. Dem Rundfunksprecher wird es die Stimme verschlagen, und wenn er sie wieder hat, wird er heiser vor Aufregung den Hörern in der Heimat sagen, daß etwas Unglaubliches passiert ist, daß wir Weltmeister sind! Und jeder, der abends die Skala seines Radios absucht, wird es in allen Sprachen der Welt hören: Weltmeister ist Deutschland ... Allemagne ... Germany.

»Träumst du mit offenen Augen, Fritz?« Deuser steht schon eine Weile im Zimmer und wundert sich, daß ich mich nicht rühre, sondern verklärt zum Fenster hinausstarre.

»Ich hab' mir gerade vorgestellt, wir wären Weltmeister. Ein Traum, ein Hirngespinst, weiter nichts.«

»Da muß ich wohl etwas kräftiger massieren, damit die Einbildung gleich mit aufgelockert wird. Falls du es vergessen haben solltest: Ihr spielt in einer Stunde gegen Österreich.«

Kurze Zeit darauf sitzen wir im Omnibus, der uns nach Basel bringen soll. Halt! Nicht abfahren! Kubsch und Kwiat sind noch nicht da. Daß die immer zu spät kommen müssen, die beiden! In allerletzter Minute stürmen sie an.

»Seid ihr auch dafür?« fragt Helmut Rahn mit der Miene eines Staatsanwalts. Er will wissen, ob wir damit einverstanden sind, den beiden für ihr ewiges Zuspätkommen endlich einmal den »Heiligen Geist« zu verabreichen. Der »Heilige Geist«, wie wir ihn meinen, ist keine christliche, aber auch keine unchristliche Angelegenheit. Er tritt in Funktion, wenn einer sein erstes Länderspiel hinter sich hat, aber auch bei Jubiläumsspielen und gelegentlich als Strafe. Zur feierlichen Aufnahme in die Nationalmannschaft wird dem Neuling von den Kameraden die Hose heruntergezogen, damit jeder seine mehr oder weniger kräftige Handschrift auf die entblößte Körperfläche setzen kann. Der Boß findet, daß diese Amtshandlung zur Abwechslung bei unverbesserlichen Bummelanten wie Kwiat und Kubsch auch nicht fehl am Platze wäre. Natürlich schreit die ganze Mannschaft:
»Ja, wir sind auch dafür!«
Doch der Chef redet uns zu, während der Wochen in der Schweiz den »Heiligen Geist« ruhen zu lassen. So entwischen die beiden noch einmal mit heiler Haut dem Gericht.
In Basel kommt unser Bus nur mühsam vom Fleck. In der Stadt herrscht ein unvorstellbarer Verkehr. Wagenkolonnen und abermals Wagenkolonnen! Der Sieg von Genf hat in Deutschland eine Welle der Freude und Begeisterung ausgelöst, und viele, die nach dem 3:8 Spiel gegen Ungarn bitterböse auf uns waren, haben sich die Sache noch einmal überlegt und sind heute doch nach Basel gekommen, manche vielleicht mit ihren letzten Pfennigen, ohne Mühen und Strapazen zu scheuen. Basel erlebt eine friedliche Invasion der Deutschen. Ungeachtet des Regens füllen schätzungsweise 30 000 oder gar 40 000 Landsleute das weite Rechteck des St.-Jakob-Stadions.
In der Kabine der Österreicher ist die Stimmung sicherlich nicht anders als bei uns. Wie wir stehen auch die Wiener – die österreichische Elf setzt sich aus Spielern der Wiener Vereine

Austria, Vienna, Rapid und Wacker zusammen – so nahe wie noch nie in der Fußballgeschichte vor dem Endspiel um die Weltmeisterschaft.
Der österreichische Trainer Edi Frühwirth, Herbergers guter Freund, stattet uns in der Kabine eine kurze Visite ab. Eine nette Überraschung für den Chef und für mich ist der Besuch des früheren österreichischen Linksaußen Hans Pesser; er hat vor Jahren in der deutschen Nationalmannschaft gespielt und war mit mir zusammen beim Spiel Ungarn – Deutschland 2:2 in Budapest dabei. In der Schweiz assistiert er Trainer Frühwirth.
Liebevoll balanciere ich Mecki, meinen Talisman, auf den Kleiderhaken. Dort sitzt er bei jedem Spiel. Ein unbekanntes Mädchen hat ihn mir vor der Schweizreise geschickt. Er soll uns Glück bringen, schrieb die Absenderin.
Auch beim Österreich-Spiel muß die Trikotfrage durch Auslosung entschieden werden, denn wie wir tragen die Österreicher normalerweise zur schwarzen Hose weiße Trikots.
»Kein gutes Zeichen, wir haben das Los verloren!«
»Was wollt ihr denn?« sagte ich. »Im ersten Türken-Spiel haben wir das Los gewonnen und das Spiel. Im zweiten haben wir freiwillig auf unsere Trikots verzichtet und auch gewonnen. Jetzt verlieren wir das Los und gewinnen das Spiel. Das ist doch klar.« Pessimisten müssen immer aufgemuntert werden.
Wir sind nicht die einzige Mannschaft, die abergläubisch aus Äußerlichkeiten Schlüsse zieht. Fast alle Fußballspieler und -fanatiker lassen sich von irgendwelchen Omen beeinflussen. Nach dem Spiel erzählt man mir, daß Heribert Meisel, der österreichische Rundfunksprecher, ganz verzweifelt war, als er uns in grünen Trikots einlaufen sah.
»Oh, diese grünen Trikots der Deutschen. Sie brachten uns noch nie Glück! In Wien haben wir gegen die grünen Trikots verloren, und wer das zweite Türken-Spiel gesehen hat, in dem die deutsche Elf auch grüne Trikots trug, der wird mein Unbehagen verstehen.«
Fußballaberglaube ist ein Kapitel für sich. Der eine nimmt ihn mehr, der andere weniger ernst. Kohlmeyer zum Beispiel beweist, daß er nicht viel davon hält. Beim I. FC Kaiserslautern hat es sich eingebürgert, unrasiert in die ganz großen Spiele zu gehen. »Unrasierte Spiele« haben wir fast immer gewonnen.

Ganz selbstverständlich behalten wir fünf Kaiserslauterer diese barbarische, aber glückbringende Gewohnheit auch bei der Weltmeisterschaft bei.
Doch was ist das?
Zehn Minuten vor dem Schiedsrichterpfiff seift unser guter Kohli plötzlich in aller Ruhe sein Gesicht ein und stellt sich vor den Spiegel, um sich zu rasieren.
»Was machst du denn da?« fragen wir entgeistert.
»Oooch, ich rasiere mich!« sagt er lapidar. Der Mensch hat eine Ruhe! Ob da nicht Eitelkeit im Spiel ist? Wir haben keine Zeit, uns darüber Gedanken zu machen.
Jeden Augenblick muß es draußen im Gang pfeifen. Schnell bilden wir mit allen, die in der Kabine sind, unseren Kreis. Hat er beim Jugoslawien-Spiel nicht Glück gebracht?
»Alles klar?« fragte ich.
»Alles klar!«
»Jeder seinen Mann!« Begleitet von Herbergers und der Kameraden guten Wünschen verlassen wir die Kabine.
Immer noch nieselt es. Als wir das Spielfeld betreten, braust uns aus dem weiten Viereck des Stadions vieltausendstimmiger Jubel entgegen. Die Zuschauer haben Trompeten, Sirenen und Kuhglocken mitgebracht. Mit Schirmen, Kapuzen und hoch aufgeschlagenen Mantelkrägen stehen die meisten schon stundenlang im Regen. Nicht alle können nach dem Spiel in ein Hotelzimmer gehen und sich trockene Sachen anziehen. Doch darüber macht sich im Augenblick niemand Sorgen. Ein deutscher Sieg wäre schon einen Schnupfen wert.
Wir dürfen unsere Landsleute nicht enttäuschen!
Sie schwenken die schwarz-rot-goldenen Fähnchen. Das Stadion ist ein brodelnder, tosender Kessel. In der Mitte aufgestellt hören wir die Nationalhymnen beider Länder. Die Österreicher sind mit Zeman; Hanappi, Schleger; Ocwirk, Happel, Koller; Körner I, Wagner, Probst, Stojaspal, Körner II auf den Platz gekommen. Zum erstenmal während des Weltmeisterschaftsturniers stehe ich beim Wimpelaustausch einem Mannschaftskapitän gegenüber, der unsere Sprache spricht. Ocwirk ist mir von zwei Länderspielen her ein guter Bekannter und Freund. Ehrlichen Herzens wünschen wir uns gegenseitig alles Gute für die kommenden neunzig Minuten.

Schiedrichter ist Orlandini, Italien, bei dessen Namensnennung unwillkürlich wieder eine unerfreuliche Situation vor mir auftaucht. Er hat im Dezember 1952 in Madrid unser Spiel gegen Spanien gepfiffen und für Eckels unbeabsichtigtes Handspiel unnachgiebig einen Elfmeter verhängt, der zum 2:2-Ausgleich der Spanier führte. Doch wäre es falsch, Orlandini skeptisch zu begegnen. Wir sollen in dem vor uns liegenden Spiel hinreichend Gelegenheit haben, seine sachliche Aufmerksamkeit zu bewundern.

Und jetzt ist es so weit.

Deutschland spielt gegen Österreich um den Eintritt ins Endspiel! Auch wenn wir verlieren – ein großer Tag für Deutschlands Fußballsport!

Aber wir dürfen nicht verlieren!

Ottmar nimmt nach unserem Anstoß den Ball auf, verliert ihn schnell an die dazwischen wirbelnden Österreicher. Körner I vollendet ein kurzes Zuspiel seiner Wiener Kameraden Stojaspal-Wagner und flankt zur Mitte. Toni Turek muß schon früh in Aktion treten. Er läßt den Ball vom Fuß abprallen. Kohlmeyer schickt ihn ins Feld zurück. Ein blitzschneller Vorstoß der wieselflinken Österreicher bleibt bei Werner Liebrich stecken, der mit kraftvollem Kopfball stoppt.

Das Publikum hat Werners enorme Energieleistung vom Jugoslawien-Spiel nicht vergessen. Nun, da man einmal auf den zuverlässigen Stopper aufmerksam geworden ist, klatscht man ihm häufig auf offener Szene Beifall. Mit einigem Staunen ist zwar die Nominierung Posipals als rechter Verteidiger aufgenommen worden, aber Jupp zeigt schon bald, wie sehr er im Bilde und auch dieser Aufgabe gewachsen ist. So selbstverständlich macht er das, als habe er nie auf einem anderen Platz gestanden. Ruhe und Sicherheit verbreiten sich von den beiden Säulen Posipal und Liebrich aus in der gesamten Hintermannschaft. Ein Segen für den Spielverlauf, denn die Österreicher sind keine schlechten Torschützen – wir haben es bei ihrem 7:5-Sieg gegen die Schweiz selbst gesehen.

Deutschland greift an. Der Ball kommt zu Schäfer, der paßt zu Ottmar. Ottes denkt: was soll ich lange fackeln? – und jagt die Flanke mit viel Elan auf Zemans Tor. Zeman macht es Toni nach und klärt mit dem Fuß.

Vorläufig wogt das Spiel mit einer kaum wahrnehmbaren Feldüberlegenheit der Wiener hin und her. Wagner und Kör-ner I holen sich das Leder und brennen in flinkem Zuspiel mit ihm durch. Probst, der hinzukommt, ergänzt ihr Duett zum Trio, aber ihr Wirbel verläuft bei Werner Liebrich im Sande.
Herbergers Anweisung entsprechend spielen Max Morlock und ich einstweilen zurückgezogen. Erst wenn der Ansturm der Wiener gebrochen ist, sollen wir zu eigenen Vorstößen übergehen. Da rollt mir ein Ball, den Happel Ottmar und Rahn abgejagt hat, vor die Füße. Ohne groß zu experimentieren, knalle ich ihn auf das Tor. Er geht knapp neben dem Pfosten ins Aus.
Was Körner II, der jetzt mit dem Ball heranbraust, im Schilde führt, ist nicht schwer zu erraten.
»Beim Mann bleiben, und wenn er Kaffee trinken geht!« hat Herberger seinen Leuten eingehämmert. Nun, Körner II lenkt die Schritte nicht nach einem Wiener Kaffeehaus, sondern gegen Tonis Kasten. Bewacher Eckel versperrt ihm den Weg – und wird gelegt.
Freistoß für Deutschland! entscheidet Orlandini, dessen wachsamen Augen nichts entgeht.
Posipal paßt zu Mai, der paßt zu Schäfer. Dann rollt das Leder ins Aus.
Ottmar rennt nach dem eingeworfenen Ball und schickt ihn maßgerecht in Zemans Strafraum, aber Rahn, auf den er gerechnet hat, kommt zu spät. Die schöne Chance ist verpaßt. Doch Helmut läßt sich nicht gern was nachsagen. Er weiß wieviel strenge Blicke auf seine eigenwilligen Aktionen gerichtet sind. Brav und friedlich reiht er sich in unser Kombinationsspiel ein. Jetzt bekommt er den Ball von Mai, verteidigt ihn vor einem futterneidigen Österreicher und schießt mit viel Eifer. Auch dieser Ball geht ins Aus.
Der nächste Gegenstoß der Wiener hätte leicht ins Auge treffen können. Halbrechter Wagner flitzt ungehindert gegen unseren Strafraum. Nur Liebrich ist noch vor ihm, und den will er geschickt umspielen. Werner fixiert den weißen Kreidestrich und sieht, daß zwischen dem Gegner und der Strafraumgrenze noch zwanzig Zentimeter sind. Mit einem verzweiflungsvollen Spagatschritt wirft er sich in Wagners Umgehungsmanöver.
Das war letzte Rettung vor einem sicheren Tor!

Den verhängten Freistoß schießt Ocwirk, aber Toni hält sicher. Die Wiener greifen nun über den rechten Flügel an. Ich renne zurück und stoppe einen Querpaß.
Nicht so heftig, liebe Wiener!
Morlock ist zur Stelle, wie immer, wenn man ihn braucht. Er schiebt zu Ottmar, und Ottmar paßt wieder zu mir. Leider wird der vielversprechende Angriff abgefangen.
Wenig später wehrt Turek eine Eckball ab. Posipal leitet das Leder zu mir, und ich lasse Hänschen Schäfer nicht lange warten. Er steht aber ungünstig, um selbst schießen zu können, und gibt noch mal an Morlock weiter, Maxl stoppt sich den Ball und – flucht: Zeman hat blitzschnell reagiert.
Ecke! Ecke von links! Meine Ecke!
Behutsam flanke ich zu unseren lauernden Stürmern in den Strafraum. Der Ball sitzt gut, wird aber abgewehrt. Was machen sie denn nur vor Zemans Tor? Nachschuß? Nochmal Nachschuß! Die österreichischen Verteidiger sind auf der Hut.
Als Morlock kurze Zeit später gelegt wird, pfeift Orlandini. Freistoß für uns.
Ich laufe hin, um ihn zu treten. Ottmar schaut mich an und gibt mir, für die anderen kaum sichtbar, ein Zeichen. Unsere Blickverbindung ist wie bei Eckbällen abgesprochen. Ich kapiere sofort, was mein Bruder will. Ganz weich hebe ich ihm den Ball in den Strafraum. Ottmar ist auch rechtzeitig gestartet, aber durch einen dummen Zufall verpaßt er das Leder um Millimeter. Ein klein bißchen mehr Glück, und er hätte den Ball an dem herauslaufenden Zeman vorbei ins Netz lenken können. So verfehlen beide das Leder. Am langen Eck rollt es am Tor vorbei. Melancholisch könnte man werden ...
Max Morlock muß der gleichen Meinung sein. Da Trübsal ihm aber nicht liegt, schafft er sich mit einer wütenden Bombe, die haarscharf am Pfosten vorbeistreicht, seelische Erleichterung.
Unser Sturmspiel läuft sich ein. Die Kombinationen werden zügig und elegant. Im Mittelfeld erkämpft sich Morlock das Leder von Stojaspal, ich wittere Morgenluft, wechsle auf Rechtsaußen und erlaufe seinen Steilpaß. Dann starte ich noch einige Schritte in Richtung österreichisches Tor und lege Hans Schäfer, der von Linksaußen- auf Mittelstürmerposition gewechselt hat, den Ball so abgezirkelt vor, daß er eigentlich nur

noch den Fuß hinzuhalten braucht, um den etwas spät reagierenden Zeman zu schlagen. Bombensicher sitzt der Ball im Netz.
Ein unbeschreiblicher Jubelsturm tobt durch das Stadion.
Das ist die Führung! Unser Führungstor!
Es steht 1:0!
1:0 für Deutschland. In der 31. Spielminute.
Die Österreicher drehen jetzt gewaltig auf. Ihr Sturm drängt mit routinierten Kombinationen gegen unseren Strafraum. Kohlmeyer, Eckel, Mai, Liebrich und Posipal funken energisch dazwischen. Posipal ist jetzt wieder ganz groß in Form und ohne Komplexe. Alle, die gefragt haben: Posipal oder Liebrich?, wissen inzwischen, daß es Posipal und Liebrich heißen muß.
Mit Morlock zusammen versuche ich jetzt immer häufiger die Angriffslust der Österreicher zu durchstoßen und eine Pforte für unseren Sturm zu öffnen. Mitunter reißt sogar Jupp, der Verteidiger, mit durch, läuft nach vorn, um die Basis für unsere Attacken zu erweitern.
Besondere Torchancen werden auf beiden Seiten nicht mehr herausgespielt. In einen Mordsschuß von Wagner stürzt Liebrich. Ein Treffer von Schäfer aus sechzehn Meter Entfernung wird wegen einwandfreier Abseitsstellung nicht anerkannt.
In dem Augenblick, in dem Liebrich einem Freistoß entgegenspringt, geht die erste Halbzeit zu Ende.
Gnadenlos läßt es Petrus auf die Zuschauer herabregnen. Völlig durchnäßt jubeln sie uns trotzdem zu. Den ohrenbetäubenden Lärm ihres Beifalls in den Ohren, gehen wir in die Kabinen.
Der Boden ist durch den anhaltenden Regen so aufgeweicht, daß wir höhere Klötzchen brauchen. Ohne Zeit zu verlieren, geht Daßler an die Arbeit. Wir erfrischen uns wie üblich mit Tee und Zitrone. Beglückt stellen wir fest, daß wir unser bisheriges Tempo getrost beibehalten können. Wir spüren keine Müdigkeit. Von Nachwirkungen des Jugoslawien-Spiels ganz zu schweigen.
»Jetzt noch mal drauf!« sagt der Boß. Es sind immer die gleichen, schlichten Aufmunterungen, in denen ein Außenstehender vielleicht vergeblich den Inhalt sucht. Für uns sind sie der Motor zu jedem Spiel.

Herbergers Rezept für die zweite Halbzeit ist kurz und bündig: »Spielt so weiter! Laßt nicht nach!«

Einmal der Gigl, einmal der Gagl

Signor Orlandini pfeift die zweite Halbzeit an, und die Österreicher legen sich gleich mächtig ins Zeug. Horst Eckel läßt sich nicht ins Bockshorn jagen – der Ball wechselt den Besitzer. Nach kurzem Hin und Her dribble ich in den österreichischen Strafraum hinein. Meter um Meter rücke ich Zeman näher auf den Pelz. Sekunden noch, dann wird aus dem 1:0 ein . . . ja, wenn Ernst Ocwirk nicht wäre, Österreichs weltbekannter rechter Läufer. Wie ein Tornado braust er heran, nimmt mir den Ball und seinem Torwart die Angst ab. Immerhin springt eine Ecke von links für uns heraus.
Es steht also 1½:0 für uns, denn ein Eckball ist bekanntlich ein halbes Tor.
Ich lege mir den Ball zurecht, und unser vereinbartes Täuschungsmanöver läuft wie am Schnürchen: Ottmar und Rahn starten vor, als erwarteten sie eine kurze Ecke. Sie ziehen die österreichischen Verteidiger auf sich und verleiten Torwart Zeman dazu, sich auf seine rechte Torhälfte einzurichten. Der Ball kommt aber lang, genau dorthin, wo Max Morlock und Hans Schäfer, unsere Kopfballexperten, auf der Lauer liegen. Im richtigen Sekundenbruchteil schraubt Max sich in die Höhe und nickt das nasse und schwere Leder zielsicher an Zeman vorbei ins Tor.
Im Stadion setzt ein infernalisches Konzert von Kuhglocken, Trompeten und Beifallsgebrüll ein.
2:0 für Deutschland in der 48. Spielminute! Ein Vorsprung, der beruhigend wirkt!
Wenige Minuten später bringt Stojaspal das Leder bis in unseren Strafraum. Ich glaube, es ist Mai, der dazwischenspringt. So richtig kann ich das von meinem Standpunkt im Mittelfeld nicht erkennen. Doch der Ball kommt wieder zu einem Österreicher. Er schießt aufs Tor, bringt aber nur einen harmlosen Roller zustande. Toni hält ihn, wie sich das gehört. Aber was ist das? In der nächsten Sekunde läßt er das glitzschige Leder fal-

len. Ist es ihm aus der Hand gerutscht? Oder hat er das Bällchen nicht ernst genug genommen? Das Leder landet vor Stojaspals Füßen. Mit einem mächtigen Satz wirft sich Toni erschrocken hinterher. Es gelingt ihm, den Ball dem schießgierigen Wiener von den Füßen wegzufausten, aber – Tücke des Schicksals! – der weggeboxte Ball rollt Probst direkt vor das Schußbein, der ihn in aller Gemütsruhe ins verlassene deutsche Tor schiebt.

2:1! Österreich hat seinen Anschlußtreffer. Und gleich bekommen die Wiener Oberwasser. Die Stadionuhr zeigt, daß sieben Minuten der zweiten Halbzeit hinter uns liegen.

»Geh ma! Geh ma!« feuern sich die Wiener hoffnungsvoll an. Das Spiel ist wieder offen. Wir haben noch nicht gewonnen. Die Österreicher »scheiberln« jetzt. Zum Glück läßt sich unsere Hintermannschaft durch den Schock nicht aus dem Konzept bringen. Sie ballt sich zusammen und klärt eindeutig, wenn Not am Mann ist.

In der 56. Minute passe ich zu Max Morlock. Stopper Happel fängt den Ball ab, bringt ihn aber nicht einwandfrei unter Kontrolle. Das Leder landet bei Hans Schäfer. Unser Kölner rast ab wie der »Rheinpfeil«, direkt vor Zemans Tor. Niemand steht ihm mehr im Weg. Hannes setzt zum Schuß an, da zieht Happel in allerhöchster Bedrängnis die Notbremse: Er läßt sich auf dem nassen Boden in Schäfers Beine hineinrutschen und klammert sich mit beiden Füßen an dessen Standbein fest.

Pfeift Orlandini oder pfeift er nicht? Der Unparteiische hat das Foul gesehen. Unmißverständlich zeigt er auf die Elfmetermarke. Die Österreicher protestieren nicht. Die Situation war eindeutig.

Jetzt ist es so weit. Elfmeter! In den vorhergehenden Spielen der Weltmeisterschaft blieb ich davon verschont. Ich bin ganz ruhig. Gelassen gehe ich auf den Elfmeterpunkt zu.

»Fritz, dei' Eck!«

»Ja, mei' Eck!«

Ottmar hat inzwischen den Ball aufgehoben und ist auf mich zugekommen. Er kennt mich in- und auswendig und fragt:

»Was is? Hasche Mumm?«

»Ja«, sage ich, »alles klar! Hab' keine Angst, ich bin ganz ruhig.«

Prinzipiell setze ich mir den Ball selbst. Hier kommt es auf Millimeter an; legt ihn ein anderer, ist die Gefahr groß, daß er verschossen wird. Tiftelnd drehe ich das Leder hin und her, peile von unten herauf das Tor an. Zeman zieht sich gerade die Hose zurecht. Jetzt ist er sprungbereit.
»Zeman, Zeman, nimm dein Herz in beide Hände ...« Von uns zweien hängt jetzt alles ab. Welcher Auftrieb für euch, wenn du hältst! Welches Glück für uns, wenn der Strafstoß sitzt! Dann hätten wir zwei Tore Vorsprung, dann wären wir dem Endspiel viel näher ...
Im Stadion ist es mucksmäuschenstill. Orlandini pfeift. Meine Ecke ist klar – die rechte. Ich laufe an, nehme den Ball mit dem Innenrist, Zeman wirft sich nach der falschen Seite, das Leder zappelt einwandfrei im Netz.
3:1! Wie ein Funke zündet in uns die Hoffnung, dieses Spiel zu gewinnen.
Liebrich, alter Pessimist! Hat sich bei meinem Elfmeter nicht herzuschauen getraut und zum Toni gesagt: »Ich weeß net, ich glaab, der geht nete noi!« Erst beim Torgebrüll der 40 000 Deutschen hat er gemerkt, was los ist.
Offensiv läuft unser Spiel jetzt.
»Noch ein Tor!« verlangen die begeisterten Zuschauer.
»Noch ein Tor!« schlägt es uns wie ein Orkan entgegen.

»Hau-ruck!« schreien sie, wenn Turek seine berühmten Abstöße bis weit über die Mittellinie gibt.
Schrecksekunden haben wir noch zu überstehen, als der Halbrechte Wagner einen Bombenschuß in das äußerste obere Eck unseres Kastens jagt. Toni macht einen unwahrscheinlichen Hechtsprung und lenkt den Ball mit den Fingerspitzen an das Lattenkreuz. Von dort springt das Leder ins Feld zurück, und Werner Liebrich klärt mit befreiendem Schlag die gefährliche Situation.
Bravo, Toni! Mit dieser phantastischen Parade hast du dein erstes Tor wieder wettgemacht!
»Noch ein Tor!« fordern unsere Schlachtenbummler, die vor Freude über das fesselnde Spiel außer Rand und Band geraten.
Zeman wehrt einen gefährlichen Schuß von Hans Schäfer ab. Wieder gibt es eine Ecke für uns. Über Ecken-, Freistoß- und

Elfermangel kann ich mich nicht beklagen. Unser Täuschungsmanöver bringt zum zweitenmal etwas ein.
Lauf du nur nach vorn, denken die Österreicher, als sie Ottmar starten sehen. Darauf fallen wir euch nicht ein zweites Mal herein. Sie bleiben hinten am langen Eck, um nicht wieder durch einen weiten Eckball überspielt zu werden. Aber mein Schuß kommt halbhoch zu dem vorgelaufenen Ottmar, und der dreht das Leder mit einer blitzschnellen Kopfbewegung bildschön ins Netz. 4:1! 29 Minuten vor Schluß! Liebe Schlachtenbummler, da habt ihr euer Tor!
Schwer zu schildern, wie uns auf dem Spielfeld zumute ist. Das bedeutet den klaren Sieg. Einzug ins Endspiel! An unserer Überlegenheit ist nicht mehr zu zweifeln. Drei, vier »todsichere« Torchancen haben wir noch, aber das fällt schon gar nicht mehr ins Gewicht. Mit unseren Angriffen reißen wir die Zuschauer zu wahren Begeisterungsstürmen hin. So hat noch keine deutsche Mannschaft gespielt, sagt man, nachdem alles vorbei ist.
Für mich kommen noch ein paar unangenehme Minuten. Nach unbeabsichtigtem Zusammenprall mit einem österreichischen Läufer bleibt mir durch einen Stoß in den Magen die Luft weg. Im ersten Moment fürchte ich zu ersticken und krümme mich am Boden. Ein ekelhafter Brechreiz befällt mich. Die Österreicher sind weitergestürmt und haben einen Eckball erzwungen. Erst als die Zuschauer pfeifen, merkt Schiedsrichter Orlandini, daß ich im Mittelfeld liege, und unterbricht das Spiel. Herberger und Deuser eilen herbei und wollen wissen, was los ist. Vielleicht muß der Chef die Mannschaft umstellen. Deuser massiert mich kurz und reibt mir die Schläfen mit Eiswasser ein. Allmählich geht's wieder. Der Österreicher entschuldigt sich, er hat es nicht absichtlich getan. Das Spiel wird fortgesetzt.
Rahn spurtet in die schlechte Rückgabe eines Wiener Verteidigers und erreicht sie vor Zeman. Er umspielt den Torhüter und will gerade mit dem Ball ins leere Tor laufen. Da hechtet Zeman verzweifelt nach rückwärts und zieht Rahn mit der Hand das Standbein weg. Der Boß stürzt der Länge nach zu Boden und bleibt eine Zeit lang liegen, damit wirklich jeder sieht, was man ihm angetan hat.

In einem Spiel zwei Elfmeter? Was sein muß, muß sein, sagt sich unser Pfeifenmann und deutet zum zweitenmal kompromißlos auf die Elfmetermarke.
Wer schießt? Werden die Zuschauer denken. Wie beim erstenmal nehme ich ohne Lampenfieber den Ball in Empfang und lege ihn mir zurecht. Das 7,32 Meter breite Tor bleibt heute 7,32 Meter breit. Als aufgeregtem Elfmeterschützen ist mir früher schon passiert, daß das Tor kleiner und kleiner wurde, während der Torwart zu einem Riesen anwuchs und der Ball unmöglich an ihm vorbei konnte.
Heute bin ich die Ruhe selbst. Kohli und Ottmar treiben sich in meiner Nähe herum.
»Wieder ins selbe Eck wie beim erstenmal!« zischt Ottes mir zwischen den Zähnen zu.
»Alles klar! Wieder in mei' Eck«, und ich laufe an, um den Ball in meine Ecke, die rechte, zu schießen. Aber irgendwie – ich kann es selbst nicht erklären – drehe ich den Fuß im letzten Moment und jage den Ball in die linke Ecke. Zeman wirft sich diesmal nach der richtigen Seite. Der Schuß ist aber so wuchtig, daß er ihn nicht meisern kann.
5:1! An unserem haushohen Vorsprung ist nicht mehr viel zu rütteln. 5:1 – und noch neun Minuten sind zu spielen.
Wir sind jetzt so in Schwung, daß wir vorübergehend alles um uns herum vergessen.
»Gib zum Max!« brülle ich zum Boß hinüber.
»Lauf dich frei!«
»Ab!«
So selbstvergessen rufe ich den Kameraden zu, daß Schiedsrichter Orlandini vorwurfsvoll den Finger auf den Mund legt. Schreien Sie doch nicht so, soll das heißen. Haben Sie denn noch nicht genug?
Das hat man davon! Seit Jahren versucht Herberger, mir beizubringen, daß ich nicht nur spielen, sondern auch dirigieren, anfeuern soll.
»Die hören doch alle auf Sie, Fritz. Lassen Sie doch um Himmels willen im Spiel mal Ihre Stimme ertönen!«
Mit mir war in dieser Beziehung nie viel anzustellen. Wie oft hat der Chef vom Spielfeldrand aus auf mich einzuwirken versucht, daß ich doch mal rufen, lenken soll. Ich hab' mich dage-

gen gewehrt wie ein störrischer Esel. Erst jetzt, in der Schweiz, habe ich meine Abneigung gegen Kommandos überwunden und als Spielführer meinen Kameraden Anweisungen zugerufen. Und heute, bei diesem hinreißenden Spiel gegen Österreich, schreie ich so laut, daß Signor Orlandini den Finger auf den Mund legen muß, um mich zum Schweigen zu bringen. Ist das nicht zum Lachen?

Mein Mundwerk läßt sich in der Begeisterung, in die wir uns hineingespielt haben, nicht so leicht abstellen. Mag Orlandini denken, ich sei verrückt geworden!

»Hans, ab!« rufe ich unserem Linksaußen zu und lege ihm steil den Ball vor. Kurz vor der Außenlinie erreicht er das Leder und flankt es mit gewandter Körperdrehung vor das Tor. Zeman will heraus, um die Gefahr zu bannen, da steht wie aus dem Boden gewachsen Ottmar vor ihm und köpft das Leder kraftvoll ins Netz.

6:1! Damit haben wir gar nicht mehr gerechnet. Das halbe Dutzend ist voll. Nur vier Minuten sind noch zu spielen.

Die österreichische Mannschaft kann es nicht fassen. Das ist einer der schwärzesten Tage ihrer Fußballgeschichte. Nach den vielversprechenden Siegen bei der Weltmeisterschaft nun dieses Debakel! Mit hängenden Köpfen gehen die Wiener zum Anstoß. Schon rüsten die überglücklichen deutschen Zuschauer zum Sturm auf das Spielfeld, da werden sie durch Lautsprecher aufgefordert, den Rasen nicht zu betreten. Wie ein Orkan tobt ihr Beifall durch das Stadion, als Orlandini das Spiel abpfeift.

Völlig niedergeschlagen gratulieren uns die Österreicher, allen voran Ernst Ocwirk, ihr Mannschaftskapitän. Als mir »Stoissi« die Hand gibt, muß ich an eine kleine Episode denken, die sich im vorigen Jahr ereignete: Der 1. FC Kaiserslautern spielte in Wien gegen Austria und steckte eine sensationelle Niederlage ein. Bereits in der Pause stand es 5:0 für die Wiener. Als wir wieder auf das Spielfeld gingen, traf ich mit Stojaspal zusammen. »Jetzt würde es so langsam reichen!« sagte ich zu ihm.

»Halb so schlimm«, tröstete er gemütvoll, »einmal der Gigl, einmal der Gagl.« Das Spiel endete 9:2.

Wenn seinerzeit der 1. FCK der Gigl war, so ist heute Deutschland der Gagl. Hoffentlich denken die Österreicher daran, auch wenn sie jetzt noch so fassungslos über ihre Niederlage sind.

Unsere Mannschaft verabschiedet sich nach allen Seiten von den jubelnden Zuschauern. Überglücklich laufen wir in die Kabine.
»So strahlend haben wir Fritz Walter noch nie gesehen«, schreiben ein paar Zeitungen am nächsten Tag. Kein Wunder, denn es hat auch noch nie einen Fritz Walter gegeben, der mit seinen Kameraden das Endspiel um die Weltmeisterschaft erreicht hat. Bei keinem der vier vorhergegangenen Tourniere um den Coupe du Monde – 1930, 1934, 1938, 1950 – ist Deutschland so weit vorgedrungen.
m Gang vor den Kabinen steht Edi Frühwirth, der österreichische Trainer. Er schluckt seinen Kummer hinunter und gratuliert uns mit ehrlicher Anerkennung. Für das Endspiel wünscht er viel Erfolg.
Ich kann verstehen, daß Trainer Frühwirth aus allen Wolken gefallen ist. Als mich nach dem zweiten Türken-Spiel ein Rundfunkreporter nach dem Favoriten der Weltmeisterschaft fragte, räumte ich, abgesehen von Brasilien, Ungarn und Uruguay, den Österreichern die größten Chancen ein.
»Ich möchte es fast beschwören, die Österreicher kommen unter die letzten Vier. Wenn sie das fertiggebracht haben, ist es nicht ausgeschlossen, daß sie sich bis ins Endspiel durchkämpfen«, sagte ich damals über das Mikrofon. Schuldbewußt stehe ich vor Frühwirth: ausgerechnet wir, Österreichs Fußballerfeinde, haben sie aus dem Rennen geworfen.
In unserer Kabine geht es toll zu. Die Ersatzspieler fallen uns um den Hals und schlagen uns auf die Schulter. Hans Huber, der Zweite DFB-Vorsitzende, der so ganz mit dem Herzen dabei ist, freut sich wie ein Schneekönig:
»Ich weiß überhaupt nicht, was ich sagen soll! Bis ich das in mich aufgenommen hab', gehen ein paar Stunden drauf!«
»Na Fritz, was sagst jetzt?« fragt Max, »sind wir nicht losgegangen wie die Raketen?«
»Und jetzt putzen wir den Nächsten weg!« prahlt der Boß nicht gerade bescheiden. In der übergroßen Freude reden wir lauter törichtes Zeug. Nur Toni ist auffallend still, er ärgert sich noch über sein Tor.
»Mensch, Anton, das hast du doch längst wieder gutgemacht.«
Welche Stimmung jetzt wohl in der Kabine der Österreicher

herrscht? versuchen wir uns vorzustellen, während wir unter der Brause stehen. Das muß ja noch viel schlimmer sein als nach unserem 3:8 gegen Ungarn, denn diese 6:1-Niederlage ist nicht wieder zu reparieren.
Durch das Spalier der deutschen Schlachtenbummler erkämpfen wir uns eine Viertelstunde später den Weg zum Omnibus. Beide Ellbogen müssen wir gebrauchen, um vorwärts zu kommen.
»Ungarn – Uruguay steht 2:2!« ruft jemand uns zu, »das Spiel wird verlängert.«
»Ihr sollt sehen, wir müssen doch noch gegen die Urus spielen«, prophezeie ich. Diesen Gedanken bringe ich nicht aus dem Kopf.
Als glücklich alle wieder im Omnibus sitzen, und wir gerade abfahren wollen, entdecke ich plötzlich meinen Vater draußen unter den vielen Menschen. Ottmar und ich winken ihm zu. Komm doch schnell zu uns 'rein, geben wir ihm zu verstehen. Er will gerade einsteigen, da schmettert Albert Sing, der ihn nicht gesehen hat, mit Wucht die Omnibustür zu. Mein Vater, der die Hand im Türrahmen hat, holt sich auf recht schmerzhafte Art drei gequetschte Finger, deren Nägel bald blauschwarz anlaufen. Als er nach diesem unglückseligen Vorfall endlich bei uns im Omnibus ist, wünscht er nicht nur Ottmar und mir, sondern auch Herberger und den anderen herzlich Glück. Leider können wir uns nicht lange unterhalten, wir müssen abfahren. Mit seinem schmerzhaften Andenken taucht mein Vater wieder in der Menschenmenge unter. Wie ich ihn kenne, hilft ihm unser Eintritt ins Endspiel aber über den voraussichtlichen Verlust von drei Fingernägeln leicht hinweg.
Immer noch vom Jubel unserer triefend nassen Anhänger umbraust, bahnt sich der Bus langsam seinen Weg.
In einem netten Lokal zwischen Basel und Spiez hat Albert Sing ein festliches Abendessen bestellt. Die Chefin des Hauses empfängt uns mit einem riesigen Blumenstrauß. Dr. Bauwens dankt der Mannschaft bei einem Glas Sekt offiziell für ihre Leistung:
»Egal, wie jetzt das Endspiel ausgeht, die bisherigen Erfolge allein berechtigen schon zu Freude und Stolz. Der Deutsche Fußballbund wird das seiner Elf nie vergessen.«

Inzwischen ist das mit Spannung erwartete Ergebnis vom Spiel Ungarn – Uruguay durch den Rundfunk bekanntgegeben worden. Der ungarische Schützenkönig Kocsis hat durch zwei Kopfballtore in der Verlängerung das 2:2 zum 4:2 für seine Mannschaft ausgebaut. Er brachte die Urus um den Sieg und um die Chance, zum drittenmal Weltmeister zu werden. Im Stadion von Lausanne mußten sie ihren Traum begraben.
Ungarn und Deutschland werden sich am 4. Juli im Wankdorf-Stadion zu Bern im Endspiel um die V. Fußball-Weltmeisterschaft gegenüberstehen.

Die Würfel sind gefallen

Das Essen ist vorüber, und wir spüren deutlich, wie es unseren Chef in Richtung Spiez drängt. Die Tage bis zum Finale müssen wir intensiv ausnutzen.
Im Belvédère werden wir mit Blumen begrüßt. Sogar der Bürgermeister von Spiez meldet sich mit einem riesigen Blumengebinde und schreibt dazu: »Die Gemeinde Spiez ist stolz auf ihre deutschen Gäste und wünscht ihnen von Herzen einen Sieg im Endspiel.«
Aus der Heimat sind bereits die ersten Telegramme eingetroffen. Die Spitzen des politischen und wirtschaftlichen Lebens, prominente und unbekannte Fußballfreunde gratulieren zu unseren großartigen Erfolg. Urplötzlich stehen wir im Brennpunkt des allgemeinen Interesses – eine Situation, in die wir uns erst hineinleben müssen.
Wir sind zum Umfallen müde, aber doch auch wieder viel zu aufgeregt, um so mir nichts, dir nichts ins Bett zu gehen. Nach der Unterwassermassage wandern der Boß und ich eine halbe Stunde lang von Zimmer zu Zimmer, um uns gegenseitig noch einmal die schönsten und aufregendsten Phasen des heutigen Spiels auszumalen. Wohin die goldenen Brücken führen, die uns der Sieg über Österreich gebaut hat – wir wissen es noch nicht ...
Schließlich liegen auch wir zwei in den Betten. Doch der Boß müßte nicht der Boß sein, wenn er jetzt schon seinen Mund hielte:

»Friedrich, wenn wir die Ungarn wegputzen, sind wir Weltmeister!«
»Kannst du dir vorstellen«, frage ich zurück, »was dann passieren würde?«
»Egal, was passiert, aber du sollst sehen, wir schaffen es!«
»Wenn wir es nicht schaffen, geht die Welt auch nicht unter, schließlich sind wir ja nur krasse Außenseiter, und die Ungarn haushohe Favoriten. Hoch verlieren dürfen wir natürlich nicht.«
»Wir müssen gewinnen!« läßt Helmut nicht locker. »Wenn's sein muß, mach' ich wieder mein Tor, du kannst dich darauf verlassen!«
»Geht in Ordnung! Von mir aus kannst du machen, soviel du willst. Für jedes Tor stifte ich dir eine Flasche Sekt.«
Das ist nicht die erste Flasche, die ich verspreche, ich hab' schon mehrere bezahlen müssen, Gott sei Dank! Heute noch eine an Maxl Morlock für sein Tor im Österreich-Spiel. Vor Sonntag darf er sie natürlich nicht trinken.
»Die Ungarn, die putzen wir weg!« fängt der Boß wieder von vorne an, aber jetzt wird es mir zuviel:
»Warum sollen wir uns heute schon verrückt machen? Wir haben ja noch ein paar Tage Zeit.«
Trotz unserer Müdigkeit schlafen wir unruhig. Um sieben Uhr stehen wir auf dem Balkon.
»Was ist los, Boß, ist deiner Marktfrau die Ware ausgegangen?«
»Nee, sie hat gerade eine frische Sendung bekommen.« Und schon läßt der unverwüstliche Helmut seinen Weckruf von den prima frischen, schnittfesten Tomaten erschallen. In allen Zimmern wird er gehört, und schnell sind die Kameraden munter und mobil.
Auch heute weichen wir keinen Finger breit von unserem Programm ab. Selbst die Flut von Telegrammen aus ganz Deutschland, die wir gern alle lesen möchten, kann uns nicht davon abhalten, trotz des Regenwetters pünktlich um halb elf Uhr auf dem Trainingsplatz in Thun zu sein.
Sofort fällt uns auf, daß die Urus nicht da sind. Warum trainieren sie heute nicht? Müssen sie erst mit dem Schock, den ihnen die Niederlage gegen Ungarn versetzt hat, fertig werden? Wir könnten das gut verstehen. Einen Tag wollen sie nichts hören

und nichts sehen, obwohl sie bereits am Samstag im Züricher Hardturm-Stadion gegen Österreich um den dritten und vierten Platz kämpfen müssen.
Wir sind aber nicht allein im Thuner Stadion. Viele Deutsche sind gekommen, um uns beim Training zuzusehen, auch eine Menge Schweizer, die sich vorher nicht sonderlich für uns interessiert haben. Reporter aus aller Herren Länder warten auf uns. Der Außenseiter im Finale, über den man im Ausland so wenig weiß, ist von einem Tag zum anderen ein gefundenes Fressen geworden. Sie wollen wissen, mit welchem Bein der Toni aus dem Bett steigt, was der Mai am liebsten ißt, wen wir von den Ungarn am meisten fürchten. In allen möglichen Gruppierungen müssen wir uns fotografieren lassen. Gründlich will man plötzlich das Versäumnis, sich nie um uns gekümmert zu haben, nachholen.
Unter den Journalisten entdecke ich einen alten Bekannten, den Reporter der französischen Zeitung »Miroir des Sports«, der sich schon Wochen vor der Weltmeisterschaft zu mir nach Kaiserslautern verirrt hat. Er befand sich damals auf einer Rundreise durch Europa, um prominente Fußballspieler zu interviewen. Neben dem englischen Stürmerstar Stanley Matthews, Ernst Ocwirk aus Wien und dem Ungarn Puskas sollte ich mich über die Aussichten der einzelnen Länder im Kampf um den Coupe du Monde äußern. Meine Frau, die fließend Französisch spricht, fungierte als Dolmetscherin.
»Wie Monsieur Waltäär, beurteilen Sie die Chancen der französischen Nationalelf?« wollte der Franzose wissen.
»Wenn sie so spielt wie 1952 in Paris beim 3:1 gegen Deutschland, hat sie glänzende Aussichten«, antwortete ich.
»Und wie werden die Deutschen abschneiden?«
»In unserer Pariser Form werden wir es nicht weit bringen. Aber wir hoffen stark, daß dieses Unglücksspiel eine Ausnahme war. Auf jeden Fall wollen wir versuchen, über die Türken unter die letzten Acht zu kommen.« Damit gab sich der französische Journalist damals zufrieden. Er ließ durch seinen Fotografen noch Aufnahmen machen und verabschiedete sich.
Hier, auf dem Thuner Trainingsplatz, sehe ich ihn heute ganz unvermutet wieder. Obwohl ich weiß, daß er mich nicht versteht, spreche ich ihn auf deutsch an:

»Nicht wahr, das hätten wir beide nicht gedacht, als wir damals in Kaiserslautern zusammensaßen. Wer hätte es für möglich gehalten, daß Deutschland bis ins Endspiel kommt?«
Zum Glück taucht meine Frau auf, die schon seit ein paar Tagen in der Schweiz ist und bei jedem Training zusieht. Sie übernimmt bei unserer Fachsimpelei erneut die Rolle der Dolmetscherin.
Dann aber lassen wir Spieler uns nicht mehr stören. Mit eisernem Fleiß absolvieren wir das gewohnte und bewährte Training. Erneut stellen wir verwundert fest, wie wenig uns die Spiele der vergangenen zwei Wochen erschöpft haben. Wir spüren keine Müdigkeit. Jeder ist in der Höchstform seines Lebens.
Auch im Belvédère warten, als wir vom Training zurückkehren, Scharen von Besuchern und Journalisten. Es geht zu wie in einem Taubenschlag. Fast haben wir der Hotelleitung gegenüber ein schlechtes Gewissen, aber was jetzt geschieht, ist auf »höhere Gewalt« zurückzuführen. Im Laufe des Vormittags haben sich schon wieder Berge von Telegrammen angesammelt. Trotz des Hochbetriebes im Hotel lenkt uns nichts vom Wesentlichen ab.
Immer wieder finden wir uns in Gruppen zusammen und debattieren über das Spiel am Sonntag. Der Sturm wägt seine Chancen ab, die Hintermannschaft hält Kriegsrat. Mit allen Mitteln versuchen wir, uns gegenseitig aufzumuntern und es so weit zu bringen, daß wir dieses Spiel nicht mehr fürchten als ein x-beliebiges. Leicht gesagt!
Max Morlock ist unverwüstlich, er freut sich schon auf den Wirbel, den wir machen wollen. Rahn hat ein beneidenswertes Talent, nicht nur mit dem Spiel, sondern auch mit dem aufregenden Drum und Dran fertig zu werden. Ottmar ist wie ich voll Zuversicht. Die Stimmung könnte nicht besser sein, denn noch liegen wir mit Ungarn, dem Favoriten, Kopf an Kopf im Rennen um den Coupe du Monde.
»Nur hoch verlieren dürfen wir nicht«, sagt einer. »Vielleicht so 3:1 oder 4:2. Auch 4:3 würde ich nicht schlecht anhören.«
Ich bin der gleichen Meinung. Wenn wir so hoch verlieren würden wie die Österreicher gegen uns, dann hieße es todsicher: »Da seht ihr's! Die Türkei war kein schwerer Gegner, gegen Ju-

goslawien haben sie Glück gehabt, und Österreich hat halt einen schlechten Tag erwischt.«
»So weit wollen wir es lieber nicht kommen lassen.«
»Nur nicht als Opfer auf den Platz gehen und warten, daß uns die Ungarn schlachten.«
Letzten Montag und Dienstag, nach dem Jugoslawien-Spiel, sind die ersten Spielerfrauen in der Schweiz eingetroffen. In benachbarten Hotels haben wir für sie Zimmer bestellt. Die meisten werden erst zum Endspiel erwartet. Nur Frau Kohlmeyer hat abgesagt, weil sie ihre drei kleinen Kinder nicht allein zu Hause lassen kann. Eckel ist Junggeselle und Mai erst angehender Ehemann. Auch er hat seiner Braut geschrieben, daß sie sich den entscheidenden Kampf in Bern ansehen soll. Viel Zeit haben wir ja nicht füreinander, doch damit müssen wir uns abfinden.
»Kommt doch 'raus nach Thun«, schlagen wir vor, »dann sehen wir uns wenigstens kurz vor und nach dem Training.«
»Und wann habt ihr wieder Sprechstunde?« fragen unsere Frauen anzüglich.
Meist vertrösten wir sie bis nach dem Abendessen. Bei einer Tasse Kaffee und Likör für die Damen sitzen wir dann gemütlich zusammen. Glockenschlag zehn Uhr erscheint der Chef und wünscht:
»Gute Nacht!«
»Gute Nacht, Herr Herberger!«
Ein paar Minuten später taucht er erneut auf.
»Also, ich geh' ins Bett, gute Nacht!«
»Gute Nacht, Herr Herberger!«
Nach zehn Minuten steht er zum drittenmal in der Tür.
»Gute Nacht allen!«
»Gute Nacht, Herr Herberger!«
Ich weiß, daß er nicht ruhig schlafen kann, solange wir noch auf sind. Schluß für heute! Wir verabschieden uns von den Frauen. Der Chef hat recht, wir brauchen den Schlaf so notwendig wie das Training.
Die Post am Freitag früh nimmt beängstigende Ausmaße an. Unmöglich, jede Karte, jeden Brief zu lesen! Unmöglich, den Überblick zu behalten. Wollten wir die Hunderte und Aberhunderte von Glückwunschschreiben aus der Heimat gewis-

senhaft durchstudieren, dann ade, Training, ade, Endspiel! Für sie hätten wir keine Zeit mehr übrig. Unser Vereinfachungsverfahren besteht darin, die Briefe mit bekannten Absendern herauszusortieren. Die vielen unbekannten Schreiber bitten wir inständig, nicht böse zu sein, daß wir ihre Zeilen jetzt nicht lesen können. Nach dem Spiel haben wir hoffentlich bald Gelegenheit, das Versäumte nachzuholen.

Aus den Zeitungen entnehmen wir, welch geringe Chance man uns gibt, gegen die Ungarn einen auch nur annähernd gleichwertigen Kampf zu liefern. Von Sieg spricht kaum jemand! Uns ist es recht, daß die Magyaren im bevorstehenden Falle haushohe Favoriten und wir nur Außenseiter sind. Als Mannschaft, die man schon 10:90 abschreibt, werden wir es entschieden leichter haben.

Doch nicht nur Telegramme, Briefe, Karten und Zeitungen werden waschkörbeweise ins Hotel gebracht, auch Päckchen mit Glücksbringern treffen ein. Gerührt packen wir Stoffhasen, Porzellanschweinchen, Schornsteinfeger, Glücksklee und funkelnagelneue Kupferpfennige aus. Die ganze Pracht baue ich auf meinem Nachttisch auf, damit bei der Omnibusfahrt nach Bern am Sonntag nichts vergessen wird. Wie Mecki, mein treuester Talisman, soll alles in der Kabine untergebracht werden, um uns beim Endspiel Glück zu bringen.

Am Freitag treffen wir auf dem Thuner Sportplatz auch die Urus wieder. Sie sind sehr kleinlaut und traurig. Lustlos absolvieren sie ihr Training, damit sie wenigstens morgen, beim Kampf gegen Österreich um den dritten und vierten Platz, in Form sind. Bevor sie in ihr Quartier nach Holterfingen zurückfahren, kommen sie, an ihrer Spitze Torwart Maspoli, noch einmal zu uns, klopfen jedem einzelnen auf die Schulter und wünschen Glück für das Endspiel. Sie glauben zwar nicht, daß wir ernsthaft gegen die Ungarn, von denen sogar sie, die Ex-Weltmeister, besiegt worden sind, etwas ausrichten können. Aber wir sollen wenigstens zeigen, daß nicht nur in Budapest guter Fußball gespielt wird! Der Masseur der Uruguayer spricht tadellos deutsch:

»Paßt vor allem auf Kocsis auf, den Halbrechten! Der hat gegen uns die entscheidenden beiden Kopfballtore erzielt.«

Wir bedauern aufrichtig, daß wir die Urus heute zum letztenmal auf Schweizer Boden sehen. Unsere Trainingsbegegnungen auf dem Thuner Platz hatten eine eigene und gute Atmosphäre. Am Samstag fahren wir nicht mehr hinaus nach Thun. Wir begnügen uns mit einem ausgiebigen Dauerlauf auf der schönen Spazierstrecke direkt am See. Nachher gehen wir im Hotel unter die Brause und lassen uns von Deuser tüchtig durchmassieren. Dr. Loogen unterhält sich mit jedem und fragt nach dem Wohlbefinden. Im übrigen wollen wir ausspannen, nichts als ausspannen.

Zum Spiel um den dritten und vierten Platz fahren wir nicht. Am Radio hören wir Ausschnitte aus der zweiten Halbzeit. Bei aller Sympathie für die Urus sind wir doch zufrieden, daß Österreich 3:1 gewinnt. Unser haushoher Sieg über die Wiener rückt dadurch noch einmal wirkungsvoll in den Vordergrund. Der Rundfunksprecher meint, daß die Placierung nun so gut wie sicher sei: Ungarn – Deutschland – Österreich – Uruguay.

Wie gewöhnlich liegt Toni Turek neben mir im Liegestuhl, während die anderen Tischtennis spielen oder Pedalo fahren.

»Mensch Toni«, sag' ich zu ihm, »die Sache ist im Grunde doch ganz einfach. Du läßt nicht mehr als zwei Bälle in deinen Kasten, und wir vom Sturm sorgen dafür, daß wir drei Tore machen. Das genügt, glaubst du nicht auch?«

»Wenn nur der Puskas wieder mitspielt!« In der Spielersitzung und allen Unterhaltungen steht dieser Wunsch im Vordergrund. Gegen Brasilien und Uruguay konnte Puskas nicht aufgestellt werden. Und wir sind froh, daß die Magyaren auch ohne ihn gewonnen haben. »Ja, ohne Puskas!« hätten sich die Zeitungen wahrscheinlich entrüstet, wenn die Ungarn auch nur ein einziges Mal geschlagen vom Platz gegangen wären.

Zweimal telefoniert Jupp Posipal mit Solothurn, um durch Mittelläufer Lorant, der am Apparat ist, Puskas unsere Unterwassermassage anzubieten. Aber Major Puskas, mit gutgemeinten Ratschlägen überschüttet, macht von dem Angebot keinen Gebrauch. Hoffen wir, daß er auch ohne fremde Hilfe am Sonntag wieder voll einsatzfähig ist.

Da die Mannschaftsaufstellung dieselbe ist wie beim Österreich-Spiel, kann Herberger sich in der Spielersitzung für das Finale auf das Wesentliche beschränken. In Grünwald hat er bereits damit angefangen, uns mit Stil und Eigenarten der Un-

garn bekannt zu machen. Der Chef, der sie beim 3:8-Spiel in Basel genau beobachtet hat, instruiert vor allem die Hintermannschaft: rechter Verteidiger Posipal soll den voraussichtlichen Linksaußen Czibor übernehmen, Linksverteidiger Kohlmeyer den Rechtsaußen. Wir wissen noch nicht, ob es Toth oder Buday sein wird. Selbst wenn die ungarischen Außenstürmer ihre Posten einmal ändern – zurück in die eigene Hälfte gehen oder auf den anderen Flügel rochieren –, unsere Verteidiger müssen konsequent mitgehen und dürfen ihren Gegenspieler nicht den geringsten Raum zur Entfaltung lassen.
Hundertprozentig klar ist auch die Aufgabe unseres linken Läufers Karl Mai: Er darf den Halbrechten Kocsis, Ungarns gefährlichsten Stürmer und Torjäger, nicht eine Sekunde aus den Augen lassen. Immer und überall soll Mai versuchen, ihn zu stören.
»Wenn Kocsis kein Tor schießt, dann haben Sie gut gespielt!« sagt Herberger zu Charly.
Bis in die letzten Einzelheiten bekommen Werner Liebrich und Horst Eckel ihre Pflichten im Finale zugewiesen. Solange der ungarische Mittelstürmer Hidegkuti vorgeschoben spielt, ist Stopper Liebrich für ihn zuständig. Der Halblinke Puskas wird, wenn er aus dem Mittelfeld operiert, von unserem rechten Läufer Eckel »betreut«. Sollten sich die beiden Ungarn im Verlauf des Spiels eine andere Taktik zulegen – Puskas nach vorne und Hidegkuti zurückwechseln –, dann gilt auch für Werner und Horst eine neue Marschorder: Horst übernimmt den Hidegkuti und gibt dafür den Puskas bei Werner in liebevolle Obhut.
Wie in den vorangegangenen Spielen gegen Jugoslawien und Österreich haben wir uns fünf Stürmer, wenn ein eigener Angriff abgeschlagen ist, sofort einzuschalten, um möglichst früh den ungarischen Gegenstoß zu stören. Ganz gleich wer – Mittel-, Halb- oder Außenstürmer: jeder muß versuchen, das Aufbauspiel des Gegners schon im Ansatz zu durchkreuzen. Nur wenn sich jeder für den anderen einsetzt, wenn keiner denkt, der andere wird mit seinem Mann schon fertig werden, wenn auch jeder Stürmer unermüdlich bei der Verteidigung hilft – nur dann werden wir bestehen können.
Was aber nützen die besten Vorsätze, wenn es uns nicht gelingt, in den ersten Spielminuten eine Überrumpelung durch die Un-

garn zu verhindern? Sie dürfen nicht in Führung gehen! Jeder von uns elf muß dazu beitragen.
»Seht zu, daß ihr ein Unentschieden in die Pause retten könnt!« Auch wenn es nicht um den Coupe du Monde ginge, würden wir unser Bestes geben: Das Finale der Weltmeisterschaft ist Herbergers 100. Länderspiel!

DER HÖHEPUNKT

Der Sonntag, dieser unvergeßliche 4. Juli, bricht an. Früh um sieben stehe ich auf dem Balkon und halte nach dem Wetter Ausschau. Über dem Thuner See strahlt die Morgensonne. Ich lege mich noch einmal ins Bett, weil wir heute später frühstücken. Gegen neun Uhr klopft Werner Liebrich an die Tür. Er steckt den Kopf herein und fragt:
»Na, Friedrich, was meensche jetzt? Gucke mol de Planet, wie er sticht!«
»Laß dir nur Zeit, Kleiner, es ist ja noch früh. Das Wetter wird schon nach Wunsch.«
Wir sitzen bald darauf beim Frühstück und lassen es uns gut schmecken. Gewiß, wir haben ein wichtiges Spiel heute! Das Endspiel um die Fußball-Weltmeisterschaft! Mit dem nötigen Ernst und dem festen Willen, unser Möglichstes zu tun, werden wir auf den Platz gehen. Doch wir lassen das Spiel ein Spiel bleiben. Es soll uns nicht als Ereignis von überdimensionaler Bedeutung über den Kopf wachsen.
»Fritz, halten Sie den Laden zusammen, daß alles klappt!« ruft Herberger mir zu. »Ich fahr nur schnell nach Bern und schau mir die Platzverhältnisse an.«
Noch keine Viertelstunde ist vergangen, da ist der Chef schon wieder da.
»Nanu«, sage ich, »Sie müssen ja ein ganz schönes Tempo draufgehabt haben.«
»Tempo? Wir haben einen Unfall gehabt! Das kann nur ein gutes Omen sein.«

Herberger ist zum Glück mit heiler Haut davongekommen, der Wagen wurde demoliert. Mit Daßler fährt er zum zweiten Mal los.

Um zwölf Uhr fallen die ersten Regentropfen. Aber sie fallen nur vereinzelt, und es ist absolut nicht sicher, daß der Himmel sich ganz zuzieht. Um halb ein Uhr, beim Mittagessen, schreit Max Morlock in heller Begeisterung:

»Friedrich, es regnet!«

Ich lasse mein Hähnchen für eine Weile Hähnchen sein und laufe hinaus auf die Veranda. Tatsächlich, es regnet, regnet kühl und zuverlässig.

»Jetzt ist alles klar, nichts kann mehr schiefgehen.«

Da es von Spiez bis Bern nur 25 Kilometer sind, genügt es, wenn wir gegen drei Uhr losfahren. Bis dahin ist noch einmal Mittagsbettruhe, die letzte im Belvédère. Nachdem Deuser seines Amtes gewaltet hat, steigen wir in den Bus und fahren singend in Richtung Bern. Gleichmäßig prasselt der Regen an die Wagenscheiben, ein Geschenk des Himmels, das uns die bedauernswerten Zuschauer hoffentlich gönnen.

Gleichzeitig mit dem Omnibus der Ungarn fahren wir am Stadion vor. Wir winken unseren Endspielgegnern zu, und sie winken zurück. Schleunigst verschwinden wir in den Kabinen.

Draußen auf dem Gang geht es hoch her. Journalisten und Fotografen drängeln sich, um bereits vor dem Spiel etwas über die Stimmung der beiden Mannschaften auszukundschaften. Wir machen unseren Laden dicht. Niemand darf herein, der nicht zur Mannschaft gehört. Ein »Ersatzspieler« wird als Posten an die Tür gestellt.

In der Kabine erhalten wir die Nachricht, daß Puskas heute spielen wird. Ein Stein fällt uns vom Herzen. Unwillkürlich schauen wir alle auf Werner Liebrich, der durch diese Meldung hoffentlich nicht nervös wird. Er steht neben mir und zieht sich um.

»Werner, Werner, mach dich nur nicht verrückt!« bitte ich ihn, »spiel genau wie gegen die Jugoslawen und gegen die Österreicher mit deiner fairen und anständigen Härte. Laß dich nicht durcheinanderbringen! Selbst wenn du wieder mit Puskas zusammenprallst, und die Zuschauer fangen an zu pfeifen, spiel du dein Spiel.«

Die ungarische Mannschaft vor dem Endspiel: Puskas, Grosits, Lorant, Hidegkuti, Bozsik, Zakarias, Lantos, Buzanski, Toth I, Kocsis, Czibor.

Die deutsche Elf vor der großen Bewährung: Fritz Walter, Turek, Eckel, Rahn, Ottmar Walter, Liebrich, Posipal, Schäfer, Kohlmeyer, Mai, Morlock.

Wer gibt noch einen Pfifferling für uns? Turek hat den Ball verloren, den ihm Kohlmeyer (Nr. 3) zögernd zurückgab. Kocsis (Nr. 8) sieht zu, wie sich Czibor das Leder erläuft und mühelos das zweite Tor für Ungarn erzielt.

»Das schaffen wir noch!« ruft Ottmar und kämpft trotz der ungarischen Blitzoffensive unbeeindruckt weiter. In einem temperamentvollen, fairen Kopfballduell versucht er, vor dem Läufer Bozsik an den Ball zu kommen.

1:2 *Unser erstes Tor: Die ungarische Verteidigung hat einen Bombenschuß von Rahn in Richtung eigenes Tor abgefälscht. Bevor Grosits sich auf den Ball werfen kann, taucht Morlock auf und schiebt buchstäblich mit der großen Zehe das Leder in die äußerste linke Ecke. Das Bild unten zeigt dieselbe Szene von der anderen Seite. Helmut Rahn und Hans Schäfer beobachten gespannt, wie unser Anschlußtreffer zustande kommt.*

2:2 *Schäfer und Grosits springen hoch, um meinen zweiten Eckball zu erreichen. Das Leder fliegt über sie hinweg auf den halbrechts herbeistürmenden Helmut Rahn zu, der es direkt beim Aufsetzen auf dem Boden annimmt und zwischen zwei auf der Torlinie postierten Verteidigern hindurch in die lange Ecke jagt. Fassungslos vor Freude über den geglückten Ausgleich stürzen Hans und der Boß aufeinander zu (Bild unten).*

Unendlich ist der Jubel nach dem Sieg. Wir liegen einander in den Armen. Fassungslos steht Puskas dabei (Bild oben). Als fairer und anständiger Verlierer gratuliert Torwart Grosits unserem Horst Eckel (unteres Bild).

3:2 *Helmut Rahn hat sechs Minuten vor Schluß den Ball zum siegbringenden 3:2 eingeschossen. Im Moment, als diese Aufnahme gemacht wurde, hat noch niemand im Stadion die Situation begriffen. Einen Atemzug später aber erbebt das Berner Wankdorf-Stadion unter einem unvorstellbaren Beifallsorkan. Jetzt darf nichts mehr passieren! Dann hat dieses goldene Tor die Fußball-Weltmeisterschaft 1954 für uns entschieden (linke Seite).*

Oben: Der schönste Augenblick meines Lebens: Jules Rimet, der greise Ehrenpräsident der FIFA, überreicht mir für die deutsche Nationalmannschaft den goldenen Weltmeisterschaftspokal und elf Goldmedaillen. Verlegen und überglücklich sage ich ein paar Worte des Dankes ins Mikrophon.

Rechte Seite: »Alles klar?« frage ich die Kameraden, als ich mit dem Pokal in der Hand an ihnen vorbei auf meinen Platz gehe. »Alles klar, Fritz!« antworten sie. Der große Sieg ist auch für sie der Höhepunkt ihrer Sportlerlaufbahn.

Im Bus, der uns von Bern nach Spiez zurückbringt, sind wir nicht so fröhlich wie nach allen bisherigen Spielen, sondern ernst und abgespannt.

In einem Triumphzug ohnegleichen fahren wir zurück in die Heimat. So wie in Konstanz (Bild oben) bereitet man uns überall einen unvergeßlichen Empfang. Auf den Stationen bis nach München warten Zehntausende unserer Freunde.

Im Münchner Rathaus gibt uns Oberbürgermeister Thomas Wimmer einen herzlichen, freundschaftlichen Empfang. Links im Bild: Dr. Peco Bauwens, der Erste Vorsitzende des Deutschen Fußballbundes; links hinten: Hans Huber, der Zweite Vorsitzende.

Wie ein treibendes Schiff im weiten Meer wirkt der Omnibus mit unseren Frauen inmitten der Menschenmassen auf dem Münchner Marienplatz. Tausende stehen Kopf an Kopf und rufen uns wieder und wieder auf den Balkon des Rathauses. In einem Triumphzug ohnegleichen fahren wir (Bild links) durch die bayerische Landeshauptstadt.

Ein unbeschreiblicher Höhepunkt ist für uns fünf Spieler aus Kaiserslautern der Empfang in unserer Vaterstadt. Als wir durch die Straßen fahren, schlägt uns unvorstellbarer Jubel entgegen.

WILLKOMMEN

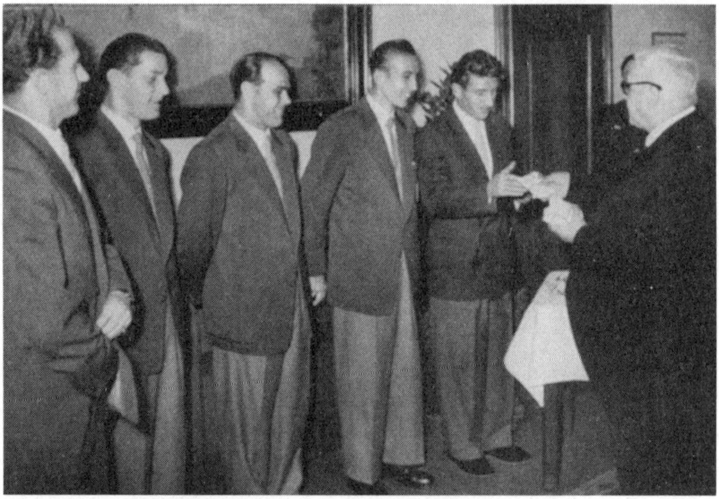

Am Tag nach unserer Rückkehr tragen wir uns – Liebrich, Ottmar, Kohlmeyer, Eckel und ich – in das Goldene Buch der Stadt Kaiserslautern ein. Oberbürgermeister Dr. Müller überreicht uns kostbare Krawattennadeln.

Herbergers Geschenk für jeden Spieler der Siegerelf: die »Weltmeisterschaftsuhr«.

Die Goldmedaille der FIFA für die Gewinner der V. Fußball-Weltmeisterschaft.

Im Berliner Olympiastadion zeichnet Bundespräsident Professor Heuss DFB-Präsident Dr. Bauwens, Bundestrainer Herberger und uns 22 Spieler mit dem Silberlorbeer aus – die Anerkennung für unseren großen Erfolg.

Die Spiele sind aus. »Herzlich willkommen!« steht daheim an der Tür. Strahlend begrüßt mich meine Frau an der Schwelle zu unserer Wohnung, in der sie – Schicksal einer Fußballerfrau – so oft allein sein muß.

»Du kannst dich ganz auf mich verlassen, Fritz, das geht schon in Ordnung. Ich hab' doch kein schlechtes Gewissen.«
Ein Vertreter des Schweizerischen Fußballverbandes kommt in die Kabine und unterrichtet uns über die vorgesehenen Feierlichkeiten beim Finale.
»Vor dem Spiel werden die ungarische und die deutsche Nationalhymne gespielt. Nach dem Spiel dann nur noch die deutsche.«
Es ist mucksmäuschenstill geworden, als er das sagt. Sprachlos sieht einer den anderen an. Warum die deutsche ...? Wir wissen doch alle, daß nach dem Spiel nur die Hymne des Siegers ertönt. Hat sich der Schweizer versprochen? Wollte er besonders höflich sein? Oder traut er uns so viel zu?
Als der liebenswürdige Besucher wieder gegangen ist, bilden wir schnell unseren Kreis. Gleich beginnt mein 45. Länderspiel, geht es mir durch den Kopf. Nie im Leben werde ich es vergessen! Mir fällt ein, daß ich vor wenigen Tagen mit Fritz Szepan und Ernst Kuzorra gesprochen habe, die 1934 dabei waren, als Deutschland bei der Weltmeisterschaft in Italien den dritten Platz gemacht hat.
»Ihr habt es noch einen Schritt weitergebracht als wir«, sagten sie, »warum sollt ihr nicht auch das Letzte schaffen? Nichts ist unmöglich im Fußball.«
Nachdenklich blicke ich rundum in die ernsten Gesichter meiner Kameraden. »Alles klar?« frage ich.
»Alles klar!«
Im Gang ertönt der Schiedsrichterpfiff.
Wegen der vorgesehenen Feierlichkeiten sollen wir zwanzig Minuten vor Spielbeginn auf dem Platz sein. Da es aber in Strömen regnet, hat Herberger mit Sebes, dem ungarischen Verbandskapitän, vereinbart, daß wir nur zehn Minuten früher antreten.
Beim Verlassen der Kabine treffe ich mit Puskas zusammen. Ich deute auf seinen Knöchel und blicke ihn fragend an. Er nickt beruhigend und zufrieden. Der Honvedmajor ist also wieder fit, und ich suche ihm durch Zeichen klarzumachen, wie sehr wir uns darüber freuen.
Die Ungarn haben sich auf einem Nebenplatz des Wankdorf-Stadions warm gelaufen. An ihren nassen Schuhen klebt bereits

Dreck. Die Spieler sind leicht angeschwitzt und trippeln auch während der Begrüßungszeremonien auf der Stelle. Drei, vier Mann tragen noch Pullover über den roten Trikots und ziehen sie erst in letzter Minute aus.
FIFA-Präsident Jules Rimet und der Präsident der Schweiz, Rubattel, begrüßen beide Mannschaften durch Handschlag. Spielführer Puskas und ich gehen mit und nennen den Namen jedes einzelnen Spielers. Die Magyaren sind mit einem riesigen Blumenstrauß ausgerüstet. Wozu er dient, weiß ich nicht. Sie sind äußerst lebhaft und können keinen Augenblick ruhig stehen. Temperamentvoll winken sie den Ungarinnen zu, die mit vielen Blumensträußen vor unseren Frauen auf der Tribüne sitzen.
Die Fotografen nehmen den »ungekrönten Weltmeister« unter Beschuß. Von allen Seiten, in allen Gruppierungen machen sie Aufnahmen von Puskas und seinen Wunderspielern. Wir stehen einsam und verlassen. Kaum ein Foto- oder Kameramann schenkt der deutschen Elf Beachtung.
»Die rechnen wohl überhaupt nicht mit uns!« sage ich zu Toni und über ihn hinweg zu seinem Nebenmann Eckel.
»Die sind vielleicht nachher froh, wenn wir uns noch fotografieren lassen.«
Mir ist ganz frei und leicht zumute vor diesem Spiel. Unter den Zuschauern entdecke ich eine Gruppe von Schlachtenbummlern mit roten Pullovern und Schirmmützen, die mit allen Kräften die Fahne des 1. FC Kaiserslautern schwenken. Ich freue mich, daß mein Verein, von dem nicht weniger als fünf Spieler hier unten auf dem Rasen kämpfen werden, so zahlreich beim Finale vertreten ist. Glücklich und zuversichtlich winke ich hinüber.
Als die Begrüßung der Mannschaften vorbei ist, kören wir die Nationalhymnen. Nun stehen wir also im Endspiel! Ganz gleich, was kommt: Wir wollen alles daransetzen, dem deutschen Fußballsport in der Welt Achtung zu verschaffen. Das geloben wir in diesem feierlichen Augenblick.
Schiedsrichter ist Mister Ling aus England, der auch das erste Spiel Ungarn–Deutschland geleitet hat. Als Linienrichter werden Orlandini (Italien) und Griffiths (Wales) vorgestellt. Puskas und ich tauschen die Wimpel aus. Dann wirft Mister Ling

zur Platzwahl eine Münze in die Luft. Ich wünsche inständig zu verlieren, denn bei den zwei letzten Spielen habe ich die Seitenwahl verloren, und wir sind als Sieger vom Platz gegangen! Aber, o Schreck, ich sehe schon, daß die Münze zu unserem Vorteil ausrollen will. Da hält sie Puskas mit dem Fuß fest. Zweifelnd schaue ich ihn und den Schiedsrichter an. Ist die Wahl gültig? Ling wirft das Geldstück tatsächlich ein zweites Mal, und jetzt gewinnt der Ungar. Er entscheidet sich, mit dem leichten Wind zu spielen.
In folgender Aufstellung kämpfen Deutschland und Ungarn um die Fußball-Weltmeisterschaft 1954:

Turek
Posipal   Kohlmeyer
Eckel   Liebrich   Mai
Rahn   Morlock   O. Walter   F. Walter   Schäfer

Toth   Puskas   Hidegkuti   Kocsis   Czibor
Zakarias   Lorant   Bozsik
Lantos   Buzansky
Grosits

Bei der ungarischen Elf überrascht uns nur der Rechtsaußen: Er heißt nicht Buday und nicht Toth, sondern Czibor. Wir haben ihn am linken Flügel, seinem Stammplatz, erwartet.

Macht nix – wir schaffen es noch!

Anstoß! Die ersten Minuten gehören uns. Wir sind nicht im geringsten nervös und legen gleich los, unterstützt von anfeuernden Rufen des deutschen Publikums, das man auf etwa ein Drittel der 65000 Zuschauer im Berner Wankdorf-Stadion schätzen kann.
Nach einem Alleingang flanke ich den Ball zu Max Morlock, genauer gesagt, auf seinen Kopf. Maxls Kopf ist zuverlässig wie das kräftigste Bein. Hart und präzise stößt er das Leder gegen das ungarische Tor. Handbreit nur fegt es über die Latte. Durch die Zuschauermenge grollt ein aufgeregtes Huuuu.

Das Spiel gehört immer noch uns. Ungarns linker Verteidiger Lantos wehrt einen Morlock-Angriff zur Ecke ab. Zu einer Ecke, die von rechts getreten, aber abgewehrt wird. Schäfer setzt dem Ball mit Riesenschritten nach, während Ottmar die Verteidiger auf sich zu ziehen sucht. Zum dritten Mal innerhalb weniger Spielminuten wird's gefährlich für Grosits im ungarischen Tor. Schäfers Bombe streift knapp über den Pfosten.
Fiebernd verfolgen die deutschen Schlachtenbummler den überraschend herausfordernden Start ihrer Mannschaft.
Doch nun drängen die Ungarn. Mit kurz zugespielten Pässen setzt sich ihre Sturmmaschine in Bewegung. Blitzschnell kombinieren sie vor unserem Strafraum. Turek wehrt einen Ball von Hidegkuti ab. Liebrich spielt ihn nicht weit genug hinaus.
Lähmendes Entsetzen im weiten Stadion. Kocsis, vor dem uns am Freitag noch die Urus gewarnt haben, dieser Kocsis kommt in Ballbesitz, fühlt sich angegriffen und schießt blitzschnell. Eckel springt dazwischen. Der Ball prallt an ihm ab und fliegt ausgerechnet dem in linker Position lauernden ungarischen Mannschaftskapitän vor die Füße.
Ferenc Puskas läßt sich die Chance natürlich nicht entgehen und donnert mit prächtigem Flachschuß den Ball an Toni Turek vorbei, der sich vergeblich wirft, ins lange Eck. Puskas reißt die Arme hoch und läßt sich strahlend von seinen überglücklichen Kameraden abholen.
1:0 für Ungarn in der sechsten Spielminute!
Nun ist doch eingetreten, was wir mit allen Mitteln verhindern wollten. Die Ungarn haben ihr Führungstor! Weder Herbergers Anweisungen noch unser guter Wille haben es abwenden können.
Wir lamentieren nicht, wir diskutieren nicht, sondern gehen ruhig und gefaßt zum Anstoß.
Puskas reckt noch immer enthusiastisch die Arme hoch. Jetzt hat ihm auch der letzte seiner Leute gratuliert. In blendender Spiellaune setzen die Ungarn den Kampf fort.
Die Zuschauer lassen uns nicht im Stich. Nach der fürchterlichen Schrecksekunde treiben sie uns erneut an. 1:0! Davon geht die Welt noch nicht unter. Der glänzende Start in den ersten Minuten läßt auch von uns noch einiges erwarten.
Doch bereits kurze Zeit später sollen sie und erst recht wir eine

bittere Enttäuschung erleben. Mai will Hidegkuti den Ball wegschlagen, tut es auch, aber nicht gründlich genug. Kohlmeyer springt zur Verstärkung hinzu, erwischt das Leder und läuft, weil er es zu Turek zurückgeben will, mit ihm in Richtung eigenes Tor. Er rechnet damit, daß ihm Toni sicherheitshalber ein Stück entgegenkommt. Aber er rechnet falsch. Turek bleibt zwischen den Pfosten und wartet auf die Rückgabe des Verteidigers. Ein beiderseitiges Mißverständnis! Kohli hat den Ball inzwischen bis hart vor unseren Strafraum geschleppt. Nun entschließt sich Toni, doch noch herauszulaufen. Die Entfernung zwischen den beiden ist nicht mehr groß. Bei einigermaßen sicherem Zuspiel von Kohli müßte Toni den Ball glatt erreichen. Aber Werner Kohlmeyer rutscht das nasse Leder vom Außenrist des rechten Fußes ab und rollt nicht genau in Tonis Laufrichtung. Unser Schlußmann wirft sich zwar blitzschnell zur Seite, kann den Ball aber nur mit einer Hand packen. Als er mit der anderen Hand nachgreifen will, gleitet er mit den Füßen auf dem glitschigen Rasen aus. Durch die Drehbewegung seines Körpers verliert er das rutschige Leder.
Kocsis ist dem Ball nachgelaufen, aber bereits an Kohli und Toni vorbeigespurtet und damit ausgeschaltet. Aus dem Hintergrund taucht Außenstürmer Czibor auf. Das Leder, das Toni entgleitet, nimmt er im Lauf mit. Er hat nicht die geringste Mühe, es ins sperrangelweit geöffnete Tor einzuschießen.
Wie vorher Puskas, so reißen jetzt Kocsis und Czibor die Arme hoch und drehen, ihren ungarischen Freunden im Stadion zuwinkend, überglücklich zur Mitte hin ab.
Nach acht Minuten steht es 2:0!
Schwer zu beschreiben, wie ernüchtert wir sind, vor allem, weil dieses zweite Tor so völlig überflüssig war, so leicht zu vermeiden gewesen wäre. Bestürzt schauen wir einander an. Aber es fällt kein Wort des Vorwurfs, Kohli nicht und für Toni auch nicht.
Als der Ball von hinten nach vorn gegeben wird zum Anspiel, versucht Max Morlock, das Steuer herumzureißen.
»Das macht nix!« schreit er, und Ottmar, der die Hoffnung auch noch nicht begraben hat, steht ihm bei.
»Fritz, nur weiter! Das schaffen wir noch!«
Ja, jetzt mag kommen, was will, den Mut dürfen wir nicht ver-

lieren. Der Hintermannschaft rufen wir zu, endlich einmal Linie in das Spiel bringen, vor allen Dingen aber nicht aufgeben.
Unser Publikum bleibt uns heute treu. Für einen Augenblick mag in manchem Zuschauer die Erinnerung an das 3:8-Spiel in Basel wach geworden sein, aber haben wir nicht gegen Jugoslawien und Österreich gezeigt, daß wir mehr können? Wir haben es sogar zu Beginn dieses Spiels demonstriert.
Nach einem Angriff über die linke Seite bekomme ich den Ball im Querpaß zugespielt. Ohne zu stoppen, schicke ich ihn gleich weiter zu dem von rechts- auf linksaußen gewechselten Helmut Rahn. Der stürmt mit riesigen Sätzen davon, angepeitscht von den Zurufen der deutschen Schlachtenbummler. Aus halblinker Position läßt er mehr Schuß als Flanke auf das ungarische Tor los. Der Ball hat ziemlich viel Fahrt und wird von einem hineinrutschenden Abwehrspieler gegen das eigene, das ungarische Tor, gelenkt. Da ist im rechten Augenblick Max Morlock zur Stelle, der für solche Situationen einen unwahrscheinlichen Riecher hat. Bevor Torwart Grosits sich auf den Ball werfen kann, setzt Max das Leder buchstäblich mit der großen Zehe, im Rutschen, im Knien an dem nicht schnell genug zu Boden kommenden Grosits vorbei in die äußerste linke Ecke.
Unser Anschlußtor!
Es heißt nicht mehr 2:0. Es heißt jetzt 2:1!
Der tosende Beifall der Zuschauer beweist, daß es herrliche Wirklichkeit ist. Wir stürzen auf Max zu und auch auf den Boß, der praktisch die Vorarbeit zu diesem Tor geleistet hat, und liegen uns vor Glück in den Armen.
Als sich unser Knäuel wieder löst, ist die Beklemmung, die uns nach den beiden Führungstreffern der Ungarn befallen wollte, verflogen.
»Nicht locker lassen!«
»Dranbleiben!«
»Los!«
Auf den Rängen will der Jubelsturm nicht verebben. Die Ungarn wechseln nach unserem Tor undefinierbare Blicke. Ihr 2:0 hat sie wirklich zu früh in dem Gefühl bestärkt, daß sie mit dieser deutschen Mannschaft im Grunde nicht mehr Schwierigkeiten haben als mit der Elf, die ihnen in Basel gegenüberstand.

Wir lassen uns heute nicht unterkriegen. Frisch entfacht, entbrennt der Kampf nach dem Schiedsrichterpfiff aufs neue.
Die Magyaren legen Tempo zu und starten Blitzkombinationen. Unsere Deckungsleute haben ein hartes Stück Arbeit, ihnen auf den Fersen zu bleiben, zumal der ungarische Wundersturm schneller die Positionen wechselt, als man einen Gedanken fassen kann. Trotzdem ist von deutlicher Überlegenheit unseres Gegners nichts zu spüren. Ungeachtet seiner gefährlichen Durchbrüche reißen wir das Regiment immer wieder an uns und stoßen gegen Grosits' Strafraum vor.
Da fängt Puskas einen Posipal zugedachten Ball ab, aus etwa zwanzig Metern Entfernung will er ihn mit Schrägschuß ins deutsche Tor jagen. Aber Liebrich springt in die Schußbahn! Er wird von den Zuschauern mit Sonderbeifall belohnt. In einer ruhigen Minute reichen sich Liebrich und Puskas die Hand, zum Zeichen dafür, daß es zwischen ihnen keinen Groll gibt.
Aus der Tiefe unserer eigenen Hälfte wird der Ball unermüdlich nach vorn zum Sturm getrieben, der dann ohne Verzug mit knappen Pässen dem gegnerischen Strafraum zustrebt. In der 16. Spielminute kommt Max Morlock aus halblinker Position zum Schuß. Aber Lorant, der blonde Abwehrspieler der Ungarn, springt mit einem Spagat dazwischen.
Eckball für Deutschland!
Ecke von links! Ich werde sie treten.
Umgekehrt wie beim Österreich-Spiel ist heute die erste Ecke kurz, die zweite lang vereinbart. Beim erstenmal kommt der Ball auch kurz, aber etwas zu flach. Durch die Bodenglätte wird die Ecke um ein Haar vom rechten Verteidiger Buzansky, der am Pfosten steht, in ein Selbsttor verwandelt. Er kann gerade noch zu einem weiteren Eckball abwehren.
Wieder lege ich mir das Leder zurecht. »Lang« und mit Effet trete ich die zweite Ecke. Grosits und Hans Schäfer springen gleichzeitig hoch. Grosits, um abzuwehren, Hans Schäfer, um den Ball mit dem Kopf zu erreichen. Aber der Schuß liegt noch etwas höher, als die beiden springen. Aus halbrechter Position stürmt rechtzeitig Rahn herbei, nimmt den Ball mit dem Innenrist direkt beim Aufsetzen auf dem Boden an und jagt ihn zwischen den zwei auf der Linie postierten Verteidigern, die sich vergeblich dazwischenwerfen, ins lange Eck.

Ist es zu glauben? Es heißt 2:2!
Wir haben aufgeholt!
Wir Außenseiter haben den Ungarn gezeigt, daß sie mit uns rechnen müssen. Unsere Anhänger sind fassungslos vor Glück. Sie schreien, toben und verlieren beinahe den Verstand.
Schäfer, der am nächsten bei Rahn steht, bringt den Boß bald um vor Freude. Auch wir anderen stürmen auf ihn zu, und dann liegen wir uns alle in den Armen.
Achtzehn Minuten sind gespielt!
»Jetzt sind wir so weit«, feuern wir uns an.
»Nur nicht lockerlassen!«
Auch zur Hintermannschaft rufen wir zurück:
»Dranbleiben bis zum letzten! Jeder seinen Mann!«
Wenn wir's so weit gebracht haben, warum sollen wir's nicht noch weiter bringen?
Durch das 2:2 in ihrer Ehre gepackt, drängen die Ungarn jetzt mit Wut nach vorn. Aber unsere Abwehr steht eisern. Was Werner Liebrich, Posipal, Kohlmeyer, Mai und Eckel heute leisten, ist einfach großartig. Zudem eilt auch jeder Stürmer nach hinten, wenn es sein muß. Ein Spiel, so recht nach dem Herzen des Chefs. Das hat er immer erreichen wollen: Alle sollen verteidigen, wenn es etwas zu verteidigen gibt! Und alle sollen nach vorn drängen, wenn es etwas zu stürmen gibt. Herberger kann mit seinem 100. Länderspiel zufrieden sein.
Natürlich spüren wir, daß der ungarische Sturm nicht zu Unrecht der beste der Welt genannt wird. Angefeuert von einem großen Teil der Zuschauer, die es ganz in Ordnung finden würden, wenn sich die seit viereinhalb Jahren unbesiegte Ungarn-Elf den Weltmeistertitel holte, spielen die fünf Stürmer blitzschnell und gefährlich. Was sie aber auch versuchen, ihre Bewacher schütteln sie nicht ab. Das ist gute Herberger-Schule.
Turek hat voll und ganz zu seiner verläßlichen Ruhe zurückgefunden. Mit phantastischer Parade lenkt er einen Bombenschuß von Hidegkuti aus drei Metern Entfernung, den eine Kopfballvorlage von Kocsis ermöglicht, mit der Faust über die Latte. Das war eines Endspieltorwarts würdig! Ecke für die Ungarn! Seelenruhig und souverän holt Toni den Ball von Hidegkutis Kopf. Kein Zweifel, daß wir Toni in diesem Moment alles verdanken.

Zum Lohn stellt sich das Glück an seine Seite. Nach einem Kombinationswirbel Puskas–Hidegkuti–Zakarias–Kocsis setzt der ungarische Mittelstürmer Tonis Kasten erneut unter scharfen Beschuß, doch seine Bombe prallt vom Pfosten ins Feld zurück. Die ungarnfreundlichen Zuschauer jubeln zu früh.
Von der Mittellinie aus erkenne ich zu meinem Entsetzen, daß sich erneut Gefahr vor unserem Tor zusammenbraut. Unverzüglich starte ich los. Hidegkuti umspielt gerade Werner Liebrich, ist bereits im Strafraum und überlegt, in welche Torecke er Toni Turek den Ball fetzen soll. Da bin ich neben dem Ungarn. Schulter an Schulter mit ihm erkämpfe ich das Leder und schiebe es zum Torwart zurück. Er sorgt dafür, daß die Hintermannschaft Luft kriegt – weit gibt er den Ball nach vorn. Sofort greifen wir wieder an. Schäfer rast, von den Zurufen unserer Landsleute angetrieben, auf das ungarische Tor zu. Aus zwanzig Meter Entfernung schießt er. Grosits, der reaktionsschnelle, katzengewandte Grosits, hält.
Bei einem Zusammenstoß Puskas–Liebrich gibt es vereinzelte Zuschauerpfiffe. Werner entschuldigt sich sofort. Der Ungar reibt sich den schmerzenden Rücken, nimmt die Entschuldigung aber an.
Mai, der bienenfleißig und selbstlos unterwegs ist, um den agilen und immer gefährlichen Kocsis zu bremsen, macht jetzt über den ganzen Platz hinweg Jagd auf Czibor, den Kocsis soeben auf die Reise geschickt hat. Unser Charly bleibt Sieger im Wettlauf mit dem wieselflinken Rechtsaußen.
Wie der Anfang des Spiels, so gehören die letzten Minuten der ersten Halbzeit uns und unseren kühnen Angriffen. Schon wieder saust Schäfer nach einem Steilpaß von mir gegen den ungarischen Strafraum.
Unter fiebernder Anteilnahme des Publikums knallt er das Leder gegen Grosits' Kasten. Aber der ungarische Torwart wehrt zur Ecke ab. Im Anschluß daran riskiert Helmut Rahn einen Scharfschuß. Grosits ist schon geschlagen! 3:2! Nein, Buzansky klärt auf der Linie.
Bei einer unserer pfeilschnellen Kombinationen bekommt Horst Eckel den Ball, will ihn noch weiter vorantreiben, um ihn dann an einen sich freilaufenden Spieler abzugeben. Durch die Nässe des Bodens rutscht ihm der Ball eine Spur zu weit weg.

Horst verliert den Halt, versucht aber, mit der Fußspitze das Leder noch zu erreichen. In diese Verzweiflungsaktion rennt Lantos, der linke ungarische Verteidiger, und schießt den Ball weg. Unglücklicherweise erwischt er mit den Stollen seiner Fußballschuhe Eckel am Oberschenkel und bringt ihm eine zwanzig Zentimeter lange, blutende Rißwunde bei. Horst bleibt nach dem unbeabsichtigten Zusammenprall benommen liegen.
An ihm vorbei braust die wilde Jagd gegen unseren Strafraum. Nach hartnäckigem Kampf mit der wachsamen Verteidigung landet der Ball auf Kocsis' Kopf, der ihn, zu allem entschlossen, kraftvoll gegen Tonis Kasten stößt. Das würde euch auch so passen, noch kurz vor der Halbzeit ein drittes Tor zu schießen, denkt unser Düsseldorfer und boxt das Leder zum Eckball weg.
Erst jetzt unterbricht Schiedsrichter Ling das Spiel und eilt zu Horst Eckel, um den sich eine Gruppe hilfsbereiter Kameraden versammelt hat, unter ihnen der ungarische Schlußmann Grosits.
Nach Abwehr des Eckballs wird die erste Halbzeit abgepfiffen. 45 Minuten des Endspiels haben wir überraschend gut durchgestanden. Wir nehmen unser Unentschieden mit in die Kabine. Ein 2:2 ist soviel wie ein 0:0.
Die Geräuschkulisse der Zuschauer bekommt eine andere Klangfarbe, während wir den Rasen verlassen. Der Beifallssturm der Massen verklingt und löst sich auf in das dumpfe Rumoren von Einzelgesprächen, Diskussionen und Erwägungen.
Dr. Loogen und Chefmasseur Deuser haben nicht eine Sekunde Zeit zuviel, sich um den verletzten Horst Eckel zu kümmern, kleine Prellungen zu kontrollieren und zu massieren. Wir weichen keinen Schritt von unserer alten Gewohnheit ab, zunächst einmal tief durchzuatmen. Zwei, drei Minuten lang. Herberger, der mit zufriedenem Gesicht zuschaut, wartet einsichtig, bis wir uns mit Eiswasser, Sprudel, Tee und Zitronen erfrischt haben. Auch dann sagt er nicht viel. Nur ein paar Worte, die uns Mut machen sollen:
»Männer, es ist großartig, was ihr bisher geleistet habt. Gebt auch in der zweiten Halbzeit keinen Millimeter Boden preis. Spielt weiter so, dann kann kommen, was mag. Selbst wenn ihr

jetzt verliert, wird euch niemand einen Vorwurf machen.« Aber wir sehen gar nicht ein, warum wir verlieren sollen. Wir haben uns den Ungarn keinen Augenblick unterlegen gefühlt. Die beiden Tore, die sie gleich am Anfang erzielten, wären zu vermeiden gewesen. Und unsere Torchancen standen denen der Magyaren an Zahl nicht nach.

Der Boß kann es nicht lassen, Toni und Kohli wegen ihrer folgenschweren Kurzsichtigkeit in der achten Spielminute auf die Schippe zu nehmen:

»Was habt ihr zwei euch bloß dabei gedacht?«

Doch es ist nicht bös gemeint, und Toni und Kohli haben ihren Schnitzer inzwischen doppelt und dreifach wieder gutgemacht. Die Bilanz der Turek-Paraden kann sich sehen lassen. Das wissen wir alle, und auch, daß wir uns in den nächsten 45 Minuten auf Toni und die Hintermannschaft verlassen dürfen. Und an uns Stürmern soll es auch nicht fehlen.

»Fritz, jetzt nicht lockerlassen!« sagt der unverwüstliche Max.

»Im Gegenteil, Max, das kommt gar nicht in Frage.«

Je länger wir das 2:2 halten, desto größer wird unsere Chance zu siegen.

Kurz vor Verlassen der Kabine klopft mir Dr. Loogen auf die Schulter und versichert:

»Machen Sie sich keinen Kummer, Fritz, wir gewinnen das Spiel 3:2.«

»Hoffentlich haben Sie recht.«

Wohin neigt sich die Waage?

Als wir wieder einlaufen, ist das Stadion bis auf den letzten Platz besetzt. Die zweite Hälfte des Weltmeisterschaftsspiels zieht auch Zuschauer an, die sich in den ersten 45 Minuten durch den Regen abhalten ließen. Aufgeregter Applaus empfängt uns.

Wie nicht anders zu erwarten, versuchen die Ungarn, jetzt mit aller Gewalt in Führung zu gehen. Die Überrumpelung, die ihnen am Anfang des Spiels gelungen ist, darf ihnen nicht wieder glücken. Verteidigung und Sturm haben es sich geschworen.

Czibor, der vorhin rechtsaußen, jetzt aber wie gewohnt linksaußen stürmt, greift Turek vergeblich an. Unmittelbar darauf kommt Puskas völlig freistehend zum Schuß. Das hätte nach menschlichem Ermessen 3:2 für die Ungarn geben müssen, aber Toni Turek faustet den Ball ins Feld zurück.
Major Puskas läßt die Zügel nicht locker. Soeben setzte er den rechten Läufer Bozsik ein, der spielt zu Puskas zurück, und wieder pendelt der Ball zu Bozsik. Aus etwa zwanzig Meter Entfernung jagt ihn der Ungar knapp über die Latte.
Die deutsche Abwehrmauer scheint unüberwindlich. Posipal, Liebrich und Kohlmeyer verteidigen überall. Wenn sie einmal ausgespielt sind, dann dürfen wir uns felsenfest auf Toni Turek verlassen und – auf das Glück.
Ungarns weltberühmtes Innentrio kann sich heute nur schwer Geltung verschaffen. Kocsis, der Halbrechte, Kopfballspezialist und schon vor dem Finale Rekordtorschütze dieser Weltmeisterschaft, wird auch in der zweiten Halbzeit gnadenlos von Karl Mai bewacht.
Fährtensicher wie Old Shatterhand folgt ihm unser Charly zäh und unerbittlich. Liebrich beschattet Hidegkuti, so lange der ungarische Mittelstürmer vorgeschoben spielt. Zieht sich der Ungar hingegen ins Mittelfeld zurück, fällt er – Herbergers taktischer Anweisung zufolge – sogleich in Eckels Ressort. Dafür muß Liebrich an Eckels Stelle Puskas übernehmen, sobald sich dieser unserem Strafraum nähert.
Mir fällt ein Stein vom Herzen, wenn ich sehe, wie wohlbehütet Hidegkuti von Eckel zu Liebrich weitergereicht wird. Die nicht abzuschüttelnde Bewachung nimmt dem ungarischen Wunderstürmer viel von seinem Elan. Wir dagegen kommen immer besser in Fahrt, denn mein direkter Gegenspieler, Bozsik, läßt mir viel freien Raum. Manchen Angriff kann ich einfädeln, weil er sich lieber dem eigenen Spielaufbau als der Abwehr widmet.
»Dranbleiben!«
»Jeder seinen Mann!«
Wie Funken sprühen Ermunterungen von einem zum anderen.
»Alles klar?«
»Alles klar!«
Wenn Not am Mann ist, schalten wir Stürmer uns in die Abwehr ein, nutzen aber jede Gelegenheit, selbst mit blitzschnel-

lem Zuspiel in die gegnerische Hälfte vorzustoßen. Abwehr und Angriff halten sich die Waage. Eben befördert Toni mit wuchtigem Abstoß den Ball bis weit über die Mittellinie. Leider wird das Leder von einem Ungarn abgefangen, der es postwendend in unsere Hälfte zurückflankt. Vor Puskas' Nase köpft Liebrich weg. Der Ball kommt zu Kohlmeyer, und schon wandert er über Ottmar zu mir und von mir weiter zu Hans Schäfer. Aber wir sind nur drei gegen vier Abwehrspieler der Ungarn. Der zurücklaufende Rechtsaußen Toth erobert das Leder und gibt ab zu Kocsis. Liebrich fährt dazwischen, unser Kleiner, der heute nicht kleinzukriegen ist.
Hin und her wogt das Spiel, die Situationen wechseln – unverändert bleiben im Berner Stadion nur Begeisterung und Spannung der Zuschauer. Können sie sich ein schöneres Endspiel vorstellen? Zwei gleichwertige Gegner kämpfen erbittert und doch fair, gleichwertige Gegner, die beide noch die Chance haben, die höchste Fußballtrophäe zu erringen. Die Tafeln auf dem Uhrenturm zeigen nach wie vor: Ungarn 2 – Deutschland 2.
Haben uns die Ungarn unterschätzt? Verließen sie sich zu sehr auf die eigene Stärke? Verleitet durch die bisherigen Erfolge, vor allem durch das Baseler 8:3 gegen uns, scheinen ihre taktischen Maßnahmen oft reichlich sorglos.
Die Magyaren setzen nun alles daran, bald die Entscheidung zu erzwingen. Mit Vehemenz drängen sie nach vorn. In unserem Strafraum herrscht ein unübersichtliches Gewimmel von Spielern. Rechtsaußen Toth umspielt Toni und jagt nach einer geschickten Körperdrehung den Ball in die kurze Ecke. Da ist Hopfen und Malz verloren! Doch wie bei einem ähnlich hoffnungslosen Fall im Jugoslawien-Spiel steht Kohli auf der Torlinie und schlägt den Ball blitzschnell mit dem linken Fuß aus der Gefahrenzone. Er verhindert ein todsicheres Tor.
Das Leder kommt allerdings nicht weit. Wer nimmt es auf? Es ist Hidegkuti, der spritzige Spielmacher der Ungarn. Er gibt nicht zur Mitte ab, zu einem freistehenden Kameraden, sondern wagt aus unmöglichem Winkel selbst einen saftigen Torschuß. Zum Glück trifft er nur das Außennetz.
Uff – diese Gefahr wäre glücklich überstanden!
Doch schon ist neue im Verzug. Eine weite Flanke von Toth se-

gelt auf das Tor. Da schnellt Kocsis mit der Sprungkraft unseres Max Morlock dem Ball entgegen. Er springt höher als die deutschen Abwehrspieler und köpft das Leder über Toni Turek hinweg in Richtung langes Eck. Ungarns drittes Tor ... scheitert an der Querlatte. Der Ball springt ins Feld zurück. Kohli kann mit befreiendem Schlag die gewittrige Atmosphäre bereinigen.

Aufregungen sind das!

Die Generaloffensive der Ungarn in der ersten Viertelstunde nach der Pause ergibt viele torreife, zwingend herausgespielte Chancen. Das müssen wir anerkennen. Wir überstehen den Ansturm aber ohne Verlusttreffer, und das ist – wie sich später herausstellen soll – für den Ausgang des Spiels von entscheidender Bedeutung.

Das ungarische Trommelfeuer macht uns nicht müde. Unverdrossen setzen wir auch aussichtslosen Bällen nach. Selbst wenn wir umsonst laufen, wird der Gegner bei der Ballaufnahme gestört, er wird zur Eile angetrieben, und Eile geht meist auf Kosten der Exaktheit.

Wieder und wieder bremst Jupp Posipal, unser rechter Verteidiger, den gegnerischen Vorstoß. Jeder gestoppte Angriff ist für ihn der Beginn eines eigenen. Wenn er sich den Ball aus dem wildesten Getümmel herausgefischt hat, paßt er ihn zu uns nach vorn in den Sturm. Das Geschehen wechselt blitzartig. Das Spiel ist sehr schnell. Jupp bedient Schäfer, Hans läßt seinen Bewacher stehen, saust in den ungarischen Strafraum. Da wird er gelegt. Ohne Absicht? Jedenfalls, den Schiedsrichter Ling, der gewissenhaft mitläuft, pfeift nicht. Ottmar, Morlock und Rahn lassen Grosits nicht zur Ruhe kommen. Staunend sehen die Zuschauer, wie mühelos wir das Tempo durchhalten.

Rahn ist überall, und es scheint ihn keine Anstrengung zu kosten. Vorbildlich ordnet er seine vielkritisierte Eigenwilligkeit dem Zusammenspiel unter. Eine zentimetergenaue Vorlage von mir wandelt er um in einen kühnen Schuß auf das gegnerische Tor, aber Grosits hält. Trotzdem hat der Boß den Sonderbeifall der Zuschauer verdient.

Dann sieht es wieder so aus, als wäre den Ungarn der Führungstreffer sicher. Puskas spielt sich frei, ausnahmsweise gelingt es ihm, an Liebrich vorbeizukommen. Machtvoll schießt

er aus nur sieben, acht Metern. Die Anhänger der Ungarn jubeln bereits, aber Toni, unser unbezahlbarer Toni, hat die Geistesgegenwart, den ins lange Eck sausenden Ball blitzschnell mit einem Spagatschritt abzuwehren. Kohlmeyer vollendet Tureks Werk und schlägt das Leder weit nach vorn.
Wir sind mit heiler Haut davongekommen!
Wenig später stürmt Czibor mit einem Steilpaß allein auf Tonis Kasten, aber Turek erkennt die Gefahr rechtzeitig und stürzt ihm entgegen. Im Augenblick der Schußabgabe wirft er sich unerschrocken auf Czibors Fuß und wehrt den Ball ab. Durch die Wucht des Zusammenpralls überschlägt sich der Ungar drei-, viermal, und auch Toni bleibt angeschlagen liegen. Schiedsrichter Ling unterbricht das Spiel. Deuser kommt auf den Platz und massiert Tonis Brust und Nacken. Gott sei Dank erholt sich unser Schlußmann schnell. Durch sein mutiges Herauslaufen hat er jedenfalls Ungarn um ein Tor gebracht.
Der Führungstreffer der Rot-Weißen will und will nicht fallen. Aufgeregt diskutieren sie. Können sie es denn nicht zwingen, dieses entscheidende Spiel? Sollen sie, die unbestrittenen Fußballkönige der letzten Jahre, knapp vor dem Ziel scheitern?
Wir aber spüren immer deutlicher, daß wir die bessere Kondition haben. Mehr und mehr befreien wir uns aus der langsam erlahmenden Umklammerung und diktieren selbst das Geschehen. Obwohl wir im sechsten, die Ungarn hingegen erst im fünften Spiel der Weltmeisterschaft stehen, haben wir mehr Luft in den Segeln. Wir sind schneller am Ball und werden dadurch gefährlicher. Warum sollen nicht wir den Coupe du Monde gewinnen? Noch steht es 2:2.
In der 72. Minute drischt Rahn wieder hart aufs Tor. Ein Ungar springt in den Schuß und lenkt ihn zur Ecke ab. Sie wird durch Rahn von rechts getreten. Wie vorher abgemacht, stelle ich mich außerhalb des Strafraums bereit. Der Boß schießt den Eckball direkt zu mir. Sofort werde ich von einem ungarischen Verteidiger angegriffen, umspiele ihn und dringe, den Ball am Fuß, in den Strafraum ein. Inzwischen hat Rahn sich freigelaufen. Ich überlasse das Leder ihm, und er fetzt es mit einem Bombenschuß in die linke Ecke. Aber unser raffiniertes Manöver bringt nichts ein. Torhüter Grosits mit seinem vorzüglichen Stellungsspiel wehrt in kühner Parade auch diesen Ball ab. Jetzt

haben die Ungarn allen Grund, ihrem Schlußmann dankbar zu sein.
Wie lange spielen wir noch? Ich schaue auf die große Stadionuhr. Dreißig Minuten der zweiten Halbzeit liegen hinter uns. In einer Viertelstunde ist alles entschieden. Oder muß das Finale verlängert werden? Mir schießt blitzschnell durch den Kopf, daß wir wahrscheinlich besser dabei abschneiden würden als die Ungarn.
Oft habe ich im bisherigen Verlauf des Spiels Puskas beobachtet. Hat er die Folgen seiner Verletzung überwunden? Nie bemerke ich, daß er hinkt oder auch nur leicht den Fuß nachzieht. Es fehlt ihm nichts mehr, höchstens das Training der letzten vierzehn Tage.
Der Regen hat nachgelassen, aber der Boden ist naß und schwer. Unsere weißen Trikots und die weißen Hosen der Magyaren sind dunkel vor Dreck. Wer achtet darauf?
Die Ungarn spielen immer noch prächtige Chancen heraus, doch unsere Gegenangriffe sind nicht minder gefährlich. Ein paarmal laufen wir allerdings in geschickt gestellte Abseitsfallen oder schießen haarscharf am Tor vorbei. Außerdem ist Grosits ein großartiger Torwart, der manche Bombe entschärft.
Doch jetzt sind die anderen wieder vorne. Czibor schießt, Toni faustet das Leder zurück. Hidegkuti schießt nach – ans Außennetz. Puskas führt erregte Diskussionen mit seinem Mittelstürmer. Aber was ist denn da los? Anscheinend hat Toni soeben etwas abbekommen. Im Augenblick ist er nicht einsatzfähig; er greift sich benommen an den Kopf. Wir können bald wieder aufatmen: es ist wohl nicht so schlimm, denn Toni zieht bereits Pullover und Hose zurecht und macht sich in alter Frische abwehrbereit.
Eine Flanke von Schäfer endet bei Grosits. Puskas bricht im Gegenzug durch, aber Liebrich köpft vor ihm den Ball ins Feld.

3:2

Sechs oder sieben Minuten noch. Da will ich Schäfer mit einer Vorlage bedienen. Buzansky, der rechte ungarische Verteidiger, fängt sie ab. Leichtsinnigerweise schlägt er den Ball nicht gleich nach vorn, sondern läßt sich in einen unnötigen Zweikampf mit unserem Linksaußen ein, der energisch nachgesetzt ist. Schäfers Hartnäckigkeit macht sich bezahlt. Er erkämpft sich das Leder, läuft zwei, drei Schritte und gibt eine wunderbare Flanke in den ungarischen Strafraum. Max, Ottmar und ein paar Ungarn springen hoch. Der Ball wird vorerst abgewehrt. Da stürmt mit seinen mächtigen Sätzen der Boß herbei. Wer ihn heranbrausen sieht, glaubt, daß er aus diesem wuchtigen Lauf heraus schießen wird, schießen muß. Die Zuschauer glauben es, und wir Spieler auch. Der Torhüter glaubt es, und die Verteidiger werfen sich entschlossen in die vermutliche Schußbahn. Diese Gelegenheit nutzt Helmut Rahn aus, nimmt geschickt und reaktionsschnell den Ball am Fuß mit, an zwei, drei Gegnern vorbei, und läßt aus etwa vierzehn Meter Entfernung mit dem linken Fuß eine Bombe in die untere Ecke los. Verzweifelt wirft sich Torwart Grosits nach diesem Meisterschuß...

Ich stehe im Augenblick halblinks, Ottmar ist auf linksaußen gewechselt, Hans Schäfer nach seiner Flanke in die Mitte geeilt, Max Morlock beobachtet in halbrechter Position, was passiert:

Der Boß hat so gewaltig geschossen, daß er durch seinen eigenen Schwung zu Fall kommt, aber noch im Fallen sieht er, daß seine flache Bombe für Torhüter Grosits unerreichbar ist. Der Ball flitzt knapp am Pfosten vorbei in den Kasten und auf der anderen Seite schon wieder heraus, so unheimlich schnell ist seine Fahrt. Der Schiedsrichter pfeift. Grosits und ein paar Ungarn liegen am Boden. In Sekundenbruchteilen begreifen wir, was geschehen ist.

Helmut Rahn hat unser Führungstor geschossen!

3:2!

3:2 für Deutschland!

3:2 in der 84. Spielminute!

Wir führen Freudentänze auf, schreien wie verrückt, rennen auf den Boß zu und erschlagen ihn beinahe vor Begeisterung. Alle laufen wir zusammen bis auf Toni, der angewiesen ist, sein Tor unter keinen Umständen zu Gratulationscouren zu verlassen. Wenn alles aus dem Häuschen ist – er muß drinbleiben.

Unbeschreiblich ist der Jubel im weiten Viereck des Berner Wankdorf-Stadions. Über uns schlagen nie erlebte Beifallswogen zusammen. Die Sensation der Fußball-Weltmeisterschaft ist da!

Langsam gehe ich rückwärts in Richtung Mittellinie. Ein kurzer Blick auf die große Stadionuhr.
»Männer, nur sechs Minuten noch!« sage ich. »Jetzt darf nichts mehr passieren! Jeder im Sturm nochmals mit verteidigen! Die paar Minuten noch! Bis zum Umfallen!«
»Bis zum Umfallen, Fritz!«
Die Ungarn sind wie aus den Wolken gestürzt. Ich kann mir denken, wie ihnen zumute ist. Soll ihre großartige Siegesserie ausgerechnet heute enden? Fünf Minuten haben sie noch Zeit, ihr Schicksal zu wenden. Aber werden sie die Kraft aufbringen, jetzt noch das Steuer herumzureißen? Wir glauben es nicht.
Mit dem Anstoß stürmen sie sofort wieder los, stürmen, als ob es um ihr Leben ginge. Puskas setzt alles auf eine Karte. Er erhält eine Vorlage von Kocsis und da . . . Tor! Nein, kein Tor! Der ungarische Major stand abseits. Deutlich habe ich es von meinem Platz aus gesehen. Linienrichter Griffiths aus Wales hat die Fahne rechtzeitig erhoben. Im verfrühten Begeisterungsschrei der ungarnfreundlichen Zuschauer geht Mister Lings Abseitspfiff unter. Auch Rahn, der in der ungarischen Hälfte steht, hat ihn nicht gehört. Er schaut ganz entgeistert drein, läuft auf mich zu und fragt:
»Friedrich, was sagst du jetzt?«
»Das war doch abseits, Helmut«, beruhige ich ihn, »hast du das denn nicht gesehen?«
Nein, er hat es nicht gesehen. Deutlich kenne ich ihm an, was er in dieser Schrecksekunde denkt: Nun hab' ich grad den Führungstreffer geschossen, und jetzt gleichen sie doch noch mal aus! Boß, deine Angst ist gottlob unbegründet.
Unser Goldenes Tor, unseren Vorsprung, wollen wir mit allen erlaubten Mitteln halten.
Vier Minuten noch.
Wir versuchen jetzt auf Zeit zu spielen. Max und ich bleiben betont zurück, auch die anderen drängen nicht mehr ungestüm nach vorn. Wir schlagen den Ball zwar nicht ins Aus, wie es gern gemacht wird, um ein Spiel zu verzögern, aber wir versuchen, ihn in den eigenen Reihen zu halten.
Drei Minuten noch.
Auf engstem Raum spielen wir einander zu. Vergeblich warten die Ungarn auf Steilpässe oder weite Flanken. Nur wenn wir

angegriffen werden, geben wir den Ball zu einem freistehenden Mann, nach vorn, zur Seite oder auch zurück. Eine sportlich durchaus korrekte Form, gut über die Zeit zu kommen. Niemand wird uns das verdenken. Natürlich erkämpfen sich auch die Ungarn den Ball wieder und stürmen mit letzter Kraft noch einmal gegen unser Tor.

Zwei Minuten noch.

»Horst!« schreie ich über den Platz weg, »nicht lockerlassen!«

»Dranbleiben, Charly!«

»Aufpassen, Kohli!«

Einer feuert den anderen an, die letzten Kraftreserven einzusetzen und die Führung, den entscheidenden Vorsprung, bis zum Spielende zu halten.

Können wir ihn etwa vergrößern? Morlock versucht es gegen Schluß noch einmal, dann Ottmar und jetzt Schäfer, der nach rechtsaußen gewechselt ist; er schießt – ans Außennetz. Abschlag vom ungarischen Tor.

Eine Minute noch.

Da bekommt Czibor bei einem überraschenden Flankenwechsel halbrechts in Strafraumhöhe den Ball. Er wird ihm direkt auf den Fuß serviert. Mir steht vor Schreck das Herz still. Jetzt, jetzt ist es passiert! denke ich, als Czibor aus sieben, acht Metern einen Mordsschuß losläßt. Er zielt in die kurze Ecke, auf die sich Toni zum Glück konzentriert. Blitzschnell geht unser Düsseldorfer zu Boden und befördert in fliegender Parade den Ball mit beiden Fäusten in Richtung Eckfahne. Ebensoschnell setzt Werner Kohlmeyer hinterher und will das Leder zum Linksaußen schlagen. In der Drehung rutscht es ihm ab ins Aus.

In diesen Sekunden stand unser Sieg auf des Messers Schneide. Um ein Haar hätten die Ungarn ausgeglichen. 3:3 – dann wäre eine Verlängerung fällig gewesen. Hätte Czibor nicht die kurze, sondern die lange Ecke anvisiert, wäre alles anders gekommen.

Einwurf der Ungarn. Ich fange den Ball ab, versuche ihn nach vorn zu schlagen. Aber das nasse Leder rutscht wieder ins Aus.

Ist denn noch nicht Schluß? Schiedsrichter Ling müßte jetzt abpfeifen. Ob er wegen Tonis Verletzung nachspielen läßt? Ein Zuschauer wirft den Ball ins Feld zurück, die Ungarn führen den Einwurf aus. In diesem Augenblick höre ich – Mister Ling

steht nur ein paar Meter von mir entfernt – den ersehnten Schlußpfiff.
Das Spiel ist aus!
Das Unglaubliche ist wahr, das Unerwartete Wirklichkeit!
Der Fußball-Weltmeister 1954 heißt Deutschland!

»Kinder, jetzt geht die Welt unter!«

Was sich unmittelbar nach dem Schlußpfiff im Berner Stadion abspielt, kann ich unmöglich schildern. Wir springen hoch vor Freude, laufen aufeinander zu, lachen, schreien, jubeln, fallen uns in die Arme, glückselig wie wir sind! Alle reden auf einmal, keiner versteht ein Wort, und doch weiß jeder, was der andere sagen will. Es ist unfaßbar. Auch Toni ist jetzt bei uns. Sein Tor braucht keinen Bewacher mehr. Ottmar und der Boß hängen an Tureks Hals.
Endlich, endlich lassen wir uns los. Mühsam finde ich mich in der neuen Wirklichkeit zurecht. Über uns auf den Rängen jubeln die deutschen Zuschauer in unvorstellbarer Begeisterung. Auch die Schweizer sind nun mitgerissen – welche Sensation, welche Leistung, Ungarn zu besiegen! Im Stadion hat die Erregung den Siedepunkt erreicht. Tausend Gedanken schießen mir gleichzeitig durch den Kopf. Und es bleibt doch nur einer haften, immer wieder derselbe:
Wir sind Weltmeister! Wir haben es geschafft!
Ich gehe auf Schiedsrichter Ling zu, schüttle ihm die Hand und versuche, ihm für das hervorragend geleitete Spiel meinen Dank auszudrücken. Es hapert zwar mit der Verständigung, aber er versteht mich doch. Dann stürmen schon wieder die Kameraden auf mich zu und fallen mir um den Hals. Auch Schlachtenbummler sind jetzt auf dem Spielfeld und Fotografen. Es herrscht ein unbeschreibliches Durcheinander.
Der schönste Augenblick dieser unvergeßlichen Minuten: auf dem Platz steht plötzlich Herberger vor uns, neben sich seine unzertrennlichen Helfer und Freunde, Dr. Loogen, Deuser und Daßler. Bewegt nehmen wir den Chef in die Mitte.
Was mag jetzt in ihm vorgehen? In ihm, der heute den Höhepunkt seines unermüdlichen und selbstlosen Schaffens erreicht

hat? Wir spüren voll Dankbarkeit, wie sehr er zu uns gehört, wie sehr wir auf ihn angewiesen sind ...
Jetzt besinnt sich Kohli einer wichtigen, ihm anvertrauten Mission. Als hervorragender Organisator soll er Mister Ling den Weltmeisterschaftsball entführen. Seppl Herberger möchte ihn als Andenken an sein 100. Länderspiel mit nach Hause nehmen. Drei, vier Mann braucht Kohli als Begleitschutz. Sie haben keine leichte Arbeit vor sich. Es ist bekannt, daß englische Schiedsrichter die Bälle gern als Souvenir behalten. Schweren Herzens rückt Mister Ling das goldgelbe Leder, mit dem wir drei Tore geschossen haben, heraus.
Mit hängenden Köpfen und ohne richtig zu begreifen gehen die Ungarn zur Tribüne. So zuversichtlich und so temperamentvoll haben sie das Spiel begonnen, siegessicher und mit Recht als große Favoriten. Um so schwerer tragen sie jetzt an der Niederlage. Wir können ihren Kummer gut verstehen. Sie tun uns leid, aber wir haben sie in fairem Kampf besiegt und sind im Augenblick – was uns keiner verdenken kann – die glücklichsten Menschen der Welt.
»Jetzt 'rüber auf die andere Seite, da sitzen die meisten deutschen Schlachtenbummler!« ruft jemand, und schon stürmen wir quer über den Platz. Wie glückliche Kinder stehen wir am Rand des Spielfeldes und winken zu unseren Landsleuten hinauf. Einer warmen Welle gleich schlägt uns die Begeisterung entgegen. Nachdem wir uns an ihrem Jubel satt gehört und gesehen haben, laufen wir wieder zurück. Aber die Zuschauer geben sich noch nicht zufrieden.
»Schaut mal, die Gruppe mit den vielen Fahnen unten am Tor!« ruft Werner Liebrich, »da springen wir auch noch schnell hin!«
Wir rennen auf das Tor zu, in dem unser Toni noch vor wenigen Minuten den Ausgleich verhindert hat. Und wieder brandet der Jubel von Tausenden zu uns herunter auf den Rasen.
Schweizer Soldaten mit Stahlhelmen haben inzwischen vor der Haupttribüne ein von Lorbeerbäumen flankiertes Rednerpult aufgebaut und zur Absperrung ein Seil gespannt. Die Ungarn stellen sich zur Siegerehrung auf. Erschöpft und todtraurig stehen sie da. Es dauert eine ganze Weile, bis auch wir uns formiert haben. Pausenlos werden wir von den Fotografen bestürmt, die uns vor dem Finale so wenig Beachtung schenkten.

Endlich ist es soweit. Zwischen den Ungarn und uns haben sich wie zu Beginn des Spiels Schiedsrichter Ling und die Linienrichter Griffiths und Orlandini aufgestellt. Rechts von mir steht Bundestrainer Herberger, links von mir Toni Turek und dann die Mannschaft in der üblichen Reihenfolge: Eckel, Rahn, O. Walter, Liebrich, Posipal, Schäfer, Kohlmeyer, Mai, Morlock.
»Kinder, jetzt geht die Welt unter«, sage ich noch zu meinen linken Nachbarn Toni und Horst, »jetzt schlagen sie in Kaiserslautern dem alten Walter seine Wirtschaft zusammen.«
Nur fünf Minuten möchte ich jetzt zu Hause bei meinen Eltern in der Gaststube sein, am Fernsehapparat sitzen und miterleben, wie sich ein Sieg in der Fußball-Weltmeisterschaft von weitem ausnimmt...
Dann beginnt die offizielle Siegerehrung. Auf das Podium tritt, überdacht von einem großen Regenschirm, Jules Rimet, der 82jährige Ehrenpräsident der FIFA, der während der Weltmeisterschaft in der Schweiz seinen hohen Posten als amtierender Präsident an den Belgier Seeldrayers abgetreten hat. Neben dem Rednerpult steht der Präsident des Schweizerischen Fußballverbandes, Dr. Ernst Thommen. Rimets Ansprache wird zu unserem großen Bedauern nicht aus dem Französischen übersetzt.
Unwirklich, was sich jetzt ereignet! Ich bin noch ganz benommen vor Glück und kann momentan nicht einen klaren Gedanken fassen. Dunkel und nur im Unterbewußtsein fühle ich, daß etwas ganz Großes, Unvorstellbares, geschieht. Da gibt mir Präsident Thommen ein Zeichen, und beinahe traumwandlerisch gehe ich auf das Podium zu, um den feierlichsten Augenblick, den Höhepunkt meiner Fußball-Laufbahn, zu erleben: der greise Ehrenpräsident Rimet überreicht mir für die deutsche Nationalelf den Coupe du Monde, den goldenen Weltmeisterschaftspokal.
Nun halte ich ihn also in meinen Händen!
Immer noch will das Gefühl, alles nur zu träumen, nicht von mir weichen. Man hält mir ein Mikrofon dicht vor den Mund. Verlegen bedanke ich mich für den Pokal und die elf Goldmedaillen, die man mir in einem Pappkarton in die Hand drückt. Als ich an meinen Platz zurückgehen will, geht Ferenc Puskas, der ungarische Mannschaftsführer, auf mich zu. Er gratuliert

mir in guter, sportlicher Haltung zur Weltmeisterschaft. Dann tritt auch er vor Rimets Rednerpult und nimmt die Silbermedaillen für seine tapfere Elf in Empfang.
Erst bei meinen glückstrahlenden Kameraden finde ich wieder in die Wirklichkeit zurück.
»Alles klar?« frage ich, als ich mit dem Goldpokal, mit unserem Goldpokal, an ihnen vorbeigehe.
»Alles klar, Fritz!« antworten sie wie aus einem Mund.
Wir haben es also geschafft, wir elf:
Max *Morlock,* unser unverwüstlicher Optimist mit der königlich-bayerischen Ruhe;
Karl Mai oder Charly, ein lieber, feiner Kerl, der sich zum Glück nie auf dem Spielfeld, sonst aber durch harmlosen Flachs leicht aus der Ruhe bringen läßt;
Werner *Kohlmeyer,* der Kohli, schon oft Retter in höchster Not, unser Universalgenie, ein Typ, den man gernhaben muß;
Hans *Schäfer,* Hannes mit der unwahrscheinlichen Lache, mit seiner unbändigen Kraft und mit der brennenden Ungeduld vor jedem Spiel;
Jupp *Posipal,* unser ruhiger und vernünftiger Hamburger, der immer Ausschau hält, ob er nicht jemandem einen Gefallen tun kann;
Werner *Liebrich,* im Gegensatz zu seinem ebenfalls fußballspielenden großen Bruder der »Kleine« genannt, unser unermüdlicher Schlagersänger;
Ottmar *Walter,* mein Bruder, Ottes oder Siegmund gerufen, der so viel urwüchsiger ist als ich und mit so viel gesünderem Selbstvertrauen gesegnet. Ottes, unser »Zerreißer«;
Helmut *Rahn,* der kraftstrotzende Boß mit seinem unerschöpflichen Vorrat an Blödsinn und Übermut, der menschlich tipptopp und ein feiner Kamerad ist;
Horst *Eckel,* unser Junggeselle, dem so viele kleine Mädchen schreiben, ein guter und leidenschaftlicher Tischtennisspieler;
Toni *Turek* mit seiner himmelschreienden Ruhe, mit seinem gutmütigen, trockenen Humor. Toni, der in jeder Situation das richtige Wort findet und über den wir sehr viel lachen müssen.
Das sind sie also, meine zehn Kameraden, die heute mit mir im Finale der Weltmeisterschaft gestanden haben. Noch einer gehört zu unserer verschworenen Gemeinschaft: der Chef. Spon-

tan will ich Bundestrainer Herberger, an dessen Seite ich jetzt wieder stehe, den Pokal in die Hand geben. Aber er wehrt sogleich ab:
»Behalten Sie ihn nur, der Pokal gehört Ihnen und der Mannschaft!«
Und nun ertönt wirklich das Deutschlandlied. Tausende auf den Rängen singen mit. Wie viele jetzt wohl in der Heimat mit ihren Gedanken bei uns sind? Unwillkürlich habe ich das Bedürfnis, Tuchfühlung zu nehmen, und ich greife nach Toni Tureks Hand. Ganz von selbst finden sich auch die Hände der anderen, und der Kreis, den wir vor unseren Spielen oft geschlossen haben, ist, nur für uns sichtbar, wieder da.
Als das Deutschlandlied verklingt, denken wir sofort an den Vater unseres Sieges, der die taktischen Pläne schmiedete, der uns Mut zusprach, der für unser seelisches Gleichgewicht sorgte: Sepp Herberger. Drei, vier Mann stürzen auf ihn zu und heben ihn auf die Schultern. Der Chef weiß gar nicht, wie ihm geschieht. Unter dem frenetischen Jubel der Zuschauer tragen ihn Helmut Rahn, Ottmar, Karl Mai und noch ein paar andere hinunter in die Kabine.
Eine Gruppe begeisterter Schlachtenbummler setzt Horst Eckel und mich auf die Schultern. Unmöglich zu entwischen wie beim Jugoslawien-Spiel, wo ich aus Aberglaube davongelaufen bin! Daß ich heute mit dem Coupe du Monde in der Hand vom Platz getragen würde, das hatte ich damals nicht zu hoffen gewagt. Unbeschreiblich und endlos ist die Begeisterung, die uns bis in den Umkleideraum nachklingt.
Jetzt erst spüren wir, wie müde, abgekämpft, schmutzig und verschwitzt wir sind. In der Kabine blenden uns riesige Lampen; der Raum ist in gleißend helles Licht getaucht. Werden Aufnahmen für die Wochenschau, das Fernsehen oder die Zeitungen gemacht? Wir kümmern uns nicht darum, fallen einander noch einmal glücklich um den Hals und lassen uns von unzähligen Menschen die Hände schütteln. Der Boß hängt sich an den Toni, der Max liegt mir in den Armen, wir alle umhalsen Sepp Herberger. Dabei reden wir lauter sinnloses Zeug.
»Goldgelbe Bananen, Leute, Leute!« schreit Helmut Rahn.
»Das war noch einmal ein Wirbel!« jubiliert Max.
»Wie die Raketen, wie die Raketen!« brüllt Hannes.

Man versteht in dem tollen Durcheinander kein Wort. Aber wir würden uns auch verstehen, wenn über allem der Niagara rauschte.
Während pausenlos über uns die Blitzlichter zucken, taucht mein Vater in der Kabine auf. Ottmar und ich haben keine Ahnung, daß er zum Endspiel ein zweites Mal in die Schweiz gekommen ist. Mit Tränen in den Augen fällt er uns, seinen Fußball-Söhnen, und seinem besonderen Liebling, Werner Liebrich, um den Hals. Dann geht er von einem zum anderen, um zu gratulieren.
Immer wieder versuchen deutsche und ausländische Journalisten, unsere Kabine zu stürmen. Aber wir können sie nur schubweise hereinlassen. Sie stürzen sich dann wißbegierig sofort auf Herberger, Dr. Bauwens, Huber und auf uns Spieler. Auch der Kaiserslauterner Oberbürgermeister und einige Stadträte tauchen auf. Ich weiß überhaupt nicht mehr, wem ich in diesem Tohuwabohu die Hand drücke. Ich weiß nur noch, daß ich mich brennend danach sehne, die nassen Schuhe von den Füßen zu bekommen, das verschwitzte, verdreckte Trikot und die schmutzstarrenden Stutzen auszuziehen und unter der Brause zu stehen.
Endlich sind wir soweit. Warme Brause, kalte Brause. Abseifen, waschen – langsam werden wir wieder Menschen. Vernünftige zwar immer noch nicht, aber was macht das schon? Helmuts Marktfrau denkt noch nicht an Ladenschluß, und Hans hilft ihr nach besten Kräften.
»Leute, ich bin das Leben leid! Heute wird die Ware verschenkt ...«
Ich plantsche gemütlich im Bad herum und denke:
»Der liebe Gott ist doch ein feiner Mann! Obwohl wir Hochsommer haben, läßt er uns zuliebe kühl und erfrischend regnen. Läßt uns glatt das Finale gewinnen!«
Gemeinsam mit den elf Kameraden, die heute nicht gespielt haben, aber mit uns überglücklich sind, packen wir zum letztenmal während der Weltmeisterschaft unsere Fußballschuhe, Stutzen und die anderen Utensilien zusammen. Sorgsam ziehen wir die Scheitel und schlüpfen in die Mäntel.
Zum Omnibus wollen und zum Omnibus können ist zweierlei! Schlachtenbummler blockieren den Weg, sie möchten uns am

liebsten zu Tode drücken in ihrer unbeschreiblichen Freude. Kräftig schlagen sie uns auf die Schultern. Wen sie erwischen können, küssen sie ab. Sich den Weg zum Bus zu bahnen, ist mindestens so anstrengend wie eine Halbzeit. Bevor wir einsteigen, werden wir von einem ganz Großen des internationalen Fußballsports begrüßt, von Vittorio Pozzo, dem langjährigen Betreuer der italienischen Nationalelf. In gebrochenem Deutsch gratuliert er. Er muß wissen, wie uns ums Herz ist – 1934 und 1938 holte sich Italien unter seiner Leitung den Coupe du Monde.

Im Bus warten unsere Frauen. Sie sind überglücklich und stolz. In diesem Moment wissen auch sie, daß alle Opfer und Trennungen, die sie in den letzten Monaten, den letzten Jahren, auf sich genommen haben, nicht umsonst waren, daß sie heute ihren Sinn gefunden haben.

Langsam, ganz langsam setzt sich der Bus unter dem Jubelsturm unserer Landsleute in Bewegung. Er braucht lange, bis er sich einen Weg gebahnt und die Straße nach Spiez erreicht hat. Immer noch fahren wir an winkenden Menschen vorbei, die zu ihren Autos oder zum Bahnhof wollen. Unermüdlich winken wir zurück. Einige von uns fangen zu singen an. Aber merkwürdig, heute will es nicht so recht klappen mit dem Gesang. Einer nach dem anderen verstummt und geht seinen Gedanken nach.

Seit ich Spielführer der deutschen Nationalmannschaft bin, habe ich meinen Stammplatz gleich vorn beim Einstieg neben Herberger. Auch heute sitze ich neben ihm. Still schaut er zum Fenster hinaus, ab und zu drückt er meine Hand.

»Ist es nicht unwahrscheinlich, daß wir das heute erleben dürfen?« fragt er, und ich nicke stumm zurück.

Die Stunden nach dem Sieg

In Spiez ist das Belvédère in hellem Aufruhr. Auch hier warten bereits wieder deutsche Schlachtenbummler auf uns. Im Hotel werden wir mit riesigen Blumensträußen empfangen, vor allem mit einem überdimensionalen Blumengruß der Gemeinde Spiez.

Die Sekretärinnen bringen die ersten Telegramme, die wir an die Empfänger zu verteilen suchen. Ein aussichtsloses Unternehmen, wie sich bald herausstellt. wir stapeln die Glückwünsche auf, und Dr. Peco Bauwens sortiert die wichtigsten zum Vorlesen aus.
Einer der ersten Gratulanten ist Bundespräsident Theodor Heuss: »Mit dem heutigen Sieg in der Fußball-Weltmeisterschaft, dessen sich Millionen Deutsche freuen, werden die großartigen Leistungen gekrönt, die Sie in der Schweiz gezeigt haben. Ich spreche Ihnen zu Ihrem Erfolg meine herzlichsten Glückwünsche aus und freue mich, Ihnen das Silberne Lorbeerblatt verleihen zu können.«
Bundeskanzler Dr. Adenauer telegrafiert: »An Ihrem großartigen Sieg nimmt das ganze deutsche Volk mit größter Freude Anteil. Ich spreche der deutschen Fußball-Nationalmannschaft meine herzlichsten Glückwünsche aus und übersende Ihnen allen meine besten Grüße.«
Prominente Vertreter aus Politik, Wirtschaft und öffentlichem Leben schließen sich den Gratulanten an. Endlich fragt Herberger: »Nun, wann wollen wir essen?«
Es ist etwa halb neun Uhr. Wir schlagen vor, daß wir zunächst einmal auf die Zimmer gehen zum Umziehen, und uns dann um halb zehn Uhr im Speisesaal treffen.
»Aber vielleicht können wir vorher doch schon belegte Brote haben und einen Schluck Bier?« fragen einige, denen der Magen zu knurren beginnt.
»Ja, dafür sorg' ich!« sagt der Chef väterlich besorgt.
Die Mädchen, die heute noch mehr als sonst darauf bedacht sind, uns jeden Wunsch von den Augen abzulesen, organisieren den Imbiß. Sie stellen einen Tisch mit kalten Platten in den Lift, einen Kasten Bier, und fahren alles zu uns in den dritten Stock.
Dann sind wir zum ersten Mal als neue Weltmeister ganz unter uns.
In unmöglicher Aufmachung laufen wir herum. Die einen haben noch den Trainingsanzug an, die anderen spazieren in Hemd und Unterhose durch die Gegend. Ohne Etikette und Rücksicht auf unsere junge Würde essen wir zwischen Tür und Angel belegte Brote und stoßen mit frischem Bier auf etwas ganz Neues an: die Weltmeisterschaft.

Ich seife mich gerade in aller Gemütsruhe ein, um mich zu rasieren, da sehe ich, daß Kohlis Kinn bereits glatt ist wie ein Kinderpopo, daß er sich schon angezogen hat und gerade seinen Krawattenknoten zurechtrückt. Doch zur festgesetzten Zeit bin auch ich unten im großen Speisesaal des Belvédère.
Dort ist die Tafel festlich zum Bankett gedeckt. Alle prominenten Vertreter des Deutschen Fußballbundes sind anwesend. Zu meiner großen Freude treffe ich auch den Rekordinternationalen und langjährigen Spielführer der deutschen Nationalelf, Paul Janes, der die Spiele in der Schweiz verfolgt und uns Mut zugesprochen hat. Außerdem sind wieder viele Journalisten und Fotoreporter da, für die der ganze Trubel ein gefundenes Fressen ist.
Wir Spieler sitzen neben unseren Frauen und harren der Dinge, die da kommen sollen. Wir sind überglücklich, aber es macht sich jetzt doch eine gewisse Ermüdung bemerkbar. Auch schöne Erlebnisse stellen ihre Anforderungen. So kommt es, daß wir wenig essen, dafür dem guten, kalten Bier, das wir heute beliebig nachbestellen dürfen, um so mehr zusprechen.
In kurzen Abständen werden Blumen und Berge von Telegrammen hereingeschleppt. Allein daran gemessen muß die Bedeutung des heutigen Tages riesengroß sein.
Dr. Peco Bauwens, der Präsident des DFB, hält die Festrede, die in Dank und Anerkennung für die Mannschaft ausklingt. Auch der deutsche Gesandte in der Schweiz, Dr. Holzapfel, findet lobende Worte für uns. Wir selbst könnten uns überhaupt nicht vorstellen, meint er, was dieser Fußballsieg für die Arbeit der Gesandtschaft bedeute. Nichts sei so völkerverbindend wie Kultur und Sport ...
Der Bürgermeister von Spiez, der während unseres Aufenthaltes in seiner Gemeinde mit Aufmerksamkeiten nicht gegeizt hat, erklärt: »Die Gemeinde ist froh und glücklich, daß sie den Weltmeister beherbergt hat.« Zu keinem Zeitpunkt sei die große deutsche Expedition in Spiez aufgefallen. Besonders aber bewundere er, wie wenig laut wir selbst jetzt nach dem Sieg würden. Mit Zurückhaltung und Bescheidenheit hätten wir den deutschen Sport im Ausland würdig vertreten.
Im Namen der Nationalmannschaft überreiche ich Bundestrainer Herberger einen Blumenstrauß.

»Wenn wir einmal nicht wissen sollten, warum wir die Weltmeisterschaft errungen haben«, sage ich, »so gibt es nur eine Antwort: das Finale war das 100. Länderspiel unseres Chefs!«
Herberger bedankt sich für die freiwillige Unterordnung, die jeder einzelne von uns 22 während der letzten Wochen und Monate auf sich genommen hat. Er dankt für die Opfer, die wir der Gemeinschaft zuliebe gebracht haben. Vor allem aber bittet er, die Spieler nicht zu vergessen, die nur ein-, zweimal oder überhaupt nicht aufgestellt worden sind.
»Ihr wißt, was es bedeutet, immer einsatzbereit zur Verfügung zu stehen, und dann doch nur zuschauen zu müssen.« Und ganz besonders dankt der Chef den Spielern, die mitgeholfen haben, die Kameradschaft so eng und vorbildlich zu gestalten.
Vergessen möchte ich auch nicht die Rede, die Spielausschußvorsitzender Körfer unseren Frauen widmete:
»Was wäre unser Sport ohne sie und ohne ihr Verständnis?« fragt er und hebt dabei besonders Frau Eva Herberger, die Gattin unseres Chefs, hervor. Sie halte sich immer bescheiden im Hintergrund und habe doch ein so großes Herz für den Sport und für die Nationalmannschaft. Mit einem Glas Sekt stoßen wir auf ihr Wohl an.
Nach dem offiziellen kommt der gemütliche Teil. Doch es ist sonderbar: sosehr wir uns in den letzten Wochen darauf gefreut haben, einmal wieder »ohne Bremse« Wein oder auch Sekt trinken zu dürfen – die richtige Aufnahmefähigkeit ist einfach noch nicht vorhanden. Erst im Verlauf des Abends, nachdem wir alle den toten Punkt hinter uns und die Strapazen vergessen haben, taut die Stimmung mehr und mehr auf. Es wird noch recht lustig. Die Musik spielt, und siehe da, unsere Fußballbeine erweisen sich auch als Tanzbeine ganz brauchbar. Um drei Uhr in der Früh lösen wir die fröhliche Runde auf. Die Spieler bringen ihre Frauen in die verschiedenen Quartiere. Max Morlock, Alfred Pfaff und Toni Turek müssen bis nach Faulensee. Hans Schäfer und ich begleiten unsere Frauen zum »Bellevue«, ihrem Hotel.
Kühl und frisch schlägt uns die Nachtluft entgegen, als wir das Belvédère verlassen.
»Tief atmen!« sage ich, »und dann denke noch mal darüber nach, ob wir auch wirklich Weltmeister sind!«

Auf dem nächtlichen Spaziergang nimmt das immer noch unbegreifliche Ereignis des vergangenen Tages eine neue Form an. Unsere Gedanken, die aufgescheucht zwischen Spiel, Feier und bevorstehendem Empfang in der Heimat hin und her irren, finden zum Ausgangspunkt des Erlebnisses zurück: zum Berner Stadion. Während wir langsam auf das »Bellevue« zuschlendern, erzählt meine Frau, wie es ihr als Zuschauerin beim Finale – sie saß direkt hinter den Frauen der Ungarn – ergangen ist:
»Im Gegensatz zu uns waren sie anfangs sehr temperamentvoll und aufgeregt. Quecksilbrig sprangen sie vor dem Spiel immer wieder von ihren Plätzen hoch, riefen ihre Männer und winkten mit den Blumensträußen, die sie mitgebracht hatten. Die Spieler reagierten auch prompt, winkten zurück und warfen Kußhändchen. Wir hatten, ehrlich gesagt, gar nicht den Mut, soviel Aufsehen zu machen.
Als die Ungarn dann ihr erstes Tor schossen, war die Begeisterung bei den Frauen riesig groß. Die paar Herren aus ihrer Begleitung drehten sich um, offensichtlich wollten sie uns ein wenig auf den Arm nehmen. Aber wir ließen uns nicht aus der Ruhe bringen, sondern versuchten, auch weiterhin zuversichtlich und tapfer zu sein. Nichts haben wir natürlich so sehnlich gewünscht wie das Ausgleichstor. Statt dessen aber kam Treffer Nr. 2 der Ungarn.
Für die Ungarinnen stand damit der Sieg so gut wie fest. Einer ihrer Begleiter drehte sich erneut um und sagte nicht gerade taktvoll: ›Mit der kompletten Nationalmannschaft wird es Deutschland genauso ergehen wie beim ersten Spiel.‹
Frau Schäfer antwortete schlagfertig:
›Beim Schlußpfiff reden wir weiter! Warten wir erst mal ab!‹
Nach Morlocks Anschlußtor sind wir aufgesprungen und haben uns stürmisch umarmt. Beim Ausgleich durch Rahn haben wir wie alle deutschen Schlachtenbummler im Stadion geschrien und gejubelt. Die Ungarinnen aber sind ganz still geworden. Langsam rollten sie ihre Fähnchen ein.
In der Pause sind wir auf unseren Plätzen geblieben, während Frau Puskas und die anderen vorübergehend verschwanden. Ob sie ihre Männer in der Kabine besucht haben?
Nach der Halbzeit feuerten unsere temperamentvollen Rivalinnen ihre Mannschaft mit allen Mitteln an.

›Huihui haja! Huihui haja!‹ riefen sie.
›Nix haja!‹ sagte Frau Morlock, und wir drückten eisern die Daumen für unsere Elf. Als dann endlich das dritte Tor fiel, lagen wir uns in den Armen und weinten vor Freude und Glück. Als gewiefte Fußballerfrauen schauten wir dann schnell auf die Uhr.
Sechs Minuten vor Schluß!
Einmal noch kam Leben in die still gewordenen Ungarinnen, in dem Augenblick nämlich, in dem Puskas das Abseitstor schoß. In ihrer Begeisterung haben die Frauen gar nicht gemerkt, daß der Schiedsrichter auf Freistoß erkannt hatte.
›Das war kein Tor, das war abseits!‹ rief ich einer Ungarin zu, die Deutsch verstand. Resigniert fiel sie auf ihren Platz zurück.
Als wir nach dem sehnsüchtig erwarteten Schlußpfiff jubelten und winkten, kam ihnen das Trostlose ihrer Lage wohl erst richtig zum Bewußtsein. Sie fingen bitterlich zu weinen an. Vor mir saßen Frau Puskas und Frau Grosits, auch sie schluchzten fassungslos.
Ungeschickt versuchten wir, sie zu trösten. Wir rieten ihnen, ihre Männer nicht verweint, sondern mit lachenden Gesichtern zu empfangen. Aber wir hatten leicht reden! Die Ungarinnen hielten es während der Siegerehrung nicht mehr auf ihren Plätzen aus, weinend liefen sie davon . . .«
Während meine Frau ihre Erlebnisse im Berner Stadion erzählte, haben wir das »Bellevue« erreicht. Unwillkürlich wische ich mir mit dem Handrücken über die Stirn. Doch da ist nichts wegzuwischen, kein Traum, keine Einbildung. Nichts kann die Tatsache vertreiben, daß wir Weltmeister sind.
Es ist schon halb vier Uhr vorbei, als Hans und ich ins Belvédère zurückkehren. Der Boß, mein Zimmergefährte, liegt bereits im Bett. An Schlaf ist nicht zu denken . . . und nun sitzen wir im Frühstücksraum. Eine Nacht liegt zwischen gestern und heute. Aber es gehört wohl mehr als eine Nacht dazu, sich in die neue Lage hineinzufinden. Schnell laufen wir noch einmal hinunter zum See, um Abschied zu nehmen. Dann gehen wir zum Friseur, lassen uns rasieren und die Haare schneiden, um für die Heimfahrt tipptopp zu sein. Ohne es zuzugeben, sind wir alle schrecklich aufgeregt. Das leidliche Kofferpacken reißt uns noch für kurze Zeit in die Gegenwart zurück.

In unseren Zimmern sieht es unbeschreiblich aus: in den Ecken verstreut liegen Sportsachen, dazwischen Berge von Briefen, Andenken und Blumen. Nur langsam löst sich das Chaos auf. Schließlich ist alles in den Koffern verstaut. Der Omnibus steht abfahrbereit vor der Tür, und das Gepäck wird hinuntergebracht.

Nun müssen wir Lebewohl sagen im Belvédère, das uns für die Wochen in der Schweiz eine zweite Heimat geworden ist. Unsere Offiziellen bedanken sich noch einmal bei der Hotelleitung für das Entgegenkommen. Allgemeine Aufbruchstimmung! Für uns hätte sie etwas Trauriges, wenn wir nicht an den Empfang in der Heimat dächten.

Winkend und lachend fahren wir zum Bahnhof. Hier hat sich eine große Menschenmenge versammelt, die sich von uns verabschieden will. Viele Schweizer sind gekommen und deutsche Schlachtenbummler.

Die Bundesbahn hat, wie sich inzwischen herausstellt, einen Sondertriebwagen für die Heimfahrt nach Deutschland zur Verfügung gestellt. Im Omnibus wird unser Gepäck nach München vorausgefahren, der ersten großen Stadt, die uns offiziell empfängt. Bis dahin sollen wir uns nur mit dem Nötigsten belasten.

›Fußball-Weltmeister 1954‹ steht in riesigen Buchstaben auf unserem Triebwagen. Beschenkt mit Blumen steigen wir ein und winken aus den Abteilfenstern, so lange wir noch etwas erkennen können. Wir fahren Richtung Deutschland.

EMPFANG OHNEGLEICHEN

Die Spiele sind aus. Das Erlebnis Weltmeisterschaft aber wäre nicht vollkommen, wenn ich nicht unsere unvergeßliche Heimfahrt und den Empfang schildern dürfte.

Unterwegs bis zur Grenze winken uns die Schweizer zu. Auf den Stationen klatschen sie Beifall und wünschen uns Glück. Mit einem wundervollen Blumengruß seines Präsidenten verabschiedet sich das gastfreundliche Land von uns. Bei Schaffhau-

sen fahren wir über die Grenze. Anstandslos lassen uns die Schweizer zollfrei pures Gold ausführen – den Pokal. Auch wegen unserer neuen goldenen Armbanduhren halten sie uns nicht für Schmuggler: »Championat du Monde de Football 1954« steht darauf. Die Uhren sind Geschenke der FIFA. Die Elf des Gastgeberlandes und die zwei Entspielteilnehmer bekamen sie in Gold, alle anderen Mannschaften in Chrom.
Von der Grenze aus ist unsere Fahrt ein Triumphzug ohnegleichen. Links und rechts, auf den Straßen, auf den Feldern, an den Bahndämmen, auf den Brücken, überall stehen die Menschen. Wir verteilen uns so im Zug, daß die eine Hälfte der Spieler auf der linken, die andere auf der rechten Seite zu den Fenstern hinausschaut. Niemand von den Leuten, die vielleicht schon stundenlang warten, soll umsonst gekommen sein. Männer und Frauen rufen uns zu. Autos hupen. Eine Fabrik im Bodenseegebiet hat ihre Traktoren in Reih und Glied aufgestellt. In dem Moment, in dem unser Triebwagen vorbeifährt, heulen die Werkssirenen. Aber auch alte Bauern und Bauersfrauen, die sich in ihrem Leben bestimmt noch nie für Fußball interessiert haben, lassen auf den Feldern ihre Arbeit ruhen und winken mit weißen Tüchern, die sie extra mitgebracht haben.
Singen ist die erste größere Station, auf der unser Sonderzug hält. Der Bahnhof ist schwarz von Menschen. Ein einziger Jubelschrei braust auf, als der Triebwagen langsam einfährt. Wir stehen an den Fenstern oder an der Tür, grüßen und winken. Tausend Hände strecken sich uns entgegen. Blumen, Pralinen und Weinflaschen werden hereingereicht. Beinahe betroffen schauen wir uns gegenseitig an.
Die begeisterten Menschen auf den Bahnsteigen bilden Sprechchöre. »Liebrich!« rufen sie, »Liebrich!« Dann wieder »Posipal, Posipal!« oder »Morlock, Morlock!« Die verlangten Spieler rennen von einer Zugseite auf die andere, um niemanden zu enttäuschen. Das Gedränge der Autogrammwütigen am Zug ist lebensgefährlich. Oben auf den Glasdächern bricht plötzlich eine Scheibe. Die Scherben fallen herab, zum Glück wird niemand verletzt. Den Versuch, mit ein paar Mann auf den Bahnsteig hinauszuklettern, geben wir schnell wieder auf. Wir wären glatt erdrückt worden. Auch um die Bedauernswerten, die gegen den Sonderzug gepreßt wurden, ist uns angst und bange.

An jubelnden und winkenden Menschen vorbei setzen wir unsere Fahrt fort. Unmöglich, die zahllosen, rührenden Beweise von Liebe und Anhänglichkeit zu schildern, die uns überall entgegengebracht werden. Radolfzell! Konstanz! Friedrichshafen! Um 20.56 Uhr treffen wir in Lindau ein, wo wir heute übernachten sollen.

Uns schwant nichts Gutes, als wir die wogenden Menschenmassen im Bahnhof sehen, die bei Einfahrt des Zuges die Absperrung kurzerhand über den Haufen rennen. Doch wohl oder übel müssen wir aus unserem sicheren Triebwagen heraus. Wir haben noch kein Bein auf der Erde, da sind wir schon von dem unübersehbaren Menschenstrom erfaßt und weggeschwemmt. Hilflos in die Menge eingekeilt, werden wir aus dem Bahnhof hinausgeschoben. Mit Ellbogengewalt kann sich der Haupttrupp trotzdem durchsetzen, ihm öffnet sich eine schmale Gasse.

Liebrich, Kohli, Mebus und ich treiben noch unerkannt mitten im Gedränge. Keine Menschenseele schenkt uns Beachtung.

»Hoch, Morlock!« jubeln die Lindauer.

»Hoch, Ottmar!« Wie alles um uns herum schreien wir vier aus Leibeskräften mit.

Nur mühsam können wir uns vor dem Hotel Gehör verschaffen und begreiflich machen, daß auch wir da hineinmüssen. Mit freundlicher Nachhilfe der Polizei kämpfen wir uns schließlich bis in die Hotelhalle durch. Völlig erledigt schnappen wir nach Luft.

Doch das Vestibül ist keine Oase der Ruhe! Auch hier brodelt und wogt es. Autogrammjäger! Blumen! Telegramme! Gratulanten! Uns schwirrt der Kopf. Wir schreiben unsere Namen, bis die Finger schmerzen, dann erst flüchten wir auf die Zimmer. Zerrupft wie wir sind, haben wir eine kleine Überholung dringend nötig. Sie soll uns nicht beschieden sein: vor den Fenstern werden stürmische Sprechchöre laut, die anhaltend nach Herberger und uns Spielern verlangen.

Ein unvergeßlich schönes Bild bietet sich uns. als wir ins Freie treten. Hotel, Terrasse und Vorplatz sind von Scheinwerfern angestrahlt. Lindau, die schöne alte Stadt im Bodensee, liegt im nächtlichen Lichterglanz. Drüben im Dunkel auf der anderen Seite des Sees ahnen wir die Schweizer Berge. Haben wir erst

heute vormittag von ihnen Abschied genommen? Mit welcher Erwartung sind wir in die Heimat abgefahren! Doch der Empfang, der uns bis jetzt bereitet wurde, und der uns hier bereitet wird, übersteigt jede Vorstellungskraft.
»Daß wir das alles erleben dürfen!« sagt Herberger zu mir.
Die Menschen vor dem Hotel schreien sich heiser. Der Spieler, den sie gerade verlangen, steigt auf die Brüstung oder auf einen Stuhl und schwingt den goldenen Coupe du Monde. Wir alle sind verzaubert von dem wunderbaren Schauspiel. Überwältigt blickt einer zum anderen. Liegt es wirklich erst einen Tag zurück, daß wir schmutzstarrend und glücklich als Weltmeister vom Rasen des Berner Stadions gelaufen sind?
Die Lindauer wanken und weichen nicht, sie würden es die ganze Nacht aushalten: rufen, schauen, jubeln, winken. Wir danken ihnen nach besten Kräften, dann rebelliert unser Magen; wir haben rechtschaffen Hunger!
Endlich sitzen wir im Speisesaal. Wir bringen jedoch keinen Bissen zum Mund, ohne von Autogrammjägern bestürmt zu werden. Zwischen Suppe und Nachtisch schreiben wir dutzende Male unsere Namen auf Karten, Bilder oder in Bücher. Immer noch treffen Blumen ein, die Lindauer Post ist allein mit Telegrammen für uns vollauf beschäftigt. Wir werden ganz still vor diesem Übermaß an Dank und Sympathie.
Langsam spüren wir die gestrige Anstrengung und den fehlenden Schlaf. Mitternacht! Todmüde gehen wir hinauf in unsere Zimmer, um sofort erschöpft in die Betten zu fallen.
Am nächsten Morgen dürfen wir nicht ausschlafen. Der Triebwagen ist an seinen Fahrplan gebunden; er wird um 16.12 Uhr in München erwartet. Bevor wir zum Lindauer Bahnhof fahren, machen wir noch einen Abstecher ins Spielkasino, wo der offizielle Empfang durch die Stadtverwaltung stattfindet. Aus Gassen und Gäßchen, die immer noch oder schon wieder schwarz sind von Menschen, schallt uns enthusiastischer Jubel entgegen. Er begleitet unsere Wagenkolonne später auch auf der Fahrt zum Bahnhof. Mit Blumen und Geschenken überschüttet verlassen wir Lindau.
»Das ist ein kleiner Vorgeschmack von dem, was euch in München erwartet«, verspricht Hans Huber, der Zweite DFB-Vorsitzende.

In Kaufbeuren ist der Bahnhof dem Andrang nicht gewachsen. Vor einem Abteilungsfenster steht der Bürgermeister. Verzweifelt fleht er:
»Draußen auf dem Vorplatz warten noch Tausende und aber Tausende, die unbedingt die Mannschaft sehen wollen. Bitte, steigen Sie doch aus!«
Nach den bisherigen Erfahrungen wagen wir es nicht, den Zug zu verlassen. Doch der Bürgermeister gibt keine Ruhe. Ihm zuliebe einigen wir uns, daß sich Huber, Herberger, Toni und ich durch die Massen hindurchquälen, natürlich wie immer mit dem Goldpokal in der Hand. Vor dem Bahnhof schlägt uns eine Welle dankbarer Begeisterung entgegen. Der Bürgermeister spricht schnell ein paar Begrüßungsworte ins Mikrofon und überreicht uns zwei prächtige Geschenkkörbe. Herberger schaut mich von der Seite an und fragt:
»Na, Fritz, was ist, sind Sie ein guter Redner?«
Seine spöttischen Blicke sind nicht zu übersehen. In meiner guten Stimmung habe ich keine Hemmungen. Umgekehrt bitte ich durch den Lautsprecher die Leute, nicht enttäuscht zu sein, daß nur wir vier als Abordnung der belagerten Mannschaft erschienen sind.
Das Abteil, in dem wir die Geschenke einstweilen untergebracht haben, ist zum Bersten gefüllt. Aus dem friedlichen Nebeneinander von Allgäuer Käse, Porzellanfiguren, Aschenbechern wird bald ein Durcheinander von Pralinen, Weinflaschen und Kuhglocken.
»Menschenskind, das ist ja unwahrscheinlich!« sagt Werner Liebrich.
»Daß es so was gibt!« staunt Hannes Schäfer. Wir schütteln die Köpfe.

Da haut's di um

Pünktlich auf die Minute fahren wir um 16.12 Uhr in den Münchner Hauptbahnhof ein. Trotz sorgfältiger Absperrung sind die Bahnsteige in der Flut der Schaulustigen nicht mehr zu erkennen. Kurz vor dem einlaufenden Triebwagen springen ein paar Verwegene noch über die Gleise und balancieren halsbrecherisch auf den Kanten der überquellenden Bahnsteige. Was hilft die beste Absperrung? Was richtet ein Polizist gegen hundert, tausend oder noch mehr begeisterte Menschen aus? Kaum sind wir aus dem Zug heraus, ist jede Ordnung aufgehoben. Wir werden vom Strudel erfaßt und nach vorn geschoben. Münchens Oberbürgermeister macht den verzweifelten Versuch, ein paar Begrüßungsworte zu sprechen, wird aber hoffnungslos von uns getrennt.

Mit Mühe und Not erreichen wir die bereitgestellten offenen Mercedeswagen. Gemeinsam mit Huber und Herberger nehme ich im ersten Auto Platz. Die ganze Zeit hindurch habe ich den schweren Goldpokal geschwungen. Jetzt möchte ich gern die Hände frei haben zum Winken. Deshalb bitte ich Herrn Huber, mich in seiner Heimatstadt als »Pokalschwenker« abzulösen.

Inzwischen sind auch die Kameraden eingestiegen. Immer drei in einen Wagen. Langsam setzt sich die Kolonne in Bewegung. Die unvergeßliche, einmalige Triumphfahrt durch München beginnt.

Was sich in der Münchner Innenstadt abspielt, haben wir uns in den kühnsten Träumen nicht vorzustellen gewagt. Man spricht doch immer von der berühmten gemütlichen Bierruhe der Bayern. Daß sie solches Temperament entwickeln würden, hat selbst unseren Hans Huber, das Fußballkind dieser Stadt, sprachlos gemacht.

Die Fahrt ist großartig organisiert. Links und rechts stehen die Münchner in dichten Zehner- oder Zwölferreihen, aber sie benehmen sich diszipliniert und stürmen nicht einfach auf unsere Autos los. Die Gebäude sind prächtig geschmückt. Jedes Fenster ist besetzt. Auf den Dächern der Warenhäuser, auf den Balkons, ja sogar auf den Stahlrohrgerüsten der Neubauten drängen sich die Menschen. Wir haben manchmal das Gefühl, daß links und rechts alles zusammenbrechen wird. Der Beifallsorkan der Massen hat eine derartige Gewalt, daß man ihn meiner Meinung nach weiter hören muß als den Jubel aus fünf vollbesetzten Riesenstadien.

»Herberger! Herberger!« riefen die Münchner.

»Fritz! Fritz!«

»Liebrich! Liebrich!«

Und wieder regnet es Blumen und Geschenke ...

Erste Station ist das Rathaus am Marienplatz. Wir fahren in den Hof und gehen dann hinauf in den Festsaal. Hier begrüßt uns Oberbürgermeister Thomas Wimmer in seiner netten und humorvollen Art. Als Dank und Anerkennung überreicht er jedem Spieler die Silberne Ehrenplakette der Stadt München. Der allgemeinen Freude tut es nicht den geringsten Abbruch, daß er dabei unseren Jupp mit »Pospital« aufruft. Anschließend dürfen wir uns noch in das Goldene Buch der Stadt München eintragen.

In einem Nebenraum wird Kaffee und Kuchen angeboten; während wir es uns schmecken lassen, wird die Menge von dem Rathaus immer unruhiger und ungeduldiger.

»Die soin jetzt amoi a bißl warten. Jetzt trinkt's erst euern Kaffee. Ich geh' 'raus und sag's ihnen«, verspricht Oberbürgermeister Wimmer, und er hält auch Wort.

Kurze Zeit darauf versammelt sich die ganze Mannschaft auf dem Balkon des Münchner Rathauses. Von unten brandet uns erneut der Beifall entgegen. Mir läuft eine Gänsehaut über den Rücken, und Tränen steigen mir in die Augen. Ich brauche mich nur ein wenig zur Seite zu drehen und ich sehe, daß es meinen Kameraden genauso geht. So viel Liebe! So viel Begeisterung! Das haben wir nicht erwartet!

Eingekeilt in der Menge unter uns steht der Omnibus mit unseren Frauen. Wie ein treibendes Schiff auf weitem Meer ragt er verloren aus den Menschenwogen. Und schon setzen wieder die Sprechchöre ein. Gern tun wir den Tausenden den Gefallen, uns immer und immer wieder zu zeigen. Wer verlangt wird, nimmt den Pokal in die Hand und stellt sich hoch oben auf der Brüstung – vorsichtshalber von zwei, drei Mann festgehalten, damit er nicht hinunterstürzt.

Schließlich müssen wir uns verabschieden, denn wir sind zu einer offiziellen Begrüßung durch Ministerpräsident Erhard eingeladen. Durch ein dichtes Spalier fahren wir zu Schack-Galerie in der Prinzregentenstraße.

Hier begrüßt uns der bayerische Ministerpräsident, der mit zahlreichen Kabinettsmitgliedern und Abgeordneten des Landtags erschienen ist. Als Erinnerungsgeschenk händigt er jedem Spieler einen prachtvollen Bayerischen Löwen aus Nymphenburger Porzellan aus.

Draußen wartet abermals eine ungeduldige Menge. Wir zeigen uns auf dem Balkon. Da schallt uns ein Sprechchor entgegen, der allen gewaltig ans Herz greift:
»Wir danken euch! Wir danken euch!«
Wortlos sehen wir einander an. Am liebsten hätten wir selbst einen Sprechchor gebildet und zurückgerufen:
»Und wir danken *euch*! Danken euch für all eure Begeisterung!«
Es muß schon sieben Uhr abends sein, als wir, immer noch durch menschengesäumte Straßen, hinausfahren nach Grünwald. Auch dort stehen die Leute links und rechts, und in der Sportschule wimmelt es wie in einem riesigen Bienenhaus.
Um uns für kurze Zeit dem Trubel zu entziehen, setzen wir uns ab ins Gästehaus, wo für die Nacht Zimmer reserviert sind. Hier feiern wir Wiedersehen mit unserem vorausgereisten Gepäck, machen uns ein wenig frisch, und dann treffen wir uns wieder im Speisesaal.
Ein bayerisches Abendessen wird aufgetragen, das uns das Wasser im Munde zusammenlaufen läßt: Schweins- und Kalbshaxen, Knödel und Bier! Leider ist es uns nicht vergönnt, diese »Schmankerln« – nennt man's so? – mit der nötigen Andacht zu verspeisen, denn beinahe vor jedem Bissen müssen wir Autogramme geben, Hände drücken und uns für Brieftaschen, Portemonnaies und unzählige andere Aufmerksamkeiten bedanken.
Und schon heißt es wieder: »Los, los, los! Höchste Zeit, wir müssen zum Löwenbräu!« Wir stürzen davon in den Omnibus, der uns zum Stiglmaierplatz bringt.
Vor dem Löwenbräu drängen sich die Münchner Kopf an Kopf. Als wir das Lokal betreten, erreicht die Begeisterung ihren Siedepunkt. Kaum, daß wir an unseren Tischen Platz nehmen können! Wir sitzen noch nicht ganz da, da werden schon wieder Telegramme und Eilbriefe gebracht. Bis auf den letzten Stuhl ist der große Festsaal voll. Handfeste Maßkrüge stehen auf den Tischen. Unser schlanker, goldener Weltmeisterschaftspokal nimmt sich ganz schmächtig aus in ihrer Nachbarschaft.
Den Sprechchören gehorchend, steigt ein Spieler nach dem anderen auf den Stuhl und nimmt einen kräftigen Schluck aus dem Riesenbierkrug.

Dr. Peco Bauwens, der Präsident des Deutschen Fußballbundes, hält die Festrede. Er verspricht, daß jeder Spieler der Weltmeisterschaftself eine Goldene Ehrennadel erhalten wird. Seine eigene nimmt er vom Rockaufschlag und heftet sie unserem Expeditionsleiter Hans Huber an die Brust. Zu unser aller Überraschung fährt Dr. Bauwens fort:
». . . Ich ernenne den Kapitän der deutschen Mannschaft, Fritz Walter, zum ersten Ehrenspielführer im DFB.«
Meine Empfindungen in diesem Moment kann sich jeder ausmalen. Verdutzt schauen wir einander an. Dann aber bricht der Jubel los. Die Kameraden stürmen auf mich zu, Herberger schlägt mir vergnügt auf die Schulter. Selbst als ich hoch oben auf dem Stuhl stehe, winke und nach allen Seiten proste, will sich die Begeisterung im Saal nicht legen.
Etwas später finden wir uns mit den Münchner Altinternationalen auf der Bühne zusammen. Der Chef ist glänzender Laune. Als Rahn nach den Klängen der oberbayerischen Blaskapelle einen Boogie-Woogie aufs Parkett zu legen versucht, assistiert er ihm. Das heißt, er mildert seinen temperamentvollen Boogie in einen friedlichen Dreher ab.
Die Stimmung ist ausgelassen. Trotzdem brechen wir gegen Mitternacht nach Grünwald auf, weil einige von uns schon in aller Frühe abreisen müssen. In Essen, Düsseldorf, Hamburg, Nürnberg und überall, wo Kameraden zu Hause sind, werden sie mit fieberhafter Spannung erwartet.
Bei einem Glas Bier nehmen wir in der Sportschule Abschied voneinander. Die ersten müssen schon so früh weg, daß wir sie morgens nicht mehr sehen.
Vorbei sind die herrlichen Wochen in der Schweiz, vorbei die Tage, die nur der Kameradschaft, der Kameradschaft unter Männern, gehörten. So lange und so eng werden wir nie wieder im Leben zusammensein. Auseinanderfallen aber darf unsere durch die Weltmeisterschaft so eng verbundene Gemeinschaft, die weit über das Sportliche hinaus reichende Freundschaft, nie. Das versprechen wir uns stillschweigend, als wir uns die Hand geben.
In Berlin, bei der Verleihung des Silberlorbeers durch Bundespräsident Professor Heuss, und in Bonn, bei dem Empfang durch Bundesinnenminister Schröder, werden wir uns alle

wiedersehen. Bevor wir endgültig in unsere Zimmer gehen, packen wir die Geschenke aus, die in einem Raum aufgebaut sind. Jeder sucht sich seine Sachen heraus und schaut, wie er sie im Gepäck unterbringen kann.
Obwohl ich zum Umfallen müde bin, wollen meine Gedanken nicht zur Ruhe kommen. Als wir vor fünf Wochen hier in Grünwald trainierten, trugen wir nichts als die bescheidene Hoffnung im Herzen, beim Kampf und den Coupe du Monde nicht allzu schlecht abzuschneiden und den deutschen Fußballsport würdig zu vertreten. Nun sind wir – wer hätte es für möglich gehalten? – als Weltmeister zurückgekommen. Die Heimat hat uns auf überschwengliche, unvergeßliche Weise gedankt.
In wenigen Stunden löst sich unser Team auf. Kein Mensch wird verhindern können, daß wir aus dem siebten Himmel des Fußballruhms mit einem krassen Ruck auf die Erde fallen. Wie werden wir das normale Dasein, den Alltag, meistern?
Vielleicht würde ich der Zukunft ruhiger entgegensehen, wenn mein Leben in klar vorgezeichneten Bahnen liefe. Bisher hat es einzig und allein dem Fußball gehört. hat ihm so ausschließlich gehört, daß mir jede berufliche Belastung hart zu schaffen machte. Mit der Großwäscherei, die man uns in Kaiserslautern errichtete, glaubten meine Frau und ich, aus den Sorgen heraus zu sein. Doch ich wurde von Tag zu Tag unglücklicher, weil mir nicht mehr die nötige Zeit zum Training blieb, weil mich die kaufmännische Seite des Unternehmens voll beanspruchte. Eine Zeitlang regierte meine Frau allein über die schmutzige Wäsche. Schließlich aber erwies sich das Geschäft, das uns gar nicht gehörte, und das sich erst in unabsehbarer Zeit amortisiert hätte, für uns als völlig unrentabel. Wir mußten es aufgeben. Der Fußball hatte mich wieder – ganz und ungeteilt.
Doch wie lange werde ich noch Fußballspielen können? Der Kritik nach hätte ich schon längst aufhören müssen. Ich habe manche bittere Pille geschluckt und weitergespielt, weil ich mich noch nicht alt genug fühlte, um Abschied vom Sport zu nehmen.
In der Schweiz habe ich mich selbst nicht mehr gekannt. Meine seelische und körperliche Verfassung müssen Geschenke gewesen sein, die mir vom Glück als Höhepunkt meiner Karriere in

den Schoß geworfen wurden. Doch darf man versuchen, einen Höhepunkt zu überschreiten? Darf man das Schicksal herausfordern? Ich wünsche nichts so sehr, als daß mir die kommenden Monate die nötige Ruhe lassen, mit diesen Problemen fertig zu werden ...

Beim Frühstück, im Kreis der Kameraden, sind die Sorgen wie weggeblasen. Wir fünf Kaiserslauterner freuen uns auf den Empfang in unserer Vaterstadt, der selbst die Ehrungen nach der Deutschen Meisterschaft in den Schatten stellen soll.

Gegen elf Uhr fahren wir am Münchner Hauptbahnhof vor. Kaum sind wir aus dem Wagen gestiegen, da hat man uns an den grünen Jacketts mit dem DFB-Wappen erkannt. Um die vielen Autogrammwünsche zu erfüllen, hocken wir uns an die Tische vor den Wartesälen und kritzeln am laufenden Band unsere Namen auf Karten, Fotografien und Bierdeckel. Die Nachfrage wird immer größer. Wir müssen schließlich rennen, um den fahrplanmäßigen Zug nach Karlsruhe noch zu erreichen.

Wenn wir gehofft haben, im Abteil verschnaufen zu können, so haben wir uns gründlich getäuscht. Bald werden die ersten Reisenden auf uns aufmerksam, und wir müssen wieder Autogramme geben, uns gratulieren und auf die Schulter klopfen lassen. Obwohl wir einen ganz normalen D-Zug benutzen, stehen auf den Stationen winkende Männer, Frauen und Kinder. In Stuttgart kassieren wir fünf während des kurzen Aufenthaltes den Beifall für die ganze Nationalelf. In Karlsruhe, wo ein Sondertriebwagen zur Weiterfahrt nach Kaiserslautern bereitsteht, drängen und schieben sich die Menschen in unübersehbaren Massen.

Vertreter des Badischen Fußballverbandes, der Kaiserslauterner Bürgermeister, der Präsident des 1. FCK, der Erste Vorsitzende und zahlreiche andere prominente Persönlichkeiten begrüßen uns aufs herzlichste. In Karlsruhe ist es nicht anders als in Lindau oder München. Blumen, Geschenke, Sprechchöre! Jubel und Begeisterung! Der Dank, der der ganzen Mannschaft gilt, wird verschwenderisch über uns fünf ausgeschüttet.

Der Sondertriebwagen fährt in Kaiserslautern ein. Die ersten Böllerschüsse krachen. Der Jubelschrei einer vieltausendköpfigen Menge schwillt an. Wir stehen auf dem Boden der lieben alten Pfälzer Stadt.

Zuerst werden wir von unseren Frauen begrüßt, von denen wir unterwegs immer wieder getrennt wurden, und die mit Privatwagen vorgefahren sind. Frau Kohlmeyer, die nicht in der Schweiz war, umhalst ihren Kohli besonders glücklich. Mir nichts, dir nichts sitzen die Kinder unseres linken Verteidigers auf Papas Arm. Horst Eckel umarmte seine Eltern. Ottmar küßt seinen vierjährigen Sohn. Dann fallen uns die Kameraden der ersten Mannschaft des FCK um den Hals. Ihre Freude ist groß wie die unsere.

Unter dem tosenden Beifall der unübersehbaren Menschenmenge darf jeder von uns fünf in einem offenen Volkswagen Platz nehmen. Bevor sich die Wagenkolonne in Bewegung setzt, ertönt uns zu Ehren das Deutschlandlied. Immer wird es in Zukunft mit der Erinnerung an die schöne, erhabene Stunde im Berner Stadion verbunden sein.

Kaiserslautern hat schon oft bewiesen, daß es eine echte Fußballerstadt ist, die mit ihren Vereinen durch dick und dünn geht. Doch die heutige Begeisterung übersteigt jedes Maß. Nicht nur aus der Stadt selbst, auch aus dem Saargebiet, aus Pirmasens, Zweibrücken, Neustadt, aus der ganzen Pfalz sind Fußballanhänger gekommen, um unseren Einzug mitzuerleben. ›Weltmeister 1954, wir danken euch!‹ leuchtet es uns von unzähligen Plakaten und Transparenten entgegen. Im Triumph fahren wir die Glockenstraße hinunter, biegen links in die Logenstraße ein, dann rechts durch die Kaiserstraße. Die Blumenberge in unseren Wagen werden immer höher, wir finden kaum noch einen Platz für all die Pralinen, Wein- und Sektflaschen, die uns in die Autos gereicht werden. Von den Gasthäusern stehen Wirt und Wirtin und halten uns riesige Kelche mit Sekt, Wein oder Bier entgegen. In der Pariser Straße bringen uns Jäger mit ihren Hörnern ein Ständchen. Am Fackelrondell vorbei geht die Fahrt zur Marktstraße, dann in die Bismarckstraße, wo die Gastwirtschaft meiner Eltern liegt.

»Diesmal kommst du nicht mit Bier davon, wenn wir wieder daheim sind«, hatte ich nach dem Endspiel meinem Vater in der Umkleidekabine zum Abschied prophezeit. »Ich hoffe, daß dann Sekt in den Maßkrügen ist.«
Der ›alte Walter‹ läßt sich nicht lumpen, er hat wirklich die Maßkrüge zweckentfremdet. Leider können wir nur ein paar Schluck trinken. Würden wir jeder Einladung Folge leisten, hätten wir bald einen handfesten Rausch.
Der große Platz vor der Fruchthalle, dem Kaiserslauterner Festsaal, ist vollgepfropft mit Menschen. Keine Stecknadel könnte mehr zu Boden fallen.
Durch ein Spalier unserer Jugendabteilung, die in Trikots angetreten ist, marschieren wir ein. Wir haben das Gefühl, daß der Raum unmöglich dem gewaltigen Andrang standhalten kann, daß er jeden Augenblick aus den Fugen geht. In der ersten, für uns reservierten Reihe werden wir von vier mordsmäßig großen Lampen geblendet. Wir fuchteln und winken abwehrend in ihre Richtung, man soll sie doch um Gottes willen ausmachen! Ein paar Tage später stellt sich heraus, daß von unserem Empfang Aufnahmen für das Fernsehen gedreht worden sind. Ärgerlich winken wir fünf Hauptpersonen unentwegt vom Bildschirm.
Regierungspräsident Pfeifer, Regierungsvertreter, der Oberbürgermeister und Abgeordnete der Stadt, Vertreter des Deutschen Fußballbundes, des Regionalverbandes, des Sportverbandes Pfalz und des FCK begrüßen uns herzlich und gratulieren zum Weltmeistertitel. Sie ehren die Leistung der Nationalelf, auch wenn sie – was ja verständlich ist – besonders stolz auf uns fünf Kaiserslauterner Spieler sind.
Mir fällt es schwer, vor dem Mikrofon für den überwältigenden Empfang zu danken, den uns die Vaterstadt bereitet. Als kleine Gegengabe erzähle ich ein paar Erlebnisse aus der Schweiz. Zum Schluß versichere ich noch einmal, daß nicht fünf, ja nicht einmal elf, sondern alle 22 Spieler gemeinsam mit Bundestrainer Herberger die Weltmeisterschaft errungen haben.
Am nächsten Tag tragen wir uns in das Goldene Buch der Stadt Kaiserslautern ein und begleiten unseren Horst Eckel zu seinem Extraempfang nach Vogelbach.

Dann stellen wir in meiner Wohnung, Beethovenstraße 44, für drei Tage Klingel und Telefon ab, stopfen die Finger in die Ohren, wenn wir etwas von Einladungen hören, erzählen, spielen Karten und »Mensch ärgere dich nicht!«

RUHM

Am 25. Juli trifft ein Brief des DFB ein, daß wir uns am Freitag bis 24 Uhr in der Unterschweinsstiege, Frankfurt, melden sollen.
Hier, in unmittelbarer Nähe des Rhein-Main-Flughafens, sind wir zum erstenmal alle wieder zusammen. Alle 22!
»Ich hätte nie für möglich gehalten, daß Essen mir einen solchen Empfang bereiten würde!« beteuerte der Boß.
»Der Rosenmontagszug war nichts dagegen!« sagt Hannes Schäfer zu seinem Einzug in Köln.
Alle 22 sind wir randvoll von Erlebnissen und Eindrücken, die wir einander erzählen wollen. Bis zum anderen Morgen um acht Uhr ist Zeit dazu, dann soll das Flugzeug die Mannschaft nach Berlin bringen, wo ihr Bundespräsident Professor Heuss den Silberlorbeer verleihen wird.
Das Fliegen ist eine technische Errungenschaft, die mir persönlich keine reine Freude macht. Seit dem stürmischen Gewitterflug Berlin–Frankfurt nach der Deutschen Meisterschaft 1953 bringt mich aus freien Stücken niemand mehr in eine Maschine. Meine Antipathie gegen Luftreisen ist schon bekannt, deshalb hat der DFB eine andere Reisegelegenheit für mich organisiert: Im Wagen fahre ich zur Zonengrenze bis Helmstedt, wo mich jemand vom Berliner Verband abholen wird.
Rechtzeitig bin ich in Berlin auf dem Flugplatz, um die Kameraden in Empfang zu nehmen.
»Na, wie waren die Straßen, gut oder schlecht?« erkundige ich mich voll Anteilnahme.
»Alles in Ordnung, Fritz. Du hättest ruhig mitfliegen sollen!«
In einem großen Omnibus, der weithin sichtbar die Aufschrift

trägt: ›Berlin grüßt den Weltmeister im Fußball‹, fahren wir zum feierlichen Empfang durch den Berliner Senat im Rathaus Schöneberg. Die Bevölkerung jubelt uns auf den Straßen zu.

Bei der offiziellen Begrüßung dankt Oberbürgermeister Doktor Schreiber der Mannschaft und überreicht als Geschenk der Stadt die Berliner Freiheitsglocke in Porzellan.

Im Olympia-Stadion sind bei unserer Ankunft die leichtathletischen Wettkämpfe um die Norddeutsche Meisterschaft in vollem Gange. Ein wilder Begeisterungsorkan begrüßt uns. Immer wieder müssen wir uns zeigen.

»Ehrenrunde! Ehrenrunde!« verlangen die Berliner. Aber so weit ist es noch nicht. Einstweilen nehmen wir, umlagert von Fernseh- und Wochenschaukameras, in der ersten Zuschauerreihe Platz. Um ein Haar hätte sich unser Toni mit einem Fernseh-Kameramann verkracht. Nicht zu Unrecht, denn man hängt ja auch nicht seinen Hut vor die Linse ...

Der Bundespräsident trifft im Stadion ein. Von 85000 Berlinern umjubelt, betritt er die Ehrenloge. Wir erheben uns von den Plätzen, winken zu ihm; freundlich winkt er zurück.

Wir alle sind viel zu aufgeregt, um auf Einzelheiten zu achten. Professor Heuss hält eine Rede und überreicht das große Silberne Lorbeerblatt für den Deutschen Fußballbund an Präsident Dr. Peco Bauwens, während Bundestrainer Herberger und wir 22 Spieler das Silberne Lorbeerblatt als Anstecknadel mit handschriftlicher Urkunde ausgehändigt erhalten. Jeder wird einzeln aufgerufen und sogleich von der Menge stürmisch gefeiert. Als der Bundespräsident erwähnt, daß man Toni Turek einen »Fußballgott« genannt habe, braust der Jubel erneut los.

»Toni! Toni!« rufen die Berliner. Aber Professor Heuss hat es gar nicht so gemeint und noch nicht zu Ende gesprochen. Er findet die Bezeichnung ›Gott‹ etwas übertrieben. Ganz einfach ein guter, fairer Sportsmann zu sein, meint er, wäre auch nicht schlecht.

Wie die anderen, darf ich mich, durch einen Wink des Bundespräsidenten aufgefordert, an der Brüstung der Ehrenloge nach allen Seiten bedanken. Ehe wir recht zur Besinnung kommen, ist der feierliche Moment vorüber. Tausendstimmig setzen nun die Sprechchöre ein.

»Ehrenrunde! Ehrenrunde!«
Wir folgen dem Ruf gern und laufen hinunter auf die Aschenbahn. Aber eine ordentliche Ehrenrunde ist uns nicht vergönnt. Jugendliche, die auf dem Platz gruppiert sind, lassen ihre Formationen kurzerhand im Stich und stürzen auf uns zu. Unsere Ehrenrunde ist mit Hindernissen gespickt, aber überall, wo wir uns sehen lassen, brandet ungeheurer Jubel auf. Die Feier im olympischen Stadion von Berlin ist eine der schönsten Erinnerungen rund um die Weltmeisterschaft.
Abends sind wir Gäste bei einer Veranstaltung in der Waldbühne.
»Das ist die Berliner Luft, Luft, Luft«, spielt die Kapelle. Wir haken uns unter, die Stimmung ist unbeschreiblich. Mit einem Schlag erlöschen alle Lichter und Scheinwerfer. »Eins – zwei – drei!« – in der Dunkelheit leuchten plötzlich 30000 bis 40000 Zündholzflämmchen auf. Ein Feuerwerk von lauter Glühwürmchen. Ein zauberhaft schönes Bild. Das möchten wir gern noch einmal sehen. Und die Berliner lassen uns zuliebe ihre Glühwürmchen ein zweites Mal flimmern.
Man muß auch mal dem Deubel vor den Kopf sehen können, denke ich und lasse das Auto, das mich nach unserem kurzen Berliner Aufenthalt zur Zonengrenze zurückbringen soll, Auto sein.
»In Gottes Namen, ich flieg mit!« erkläre ich mit Todesverachtung. Erstaunt nehmen es die Kameraden zur Kenntnis. Mit gemischten Gefühlen betrete ich den Steg zur viermotorigen Maschine und erkundige mich spornstreichs nach dem Wetterbericht. Einer der beiden Stewardessen mustert mich amüsiert, und ich beichte ihr gleich, daß ich in der Luft kein Held bin. Beruhigend setzt sich sich neben mich auf den freien Platz und versucht, mich über die ersten Flugminuten hinwegzubringen.
Die Zeit vergeht »wie im Flug«. Am Rhein-Main-Flughafen wartet ein Omnibus, der uns zur Unterschweinsstiege bringt. Wir sind mit Verspätung von Berlin abgeflogen, und das Programm muß jetzt im Zeitraffertempo abrollen.

Vor unserem Frankfurter Quartier parken fünfzehn Wagen einer Bundesgrenzschutz-Abteilung, die uns auf schnellstem Wege nach Bonn, zu dem festgesetzten Empfang bei Bundesinnenminister Dr. Gerhard Schröder holen.
Von der Bonner Stadtgrenze ab begrüßen uns wieder dichte, jubelnde Zuschauermengen.
»Weder Prinzessin Margaret, die vor wenigen Tagen hier war, noch ein Politiker ist in der Bundeshauptstadt so enthusiastisch empfangen worden«, erzählt man uns hinterher. Dabei gießt es in Strömen.
»Wir machen die Wagen zu!« raten die Polizeibeamten.
»Kommt gar nicht in Frage!« protestieren wir, setzen uns ganz oben auf die Rücksitze und lassen die Dusche über uns ergehen.
Naß bis auf die Haut treffen wir im Hotel ›Bergischer Hof‹ ein. Sogleich wirft man uns Handtücher zu, damit wir wenigstens das Gesicht abtrocknen können.
In den unteren Räumen des Hotels wartet der Bundesinnenminister schon länger als eine Stunde. Aber er ist uns nicht böse. Durchnäßt, wie wir sind, mit völlig verkrumpelten Hosen, stehen wir da und hören seine herzliche, liebenswürdige Rede.
Nachdem er uns gedankt und zum großartigen Erfolg gratuliert hat, überreicht er jedem einen Lederkoffer mit graviertem Schildchen: »Zur Erinnerung an die Fußball-Weltmeisterschaft – der Bundesinnenminister Schröder«.
Dann bittet er zu Tisch, obwohl es schon beinahe fünf Uhr ist. Wir unterhalten uns angeregt, und Dr. Schröders Ansicht, daß nicht durch Können allein, sondern mehr noch durch Kameradschaft eine Meisterschaft zu erringen ist, findet unsere volle Zustimmung.
Am Abend beschenken uns die deutschen Fernsehfirmen mit 23 Fernsehgeräten. Eingehüllt in grelles Scheinwerferlicht wiederholt der Bundesinnenminister für eine Direktübertragung seine Rede. Dann erhält jeder Spieler und der Chef von den an der Spende beteiligten Firmen eine handgeschriebene Schenkungsurkunde. Die Geräte selbst sollen in den nächsten Tagen in unsere Wohnungen geschickt und kostenlos aufgestellt werden.

Langsam, aber sicher, fühle ich mich urlaubsreif. Doch an gründliches Ausspannen ist nicht zu denken. Die Spieler des 1. FCK stehen schon seit Tagen ohne uns fünf im Training. Höchste Zeit, daß ich wieder mitmache. Zuvor aber treffen sich die Weltmeisterschaftself und Herberger noch einmal in Dingolfing, wo jeder einen Motorroller erhalten soll. Die DFB-Geschäftsstelle gibt uns den Termin bekannt. Von Ottmars Tankstelle aus fahren wir Lauterer in zwei Volkswagen nach München.
Der Chef und die anderen warten in Grünwald schon auf uns. Zum Mittagessen bleibt keine Zeit. Los, los, los! In geschmückten Wagen machen wir uns mit Polizeigeleit auf den Weg nach Dingolfing. Als wir Landshut passieren, müssen wir uns wieder in den Autos aufsetzen, weil die Leute mit Blumen an den Straßen stehen, jubeln und winken.
»Jetzt liegt die Meisterschaft doch schon eine ganze Zeit zurück«, sage ich zu Toni, »und immer noch ist alles außer Rand und Band.«
Mit einer Stunde Verspätung kommen wir nach Dingolfing. Am Ortseingang nimmt uns eine Musikkapelle in Empfang. Die Einwohner der hübschen, kleinen Stadt haben ihre Gärten geplündert, um uns mit Blumen zu begrüßen.
Da stehen auch schon die zwölf Motorroller. Auf elf sitzen Männer in roten Pullovern, auf dem zwölften wartet eine hübsche Sekretärin der spendierfreudigen Fabrik darauf, Bundestrainer Herberger durch die Stadt zu fahren. Die beiden übernehmen die Spitze, wir anderen schließen uns der Rollerparade an. Unterwegs winken wir den Dingolfingern zu, die unserer Schätzung nach vollzählig auf den Beinen sind.
Auf dem Sportplatz ist eine Bühne aufgebaut, auf der wohlausgerichtet unsere zwölf roten Luxusroller stehen, auf jedem ein grüner Sturzhelm. Bürgermeister und Landrat heißen uns willkommen, dann übergibt der Juniorchef der Rollerwerke den glücklichen, neuen Besitzern die Kraftfahrzeugbriefe.
»Gute Fahrt!« wünscht er, und gute Fahrt wünschen die Dingolfinger.
Unsere Ehrenrunden absolvieren wir nicht ohne Zwischenfall. Die Führerscheininhaber fahren selbst. Ich gehöre nicht zu ihnen und winke meinen Fahrer von vorhin herbei. Toni hat

seine Frau mitgebracht, sie nimmt auf dem Sozius Platz. Auch Frau Morlock setzt sich hinter ihren Mann. Obwohl Max schon lange Auto fährt, spielt ihm die Kupplung einen Streich. Mit gewaltigem Ruck saust der Roller los. Frau Morlock – nichts Böses ahnend – wird wie von einem störrischen Gaul abgeworfen. Im letzten Augenblick kommt Max zu seinem Glück doch noch richtig von der Abfahrtsrampe der Bühne herunter und rollert in sichere Bahnen. So ein Wirbel, Max!
Bei einem Abendessen im Freien geben wir wieder Autogramme am laufenden Band. Eigentlich müßten wir Dingolfing jetzt »Lebewohl« sagen. Doch auf dem Marienplatz warten festlich gestimmte Menschen, die mit uns einen Sommerabend verleben möchten. Wer eben kann, bleibt da. Wieder stellen wir uns auf die Stühle, prosten und lassen uns verwöhnen. Irgend jemand hat die Bandaufnahme von der Endspielübertragung mitgebracht. Zum ersten Mal hören wir mit eigenen Ohren Herbert Zimmermanns berühmt gewordene Reportage.
»Toni Turek hält!« schreit Zimmermann ganz heiser vor Aufregung.
»Toni! Toni! Toni!« jubeln die Dingolfinger in Erinnerung an das Finale. Sie rufen so lange, bis sich der Düsseldorfer auf den Stuhl stellt und nach allen Seiten prostet.
Es ist Mitternacht, als wir wieder in Grünwald eintreffen. Wir schlafen ein paar Stunden und fahren in aller Frühe heim nach Kaiserslautern. Aber nicht, um zu Hause zu bleiben. Der Omnibus, der uns zu einem Spiel nach Duisburg bringen soll, steht schon abfahrbereit.

Endspiel-Erinnerungen

Am ersten spiel- und trainingsfreien Tag gehen wir in die Bismarckstraße und lassen uns von meiner Mutter und Schwester erzählen, wie es am Endspieltag in der elterlichen Gastwirtschaft zugegangen ist.
Schon zwischen elf und zwölf Uhr war die Bude brechend voll, erinnern sie sich. Jeder wollte vor dem Fernsehapparat des alten Walter – er selbst war ja in Bern – das Finale miterleben. In der Wartezeit trank man sich Mut an.

Endlich war es so weit!
Das Spiel stand 1:0, es gab die ersten langen Gesichter. Der trostlosen Stimmung des 2:0 waren Mutter und Schwester nicht gewachsen, sie nahmen Reißaus in die Küche. Plötzlich hörten sie aus dem Gastzimmer wildes Toben und Brüllen. Max hatte das Anschlußtor geschossen!
Nun trauten sich die beiden Frauen zurück. Sie nahmen ihre Plätze vor dem Fernsehschirm wieder ein.
Nach dem 2:2 bekamen sie alle Hände voll zu tun. Es wurden reichlich Getränke bestellt! Schlagartig stieg der Alkoholkonsum an. Aufregung macht Durst, nicht wahr? Die ersten Wetten wurden abgeschlossen.
Als Rahn dann zum siegbringenden 3:2 einschoß, glaubte meine Mutter, die letzte Stunde ihrer guten, alten Gastwirtschaft sei gekommen. Die Gäste waren völlig übergeschnappt. Sie sprangen auf Stühle und Tische und warfen Biergläser um. Ein Wunder, daß sie nicht alles kurz und klein schlugen. Als der schlimmste Sturm vorüber war, schrien alle, die das Spiel noch weiter verfolgen wollten, »Ruhe!« Die Mehrzahl aber konnte einfach den Mund nicht mehr halten vor Glück.
Wieder andere saßen ganz still, die Uhr in der Hand, und zählten die Minuten und Sekunden. Als der Schlußpfiff kam, ging alles drunter und drüber.
»Jetzt schlagen sie in Kaiserslautern dem alten Walter seine Wirtschaft zusammen!« sagte ich um die Zeit in Bern zu Toni.
»Es hat nicht viel daran gefehlt«, erzählt meine Mutter. Als das Deutschlandlied gespielt wurde, sind alle aufgestanden und haben mitgesungen. Niemand hat sich seiner Tränen geschämt. Dann aber brach der Jubel von neuem los. Die Straßen, die vorher ausgestorben waren und wie leergefegt, belebten sich wieder. Jetzt brauchte man den Nachbarn, den Freund. Brauchte jemand, den man fragen konnte: Habt ihr es auch gehört? Stimmt es denn wirklich, daß Deutschland Weltmeister ist? Wildfremde Menschen fielen sich um den Hals und küßten sich ab. Würdige Männer vollführten ausgelassene Freudentänze. Bis spät in die Nacht hinein wurde der Sieg gefeiert. Bei vielen soll es gar bis zum nächsten Morgen gedauert haben.

Kreuz und quer laufe ich durch eine kleine, süddeutsche Stadt. Niemand weiß, daß ich hier bin. Ich versuche Ordnung in meine völlig aus dem Gleichgewicht geratenen Gedanken zu bringen.
In einer Gastwirtschaft bestelle ich das Mittagessen. Nicht nach der Karte, die gibt es nicht. Die Wirtin zählt an den Fingern auf, was sie – wenn ich Zeit zum Warten habe – zubereiten kann.
Nur ein Tisch in der Gaststube ist besetzt. An ihm hocken drei Maurer und ein blasser junger Mann, an dessen Stuhl zwei Krücken lehnen. Gleichmütig starrt er auf sein Bier, an der lauten Unterhaltung seiner Tischnachbarn beteiligt er sich nicht. Gleichmütig grüßt er, als sie wieder an die Arbeit gehen. Gleichmütig wandert sein Blick zu mir, um dann plötzlich hängenzubleiben. Ungläubig starrt er mich an.
»Das ist doch ganz unmöglich! Sind Sie wirklich der Fritz Walter?« fragt er fassungslos. Er zieht sein Bier heran und trinkt es mit einem Zug aus. Aufdringlich will er bestimmt nicht sein, doch mit dieser Überraschung wird er so schnell nicht fertig.
»So oft hab' ich Sie in der Wochenschau gesehen. Und jetzt sitzen Sie, dem hunderttausend zugejubelt haben, bei mir am Nebentisch. Ich kann es nicht glauben!«
Mein Nachtbar hat Taktgefühl. Er ist jetzt ganz still, nur seine Augen lassen mich nicht mehr los. Woran denkt er? Warum ich in die unbekannte, kleine Stadt gekommen bin? Ahnt er, daß ich dem Kesseltreiben der öffentlichen Meinung, das um mich eingesetzt hat, entfliehen will?
Die Wirtin bringt das Essen und geht wieder in die Küche. In der Gaststube hört man die Uhr an der Wand ticken. Da sagt der Unbekannte in die Stille hinein:
»Herr Walter, ich will ja nichts sagen. Die Zeitungen können von mir aus schreiben, was sie wollen, das ist mir egal. Aber Sie dürfen uns nicht im Stich lassen!« Und nach einer kleinen Pause wiederholt er: »Lassen Sie uns bloß nicht im Stich!«
So ist das also! Der 4. Juli, der uns die Weltmeisterschaft brachte, liegt schon Monate zurück. Die Erregung aber ist noch nicht abgeklungen! Sie wird auch nicht abklingen, denn die Termine

der nächsten Länderspiele liegen schon lange fest. Belgien, Frankreich, England, Portugal, wer unser Gegner auch sein wird – gegen den Weltmeister will jeder gut abschneiden. Wir sind nicht mehr Außenseiter wie in der Schweiz, sondern Favorit. Zweifellos eine Belastung für die deutsche Nationalelf!
Fußball ist lebendig und unberechenbar. Die Ungewißheit, die über jedem Spiel liegt, gibt diesem schönen Sport den besonderen Reiz. Eine gute Mannschaft muß siegen, aber auch verlieren können! Unsere Meinung in der Schweiz bleibt davon unangetastet.
Weltmeisterschaft! Eine ehrenvolle Auszeichnung, die ein verständlicherweise anspruchsvoll gewordenes Publikum bei jedem Spiel bestätigt, immer wieder bestätigt sehen möchte. In diese Hochstimmung, in diese gesteigerte Erwartung hinein bin ich mit meinem Entschluß, nicht mehr in der Nationalelf zu spielen, geplatzt. Darf ich mich wundern, wenn man mir von vielen Seiten Fahnenflucht vorwirft? Darf ich mich wundern, wenn die Wellen der Empörung über meinem Kopf zusammenschlagen?
Wenn ich ganz sachlich darüber nachdenke – ich darf es nicht.
Natürlich ist es mein Recht, aufzuhören, wenn ich fühle, daß meine Form nicht mehr ausreicht, Länderspiele zu dirigieren. Doch war der Zeitpunkt glücklich gewählt? Freilich habe ich schon in der kleinen Feier nach dem Weltmeisterschaftsfinale Herberger gegenüber geäußert, daß ich am liebsten in diesem Augenblick aufhören möchte. Ich sei alt genug dazu und außerdem nicht so gesund, wie es notwendig wäre. Aber habe ich es laut genug gesagt? Man hat mir auf die Schulter geschlagen und geglaubt, ich mache einen schlechten Scherz.
Dann kam das neue, aufregende, aber auch nervenfressende Leben. Die Spannung, die irrsinnige Spannung und das Übersteigerte des Alltags lösten sich nicht. Allenthalben schienen sich verheißungsvoll die Türen zu öffnen, Freundschaften anzubieten, Existenzen. Lag da nicht die Chance, aus den Sorgen herauszukommen?
Ich bekam ein Filmangebot und dachte: das ist das richtige. Am anderen Morgen stand es als Sensation in der Zeitung. Ich dachte: nein, es ist doch nicht das Richtige. Die Konsequenzen konnte ich nicht ahnen.

Ich mache bei einem Film mit – ich mache nicht mit! Ich schreibe ein Buch – ich schreibe kein Buch! Ich spiele weiterhin in der Nationalmannschaft – ich spiele nicht! Solche Entscheidungen trifft man im stillen Kämmerlein. Für mich aber gibt es das nicht mehr. Und wer vermag von sich behaupten, daß alle seine Entschlüsse gleich druckreif sind? Ich kann es nicht. Mußte ich deshalb die Schattenseiten des Ruhms, den ein Spiel einbrachte, so schnell kennenlernen? Gute Bekannte wissen, daß mir die Flut von Sensationsmacherei, Verdrehungen und Verleumdungen jede Entscheidung noch schwerer macht.
»Du brauchst einen Manager!« sagte ein lieber Freund, »jemand, der dafür sorgt, daß die Öffentlichkeit nur die Wahrheit erfährt. Jemand, der dich aber auch davor bewahrt, daß du vertrauensselig deine Privatangelegenheiten vor wildfremden Menschen aufdeckst.«
Ich weiß, er meint es gut. Aber muß es so weit kommen? So weit, daß ich mich krank fühle, wenn ich nur nervös bin? Daß ich mich nicht mehr traue, krank zu sein, wenn ich es wirklich bin?
Doch, gleich was geschieht – aus dem Hexensabbat sich widersprechender Gerüchte muß ich wieder heraus. Muß heraus um meiner Selbst willen, aber auch den Kameraden zuliebe, die ohne ihre Schuld in den Rummel einbezogen wurden. Muß heraus, vor allem Herberger zuliebe, dem ich soviel verdanke, daß ich ihn nie in meinem Leben kränken oder ihm Schwierigkeiten bereiten möchte. Und nicht zuletzt muß ich heraus, weil ich Sportler und nichts als Sportler bin.
»Sie dürfen uns nicht im Stich lassen!« sagt der fremde Mann, der in einer fremden Gastwirtschaft neben mir sitzt. Er ist nicht von der Zeitung und er ist auch kein Fußballspieler. Einer von den vielen ist er, die von unserer Kameradschaft in der Schweiz ergriffen sind, die es erschüttert hat, daß 22 Mann so fest zusammenhalten und das Blaue vom Himmel herunterholen, wenn es darauf ankommt.
In diesem Augenblick wird mir klar, daß ich die Fäden, wenn es an der Zeit ist, zarter, vorsichtiger, lösen muß. Aber ich weiß auch, daß es dazu trotz allem nicht zu spät ist.